中国各民族文化百科全书

【布依族卷】

伍文义　主编
韦兴儒　周国茂　黎汝标　副主编

暨南大学出版社
JINAN UNIVERSITY PRESS
中国·广州

图书在版编目（CIP）数据

中国各民族文化百科全书．布依族卷/伍文义主编．—广州：暨南大学出版社，2023.4.
ISBN 978－7－5668－2049－5

Ⅰ.①中… Ⅱ.①伍… Ⅲ.①布依族—民族文化—中国 Ⅳ.①K28

中国版本图书馆 CIP 数据核字（2016）第 326444 号

中国各民族文化百科全书·布依族卷
ZHONGGUO GE MINZU WENHUA BAIKE QUANSHU · BUYIZU JUAN
主　编：伍文义

出 版 人：张晋升
策划编辑：黄圣英　吴筱颖
责任编辑：冯　琳　刘　蓓
责任校对：苏　洁　林玉翠
责任印制：周一丹　郑玉婷

出版发行：暨南大学出版社（511443）
电　　话：总编室（8620）37332601
营销部（8620）37332680　37332681　37332682　37332683
传　　真：（8620）37332660（办公室）　37332684（营销部）
网　　址：http：//www.jnupress.com
排　　版：广州市新晨文化发展有限公司
印　　刷：广州市友盛彩印有限公司
开　　本：787mm×1092mm　1/16
彩　　插：16
印　　张：17.75
字　　数：477 千
版　　次：2023 年 4 月第 1 版
印　　次：2023 年 4 月第 1 次
定　　价：88.00 元

历史悠久的高原水稻农业民族，生态环境好

古朴美丽的布依族村寨（第二张图片为欧东衢摄）

丰富多彩的布依族服饰

挥洒汗水夺丰收，怀感恩之心

粮食加工：晒谷、舂米、水碾碾米、蒸糯米打糍粑

传统纺纱、织布、织锦工艺

传统蜡染工艺

布依族传统蜡染、织锦工艺品

宗教信仰：祭谷神、祭大竹图腾，用牛祭祖

节日里吹牛角长号，打铜鼓，跳铜鼓舞，练武强身

节日里表演八音古乐、翩翩舞蹈，各族同欢乐

对歌恋爱、订亲、送亲

迎亲、敬酒

目　录

布依族分布及文化特点

布依族是伟大祖国多民族大家庭中的一员。布依族人民用聪明才智和辛勤劳动，在历史长河中开拓祖国大西南，发展经济文化，为加强各民族团结、维护祖国统一作出了自己的贡献。布依族人口300多万，主要聚居在贵州省的黔南布依族苗族自治州、黔西南布依族苗族自治州两个布依族苗族自治州及安顺市的镇宁布依族苗族自治县、关岭布依族苗族自治县、紫云苗族布依族自治县三个布依族苗族自治县，在贵州的安顺市、贵阳市、六盘水市、黔东南、毕节、遵义、铜仁等地区，及云南的马关县、罗平县还建有近百个布依族乡及布依族与其他兄弟民族共同建立的民族乡。在云南的曲靖地区、昭通地区，四川凉山彝族自治州的宁南、会理、会东等县也有少量布依族居住。布依族是高原水稻农业民族，水稻农业历史悠久，伴随着稻作农业的发展，创造了丰富多彩的民族文化。

“一个民族的语言，即是这一个民族精神上的富有。”布依族自古以来就使用本民族的语言。布依语属汉藏语系壮侗语族壮傣语支，与我国的壮语、傣语、侗语、水语、黎语、仡佬语等有着历史同源关系，而与红水河南岸的壮语方言更为接近。布依语在历史发展过程中，语言比较统一，各地均能用布依语通话。按照语言文化特点，布依语有三个土语区：望谟、册亨、罗甸、独山、贞丰、安龙、兴义等县市及云南省的罗平、富源等县市属黔南（第一）土语区；贵阳、龙里、贵定、清镇、平坝、安顺、开阳、修文、金沙、织金、赫章等县市属黔中（第二）土语区；镇宁县和关岭县的大部分地区，安隆、普定、六枝、盘州、水城、威宁等县市，四川省凉山的宁南、会理、会东及云南省的昭通、巧家等县市属黔西（第三）土语区。布依族在与其他兄弟民族的日常交往中，通常以汉语作为语言交际工具。在漫长的历史过程中，布依族创造了绚丽多彩的口头文学，有神话、传说、故事、诗歌、童话、童谣、戏曲、谚语等，内容丰富。

布依族习惯近水而居，山寨依山傍水，周围生长着茂密的竹林或风水树。寨前田畴纵横，河溪环绕，整个居住环境十分别致。布依族通常是几十户甚至数百户组成一个村寨。

布依族的住房依山而筑，因地制宜，利用坡地建成楼房，上层住人，下层圈养牲畜；有的修成半边楼，后半部为平房，楼房仍是下层圈养牲畜，其余部分住人；具有显著的山区特点。这就是历史上有名的“干栏式建筑”。

在贵阳市清镇、平坝、安顺、镇宁、关岭、六枝、普定等县市（区），布依族干栏式建筑是利用当地石材构建房屋，住宅为“内木外石”结构。除房屋内部的木柱之外，从屋基到墙体都用石块垒砌，屋顶也盖石板。布依语称“栏升”，意为石头房。

家中用具有石碓、石磨、石槽、石钵、石杵等，加上山寨的石砌寨墙和山顶的石砌古堡，形成典型的石头建筑群。它体现了布依族人民善于就地取材的聪明才智。布依族男子，就像布依族妇女都能纺织一样，人人都会石匠活。布依族有“木靠三分，石靠一分”的技术谚语，布依族人砌十数米高的石墙，不用任何黏合剂墙体也很稳固，屋顶采用薄石片盖顶。屋面用薄石片巧布，形成任意图案、菱形等纹样组合。布依族村寨石头建筑群浑然天成，给人以美的享受。

布依族服饰喜用青、蓝、白色这几种颜色。历史上布依族妇女均穿百褶长裙，并以蜡染百褶长裙或紫红百褶长裙为盛装。如今在布依族的三个土语区之中，只有黔西（第三）土语区的布依族妇女仍然保留穿这种古装的习俗。其上装为大襟短衣，下装为百褶长裙；上装袖口、盘肩、衣袖和衣摆，皆用织锦和蜡染的各种几何图案镶制，裙料用白底蓝花蜡染花布，所染图案与铜鼓纹饰相同。妇女婚前头盘发，戴织锦或绣花头巾，多着短衣长裤，戴绣花围腰或绸缎腰带。服饰典雅华丽，极富民族特色。近现代以来，黔南、黔中土语区的布依族妇女才改穿大襟衣，着长裤；襟沿、盘肩、袖口、裤脚都镶有“栏杆”；只有老年布依族妇女做寿衣仍保留百褶长裙。

布依族男子服饰受汉装影响较大，男子多包各种纹饰棉布头巾，系襟衣，着大襟衣或长裤。老年人多着长衫。其服饰制作特点是，所用布料皆为自己染织的各种颜色的丝、棉、麻等布料，大多数布依族家庭自己加工自己使用，只有少量用于出售。

布依族的工艺美术有蜡染、刺绣、织锦等。纺织的棉布质地优良，颜色花纹多至二十余种，很受市场欢迎。竹编有平塘、独山、荔波等地的斗笠、纸伞。荔波的凉席、平塘牙舟的陶瓷等也久负盛名。花溪黔陶的陶器品种多，精巧实用，极具特色。各地木雕、石雕制品的艺术价值也很高。

布依族的节日有农历三月三、四月八、六月六等，春节、端午、七月半等节日与内地汉族相类似，但过节内容与形式自有其民族特色。节日里布依族喜欢奏铜鼓为乐，跳铜鼓舞；用牛祭祀祖先，其祭坛亦以铜鼓奏乐。历史上布依族曾有以十一月为岁首的记载，这可能是部分地区的情况，至今独山、平塘、荔波一带还有在十一月过小年的习俗。

布依族地区的自然环境与物产

布依族地区位于温带，土地肥沃，雨量充沛，气候温和，年平均温度为16℃左右，大部分地区冬无严寒，夏无酷暑。境内山峦起伏，主峰云雾山在黔南的都匀、贵定、龙里、惠水、平塘之间，地势北高南低，海拔在1 000米以上；黔桂边界的河谷地带，海拔降至200米左右，属亚热带气候，冬季温暖，夏季热，年平均温度在19℃左右。

布依族地区境内河流纵横，水利资源极为丰富，主要河流有南盘江、北盘江、江水河、都柳江、剑江、三岔河、乌江、曹渡河、黄泥河、白水河等。江河蜿蜒于群山峻岭之间，形成许多大大小小的河谷盆地，俗称“坝子”。布依族人民把它们开垦出来，耕种水稻及各种农作物。南、北盘江和红水河流域是布依族的发祥之地。

布依族是水稻农业民族。布依族地区的粮食作物以水稻、玉米为主，其次是小麦、小米、荞麦、薏仁米、高粱、薯类、豆类等。棉花、油菜籽种植相当普遍。镇宁、兴仁、兴义、贞丰、安龙、罗甸、罗平、师宗、富源、马关等县市盛产甘蔗、红糖。布依族地区盛产的还有：贵定、兴仁、兴义等的烤烟；都匀、平塘、贵定、晴隆、普安、平坝等的茶叶；独山、贵定等的苎麻；册亨、罗甸等的冰片、木耳、木棉；镇宁、贞丰、荔波、册亨、关岭等的蓝靛；关岭、兴义、兴仁、六盘水及滇东南罗平、富源等的生姜；关岭、望谟等的桐油，特别是镇宁县的六马牌桐油，历来是我国出口免检产品。水果以兴义、惠水等县市的柑橘，罗甸、晴隆、关岭等地的黄果、脐橙较有名气。此外，桃、李、杏、梨各地都有出产。

南盘江、北盘江、红水河流域森林资源丰富，盛产杉木、松木、泡桐树等优质木材。大楠竹又称大龙竹，是红水河岸边的特产；江河之中鱼类极多，主要有鲤鱼、青鱼、油鱼、娃娃鱼（大鲵）等优质鱼类。布依族地区的密林深山之中，有虎、豹、熊、野猪、獐、狐狸、猴、白鹤、锦鸡等动物，林下资源出产杜仲、五倍子、天麻、麝香等药材。各种野生的中草药特别丰富，有“夜郎山水无闲草”之说。

地下矿藏丰富，有金、银、铝、锌、铅、石棉、水晶石、冰洲石、重晶石、玻璃砂、水银、煤、石油等几十个品种。六盘水市的六枝、盘州、水城有云贵高原最大的煤矿资源。黔西南盛产的黄金，分地面浅层金矿和深层金矿两种，因蕴藏量大、品位高、面积广，被誉为大西南的“金三角”。

布依族地区的名胜古迹，有被誉为“贵州高原之花”的贵阳花溪，有驰名中外的黄果树瀑布，还有安顺龙宫、清镇红枫湖、花江铁索桥、马岭河大峡谷、荔波小七孔喀斯特原始森林、安龙招堤等。

布依族族源、族称及民族形成

布依族源于古代“濮（卜）越（粤）人”。历史上有“濮”“越”“僚”“蕃”“蕃蛮”“八番”“仲农”“侬家”“土人”“夷越”“蛮夷”“夷人”“夷族”等称谓。

布依族在民国年间至1952年曾被称为“夷族”，中华人民共和国成立初期还建有数个夷族自治县、夷族自治区（乡），至1953年，贵州省人民政府征求本民族意愿并经国务院批准，才统一命名为“布依族”。这是用汉字“布依”或“布夷”来注音本民族自称 pu^{42}ʔjai^{42}［濮（布）越］或 pu^{42}ʔji^{42}［濮（布）夷］的表达方式，作为本民族的族名。

为何当时采用“布依”，而不用“布夷”或“夷族”作民族族名呢？根据布依族老革命家、新中国成立初期贵阳专区副专员、贵州省民族事务委员会副主任陈永康老先生对笔者的解释：“布依族的‘布依’族名主要是我参与定名的，并征求过李维汉同志的意见。‘依’与‘夷’同音，之所以不用‘蛮夷’的‘夷’，而用‘依靠’的‘依’，依靠谁呢？布依族就是要依靠共产党，人民当家作主进入了新时代。”

濮（卜）人

濮（卜）人是布依族族源之一。布依族自称“濮（卜）夷”［pu^{42}ʔji^{42}］或“濮（卜）越（粤）”［pu^{42}ʔjai^{42}］，用汉字记音还可写成“布越依”“布夷”“布依”等。“濮”或“布”［pu^{42}］，在布依语中是“族”或“人”的意思。《南蛮源流史》也说：“濮又作布，转变为‘人’的意义。战国时湘北的濮族，还有的南迁到湘南、粤北及广西，而融合于百越（粤）族之中，故至今壮族自称为布爽、布依、布馋、布曼、布沙、布陇、布土，侗族自称布金，还有贵州的布依族等都带有‘布’字，仍保留有濮（卜）人血缘‘融入’的痕迹。”

濮人渊源久远，《史记·五帝本纪》云：“帝颛顼高阳者，黄帝之孙而昌意之子也。”又称：“昌意，降居若水。昌意娶蜀山氏女，曰昌濮，生高阳。”“昌”含有“昌盛”之义。昌意之妻曰昌濮，《路史·后纪五》注引《古今姓氏书辩证》曰：“昌出昌意，则昌或始封也，然任后自有昌。”这时黄帝族已由母系氏族社会进入了父系氏族社会。昌濮嫁往男方昌意，而从夫姓为昌，犹如周代的姜姬、嬴姬那样，即姬姓女儿嫁于姜姓、嬴姓，而将男方的姓冠于女方的姓之上。那么，昌濮即为濮族的女儿。“昌意娶蜀山氏女”亦即“蜀濮族女”。据《白虎通义·姓名篇》所引《刑德放》又云：“禹姓姒氏，祖昌意以薏苡生。”说明濮（卜）人是属于中华汉藏语系族群先祖黄帝、大禹后裔，布依族正是中华汉藏语系族群的主要民族之一。

商朝末年，周武王起兵伐纣时就有濮人参加。《尚书·牧誓》载：“王曰：‘嗟！我友邦冢君，……及庸、蜀、羌、髳、微、卢、彭、濮人。称尔戈，比尔干，立尔矛，予尔誓。’”这里的濮人可能主要分布于蜀之东南和楚之西南至澜沧江以东的广大地区，他们无疑是包括布依族在内的中华汉藏语系族群。《逸周书·王会解》说：“卜人以丹沙。”晋朝孔晁注：

"卜人，西南之蛮，丹沙所出。"又其下小注："卜，即濮也。沙，今作砂。"这说明濮（卜）人很早就掌握了攻取丹砂（朱砂、水银）的技术。晋代《华阳国志·南中志》说："句町县，故句町王国名也。其置自濮，王姓毋，汉时受封至今。"句町王乃濮（卜）人，其民自以濮（卜）人为主。《汉书·地理志》说："句町，文象水东至增食入郁水。又有卢唯水、来水、伐水。"东汉应劭注曰："故句町国。"其地在今广西壮族自治区的隆林、西林、隆安、凌云、田林、百色等县市，以及云南省的广南、富林、罗平、师宗、富源等县和贵州省黔西南布依族苗族自治州的册亨、望谟、兴义等县市的部分地区。这些地区至今仍是壮族和布依族的聚居区。"句町"一名清楚地反映出布依族先祖"濮（卜）越（粤）人"的命名习惯。如越人命名，在人名之前就常冠以"句"（古时与"勾"互通）或"无"（又作"毋"或"亡"）字，如"句吴""句卑""句践""无颛""无疆""无诸"等；地名前亦常冠以"句"字，如"句无""句容""句章"等。"句町"一名既以"句"字冠于前，其王又姓"毋"，另有一王则名"亡波"，这种命名习惯恰与濮越人相同。我国史学界一般认为："应视为越人的名字。……故夜郎、句町、漏卧的濮（卜）人实际应是越人。"王文光教授在《中国古代的民族识别》中说："通过对考古资料和有关史料的分析，我觉得先秦时期西南的濮人只指属于百越系统的人们共同体。"总之，"濮（卜）越（粤）人"属于中华汉藏语系族群先祖，布依族无疑是古代濮越人的后裔之一。

越（粤）人

越（粤）人是布依族族源之一。"越（粤）"亦称"戉"或"钺"，指有肩有段玉器、石器及扁平穿孔石斧、玉斧。"石戉、玉戉"可以安柄，作为砍劈工具和进攻防御武器，进而发展为礼器。布依族先祖，由使用戉而发展为部落名，继而由戉发展为越（粤）人部族名、民族名。史学家罗香林在《越族源出于夏民族考》说："按越族之'越'，甲骨文作戉，字形作 ，金文字形作 ，盖象斧戉之形。其后以文字之辗转假借，原义寝昧乃加走旁为度越之越，并为越族之越。殷墟甲骨卜辞记'戉'事者颇多。"说明"越"作为一个族名，殷商时期就有了，甲骨文中的"戉"就是后来通称的"越族"。又"禹"为中华汉藏语系族群的夏朝之祖，亦称夏禹。"夏、越"或"禹、越"的关系如何？卜辞里常见"戛"字。董楚平教授在《吴越文化新探》说："郭沫若断'戛'为'殷之先公'，康段释'戛'作夏代之夏的本字。二人皆释作名词。就词性而言，与句意相合。但究竟是人名还是朝代名？按句意，戛是祭祀对象，应该是人名。康说可排除。……祭祀是殷墟卜辞的重要内容，不可能没有禹字，而现有的甲骨文未有'禹'的祖型字。窃疑戛即禹的初文，该字由'夏''戉'两字组合而成，是会意结构，'夏'是'中国之人'（《说文》），'戉'是'王斧'（《字林》）。'戛'是第一个执钺称王的'中国之人'，此人即禹。""《风俗通义·皇霸》引《尚书大传》：'禹者，辅也。'《广雅·释诂四》：'禹，舒也。'这些是声训，说明禹字古音同辅、舒。《春秋》昭公二十年：'徐于章羽奔楚。'《左传》《公羊》作'章禹'。羽、禹古音相同。羽、辅、舒都在鱼部。戉古音同斧，也在鱼部。戛字从夏从戉，除合意外，可能还有形声性质，即从戉声。戛、禹音同，亦为戛为禹字的一条内证。……卜辞的'戉'即夏，'戉'即禹，其字表明，夏、禹与戛关系密切。……田野考古表明，二里头夏文化是当时全国钺器最发达的文化，最早的钺器制作中心在长江以南太湖流域，后来转移到中原伊洛平原。长江流域与黄河流域两地先民有族群渊源关系。"

《史记·封禅书》说："禹封泰山，禅会稽。"《国语·鲁语》说："昔禹致群神于会稽之山。"《墨子·节葬下》说："禹东教于九夷，道死，葬会稽之山。"《夏本纪》说："帝禹东巡狩，至于会稽而崩。"《左传》说："哀公七年，禹会诸侯于涂山，执玉帛者万国。"此当为大禹主持的在百越（百粤）族地区举行的汉藏语系族群部落联盟大会，为的是扩大国家的统治基础。越国起于中原少康之世。是少康子"于越"受封于会稽，发展了百越族文化。《史记·越王勾践世家》说："越王勾践，其先禹之苗裔，而夏后帝少康之庶子也。封于会稽，以奉守禹之祀。"《正义》引贺循《会稽志》云："少康，其少子号于越，越国之称始于此。"说明古代汉藏语系的百越（百粤）族奉"帝禹"为先祖，并隆重祭祀帝禹。在长江下游距今7 000年前的河姆渡文化就已出现玉钺、石钺，而距今5 000多年到4 200年前的良渚文化则是我国玉钺、石钺最发达的史前文化。在长江中游的屈家岭文化和岭南的石峡文化都有石钺，后者还有玉钺。中原本是椭圆形石斧的主要产地，可是在河南龙山文化中突然出现了扁薄穿孔石斧（石钺），在晋南的陶寺类型晚期墓葬中也出现许多磨制精致的石钺、玉钺，甚至有有肩玉钺。在二里头夏文化遗址中，穿孔石斧（石钺）为其他重要石器之一，制作精良的玉钺大量出现，二里头文化还出现了青铜钺，揭开了钺史的新篇章。从此，钺的主要产区从长江下游转到了中原，《说文解字·戉部》曰："戉，斧也……司马法云，夏执玄戉，殷执白戚，周左杖黄戉，右秉白髦。"《诗·商颂·长发》曰："武王成汤载旆，有虔秉戉；如火烈烈，则莫我敢遏。"《史记·殷本纪》曰："汤自把戉，以伐昆吾，遂伐桀。"《尚书·牧誓》曰："（周武）王左杖黄戉，右秉白旄以麾。"斧钺成了夏、商、周三代王权的珍贵礼器象征，这说明自先夏时代开始，南方汉藏语系族群与中原汉藏语系族群已有密切的文化交流。出现这种情况有两种可能：一种是中原汉藏语系族群到南方学习和掌握了石钺、玉钺的先进制造技术并带回中原地区；另一种是南方汉藏语系族群北上中原并同时带去了石钺、玉钺的先进制造技术，留在南方者则继续发展当地的百越（百粤）文化。不管哪种情形，这都是汉藏语系族群内部的文化交流，相互学习、守望相助是族群内部的手足之情，是中华文化传承和发展的优良传统。

《吕氏春秋·恃君览》说："扬、汉之南，'百越'之际。"高诱注曰："扬州、汉水之南。"《尔雅·释地》曰："汉（水）南曰荆州，江（水）南曰扬州。"《淮南子·地形训》曰："东南神州曰农土，正南次州曰沃土。"说明古代越人分布广、支系多，故而有"百越"之称。

百越支系是指"夔越""扬越""大越""於越""山越""闽越""南越（粤）""东欧""西欧""骆越""夷越""滇越"等。王文光教授在《中国古代的民族识别》中说"（西南地区秦汉时期）百越系统的民族群体，是'越裳''滇越''掸''滇族''夜郎'"等。按此，布依族的族源主要来源于云贵高原的"夷越""骆越""滇族""牂牁""夜郎"等古代百越系统的民族群体。

《华阳国志·南中志》说"南中在昔盖夷越之地"，又说："蜀之为国，肇于人皇……历夏、商、周，武王伐纣，蜀与焉。其地东接于巴，南接于越，北与秦分，西奄峨嶓。地称天府。""南中"即今贵州省、云南省及四川省南部，这一地区历来都住着夷越人，他们是今日布依族的先民。《华阳国志》为蜀人所撰，本地人记本地事，史料翔实，历来为史学界推崇。该书对"夷越"，同时称之为"夷濮"，《后汉书》则称之为"夷僚"。可见"夷越""夷濮""夷僚"都是古代布依族先民的不同称谓，都是用汉字对布依族自称的音意表述。

夷越实指骆越的一个支系。北魏《水经注》引《交州外域记》说："交趾未立郡县之时，土地有骆田，其田随潮水上下，民垦食其田。因名骆民。"说明"骆越"之意即"垦食骆（雒）田的越人"。骆田不只交趾地区有，红水河、南盘江、北盘江广大地区也有。布依语称山间谷地为"洛"（lu^{213}），"洛"与"骆"同音，"骆田"就是山谷里的稻田，布依语称为"那洛""纳洛曼""那洛如"等。古人把垦食骆田的越人称为骆越，以别于越人其他支系。每年洪水来临，将河岸良田冲毁，洪水过后又重新垦殖，故曰"其田随潮水上下"。这种耕作方式，在今布依族地区还能看到。

滇族也是越人的一支，最早记载于《史记》。王文光教授在《中国古代的民族识别》中说："《史记·西南夷列传》载：'其（指夜郎）西靡莫之属以什数，滇最大……此皆椎髻，耕田，有邑聚。'则滇族是一种定居的农耕民族，其分布中心在滇池区域，从族属上看他们属于古代百越民族群体。"考古学家张增祺教授在《滇国与滇文化》一书中也认为："云南古代有大量越人分布……滇池区域发现的越文化遗物：'有肩石斧''有段石锛''靴形铜斧''铜鼓''铜桶''椎髻''纹身''祭柱''居住干栏''便于操舟'等……滇池区域的青铜文化主要是由古代越人中的一支创造的。"许多滇族文化特征如"耕田""有邑聚""椎髻""祭柱""居住干栏""便于操舟"等至今仍在布依族中得以传承。

其疆域主要在今贵州高原的牂牁国和夜郎国，也是古代越人的分布区。《贵州古代史》说："夜郎国的前身是牂牁国，夜郎国由牂牁国发展而来。"又说："今（贵州）乌江以南，云南曲靖以东，从江以西，为牂牁国北境。牂牁国全境，今乌江以南，延展到广西。""它的政治中心在夜郎邑（今安顺市）。"《管子·小匡》说："（齐桓公称霸）九合诸侯，一匡天下，南至吴、越、巴、牂牁、不庾、雕题、黑齿、荆夷之国……""荆夷"即楚国。《管子·小匡》将牂牁国与吴、越、巴、楚等国并列，显示牂牁国是南方著名的国家之一。《太平御览》卷七七一引《异物志》说："（牂牁国）处牂牁江上，因以江名国。"又说："俗人谓之越王牂牁。"牂牁江，即今珠江上游红水河，南、北盘江。这说明春秋时期的牂牁国是越人国家，国家之王称"越王"，故而冠以"越王牂牁"。

战国初年，牂牁国衰。牂牁江下游南越（粤）国兴起，上游夜郎国兴起，夜郎国取代了牂牁国。夜郎国和南越（粤）国同行椎髻之俗。《论衡·率性》说：南越（粤）王"赵佗本汉贤人也，化南夷之俗（越人有断发、椎髻两种头饰），椎髻箕居，好之若性"，自称"蛮夷大长老"。《史记·西南夷列传》说："西南夷君长以什数，夜郎最大……此皆椎髻，耕田，有邑聚。"是时，夜郎国与南越（粤）国的风俗和生计大致相同，其椎髻、耕田、有邑聚与布依族类似。布依族金氏自称夜郎王后裔，并有《金氏家谱》保留至今，是研究夜郎国文化的重要材料之一。其原件保存于贵阳市花溪区竹林村金在纯村主任处（伍文义教授1985年进行民族调查时收集复印）。清康熙《金氏家谱·序》说："传闻汉初有西蜀女浣物于遁水，有大金竹长三节流入足间，其中有声，剖之得一儿，归养之，有才武，众归从之，自立为夜郎侯。指金竹为姓，今杨老三郎塘是其地。竹二郎、三郎是其子也。越三世而有金筑多同，袭夜郎侯职。汉武帝元光五年以番扬令唐蒙为中郎将，率千人入夜郎，厚赐多同，喻以威德，约为置吏。元鼎五年夜郎侯金筑多同入朝，汉武帝封之为夜郎金筑王。置夜郎县，属牂牁郡。且兰君叛，汉武帝诏金筑多同讨之，且兰平，汉武多同夜郎王功，厚赐之至。唐贞观十七年，夜郎金筑王入朝，太宗嘉其远归，赐李姓，改置夜郎州。属四川遵义府，今本宗有承李姓为土司者。开元二年改为金筑安抚司，去其夜郎王号。"又说："明洪武四年十二月，密定赴京朝觐，授承直郎。洪武十年改授金筑安抚司。降到维字二十二号铜印一颗，升授奉直大夫，世袭。”此文与《汉书》《华阳国志》记载类同，说明布依族是古代南夷滇族、牂牁国、夜郎国的濮越人后裔。

僚　人

僚人是布依族族源之一。“僚”，音“老”［lau⁴²］。汉、晋以后在布依族地区僚人作为一个民族集体出现，而濮越少见记录。但濮越这一族名称呼并未消失，而始终保持在近现代布依族中。布依语自称“布依”“布越依”“布饶（濮僚）”，而“布”即“濮”。同语族的广西壮族也有布壮、布土、布寮（濮僚）等，也在内部保持着古代“濮（布）”的族名称呼。僚人是汉、晋以后濮越族群在新的历史时期的族群称谓。

僚人分布很广。《太平寰宇记》说：“僚，音佬。在牂牁、兴古、郁林、苍梧、交趾。”“交趾”即今越南北部地区；“郁林、苍梧”地在广西。今老挝国，古称“哀牢”。明《皇明象胥录》曰：“哀牢即老挝也。”又称“寮国”，“寮”即“僚”之异写，老挝语言与布依语相近，亦说明僚人从濮越人中发展而来。布依族先祖是汉、晋以后牂牁郡、兴古郡的僚人。可能在这一地域里形成了具有共同语言、共同经济生活习俗的人们共同体。

僚人喜近水滨山谷，积木以居，名“干栏”。布依语称建房为“阁兰”，称住房为“干栏”。干栏式建筑是布依族的主要建筑形式，源于古越人的干栏巢居。

僚人铸铜为鼓，对铜鼓十分珍爱，布依族亦然。黔西南布依族苗族自治州普安县出土有青铜钺的沙石范铸造模具，范上有“凸”形符号，时间在汉文帝年间（公元前179—公元前157）。这一带又有铜鼓山地名。贵州赫章县可乐汉墓出土的铜鼓套头葬，与广西桂北壮族地区出土的铜鼓套葬相似。明弘治《贵州图经新志》也说：“仲家（布依族）……铸铜为鼓。”这是明代布依族制造铜鼓的明确记载。在云南和贵州的明清地方志之中，也只发现有布依族“铸造铜鼓”的记载。布依族民间亦有《祭铜鼓经》和《造制鼓经》传承至今，还保存和使用着大量祖传铜鼓。铜鼓花纹精致、美观大方，其与布依族妇女服饰的织锦、蜡染工艺制品的纹饰相同，说明铜鼓等青铜文明一直贯穿在布依族古今文化之中。这些均显示布依族对古代濮僚文化的继承性，反映了僚人文化与布依族文化的历史渊源。

蕃蛮、蕃、八蕃

隋唐时期，布依族被称为“蕃蛮”。“蕃”古音读“博”，是布依族“布”字的同意异写。蕃、博、布的地名遍布古代越（粤）人地区。如秦汉时期广州城就称“番禺城”，《汉书·西南夷两粤朝鲜传》说“夜郎者，临牂牁江”，“道西北牂牁江，江广数里，出番禺（广州）城下”。又据《广州市志》等史志记载，古代广州城内有著名山丘，分别是“番山和禺山”，秦汉时期广州城即以有“番山”和“禺山”而称为“番禺城”。今广州城内有“禺山路”地名，又在越秀山镇海楼后面发现一座唐墓，墓内石碑记载该墓位于“番山之左，越井之下”，佐证了唐朝之时人们仍称越秀山为“番山”，且其地还有“越井”之名。在珠江上游布依族地区，唐代时期因蕃蛮首领姓谢，而有东谢蛮、西谢蛮、南谢蛮之分。《旧唐书》载“（谢蛮）依树为层巢而居，汲流以饮”，“有功者以牛马、铜鼓赏之”，“坐皆蹲居，男女椎髻”。其风俗习惯是僚人的延续。今安顺、贵阳、长顺等县市，布依族谢氏为数不少，有的布依族村寨三百余户，亦全部姓谢。所以《布依族简史》说“谢氏是黔中一带的布依族上层”。

宋初，“诸蕃以龙氏为宗，称西南蕃主。分龙州部落、东山部落、罗波源部落、训州部落、鸡平部落、战洞部落、罗母珠部落、石人部落等八大部落分支”（《宋史·蛮夷四》）。其地望在今贵州的安龙、罗甸、册亨、兴义、镇宁、贵阳等市县，与目前布依族的聚居分布状况一致。“西南番中部族数十，独五姓最著。”所称五姓，即龙、罗、石、方、张等五蕃；后增加韦、程二蕃，称为七蕃；到元代又增加卢蕃，统称八蕃，领地在今贵州惠水、长顺一带。元世祖至元十六年（1279）置“八番宣慰司统其地”。“八蕃”亦称为“八蕃”。八番是布依族地区的地方政权，其首领姓氏中如卢、罗、韦、龙、石等至今还是布依族中人口众多的大姓。

仲 家

《元史》说：“栖求等处仲家蛮。”此为布依族被称为“仲家”见诸史籍之始。“仲家”的来历，清《贵阳府志》卷八十七载：“先是马殷时，遣马平、龙德寿等率柳州兵讨略两江溪洞，数岁始平之。而殷已卒，希范嗣立。晋天福五年至南宁州（今贵州惠水县），南宁州酋长莫彦殊率其本部十八州附于马希范，遂留德寿等戍其地，与将校七族各番南宁，而受土以时因番上，因称八蕃，亦称八番，而仲家之苗亦因是起焉。殷所遣之大将盖姓仲氏，故称仲家去。”民国《贵州通志》所言与上略同。道光《安顺府志》也说：“仲家，相传仲之始祖奉檄而来，身穿重甲，因名。”然不知所本。查《五代史》及《资治通鉴》等不见记载。唯《新五代史·马殷传》说：“溪州刺史彭士愁率锦、奖诸蛮攻澧州。希范遣刘勍、刘全明等以步卒五千击之，士愁大败。勍等攻溪州，士愁走奖州，遣子师率蛮降于勍。溪州西接牂牁、西林，南通桂林、象郡。希范乃立铜柱以为表，命学士李皋铭之（按：此铜柱立于今湘西土家族苗族自治州永顺县，今尚存）。于是南宁州酋长莫彦殊率本部十八州、都匀酋长尹怀昌率其十二部等皆附于希范。”可见马希范征讨两江溪洞，势力仅达于今湘西，从未深入布依族地区。当时布依族首领莫彦殊等望风归附，并非楚用兵讨平。且征讨两江溪洞者是刘勍、刘全明，不是马平、龙德寿，更不是“姓仲氏”。我国学术界有“仲”与“僮”谐音和由“种稻”而称“仲家”之说。《弥勒州志》也说：“种家亦作仲家。”布依族是水稻农业民族，人们根据其经济生活、生产方式，呼之为“种家”。由“种”演变为“仲”，这才是仲家的真实来源。

夷人、夷族

夷人、夷族是古代布依族的称谓之一，主要源于《史记》把西南地区民族统称为“西南夷”，并把他们分为两类：一类是“南夷”，另一类是“西夷”。两者都是汉藏语系族群。南夷的民族特征和经济生活是“皆椎髻，耕田，有邑聚”；西夷的民族特征和经济生活是“皆氐类，编发，随畜迁徙，莫能相雄长”。布依族是古代“南夷”“皆椎髻，耕田，有邑聚”的滇族、牂牁国、夜郎国的后裔。《华阳国志·南中志》说“南中在昔盖夷越之地”，又说：“蜀之为国，肇于人皇……历夏、商、周，武王伐纣，蜀与焉……（蜀地）南接于越。”蜀国的南部与贵州、云南两省接壤，当地居住的是“夷越”，故而称“蜀地南接于越”。《论衡·率性》也说：南越（粤）王“赵佗本汉贤人也，化南夷之俗（越人有断发、椎髻两种头饰），椎髻箕居，好之若性”，自称“蛮夷大长老”。《史记》又说：“夜郎侯始依南越（粤），南越已灭，会还诛反者，夜郎遂入朝，上以为夜郎王。”夜郎国与南越国的关系，无论“皆椎髻，耕田，有邑聚”的风俗，还是在政治、经济和军事上都非常密切。两地人民亦称为“蛮夷”或“南夷、夷越”。“夷”“越”即布依语自称为“濮（布）夷”或“濮（布）越（粤）”。云贵高原汉语方言“依”“夷”同音，用汉字注音即为“布依”或“布夷”，意为“夷人”或“夷族”。农村汉族人民至今仍习惯称布依族同胞为“夷家”“夷族”。如民国《镇宁县志》所载的“夷族”“夷家”，就是中华人民共和国成立后的镇宁布依族苗族自治县的布依族。

布依族历史演进与发展

经过漫长的原始社会，到春秋之后，布依族先民迈入阶级社会的门栏，生活在牂牁国、夜郎国、句町国之中，处于奴隶制社会时期。汉魏六朝以后，布依族进入封建领主制社会。明清时期，布依族进入封建地主制社会。鸦片战争之后，布依族社会属于半殖民地半封建社会时期。

牂牁、夜郎时期的布依族社会

经过漫长的原始社会，到春秋之时，布依族先民生活在牂牁国里，开始迈入阶级社会的门栏。《太平御览》引《异物志》说："（牂牁国）处牂牁江上，因以江名国……俗人谓之越王牂牁。"《管子・小匡》中齐桓公言："余乘车之会九，兵车之会三，九合诸侯，一匡天下，南至吴、越、巴、牂牁、不庾、雕题、黑齿、荆夷之国，莫违寡人之命。"注曰："皆南夷国号。"说明齐桓公称霸之时已有牂牁国。当时齐桓公称霸中原，周天子派使者慰劳，各国贡献方物，牂牁国也有所贡献。因牂牁国是越人地区，统治者称"越王"，特冠之以"越王牂牁"。《贵州古代史》说："今乌江以南，盘江以北，云南曲靖以东，从江以西，为牂牁国北境，南境辖有广西、广东部分地区。"

古牂牁国的起源和地域牵涉古牂牁江。牂牁江有广狭二义。狭义的牂牁江，专指今南、北盘江在贵州望谟县蔗香汇合后东流于黔桂界上的红水河，最初独称牂牁江。牂牁国因兴建在这一流域而得名。江名在先，国名在后。广义的牂牁江，包括今南盘江、北盘江、红水河、浔江、西江、番禺江等。因牂牁国势力强大后，沿牂牁江上下游扩展地域而得名。

"牂牁"一词，历代史书形体各异。"牂"，有"牫、戕、或"三异体；"牁"，有"牱、柯、戨"或"戕、牫、哦"等六异体。各书用字很不统一，显然不是汉语称谓。"牂"［tɕiaŋ^{213}］在布依语中是两山中的凹地。"牁"［ko^{213}］有两种含义：一为江中竹筏靠岸时船工系缆绳的动作，称"柯"［ko^{42}］；一为布依族信仰竹图腾，老人过世，要栽大楠竹进行超度，此竹称"柯"［ko^{213}］。因此，"牂牁"一词应是布依语的汉字记音，意为江边产竹地。这说明古文献记载客观上反映古布依语的语音和语意，是用汉字字形对古布依语的音意表述。

以当时中原大国为例，从建国至强盛约需百年，边远的邦国进展较慢，当在百年以上。由此推测牂牁国的上限应始于西周中叶。布依族地区出土数十件有段石锛、有肩石斧等石钺，这些新石器分布于今贵州兴义、兴仁、望谟、普安、盘州、水城、威宁、毕节、赫章、清镇、平坝、长顺及贵阳市的乌当区等十余个市县，距今四五千年，相当于殷商至战国初期。其形制与越南和我国广东、广西、海南、云南等地出土的同类器物相同。布依族先民古越人，正因为使用器而发展为氏族部落名，进而发展为民族名。考古文物说明，牂牁国立国之前，当地就已有大批越人居住。同时当地还出土了春秋至战国、秦汉时期的“羊角钮铜钟”“一字格曲刃铜剑”“靴形铜钺”“心形铜钺”“铜斧”“双耳铜釜”等青铜器，具有明显的古越人文化特征，其形制与越南和我国广西、广东、云南及等地出土的同类器物相似或相同。其年代适为牂牁国立国之后，并一直延续至夜郎时期。建立牂牁国的民族，当是布依族先民“濮越人”，红水河和南、北盘江流域至今仍是布依族的主要聚居区。至战国初，牂牁国衰，南有南越国兴起，占领它的南部、中部，以番禺（今广东省广州市）为首邑；北有夜郎国兴起，占领它的北部（老根据地），以夜郎邑（今安顺市或黔西南）为首邑，贬原牂牁国君及族人，使居夜郎邑东北的小邑且兰（今黔南布依族苗族自治州福泉市）。牂牁国便以“且兰”为其国号，就近接受夜郎国统驭。牂牁国于是缩小成且兰小邦。

夜郎国建立之后，迅速扩大势力，东南降服了毋敛国，西南降服了漏卧国，西边征服了莫与同竝等小国，北面越过延江（今乌江）北岸，征服了鳖国、鳛国及蜀国东南的僰国、巴国南境，唯独东边的黔中地属楚，夜郎君长不敢侵犯。这样，便形成了战国时期的大夜郎国，其控制的幅员有四分之三的贵州、四分之一的云南、广西西北少部分、四川少许地方，缺今贵州东部。夜郎国除原国北境为直辖领土外，其他控制地区，今独山、荔波是当时的毋敛国，福泉及都匀北半部是且兰国，绥阳、遵义、桐梓是鳖国，习水是鳛国，仁怀、赤水及四川叙永一带是蜀国东南境与僰国。正安、德江是巴国南境，威宁以南是莫国，还有云南、广西小部分地区是同竝、句町国。这是广义的夜郎国。故《史记·西南夷列传》说：“西南夷君长以什数，夜郎最大。”夜郎国在牂牁江流域发展起来，《史记》载：“牂牁江广数里，出番禺城下。”又曰：“夜郎者，临牂牁江，江广百余步，足以行船，南越以财物役属夜郎。”可见南、北盘江到四会入海处都可名牂牁江，而夜郎国所临牂牁江地段，则指的是今南、北盘江和红水河流域。这一地区居住着众多的布依族先民，出土的诸多靴形铜钺、心形铜钺、铜斧、双耳铜釜、羊角钮铜钟、一字格曲刃铜剑等古越人青铜器文物就是明证。但夜郎国国土发展后，其控制区已大大超出布依族先民的聚居区。这些区域里可能生活着众多部族，即夜郎国并非单一的民族国家，是他们互相交往、互相学习，共同开发了夜郎国的经济和文化。

夜郎国信仰竹图腾，《华阳国志·南中志》说：“有竹王者兴于遁水，有一女子浣于水滨，有三节大竹流入女子足间，推之不肯去，闻有儿声，取持归破之，得一男儿，长养有才武，遂雄夷濮。氏以竹为姓，捐所破竹于野，成竹林，今竹王三郎神是也。”“竹王”即夜郎王，“遁水”即今北盘江。其母“浣于水滨”，说明他们是北盘江边傍水而居的民族，这与布依族居住特点与习俗相同。“竹王生于竹中”是竹图腾信仰的反映，亦可与今布依族农村普遍存在的竹图腾崇拜遗迹互相印证。其主要反映在举行宗教仪式时，必须选择吉日，请本民族祭司布摩设坛祭供，并按传统礼节摆上象征竹神的新鲜竹子。其内容可大致分为祈子祈福和驱邪除病两种。

祈子祈福仪式，包括“神竹送子”“产妇屋内的神竹要等到将来该妇女超过生育年龄时才能取下”“老年人逝世，灵魂随竹神升天”“家族神房每年更换新竹”等。中华人民共和国成立前，大部分布依族地区在新媳妇怀上第一胎时，为了让其顺利生育，都要举行“改都雅”［khe^{42}tu^{11}ʔja^{35}］仪式，届时由舅家选择两棵高度相同、竹节一致的金竹（竹尖留有竹叶，表示生命旺盛），选派两名男性长者送竹前来祝贺。布摩用此竹弯成拱门形，门上挂红纸人形和红绿纸花，纸人图案互相牵手，金竹代表舅家“送子送孙”。祭竹供品有糯米饭、猪肉、鸡等，布摩诵词“谢竹赐子”，祈祷祖神保佑。祭毕，又将神竹安在孕妇的卧室门口或床头墙上。主家宴请亲友，相信经此仪式，孕妇便能顺利生育。

在北盘江沿岸的六盘水、晴隆等市县、特区，布依族举行这个仪式，是由布摩采新鲜楠竹破成一只船形，船上扎一茅草人，草人身缠一竹桨，作为祈子神物，仪式中需将竹船放在水缸脚祭供，认为竹船渡魂魄过江，孕妇便能顺利生育。虽然形式不同，却都反映了“神竹送子”的宗教信仰及崇拜礼仪。

贵阳市花溪区金竹镇一带的布依族，中华人民共和国成立前当小孩出生满“三朝”时，或遇小孩长期生病不愈者，要请布摩祭神，举行“栽神竹”仪式。生男孩者，栽金竹一篷；生女孩者，栽水竹两棵：意为“让竹神与儿做伴，护儿生长”。因此，这种仪式栽竹都很细心，必须保证成活。布摩在诵词中祝贺小孩“像竹笋一样生长，如树林般不惧风霜”。安顺市的镇宁、关岭、紫云、普定等市县亦然，但只有独子之家才举行，且只栽金竹。栽种后在独子长到 18 ~ 20 岁前，此竹不得任意砍伐。若需用竹，也要用酒肉先行供祭，由独子亲手砍第一棵竹子，其他人才能采用。

布依族对年老逝世者的超度仪式，礼节非常复杂。特别是古谢王［ku^{213} çiɛ^{35} waŋ^{11}］仪式，要砍牛或砍马祭祖，以铜鼓、唢呐、长号等乐器吹打伴灵，族中守孝数日，请布摩念经超度，俗称“办土斋”。丧家大门口要栽一棵数丈高的带叶大楠竹，作为死者灵魂的“升天通路”。此神竹布依语称“戈哥”［kuə^{33} ko^{213}］。神竹底部供酒、大米、鸡鸭等物。由肩扛宝剑或长刀的布摩安排孝子跪竹。再带孝子孝媳“绕竹送灵升天”，称“豪洛”［hau^{42} loŋ^{42}］。豪洛之后，才到村外敞坝“豪吉”［hau^{42} tçie^{42}］，砍牛与砍马雷同。贞丰、望谟一带，布摩在请死者的灵魂时念曰：“请你从水竹口来，请你从楠竹口来，来享儿孙酒、来吃儿孙鱼……”说明在布依族古代意识中，认为人的灵魂与神竹互相依存。神竹是人类生命、灵魂的派生、归宿之物质载体。这种观念的产生还伴随有严格的宗教礼仪。

黔南州的龙里、贵定一带，被布依族选作“戈哥”的楠竹，须由孝子亲自带鸡、酒、稻穗去敬拂竹林，并给选定的楠竹带上孝帕，行“下跪礼”后方能砍竹。这正是信仰者使用图腾物时，必须先行敬供的礼仪。出丧时，亦由孝子肩扛楠竹在灵柩前“引路”，孝女孝媳背糯米饭、米酒在后“送灵”。上山垒好坟墓后，将竹幡插于坟上，以后定期祭扫。

六枝特区郎岱茅口布依族乡和隔北盘江相望的晴隆县，每个布依族村寨都有一个寨神房，作为各户祖灵的共同住所。布依语称“报吉兜”［pau^{35} tçi^{11} təu^{33}］。寨神房高 2 ~ 3 米，用楠竹搭为三层，上盖竹制半圆形屋面，称“家跃”［tçiak^{35} jiau^{33}］。每年除夕之夜，各家带酒肉前往祭供，采数枝带叶竹丫带回，插于堂屋敬供，意为“接祖先回家过年”，称“冉报”［zaŋ^{213} pau^{35}］。神房的家跃，由寨老每年更换新竹，形如年底修理住宅之俗。

在平塘、惠水两县，布依族还有种竹保寨的“保蛮”［po^{42} ʔban^{42}］仪式。中华人民共和国成立前，若遇突发疟疾或伤寒而久治不愈者，便要请竹神驱除“疫鬼”。仪式由寨老主持，用四篷带根竹子祭祀，每户出钱若干买牛、鸡敬神。布摩在祭词中称这四篷竹子为“四报濮老”［ɬei^{35} pau^{35} pu^{42} lau^{42}］，意即“四位老人”。祭礼中用鸡血淋于竹叶，由寨人把此竹分别栽于四方路口，意为“神竹保寨”。这就不仅将图腾物拟人化、神化，而且赋予它驱邪除病、保护村民等功能。

上述布依族普遍存在的竹图腾文化现象所分布地带与《史记》《汉书》《华阳国志·南

中志》记载的牂牁、夜郎地域相吻合，显然是牂牁、夜郎文化在布依族中的传承，证明了布依族文化与古牂牁、夜郎文化的渊源关系。布依族先民是夜郎国的民族之一。

封建领主制时期的布依族社会

汉魏六朝以后，布依族进入封建领主制时期。一些布依族大姓凭着雄厚的实力，演变成当地的封建官僚，为维护祖国统一贡献了力量。东汉时，导江卒正（蜀郡太守改名）公孙述自称天子，改益州为司隶校尉，改蜀郡为成都尹。越嶲任贵杀王莽任命的大尹，据郡降述。但布依族地区的牂牁郡功曹谢暹不为所动。恰时刘秀在河北称帝，正图恢复汉的统治，谢暹遣使绕道番禺江（珠江）向刘秀进贡。刘秀在中原政局未定的情况下，得到遥远的贡物、政治上的支持，对谢暹予以特别嘉奖，封其为义郎，寓有维护刘秀汉朝统治之义。此后，谢氏子孙世代承袭、雄长牂牁。东晋成帝咸和八年（333），成汉李寿破宁州，南中尽为成汉所有，“惟牂牁谢恕不为寿所用，遂保境独为晋，官至抚夷中郎将、宁州刺史冠军”（《华阳国志·南中志》）。咸康六年（340），成汉李寿又派将军顾奕征牂牁，“太守谢恕保城拒守者积日不拔”（《晋书·李寿载记》），再次受到晋廷嘉奖。梁末宁州刺史徐文盛回军救台城之变，南中郡县多为建宁爨氏所据，“惟牂牁为梁、陈守，然朝命之不及，自推其豪族为守令，而谢氏、宋氏兴焉”（清《安顺府志》）。唐高祖武德三年（620），谢龙羽“遣使朝贡，授龙羽刺史，封夜郎郡公”（《旧唐书·南蛮西南蛮传》）。唐王朝采取“以故俗治之”的策略，继而在布依族地区建立了“庄、琰、盘、矩”等羁縻州，设立刺史、将军等职，于黔州设都督府以统之，为以后的土司制奠定了基础。谢氏是黔中一带的布依族上层，其“依树为层巢而居、汲流以饮”“有功者以牛马、铜鼓赏之”“坐皆蹲居，男女椎髻”等习俗至今还可在布依族中看到。

唐末五代时，谢氏衰。有莫氏雄于南宁州（今惠水县），“领本部十八州”；尹氏起于都匀，“领十二部”（《五代史·马殷传》）。宋初，“龙、石、罗、方、张”五蕃于南宁州取代莫氏而有其地。后增“韦、程、卢”三姓，宋元之际形成“八蕃”（《宋史·蛮夷传》）。元朝统一中国后，在总结历代王朝特别是唐宋经验的基础上，又有新的发展。鉴于羁縻州制虽命以郡县之名，实同独立王国，元朝为加强中央王朝的控制，采取“蒙夷参治之法，而官有土流之分”，于是始有“土司”之名。

土司制的官职，计有宣慰、宣抚、安抚、长官诸司。这些职名，元代布依族地区均已齐备。至明、清时，土司制更臻完善。土司是辖区内的最高统治者，又是当地的封建领主。他们拥有士兵，掌握生杀大权，设有衙门、监狱、公堂、神祠等统治机构，对内自用其法，并定期向中央朝贡，接受其封号、官阶。

封建领主制时期，布依族地区经济文化有较大发展。当时稻麦年可两熟，并已有维护私有财产的法规。如：偷人东西需加倍偿还，杀人者出牛三十头可免死。民间户口殷盛、财力亦较强大，故附近诸郡无不敬惮。首领谢龙羽拥兵数万，平时为农，战时为兵。其民平时散居山谷，居住“干栏”，“自营生业、无赋税”，“唯征战之时，乃相屯聚”（《旧唐书·南蛮西南蛮传》）。这种合军民于一身的特点反映了领主制早期的情形。宋代，布依族地区“人尚耕种”，“土宜五谷、多种秧稻”，特产名马、朱砂、枸酱、草豆蔻、山子、蜜蜡、土布、蜡染斑布等（《宋史》卷四九四）。不少土特产还成为向中央朝贡的贡品，元、明时期亦然。在领主制下，土官把领地分为“私田”和“公田”两大类。前者作为土官的“自营地”，后者作为“份地”分给农民。农民用自己的劳动和农具耕种自营地和份地：自营地产品归土官，作为领取份地的报酬；份地产品归土民所有，用以养家，维持再生产。

这种领主经济，对田地的占有与产品支配权特别重要。如罗甸县布依族《黄氏江夏宗谱》记载：凡带有印信的土官，均可分得若干份地，称为“印田”；无印信的土官得“荫免田”，又称“俸禄田”。它们土质最肥，水源条件最好，每年由附近土民无偿为其耕种，产品归土官所有。

劳役田也由土官授予服夫役的农民耕作，产品归耕者所有，不纳粮谷，但必须担负与田地名称相对应的劳役。如耕种伙夫田的农民须担负伙夫之事；耕种割路田的须担负割除路草；耕种挑水田的须为土官挑水；耕种舂米田的须为土官家舂米；耕种柴火田的须给土官砍柴；耕种小菜田的须供给土官蔬菜；耕种摩公田的须负责给土官祭祀、驱鬼；等等。还有祭祀田的产品用于土官祭祀活动，其中又分为清明田和庙田两种。

依附封建土官的土民，由于政治经济上的地位不同，所受的剥削程度也不相同。

第一种是耕种粮田的粮庄百姓。他们在土民中人数最多，社会地位相对较高。不仅耕田，而且充当土官兵丁，所谓“散则农，聚则兵”，具有依附农民的性质。

第二种是私庄百姓。这是由外地迁来投靠的农民在土官指定的范围开垦荒地耕种。他们不交赋税，但每年要向土官缴纳一定数量的“火烟钱”，社会地位较低。官家的各种劳役，如抬轿、挑水、扫地以及耕种劳役田，也多是他们的无偿劳役。

第三种是家奴。家奴多半是土官买来或陪嫁而来的家内劳动者。他们没有人身自由，以女性居多，一般到了结婚年龄，土官便把她们卖给穷人作妻，有时也让男女家奴自相婚配，所生子女仍为家奴。

土官是土司境内的封建贵族。他们住的是高楼大厦，吃的是鸡鸭鱼肉，穿的是绫罗绸缎，衣来伸手，食来张口，坐享其成。土民是被统治者和社会财富创造者，终年辛劳，却过着贫困的生活。

到了明末清初，随着生产力发展，加上大批汉族移民从湖广、四川进入布依族地区，市场经济日益繁荣，形成了诸如贵阳、都匀、独山、南笼、安顺等重要市镇与商业中心。民间土地买卖迅速发展，两极分化日益严重。一些土官、头人、商人和高利贷者变成了新兴的地主阶级，土司制度越来越不适应社会力的发展。社会在客观上要求“改土归流”，即由中央王朝委派外地流官取代本地的世袭土官，逐渐向封建地主经济过渡。

改土归流是清朝雍正年间由封建王朝强行推广的统治政策。由于采用武力强制，除一部分愿意接受改土归流的小土司外，其余府、州、县一级的大土司基本上都换上流官治理。保留下来的一些长官司，被授予更低一级的土官，如土舍、土目等名称。然而，当时的土官势力还比较强大，有的偏僻地方在改流之后，流官仍无立足之地，政令难以施行，又不得不实行“土流并治”。

但是，改土归流客观上适应了封建地主经济的发展需要，促进了民族地区经济和社会的进步。之后，布依族社会彻底进入封建地主经济阶段，与内地汉族地区已无多大差别。

半殖民地半封建社会时期的布依族社会

鸦片战争之前，布依族地区封建地主经济有了较大发展，土地集中程度逐步加深。如黔西南的安龙县出现了收租谷三四千石的大地主，黔南的罗甸县、都匀市有的地主占有一两千石产量的稻田。至于一般中、小地主，在布依族地区就更为普遍了。地主对农民采取实物地租的剥削形式，一般是“对半分花”，即农民佃种地主的田地，每年以一半的收成谷物向地主交租，但也有地租高达70%～80%者。除交租外，佃农每年还要给地主服一定数量的劳役，是一种劳役地租的残存方式。为了适应土地买卖频繁的需要，布依族青少年在学习汉文时，曾把买卖土地契约作为一项重要的学习内容。商业贸易也发展较快，如黔中的安顺城设五个专业性市场——三个棉花市、一个土布市、一个粮食市；黔西南的兴义、贞丰百层码头是川、鄂、滇、桂、黔五省的物资集散地，“通商者以花易布，源源而来”（《黔南职方纪略》）。此外，一些城镇如安龙、都匀、独山等地也发展为当地经济中心。在兴义的棉花和纺织品交易中，有了包买商出现；在平坝蔡万春的机房中，雇用织匠三十多人。但是鸦片战争之后，外国资本的流入和天主教势力的渗透，使布依族社会逐渐向半殖民地半封建社会过渡，并对其经济、政治和文化产生巨大影响。

19世纪末，英法两国在中缅和中越国界上开辟商埠，英法等国的商品通过这些商埠运到布依族地区，而布依族地区的原料也通过这些商埠源源不断地运到国外。据1897年英国布莱克本商会访华团记录的资料：“在安顺府——贵州省第二个最重要的城市——的城内和周围一带织布业是一个很大，很有利的行业，每周产布几千匹，原料为汉口和华山的棉花以及香港经百色运来大量的孟买和日本棉纱。估计安顺府本身每年出售的进口棉纱在3 000包至4 000包之间，而且是求过于供。”“黄草坝（今兴义市）主要是因为每年输入的大量印度棉纱及该镇和邻近地方用印度棉纱织出的布匹而闻名。据估计每年在该地共销售有每包重400磅的棉纱1 000包，而用印度棉纱及土纱织成各种等级的窄土布的织布机约在2 000台至3 000台之间。大部分棉纱由在该镇开设的广东商行的代理商在香港购买，经由北海及南宁输入运至西江的百色厅再改交驮运。”“新城（今兴仁县）是一个地方虽小，而人口众多的城市，位于贵阳府与黄草坝之间。……此地织布机据说有3 000张……唯一的原料就是印度纱，不论经线和纬线都同样用印度纱绞成。”（《中国近代手工业史资料（1840—1949）》第二卷）大量洋货输入布依族地区，其中洋纱因质地优良、价格低廉，很快独占了纺织市场，广大农村妇女的纺织手工业失去了抗争能力，不可避免地濒于破产。故《续安顺府志初稿》说：“自洋纱输入侵夺土纱地位以后，纺纱一业全告停顿。”布莱克本商会访华团也说：“今日差不多走到任何一家农户，都可以看到过去曾为不可少的纺车都摆一边，布满灰尘，被遗弃了。”（《中国近代手工业史资料（1840—1949）》第二卷）当时布依族地区也兴办了一些民族工业，如兴义的福生恒棉织厂、平民织布厂、何绍云织布厂等。1911年贵州巡抚庞鸿书奏称：“都匀……永宁（今关岭）、罗斛（今罗甸）、贞丰等属之工厂、蚕桑学校，均渐有进步。”（《续文献通考》卷三七八）但它们外遭帝国主义压制，内遭官僚封建势力扼杀，基础非常脆弱。这些都说明布依族地区的经济命脉已逐渐被外国资本控制。在外国资本流入的同时，天主教势力也加强了对布依族地区的渗透。布依族地区的半殖民地半封建社会，是由于外国宗教势力和资本的侵略而逐步形成的。

1844年《中法黄埔条约》规定："倘有中国人将佛兰西礼拜堂、坟地触犯毁坏，地方官照例严拘重惩。"法国侵略者享有此特权，便于1847年至1849年间，先后派遣法籍传教士孟穆肋、郭德祺等前来贵州的贞丰、兴义、镇宁、安龙等县传教，继而深入到贵定、独山、罗甸、册亨、关岭等地。传教士以办学校、设医院等慈善事业笼络人心，与地方官绅互相勾结，使天主教势力在布依族地区迅速发展。如安龙教区共辖有安龙、贞丰、册亨、望谟、兴义、兴仁、晴隆、普安、盘州这九地，境内纷纷成立教堂，连十分偏僻的册亨也设有教堂四个、分堂一个。传教士凌驾于当地政府之上，有见官高一等的特殊身份，教堂包揽诉讼、受理的民刑案件，当地政府不能过问。相反，教堂对当地政府判决若有不如意者，可擅自推翻。传教士还挑拨民族关系，如光绪末年，册亨秧庆教堂收养的一个布依族孤女在病危时被逐出教堂，冻死在山上，老百姓对此十分愤恨，纷纷取下圣像，摆上家神，拒做礼拜，和教堂断绝关系。传教士甘有为为了转移目标，暗中散布谣言，对册亨城里的汉人说："者七寨的布依族要'杀汉兴夷'。"又对者七寨的布依族说："城里的汉人要'杀夷兴汉'。"挑起民族间仇杀，使无辜群众惨死。传教士的种种不法行为，酿成了"青岩教案""兴义教案""永宁教案""贵定教案""独山教案"等反洋教群众斗争。

1911年孙中山领导的辛亥革命推翻了清朝统治，结束了中国两千多年的封建帝制，建立了中华民国。但辛亥革命未能改变中国半殖民地半封建社会的社会基础，在布依族地区，外国商品输入继续增加，传教士对地方事务的干涉进一步加强，加上军阀割据、盗匪横行，社会秩序异常混乱。

兴义、安龙两县是贵州军阀兴义系的老巢。从19世纪50年代起，兴义县的刘官礼、刘显世父子先后被清政府和民国初年军阀授予游击、同知、清边营管带、贵州护军使、贵州省省长、军务善后督办、督军及滇黔靖国联军副统帅等职务，先后两次统治贵州达12年之久。镇宁是滇黔交通要道，也是军阀争夺的主要战场。民国初年，云南军阀唐继尧驻军镇宁期间，实行戒严，捕杀异己，"人咸惴惴，恐被株连，相率逃匿，城市为空"。民国十二、十三年（1923、1924），镇宁又相继被与滇军勾结的刘显世和黔军彭汉章割据，军队经过的地方，"沿途掳村掠寨、大肆骚扰"，"自行设置苛捐杂税、屈指难数……侵占民房，月月封马拉夫，骚扰闾阎，民不聊生"，"自辛亥鼎革以还，干戈扰攘迄无宁岁。近复饥馑存臻，疫疠流行。人民死亡不知凡几！不逞之徒，流为匪类，官厅捕治，刑戮尤频。遂致陈尸郊外，任饱兽饥鹰；暴骨荒原，听其风欺日炙。其惨状诚有目不忍睹者"（民国《镇宁县志》）。军阀混战时期，布依族人民处于水深火热之中。直到1949年中华人民共和国成立，布依族才与全国人民一道获得了彻底的解放。

布依族语言文字

布依族有自己的民族语言。布依语与壮语、傣语、侗语、水语、毛南语、仡佬语、拉珈语、临高语、莫语以及国外的泰语、老挝语、掸语等在语音系统和语法结构上基本相同，有相当数量的同源词。因此，学术界把它们作为一个语族来看待，称为壮侗语族或侗泰语族、侗台语族。其中，布依语与壮语、傣语最为接近，国内学术界把这三种语言划为壮傣语支。

但是对壮侗语族在谱系分类上归属何语系这一问题，学术界却有不同意见。我国学术界大多数学者的意见是将其归入汉藏语系，而国外则有汉藏语系说（李方桂、张琨等）、澳泰语系说（本尼迪克特）、泰语系说（勃罗姆列伊、马尔科夫）等诸种意见。根据布依语与汉语的比较研究，布依语划为汉藏语系是比较科学的。

各地布依语语法比较一致，词语大部分相同，没有方言区别。根据不同地域中布依语在语音方面的差异，布依语分为三个土语区，即黔南土语、黔中土语和黔西土语，习惯上又称为第一土语、第二土语和第三土语。

布依语在很长的历史阶段中没有相应的文字符号通行，仅在祭师布摩中小范围使用若干种文字符号。1956 年创制以拉丁字母为基础的布依语拼音文字，经国家民委批准试验推行。“文革”期间，推行工作停顿。1981 年，语文工作者以布依语黔南（第一）土语望谟话的语音为主要依据，对布依文字方案作了修改，取消了原方案中的非拉丁字母，全部采用拉丁字母形式，重新试验推行。由于这是一种较先进的拼音文字，而且与母语吻合，试行的效果很好，深受布依族群众欢迎。

黔南（第一）土语

黔南（第一）土语，流行于贵州南部、西南部以及云南东部的布依语土语。地域包括望谟、安龙、罗甸、贞丰、兴义、独山、荔波等市县和惠水、长顺、兴仁、紫云、关岭、平塘、都匀、镇宁等市县的部分地区。云南省罗平县布依语也属第一土语。黔南（第一）土语的布依族人口占本族总人口的比例较大。

相对于黔中（第二）土语和黔西（第三）土语，黔南（第一）土语在语音上有如下特点：

（1）本民族固有词中没有送气音 ph、tsh、th、kh、tɕh 等，因而在借用外来语词汇时，除部分与汉族杂居的地区外，大多不能发出相应的送气音。

（2）有 a、i、o、u、ɯ、e、ɿ 七个单元音，前五个单元音在 m、n、p、t、k 辅音韵尾之前，一般都有长短的区别。其中 e 和长 o 在黔中土语和黔西土语中的绝大多数地区复音化为 ia 和 ua，如黔南土语“ʔdo：ŋ^{4}”（硬）在黔中土语和黔西土语中读作“ʔduaŋ^{4}”。

（3）黔南土语的 ç 声母和黔中土语及黔西土语的 ts 声母相对应。如“ço^{6}”（名）在黔中土语和黔西土语中读作"tsuə[6]"。

(4) 有腭化声母 pj、mj，黔中土语和黔西土语个别地方均没有，只有单纯的 p、m 声母。如黔南土语的"pja[1]"(鱼、岩)，在黔中土语、黔西土语中读作"pa[1]"。

(5) 许多地方有 tw、lw、sw、zw、ɕw、jw、kw、ŋw 等唇化声母，黔中土语、黔西土语一般只有 kw、ŋw 两个唇化声母。

黔中（第二）土语

黔中（第二）土语，流行于贵阳、贵定、龙里、清镇、平坝、安顺、织金、黔西等县和惠水、长顺、都匀三县（市）大部分地区以及独山县小部分地区。

相对于黔南（第一）土语和黔西（第三）土语，黔中（第二）土语主要有如下语音特点：

(1) 与黔南土语第一个特点相同。

(2) 没有 f、ɕ、h 声母，这是最突出的特点。黔南土语中的 f 在黔中土语中的发音为 v；黔南土语中的 ɕ 在黔中土语读作 ts；黔南土语的 h 在黔中土语读作 ɣ，或因元音条件读为 V 和 j。

(3) 在平坝、安顺等地没有 aɯ 韵母（黔南土语中的安龙、贞丰、兴仁、独山与此同），其他地区的 aɯ 韵母，在这些地方变作 ai。

黔西（第三）土语

黔西（第三）土语，流行于贵州省普安、晴隆、盘州、六枝、水城、普定等地和关岭、镇宁县大部分地区，紫云、兴仁、望谟及四川宁南、会理、会东等县小部分地区。

相对于黔南（第一）土语和黔中（第二）土语，黔西（第三）土语具有如下特点：

(1) 大部分地区本民族固有送气音声母 ph、th、kh、tsh 等。这些送气音声母一般出现在阳调类，其中多数出现在第 3 调。

(2) 黔南土语和黔中土语的 s 声母，在黔西土语的部分地区读为边擦音声母 ɬ。

(3) 部分地方没有 tɕ 声母（与黔中土语部分地区同），黔南土语和黔中土语多数地区的 tɕ 声母在黔西土语中读作 k 声母。

(4) 辅音韵尾前的之音，只有 a 分长短，i、u、ɯ 都没有长短之分。

(5) 没有 aɯ 韵母，黔南土语和黔中土语中多数地区的 aɯ 韵母在黔西土语中读作单元音 ɛ（或 a）。

(6) 黔南土语和黔中土语中的单元音韵母 i、u，在黔西土语的绝大多数地区读为复合元音 ei、au。

(7) 黔南和黔中土语中的单元音韵母 e、o，在黔西土语中有的地方读为复元音 ie、ua；黔南和黔中土语中的复合元音韵母 aːi 和 aːu，在这些地区都又读为单元音 e 和 o。

(8) 黔西土语个别地区辅音韵尾 m 合并于 ŋ，p 合并于 k 或 ʔ（与黔南土语个别地区同）。水城田坝辅音韵尾只有 n、ŋ（m 并于 ŋ），其他韵尾全部脱落。

(9) 有的地区只有五个舒声调、两个促声调。黔南和黔中土语的第 3、第 4 调在黔西土语中合并为一个调。

（10）擦音声母在一定声调条件下有清浊对立，一般情况是，清擦音声母只出现于单数调类，浊擦音声母只出现于双数调类。由于第 3、4 调合并，第 3 调（相当于黔南土语、黔中土语中的第 8 调）也出现浊擦音声母。

布依语语音

布依语语音，即布依语语音系统，包括声母、韵母和声调三部分。不同区域的布依族，在布依语语音系统方面有一定差异，并因此形成了布依语的三个土语语音系统。各土语的语音特点，请参见以下相关条目。

望谟布依语语音系统

望谟话属布依语黔南（第一）土语，其语音系统在布依语中有较广泛的代表性，故 20 世纪 80 年代布依文重新试行，修改布依文方案时，将标准音点由龙里县羊场改为望谟话。

望谟布依语共有声母 35 个，见下表：

望谟布依语声母表

发音方法		发音部位					
		双唇音	唇齿音 舌尖前音	舌尖中音	舌面音	舌根音	喉音
塞音	清	p		t		k	
	浊	ʔb		ʔd			
塞擦音	清		(ts)		tɕ		
鼻音	浊	m		n	ȵ	ŋ	
边音	浊			l			
擦音	清		f s		ɕ	h	
	浊		v z		j		
腭化音	清	pj					
	浊	ʔbj mj					
唇化音	清		sw	tw	tɕw w	kw	ʔw
	浊		zw	ʔdw nw lw	ȵw jw		ɣjw

望谟布依语有韵母 96 个，见下表：

望谟布依语韵母表

a		o	ɔ	e	ɛ	i		u		ɯ	ɿ
a:i	ai	oi									ɯi
a:u	au			eu	ɛu	iu				əu	ɯə
	aɯ					ie					
a:m	am	om	ɔm	em	ɛm	i:m	im	u:m	um	ɯ:m	
a:n	an	on	ɔn	en	ɛn	i:n	in	u:n	un	ɯ:n	ɯn
a:ŋ	aŋ	oŋ	ɔŋ	eŋ	ɛŋ	i:ŋ	iŋ	u:ŋ	uŋ	ɯ:ŋ	ɯŋ
a:p	ap	op	ɔp	ep	ɛp	i:p	ip	u:p	up	ɯ:p	
a:t	at	ot	ɔt	et	ɛt	i:t	it	u:t	ut	ɯ:t	ɯt
	ak		ɔk	ek		i:k	ik		uk	ɯ:k	ɯk

---

ua	ue	ui	ou	iau	uai	uan		uaŋ

说明：

①单元音都是长元音，复元音都是前响复元音。

②a 的音值单元音相当于［ʌ］；韵尾前的长 a 相当于［a:］，短 a 相当于［ɑ］。

③o 和 e 的长短在望谟话里表现为舌位高低的不同，长音相当于［o:］和［e:］，短音相当于［ɔ］和［ɛ］。

④辅音韵尾前的长元音 i、u、ɯ，后面带有近似 ə 的过渡音。即 i: －、u: －、ɯ: －相当于 iə －、uə －、ɯə －。

⑤其他地区 s、z 后面的单元音，望谟话读成 ɿ。

⑥横线下的韵母只用于拼读现代汉语借词。

望谟布依语有八个调类，包括六个舒声调和两个促声调。见下表：

望谟布依语声调表

调类	舒声调						促声调			
	1	2	3	4	5	6	7		8	
调值	24	11	53	31	35	33	35		33	
例字	na^{1} （厚）	na^{2} （田）	na^{3} （脸）	na^{4} （舅）	na^{5} （箭）	na^{6} （獭）	$ta{:}p^{7}$ （削）	tap^{7} （截）	$ka{:}p^{8}$ （挟）	kap^{8} （捉）

说明：

①望谟话促声调第 7、8 调分别和舒声调第 5、6 调的调值相同，长短元音调值一致。

②带喉塞音声母的字，一般只出现在第 1、4、5、7 调。

③望谟话中的现代汉语借词，按阴平、阳平、上声、去声、入声分别归入第 6、4、3、1、2 调。如：

$ku\eta^{6}z\text{ɯ}n^{4}$	$v\text{ɯ}i^{3}ta^{5}$	$t\text{ɕ}i^{2}t\text{ɕ}i^{2}$
工人	伟大	积极

羊场布依语语音系统

羊场属贵州省龙里县，羊场话属布依语黔中（第二）土语。20 世纪 50 年代创制布依文时，以羊场作为读音参考点。羊场布依语共有声母 27 个，见下表：

羊场布依语声母表

发音方法		发音部位						
		双唇音	唇齿音	舌尖前音	舌尖中音	舌面音	舌根音	喉音
塞音	清	p			t		k	ʔ
	浊	ʔb			ʔd			ʔv
塞擦音	清			ts		tç		
鼻音	浊	m			n	ȵ	ŋ	
边音	浊				l			
擦音	清		f	s		ç	x	
	浊		v	z		j	ɣ	ʔj
腭化音	清	pj						
	浊	mj						
唇化音	清						kw	
	浊						ŋw	

说明：

①v 声母在元音 u 前边是双唇，塞擦音 w。

②ts、s、z 的实际音值是［tθ］［θ］［ð］。

③ʔb、ʔd 的紧喉作用不会很强。ʔv、ʔj 前面的 ʔ 比较明显。

④除个别语气词没有声母之外，没有元音起头的音节。

羊场布依语有 84 个韵母：

a			e		i	o		u		ɯ	ɿ	
a:i	ai		ei	eɾ	ua	uai	ue	ui	ɯi			
a:u	au	aɯ			iau	iu	ou					
a:m	am	iam			i:m	im	uam	om	u:m		um	
a:n	an	ian			i:n	in	uan	on	u:n	un	ɯ:n	ɯn
a:ŋ	aŋ	iaŋ			i:ŋ	iŋ	uaŋ	oŋ	u:ŋ	uŋ	ɯ:ŋ	ɯŋ
a:p	ap	iap			i:p	ip	uap	op	u:p	up		
a:t	at	iat			i:t	it	uat	ot	u:t	ut	ɯ:t	ɯt
a:ʔ	aʔ	iaʔ			i:ʔ	iʔ	uaʔ	oʔ	u:ʔ	uʔ	ɯ:ʔ	ɯʔ

说明：

①a、e、i、o、u、ɯ 六个元音单独作韵母时，没有长短的对立，音值都是长的。i、u、ɯ 的读音和国际音标标准元音相同。a 相当于［ʌ］，e 相当于［ɛ］，o 的实际音值近似［uo］。

②韵尾前的长 a：相当于［a］，短 a 相当于［ɐ］；韵尾前的 i：、u：、ɯ：后面带有近似 ə 的过渡音，即 i：、u：、ɯ：相当于［iə］、［uə］、［ɯə］。

③e 和长 o 不出现在韵尾之前（近期汉语借词韵母 ei 是短 e 例外），e 和长 o 在韵尾之前读为复合音 ia 和 ua。辅音韵尾前的短 o 相当于［oʔ］。

④ou、ua、ue、ei、er、ɿ 六个韵母只出现在近期汉语借词中。

⑤p、t、ʔ 韵尾发音时只成阻不除阻。

羊场布依语有六个舒声调、两个促声调（以塞辅音 P、t、ʔ 作韵尾的音节）。

羊场布依语声调表

调类	舒声调						促声调			
	1	2	3	4	5	6	7		8	
调值	35	11	13	31	33	53	35		1	
例字	na^{1}（厚）	na^{2}（田）	na^{3}（脸）	na^{4}（舅）	na^{5}（箭）	ta^{6}（河）	za：p^{7}（挑）	zap^{7}（截）	ka：p^{8}（挟）	kap^{8}（捉）

镇宁扁担山布依语语音系统

流行于镇宁县扁担山一带的布依语语音系统，属布依语黔西（第三）土语。该土语与其他地区布依语略有不同，但基本能反映该土语特点。

扁担山布依语共有声母 32 个，如下表：

扁担山布依语声母表

发音方法		发音部位					
		双唇音	唇齿音 舌尖前音	舌尖中音	舌面音	舌根音	喉音
塞音	清	p ph		t th		k kh	ʔ
	浊	ʔb		ʔd			ʔw
塞擦音	清		ts tsh		tɕ tɕh		
鼻音	浊	m		n	ȵ	ŋ	

（续上表）

发音方法		发音部位					
		双唇音	唇齿音 舌尖前音	舌尖中音	舌面音	舌根音	喉音
边音	浊			l ɬ			
擦音	清		f s		ç	x	
	浊		v z		j	ɦ	ʔj
腭化音	清						
	浊	mj					
唇化音	清					kw	
	浊					ŋw	

说明：其中p、ph、t、th、ts、tsh、tɕ、tɕh、k、kh、ɬ在整个第三土语区均有，只在第三土语区的个别地方不全有。

扁担山布依话有58个韵母：

a	ɑ	e	ə	i	o	ɔ	u	ɯ	ʅ
ai	ei	ua	uai	ie	oi	ui	ɯi		
au	eu	iau	iu	iɛ					
an	ɑn	ian	in	uan	on	en	un		
aŋ	ɑŋ	iaŋ	iŋ	uaŋ	oŋ	eŋ	uŋ	uoŋ	
at	et	iat	it	uat	ot	ut	uot	ɯt	
ak	ek	iak	ik	uak	ok	uk	uok	ɯk	

说明：韵尾前元音均不分长短；单元音a实际音值为长a:；没有鼻音韵尾m和塞音韵尾P。第一、二土语中的这两个音分别并入扁担山话的ŋ和k之中。

扁担山布依语共有七个声调，为五个舒声调和两个促声调（以t、k作韵尾的）。如下表：

扁担山布依语声调表

调类	舒声调					促声调	
	1	2	3	4	5	6	7
调值	33	11	53	35	13	35	13
例字	na^{1}（厚）	na^{2}（田）	na^{3}（脸）	na^{4}（箭）	na^{5}（獭）	sak^{35}（猪笼）	kak^{13}（捉）

布依语词汇

布依语词汇，按构词形成可分为单音节词和多音节词两种，以单音节词占多数；按词的意义和结构可分为单纯词和合成词。

单纯词有单音节和多音节两种。单音节单纯词如 ʔbɯn^{1}（天）、ʔdiŋ^{1}（红）、pai^{1}（去）、ku^{1}（我）等。多音节单纯词如 ʔda:u^{1}ʔdi^{5}（星星）、lap^{7}mo^{3}（雾）等。

合成词有并列式、主谓式、动宾式、补充式、通称＋专称式和附加式几种。

（1）并列式，如tin^{1}fuŋ^{2}（手艺）、ka:i^{1}sɯ^{4}（生意）；
脚 手 卖 买

（2）主谓式，如pi^{1}mo^{5}（明年）、paŋ^{2}za:n^{2}（家织布）；
年 新 布 家

（3）动宾式，如zo^{4}na^{3}（认识）、zɔŋ^{2}lai^{1}（出嫁）；
知 面 下 楼梯

（4）补充式，如pai^{1}ɕi^{6}（报销、完蛋）、ziu^{1}ȵen^{1}（微笑）；
去 消融 笑 野猫

（5）通称＋专称式，如ɕa:ŋ^{6}ʔje^{1}（医生）、fai^{4}lu^{4}（柳树）、ŋon^{2}sa^{3}（午日）；
匠 医 树 柳 天（日）午

（6）附加式，有加前缀和加后缀两种。

加前缀的如lɯk^{8}fuŋ^{2}（手指）、pu^{4}kun^{1}（军人）、ta^{2}ʔit^{7}（第一）；

加后缀的如pɯŋ^{1}ȵut^{7}ȵut^{7}（毛茸茸）、zai^{2}za:ɯ^{6}za:m^{6}（长拉拉）。
毛 长

布依语早期汉语借词

布依语中借自汉语的词汇根据借入的时代和不同特点，分早期汉语借词和现代汉语借词。

早期汉语借词多是单音节词，内容广泛，涉及生产、生活和社会制度等各个方面。例如：li:m^{2}（镰刀）、ɕa:ŋ^{6} 或 tsa:ŋ^{6}（匠）、ɣa:i^{2}（鞋）、ɕuŋ^{2} 或 ɬuŋ^{2}（床）、maʔ（墨）、ɕu^{1} 或 tsəu^{1}（州）、lai^{4} 或 lei^{4}（礼）等。

早期汉语借词在语音方面保留了古汉语的语音特点，服从布依语固有的语音系统和构词规律，例如在第一、二土语中没有送气音；有的作 p、t、k 韵尾等。

早期汉语与本民族固有词一样，具有派生新词的能力。例如 ɕa:ŋ^{6}（匠）就可派生出 ɕa:ŋ^{6}zin^{1}（石匠）、ɕa:ŋ^{6}fai^{4}（木匠）、ɕa:ŋ^{6}ve^{6}（画匠）、ɕa:ŋ^{6}mo^{1}（布摩师傅）等。

布依语因为与汉语同属一个语系，所以一些语音与汉语相近或相同的词汇有可能就是同源词，特别是基本词汇。

布依语现代汉语借词

布依语现代汉语借词指借自现代汉语中的词汇。这类借词的内容主要是现代社会政治、经济、科学技术、文化教育等方面的新词术语，多是两个或两个以上音节的词，读音一般与当地汉语的读音相同或相近。因一些地区部分人特别是老年人，发音受母语影响很大，例如发不出送气音，把 ts、tsh 发成 s，tɕh 发成 ɕ 等（如，“共产主义”发音为 kuŋ^{5}sa:n^{4}su^{4}ji^{5}；“清楚”发音为 ɕin^{1}su^{4}）。

借词的结构方式有音义全借、全借加注和半借音半译意等几种。

音义全借，如 fɯi^{1}tɕi^{1}（飞机）、sɛ^{5}hui^{5}tsu^{4}ji^{5}（社会主义）等。

全借加注，如pjat^{7}po^{1}tsai^{5}（菠菜）、ta^{6}huaŋ^{2}ho^{2}（黄河）等。

菜 菠菜　　　河 黄 河

半借音半译意，如tɕi:ŋ^{5}ta^{1}（眼镜）、paŋ^{2}ka^{4}tɕi^{4}（卡机布）等。

镜　眼　　　布 卡 机

布依语语法

布依语语法大体包括词类和句子。根据词的意义、词和词的结合关系以及词在句子中的作用，布依语词可以分为名词、动词、形容词、数词、量词、代词、介词、副词、连词、助词、叹词、象声词十二类。各类词均有一些明显的特点，如某些表示事物应称名词，单说时需在前面冠以相应的量词，如 fa^{6}ɕa^{4}（柴刀）、tuə^{2}ma^{1}（狗）；量词、形容词和部分动词又可以重叠。量词重叠后表示“每×”，如 za:n^{2}za:n^{2}（每家）；形容词重叠表示程序加深，如 zai^{2}zai^{2}（长长的）；动词重叠表示试行，如 ʔdi:p^{7}ʔdi:p^{7}（想一想）；数词一般不直接修饰名词，要以量词作中介，但表示人和动物器官的名词可以直接被数词修饰，如 wɯn^{2}li^{4}soŋ^{1}tɕɛn^{1}soŋ^{1}ka^{1}（人有两只手两条腿）；量词能代替名词接受动词、形容词、代词、方位名词等的修饰，如：

pu^{4}kuə^{6}ka^{4}（商人）、ka:i^{5}ha:u^{1}tɛ^{1}（那个白的）、

人 做 生意　　个　白　那

za:n^{2}mɯŋ^{2}（你家）、pɯn^{3}ni^{4}（这一本）、

家　你　　本 这

ko^{1}kɯn^{2}（上面一棵）等。

棵 上面

数词“一”有 ʔdeu^{1} 和 ʔit^{7} 两个，“二”有 soŋ^{1} 和 ȵi^{6} 两个。一般 ʔdeu^{1}、soŋ^{1} 用作基数，ʔit^{7}、ȵi^{6} 用作序数，但在十位数以上的复合词中 ʔit^{7}、ȵi^{6} 又用作基数。如 ɕip^{8}ʔit^{7}（十一）、ȵi^{6}ɕip^{8}ȵi^{6}（二十二）；而在百、千、万和一些度量衡的量词在表示其下一位数时，要用 ʔit^{7}、ȵi^{6}，如 pa^{4}ʔit^{7}（一百一十）、ɕi:n^{1}ȵi^{6}（一千二百）、ɕik^{7}ȵi^{6}（一尺二寸）等；ʔdeu^{1} 和“百”“千”“万”结合作句子成分时，ʔdeu^{1} 可以省略。如：

soŋ^{1}tuə^{2}mu^{1}ni^{4}ŋon^{2}ʔdeu^{1}ma^{4}sa:m^{1}kan^{1}no^{6}（这两头猪一天长三斤肉）

二 头 猪 这 天 一 长 三 斤 肉

po^{2}je^{3}ni^{4}ɕa:u^{4}kɯn^{1}ʔim^{5}（这帮客人刚刚吃饱饭）

群 客 这 刚 吃 饱

布依语方块土俗字

布依语方块土俗字是流行于布依语祭司和民间的一种方块字。其主要成分为汉字，一部分是利用汉字偏旁部首按“六书”造字法创制而成的。从总体上看，这种文字类型是借

用汉字的结果。据推测，其起始时间至迟在唐宋时期。

借用的情况有借音、借形义、借偏旁部首重构三种。

借音。即纯粹用在读音上与布依语相同或相近的汉字来表示发该音的布依语义，有借同音和借近音两种。借同音指被借汉字的读音与它用来表达的布依语词的读音基本相同，而意义则没有任何联系。如“拜”表示“去”［pai¹］，“姑”表示“我”［ku¹］，“八”表示“妻”［pa²］，等等。借近音则指被借汉字的读音与它用来表达的布依语词的读音相近，如“门”［men²¹］用来表示“你”［mɯŋ²］，“议”［ji³⁵］用来表示“听”［ȵi¹］，鲁［lu⁵³］用来表示“古”［ʔdu⁴］，等等。

借形义。这类汉字在词义上与所要表达的布依语词义相同，但读音不一定相同。如“儿”被用来表示“儿”，读音为［lɯk⁸］；“嫁”被用来表示“出嫁”，读音为［ha⁵］。用来表示的布依语词在音、义上如果与汉字基本相同的，多为布依族中的汉语借词。如“内”读音为［ʔdaɯ¹］，表示“里面”；“早”读音为［ɕau⁴］，表示“早”；“匠”读音为［ɕa：ŋ⁶］，表示“匠人、师傅”。

借偏旁部首重构。借偏旁部首重构这类字主要表现为：利用汉字的偏旁部首或将汉字作为偏旁部首，根据“六书”造字法重新组合构成文字。以形声字最多，其次为会意字，形声字由声符和义符组成。声符表示该字的布依语读音，义符表示该字的含义。如“⿱田那”“⿱奴肉”“汏”“⿰米好”的布依语词义分别为“田”“肉”“河”“米、粮”等。“那”“奴”“大”“好”为声符，分别表示这几个的读音［na²］、［no⁶］、［ta⁶］、［hau⁴］。会意字是用两个或两个以上的汉字组成一个字，加起来的汉字字义即等于新构成的布依字字义，读音与原汉字没有联系。如“⿰右手”表示“右”，读音为［kwa²］；“⿰左手”表示“左”，读音为［suai⁴］；“⿱天日”表示“日”，读音为［ŋuan²］；“⿱天月”表示“月”，读音为［ʔdian¹］。

布依语方块土俗字主要由布摩用来记录宗教经典，其次是民间歌手用来记录民歌。由于这些记录活动都是自发进行的，记录者汉文程度有差异，加上各土语在语音上的差别，所以使用时往往是各自为政、各行其是。例如，表示“说”［nau²］这个词，荔波用“呶”，贞丰用“唠”，镇宁则用“挠”；“肉”［no⁶］，荔波用“⿱奴肉”或肉，贞丰用“⿰米入”（糯的异写）或“喏”，镇宁则用“诺”；等等。即使是同一个人，也往往出现同一个布依词用几个汉字或同一个汉字分别表示几个布依词的情况。这些都大大地制约了土俗字的使用范围，使它未能发展成布依族的民族文字。

汉字虽有形声字，但它基本上是一种表意文字。布依族的布摩或民间歌手在借用时则主要考虑它的表音功能，而这种表音符号又不能分解拼读。这一特点给学习和传播带来困难，也是方块土俗字未能发展成布依族民族文字的又一原因。但它表明了人们对表音文字的需要。

布依语拼音文字

布依语拼音文字指20世纪50年代创制的一种以拉丁字母为主构成的布依文字类型，经历了初创的布依族壮族文字联盟以拉丁字母为主，吸收部分非拉丁字母的文字方案和取消文字联盟、全拉丁字母文字方案两个阶段。布依语拼音文字是我国语言学家在大量布依语调查的基础上，根据布依语实际情况创制和修订的。它包括声母、韵母和声调符号（或字母），易学易记易写，是一种很科学的文字类型，试验推行的效果很好，深受布依族同胞欢迎。

布依族壮族文字联盟

布依族壮族文字联盟，是20世纪50年代为布依族、壮族创制拼音文字时，考虑到布依语和壮语（特别是壮语北部方言）比较接近这一实际，创制实行拼音文字时的一种布依、壮文字统一方案。

其具体措施是：

（1）布依文字母的形式和壮文一致。

（2）布依语和壮语同源的语词，书写形式和壮文一致，个别字母的读音由于布依语和壮语标准音不同的，不强求一致。

（3）现代汉语借词在靠拢汉语普通话的原则下，基本依照布依语中的读音拼写。

（4）在布依族地区普遍性大而为壮文所没有的词，适当吸收到布依文里。

（5）在布依族地区选择一个读音参考点，第（3）（4）两项所说的语词，基本上根据读音参考点的读音拼写。

根据上述第（5）项的规定，选定了龙里县羊场作为布依文的读音参考点。

1980年第三次全国民族语文科学讨论会召开，部分代表认为布依族壮族文字联盟的方针不太现实，基本上作了否定，建议取消。1981年10月初，参加《布依族简史》讨论会的部分代表讨论了布依文方案的修改问题，拟订了《布依文方案修改草案》，经贵州省民委批准后恢复试验推行。这次修改草案正式取消布依族壮族文字联盟方案，宣告了布依族壮族文字联盟的结束。

布依族壮族联盟文字方案

布依族壮族联盟文字方案，即据布依族壮族文字联盟方案的方针及具体措施制订的布依文方案。

布依族壮族联盟文字方案以贵州省龙里县羊场布依话作为布依语的读音参考，文字符号以拉丁字母为基础并吸收了11个非拉丁字母，尽量靠近汉语拼音方案。布依语和汉语相同或相近的音，尽可能用汉语拼音方案里相当的字母表示；汉语里没有的音，酌量增制新字母或用双字母表示。

这个方案共有字母27个，其字母形式及读音如下：

字母形式：	a	b	Б	c	d	ɗ	ə	e	f	g	h	i	k	l
音标对照：	a	p	ʔb	ts	t	ʔd	ɐ	e	f	k	x	i	-k	l
字母形式：	m	n	ŋ	o	θ	p	ɾ	s	t	u	ɯ	x	y	
音标对照：	m	n	ŋ	o	ŏ	-p	z	s	-t	u	ɯ	ç	j	
字母形式：	2	3	4	5	6									

表中最后五个是声调字母。

这本文字方案共有声母20个，原则上是一个单纯辅音用一个字母表示，腭化辅音和唇化辅音用双字母表示（腭化用y，唇化用v），舌面塞擦音 tɕ 和舌面鼻音 ȵ 也用表示腭化辅音的办法表示。列如下：

b [p]　Ƃ [ʔb]　m [m]　f [f]　v [v]　ç [ts]　s [s]　r [z]　d [t]
ʔ [ʔd]　n [n]　l [l]　g [k]　ŋ [ŋ]　ŋv [ŋw]　h [x]　gy [tç]　x [ç]
by [pj]　my [mj]

韵母共120个。其中塞声韵的韵尾 [-p]、[-t]，因词类不同分别用两套字母表示，第七调用 p、t、k，第八调用 b、d、g。如下：

a	ai	au	am	an	aŋ	ap	at	ak	ab	ad	ag
	əi	əu əɯ	əm	ən	əŋ	əp	ət	ək	əb	əd	əg
e	ei	eu	em	en	eŋ	ep	et	ek	eb	ed	eg
i		iu	iem	ien	ieŋ	iep	iet	iek	ieb	ied	ieg
			im	in	iŋ	ip	it	ik	ib	id	ig
o	oi	ou	om	on	oŋ	op	ot	ok	ob	od	og
			θm	θn	θŋ	θp	θt	θk	θb	θd	θg
u	ui		uem	uen	ueŋ	uep	uet	uek	ueb	ued	ueg
			um	un	uŋ	up	ut	uk	ub	ud	ug
ɯ	ɯi			ɯen			ɯet			ɯed	
				ɯn	ɯŋ		ɯt	ɯk		ɯd	ɯg
	ia	ie	io	iau	ian	iaŋ	iuŋ				
	ua	ue		uai	uan	uaŋ					

表中的最后两行只拼写现代汉语借词。

声调共有六个舒声调和两个促声调。促声调分别用两种不同韵尾表示，不再标写声调字母，舒声调第一调不标调，二、三、四、五、六调分别在音节最后用 2、3、4、5、6 五个声调符号标写。现代汉语借词一律不标调。

全拉丁字母化布依文方案

全拉丁字母化布依文方案，是 20 世纪 80 年代开始试行的文字方案。这个方案大概经历了两个发展阶段。

第一阶段，1981 年 10 月初，提出对原方案的修改草案，主要作了以下修改：①为方便学习起见，布依文读音以布依族望谟话为主要依据进行必要的规范；②为打字、印刷方便，取消原方案中的 11 个非拉丁字母，全部采用拉丁字母，并增加原来没有的 j、q、w、z 这 4 个拉丁字母，字母总数从原来的 33 个减少到 26 个；③增加布依语普遍存在的 qy [ʔj]、qv [ʔw] 两个声母，原方案为非拉丁字母，这次改用全拉丁的双字母表示；原 g [tç]、c [ts] 两个声母分别改为 j 和 z，与汉语拼音方案一致；④将原韵母中的非拉丁字母元音 ə、θ、ɯ 改为 a、o、w；原表示长元音的 a、o、e 改用双字母表示；原长元音 i、u、ɯ 后的流音 e 改为 a，使之与汉语借词共用的韵母一致；并增加望谟一带特有的韵母 ie、ue、we；⑤2 至 6 调的非拉丁字母调号改为拉丁字母 z、c、x、s、h 表示，增加第一调号 1，不再使用隔音符号。

第二阶段，1985 年 3 月下旬，针对 1982 年以后重新试行中存在的问题，经过认真讨论，重新拟订了《布依文方案》（修订案），在原修改草案的基础上增加了音节、正字和正音、书写规划等内容，并作了如下主要修改：①明确规定布依文以黔南（第一）土语为基础，以规范的望谟县复兴镇话的读音为标准音；②增加 p、t、k、q、ç 五个送元声母和 ao、iao 两个韵母，拼读现代汉语借词，并另设计 y、f、j、q 四个汉语借词调号，分别表示阴平、阳平、上声、去声，以便辨读；增加 sl ［ɬ］、hr ［ɦ］ 两个声母，供黔西（第三）土语拼写方音用；③取消短 e 韵母，按多数地区规范；用 e 代替原来的 w ［ɯ］，用 w 代替原来的 v，使之与汉语拼音方案更加接近，v 只作唇化成分用；原来的 we 则改为 ea；④将原区别第 7、8 调的 -p、-t、-k 和 -b、-d、-ʔ 两套韵尾合并，保留表示第 8 调的 b、-d、-ʔ，后面加调号“t”表示第 7 调。修订后，韵母由原 126 个减少到 87 个，便于学习和记忆。

修订后的文字方案共有声母 32 个，如下：

b ［p］	p* ［ph］	mb ［ʔb］	m ［m］	f ［f］	w ［w，v］	d ［t］
t* ［th］	nd ［ʔd］	n ［n］	sl ［ɬ］	l ［ l］	g ［k］	k* ［kh］
ng ［ŋ］	h ［x］	hr ［ɦ］	ny ［ȵ］	x ［ç］	j ［tç］	q* ［tçh］
y ［j］	z* ［ts］	c* ［tsh］	s ［s］	r ［z］	by ［pj］	my ［mj］
qy ［ʔj］	gv ［kw］	ngv ［ŋw］	qv ［ʔw］			

带“*”的声母一般只用来拼写现代汉语借词。

该方案共有韵母 90 个，如下：

a		o		ee		i		u		e	
aai	ai	oi								ei	
aau	au			eeu		iu					
	ae					ie		ue		ea	
aam	am	oom	om	eem	em	iam	im	uam	um	eam	
aan	an	oon	on	een	en	ian	in	uan	un	ean	en
aang	ang	oong	ong	eeng	eng	iang	ing	uang	ung	eang	eng
aab	ab	oob	ob	eeb	eb	iab	ib	uab	ub	eub	eb
aad	ad	ood	od	eed	ed	iad	id	uad	ud	eud	ed
	ag	og		eeg			ig		ug		eg

---

ia	io	iao	ua	ao	ua	eɾ

横线下的韵母专用于拼写现代汉语借词。

该方案中，舒声调分别用 I、Z、C、X、S、H 表示一、二、三、四、五、六调，促声第七调用 t 表示，第八调不标调号；现代汉语借词的阴平、阳平、上声、去声分别用 y、f、j、q 表示。

文字样品

buxqyaix rauzlix saaml bas laail faanh wenz，zujyaoq qyus Guiqzouy saamlxib laail xianq. gaijfangq gvaslangl，Gunqcanjdangj baangl rauz jianqlif ziqziqzouy，youq baangl rauz xaaux sel，xeznix bailnac，rauz leeuxboz duy lix selqyaix doh bai.

译文：我们布依族有三百多万人，主要居住在贵州 30 多个县。中华人民共和国成立后，共产党帮助我们建立自治州，又帮助我们创造了文字。从今以后，我们都有布依文读了。

布依语俗语

布依语俗语，指布依族社会中流行的通俗用语，有广义和狭义之分。广义的俗语包括谚语、成语等。狭义的俗语则指那种形象的定型化的短语。谚语、成语另列词目加以介绍，这里专门介绍狭义俗语。

俗语实际上是突破语言表达的常规，约定俗成地“换一种说法”。“换”的原因或目的，有的是某种禁忌，如：忌语“ta:i^{1}”（死）而说成“mi^{2}ʔjiu^{5}lɛu^{4}”（没有了）或“ta:u^{5}pa:i^{1}”（回去）；忌直称“ŋɯ^{2}”（蛇）而说成“tɛu^{2}kau^{1}”（藤子）；等等。有的则为了加强修辞效果，例如第二土语区把“kɯn^{1}lau^{3}fi^{2}”（喝醉酒）说成“tsap^{7}tu^{2}liŋ^{2}”（碰到猴子）；第一土语区戏称“ham^{5}lau^{3}”（提亲）为“nai^{5}kat^{7}ðiɯ^{2}”（耗子咬耳朵）等。又如“不善言谈”说成“pa^{3}nak^{7}”（嘴重），“不相配”说成“tɕɛn^{1}pɯə^{6}tin^{3}”（衣袖短），“爱动手（打人）说成“fɯŋ^{2}ʔbau^{1}”（手语），“作中介”说成“θa:n^{1}va^{1}”（编篱笆）或“kuə^{6}tɕau^{2}”（搭桥）等，都形象、生动，增强了语言表达效果。

布依语成语

布依语成语，指布依语中一种人们口头上使用的非常精练的、形式简洁的、具有很强表现力的定型词组。在结构上它虽然是词组或短句，但在语言实践中，它常被作为一个完整的语言单位，表示一个完整的概念。例如“mu^{1}pa^{4}kan^{1}mi^{2}la:u^{1}mit^{8}”，字面意思是“百斤重的肥猪不怕刀”，而其概括的意义则是“亡命徒”。又如“tai^{6}ʔda:i^{4}ʔbit^{7}mi^{2}hɯ^{5}”，字面意思是“麻袋拧不干”，而其比喻的真正含义是“深仇大恨”。

成语的结构和组成成分固定，一般不能随意变动、自由替换。例如“ʔdi^{1}la:u^{4}kɯ^{6}ʔdan^{1}kon^{5}”（胆比鼎罐大，意思是“胆大包天”）不能说成“ʔdi^{1}la:u^{4}kɯ^{6}ʔdan^{1}ʔbɯn^{1}”（胆比天大）；“pan^{2}ʔit^{7}pan^{2}ȵi^{6}”（成一成二，意思是“井井有条”）不能说成“pan^{2}ȵi^{6}pan^{2}θa:m^{1}”（成二成三）。

并列关系的四音节成语有时在民歌中可拆开使用，形成对偶复沓句，例如：

ku^{1}ma^{1}taŋ^{2}ɕa^{3}pan^{6}

我 来 到 刚 才

ku^{1}tau^{3}taŋ^{2}ham^{6}lian^{2}

我 来 到 晚 昨

句中“ɕa^{3}pan^{6} ham^{6}lian^{2}”本是成语，指“刚刚、最近、目前”，出于布依族韵文有对偶、复沓的特点和形式表现的需要，此处被拆开来用了。两句话表达的意思是：“我刚刚来到（这里）。”

成语的形式和内容都大于词，但大多数在语言中都相当于一个词，可以自由在句子中充当主语、谓语、宾语、状语等成分。例如：

pu^{4}he^{5}pu^{4}liə^{4}tu^{6}taŋ^{2}ɕai^{2}pai^5（贵客嘉宾都到齐了。作主语）

ku^{1}pa^{3}tin^{3}lin^{4}kɔm^1（我不善言辞。作谓语）

pu^{4}laɯ^{2}mi^{2}mɯəŋ^{6}za：n^{2}ʔdi^{1}fi^{2}zau^3（谁不希望家庭和睦）

pu^{4}kɯn^{1}tɕik^{7}nin^{2}ŋɔn^{2}ɕi^{6}zo^{4}seu^{3}kɯn^{1}seu^{3}tan^3（好吃懒做的人就一定缺吃少穿。作定语）

za：n^{2}te^{1}pjai^{3}kɯn^{1}pjai^{3}juŋ^{6}kwa^{5}ʔdianŋɔn^2（他家省吃俭用过日子。作状语）

布依语成语有四音节、五音节、六音节、七音节、八音节等结构。其一部分来自日常习俗用语，一部分来自神话、传说、故事、歌谣等民间文学素材。准确地使用成语，可使语言生动形象，富于感染力；可使说理透辟深刻，令人信服；同时还可使文句简洁精练，整齐匀称，富有节奏感和韵味，给人以美感。

布依语谚语

布依语谚语是布依语中总结和传达社会及生产生活各方面经验的精练语句，是一种有教育意义、有认识作用或有哲理的民间传言。

布依族谚语的内容，有反映社会现实的，有总结生产、生活经验的，有为人处世方面的，有民族习俗的，有批语教育的，等等。例如：

1. pu^{4}zun^{5}zom^{6}ɕiəŋ^{4}pu^{4}nin^{2}ŋɔn^2，pu^{4}pja：i^{3}zɔn^{1}ɕiəŋ^{4}pu^{4}ha：i^{1}tiəm^5.

（起早人养起迟人，行路人养开店主）

2. pu^{4}kwa：i^{1}kɯn^{1}pu^{4}ʔwa^4，pu^{4}zeŋ^{2}ka^{3}pu^{4}na：i^5.

（智者吃弱者，强者杀懦夫。即弱肉强食）

3. tɕa^{3}ʔdi^{1}hau^{4}ɕi^{6}tɕe^6，me^{6}pi^{2}lɯk^{8}ɕi^{6}ʔon^5.

（身好谷穗大，母胖儿健康壮）

4. zi^{6}mi^{2}vɯət^{7}ɕi^{6}ȵa^1，na^{2}mi^{2}ʔda：i^{1}ɕi^{6}lot^7.

（旱地不锄杂草多，稻田不薅成熟迟）

5. hau^{4}ʔju^{5}tuŋ^{4}li^{4}zeŋ^2，ɕen^{2}ʔju^{5}ɕau^{1}ka：ŋ^{3}ɕuəŋ^6.

（肚里吃饱才有力气，兜里有钱才能说硬话）

6. ʔdiəp^{7}ʔdaɯ^{1}tuŋ^{4}kuə^{6}ŋa：i^2，ʔdiəp^{7}ʔdaɯ^{1}ʔda：ŋ^{1}ɕa：i^{2}pɯə^6.

（量身得尺寸，量体裁衣）

7. vɯn^{2}ɕi^{6}ʔau^{1}lai^4，fai^{4}ɕi^{6}ʔau^{1}mak^8.

（人依法理，木依墨线）

8. pa^{3}na：i^{6}ʔdiəp^{7}na：i^{6}ka：ŋ^{3}mi^{2}peu^1，ka^{1}na：i^{6}pja：i^{3}na：i^{6}teu^{2}mi^{2}lam^4.

（谨言不会出错，慎行不会跌跤）

9. hau^{4}mi^{2}siə^{5}ɕi^{6}ȵiaŋ^1，pɯəŋ^{2}mi^{2}vɯəŋ^{1}ɕi^{6}va：i^6.

（米饭不包就散，国不治理则乱）

10. fai^{4}mi^{2}ʔboŋ^{5}mi^{2}kon^1，vɯn^{2}mi^{2}son^{1}mi^{2}zo^4.

（木头不钻不空，人不教育不懂）

11. kɯn^{2}ʔbɯn^{1}tuə^{2}pja^{3}la:u^{4}, la^{3}ʔbɯn^{1}po^{6}me^{6}la:u^{4}.

（天上雷公大，地下父母大）

12. za:p^{7}la:u^{4}tiŋ^{6}pu^{4}ɕo^{2}, toi^{4}mo^{2}tiŋ^{6}pu^{4}tɕe^{5}.

（重担青年挑，满碗的先给老人）

13. kwa^{5}ta^{6}lum^{2}swa^{2}si^{1}, piŋ^{6}ʔdi^{1}lum^{2}pu^{4}ɕa:ŋ^{6}.

（过了河就丢竹筏，病好了就忘医生）

14. kuk^{7}tɯ^{2}mu^{1}hum^{4}ho^{6}, ta:i^{4}ʔo^{5}lɯŋ^{3}vɯəŋ^{1}vin^{3}.

（老虎吃猪才修圈，屁股露了才补裙）

布依语谚语有单句、复句、偶句三种结构形式。单句谚语单独成句，中间没有停顿。这类谚语言简意赅，概括力强。复句谚语由两个意思连贯的分句组成，各分句不能独立，必须连在一起意义才完整。偶句谚语由两个字数相等、结构相似、意义相关的短语或短句并列而成，彼此映衬，互为补充。这几种句式以偶句谚语为最多。复句谚语和偶句谚语一般都押韵。押韵方式与布依族韵文相同，多为头尾韵（第一句最后一个音节与第二句第一个音节押韵）和腰尾韵（第一句最后一个音节与第二句中间任何一个音节押韵）。在修辞上，除少数用直言的方式表达外，绝大多数采用夸张、比喻、对偶等来表达。布依族谚语意义比较完整，一般都可以独立成句，有的谚语也可以充当主语、谓语、宾语等句子成分。

冈 兵

冈兵（ka:ŋ^{3}pin^{3}）或称“号兵”（ha:u^{5}pin^{3}），意思是“讲反”。“反语”或“反话”是布依族特别是第三土语区中部分老年人和青年人流行的一种隐语。但所谓“反话”并不是正话反说，而是通过交换韵母的方式，使原有音节发生语音变化，达到只让交谈者听懂而一般人不知所云的目的。这种语音变化并不超出本民族语的语音系统范围。

冈兵有一定规律可循，两音节的词或词组、短语互相交换韵母即可，声调不变。例如：

赶场　pai^{1}tɕe^{4}　说成　pe^{1}tɕai^{4}

下雨　thau^{3}fɯn^{1}　说成　thɯn^{3}fau^{1}

鸡　tu^{2}kai^{5}　说成　tai^{2}ku^{5}

三音节以上短语、词组有多种表示法。例如：

去吃饭　pai^{1}kɯn^{1}hau^{4}　说成　pɯn^{1}kai^{1}hau^{4}

或说成　pai^{1}kai^{1}hɯn^{4}

我刚才起来　ku^{1}ɕa:u^{4}zun^{5}tau^{3}　说成　ka:u^{1}ɕu^{4}zau^{5}tɯn^{3}

或说成　ku^{1}ɕun^{4}za:u^{5}tau^{3}

我要去买布　ku^{1}la^{3}pai^{1}ɕɯ^{4}paŋ^{2}　说成　ka^{1}lu^{3}pai^{1}ɕɯ^{4}paŋ^{2}

或说成　ku^{1}lai^{3}pa^{1}ɕaŋ^{4}pɯ^{2}

或说成　ka^{1}lu^{3}pai^{1}ɕaŋ^{4}pɯ^{2}

布依族文献典籍

布依族的文献典籍，多以歌书手抄本及口头说唱的形式流传于民间，属民间文学的一部分。我们在这里挑选其中具有一定史料价值的作品加以介绍，诸如古歌（或称创世史诗）、叙事诗（包括英雄史诗）、神话、传说等方面的作品。以文字为载体的典籍文献以摩经为最，它不仅内容丰富而且具有重要的研究价值。摩经虽属于宗教经典，但它更是研究布依族历史文化的重要文献，故列入本部分加以介绍。此外，民间一些用汉字书写雕刻的具有史料价值的碑文，文人学士的诗文集、学术专著等，也是研究布依族历史文化的重要典籍文献。

《造万物》

《造万物》，布依族古歌（创世史诗），全诗 3 400 余行。流传于黔西南安龙、册亨等地。汛河搜集整理，收入中国民间文艺研究会贵州分会（现为民间文艺家协会）编印的《民间文学资料》第六十四集中。

该作品场景壮阔，气魄宏大。天上、地下、动物、植物、吃的、穿的、用的、娱乐的等，凡宇宙间人们目力所及和与人们生产生活密切相关的万事万物，大都涉及了。它认为万物的形成有先后顺序，有的还互有因果关系，因此，这整部作品可说是一幅宏阔的宇宙谱。尤其是对一些工艺创造方式的描写，对原始社会一些生活状况的描绘，以及通过日月星辰、社会生活的描写折射出来的社会风俗民情，等等，都使作品具有一定的现实因素。它对研究远古布依族先民的社会生产生活及精神文化具有重要价值，而浓郁的浪漫主义色彩则使作品富有较强的艺术魅力。

《赛胡细妹造人烟》

《赛胡细妹造人烟》，布依族洪水神话史诗。流传于贵州册亨、望谟等地。汛河搜集并参照有关异文材料综合整理，收入中国民间文艺研究会贵州分会 1980 年编印的《民间文学资料》第四十五集中，1982 年被编入贵州人民出版社出版的《布依族古歌叙事歌选》中。

该作品共分四个部分。篇首和篇末分别为《开亲歌》和《结尾歌》。全诗包含了创世和洪水泛滥后再造人类这两大内容。它认为太初时，宇宙间只有清浊二气。布杰祖先将清浊二气分开，形成了天地，又用自己的牙齿、汗毛、虱子等造成了日月山川和各种动植物。雷公懒惰不布雨，使天下大旱。于是布杰上天将其拖下凡间拴在小寨门，但被布杰的小女儿怜悯放走。为报复人类，雷公降下大雨，造成洪水泛滥，只有赛胡、细妹两兄妹乘葫芦得救。布杰上天怒斥雷公，并奋力退水，不幸丧生。洪水消了，赛胡、细妹走出葫芦。由于人类全部罹难，大地一片凄清，在太白星君撮合下，两兄妹通过滚石磨、穿针眼等方式，得到神的允许，结成婚姻。婚后半年生下一肉团，他们一气之下用刀砍碎肉团撒向四面八方，没想到那些碎肉却变成了四面八方不同姓氏的人。人类从此繁衍不息。这一长诗，对研究布依族哲学思想史和人类婚姻史具有重要参考价值。

《十二层天十二层海》

《十二层天十二层海》，布依族古歌。流传于黔南等地区。共400余行，岑玉清翻译整理。收入贵州人民出版社1982年出版的《布依族古歌叙事歌选》一书中。

其反映了布依族先民对宇宙结构的认识，在丰富的想象中映射出远古布依族社会的生产和生活。作品没有故事情节和具体的人物形象，只是游记式地对天上和海底两个世界的生活情景进行了描绘。例如，在第一层天看到的是雾蒙蒙一片；第二层天是一朵朵棉桃和棉花；第三层天是鹅鸭成群；第四层天是彩虹在造雨；第五层天是天帝的大门，雕刻着龙凤和花草，门边有天兵把守着；第六层天有银河，是出好米的地方，仙女们在这里卖米；第七层是天上七姐妹在织绫罗……第十二层天是海中主要是大小生物，如鱼、虾、蚌、龙等。整部作品充满了人间生活气息。

《造万物歌》

《造万物歌》，布依族古歌。流传于黔南等地。岑玉清翻译整理，收入贵州人民出版社1982年出版的《布依族古歌叙事歌选》一书中。

全诗共十四个部分，即①序歌，②造天造地，③造泥，④造山坡，⑤造人，⑥造田块，⑦造房屋，⑧造粮，⑨造火，⑩造鸡，⑪造路，⑫造棉，⑬造布，⑭造河、造船、造桥。史诗说翁杰吹风造成了天地后造泥土，泥土生活千种万物，又造出岩山土山，从上天要来草种树种，撒满山坡，然后站在半空中云天上，脚踩岩山坡，朝天上吼几声，一跺脚震垮山坡，山坡垮到大江大海中，三五天后，大江大海中出现游泳的猴崽。猴崽自行男女匹配，繁衍了人类……史诗反映了布依族先民对宇宙万物来源的认识，其中对人类来源的认识体现了可贵的朴素进化论思想观念，对研究布依族古代哲学思想具有重要价值。

《安王与祖王》

《安王与祖王》，布依族古史歌。在望谟一带，其除了作为摩经的一部分外，也在民间口头流传。摩经大多用布依族方块土俗字记录、传承。各地流传的作品大同小异。中华人民共和国成立后民族文化研究专家和工作者搜集到若干异文，有的编入了中国民间文艺研究会贵州分会编印的《民间文学资料》之中。贵州民族出版社1995年出版了由黄荣昌搜集翻译整理的本子。除译作《安王与祖王》外，还译作《罕温与索温》《岩王和梭王》等。

《安王与祖王》有完整的故事情节。故事主干反映的是同父异母兄弟安王和祖王争夺王位和财产继承权的斗争。盘果王与龙女（有的地方称“鱼神姑娘”）结婚生下安王。安王长大后，一次打得鱼回家，欲烹食，其母告诉他说鱼是舅爷，不能吃。安王不听劝阻，其母一气之下返回龙宫。盘果王续娶一寡妇为妻，生下一子，取名祖王。安王和祖王本来相处得很好，但祖王之母欲让祖王独占家业和王位，便唆使祖王害死安王。安王知道后离家出走，盘果王因此病倒。安王闻讯后回来探望盘果王。祖王以取药为名，欲将安王害死于深井之中。安王在龙王帮助下得以脱险，之后安王对祖王发出多种诅咒，表示要以各种灾害迫使祖王屈服。祖王均不服输。最后安王上天降下了天花、旱灾等灾难，天上还出现了十二个太阳，晒得石头熔化，死了不少人。祖王这才请鹰鸟作为使者去向安王请降认输，并愿交回王位权力。最后，以安王管上方，祖王管下方，下方对上方每年交租进贡的协议，解决了安王和祖王的纷争。在这个故事的主干之外，有一些本子还糅进了射日神话和洪水神话的内容。

摩　经

摩经是布依族传统宗教摩教经典的简称。摩教经典即布依族宗教职业者布摩主持各种宗教仪式时吟诵的经典。布依语称“诗摩”［sɯ^{1}mo^{1}］。计有《殡王经》（也称《殡凡经》《古谢经》《砍牛经》等）、《大摩经》、《罕王经》（又译《招魂经》）、《访且经》、《请龙经》、《成人经》、《退仙经》、《赎买经》以及其他杂经。其中以《殡王经》、《大摩经》［muə^{1}lo^{3}］篇幅最长。摩经一般以两种方式传承：一是口耳相传；二是借用部分汉字（记音）或利用汉字偏旁部首仿汉族“六书”创制法创造的布依族方块土俗字记载的经文，成为宗教祭祀的书面文献典籍。摩经包含政治、经济、历史、宗教、哲学、文学、艺术及民族关系等内容，是百科全书式的珍贵文献，对研究布依族历史文化具有重要价值。

摩经均为韵文体，多为整齐的五言句式，押着尾韵或腰尾韵，以句式复沓、段式复沓和对仗、排比为其结构形式和韵律特点。其音韵和谐铿锵，节奏感强，是布依族韵文的典型形式。摩经的价值正受到学术界的广泛重视。

《殡王经》

《殡王经》是布依族摩经中用于丧葬祭祖仪式的经典。布依语称“诗摩殡王”［sɯ^{1}mo^{1}pjaŋ^{3}fa：ŋ^{2}］，也译作《殡凡经》、《古谢经》［sɯ^{1}mo^{1}kuɯ^{6}xe^{3}］，还有译作《砍牛经》［sɯ^{1}mo^{1}fak^{8}ɕɯə^{2}］的等。各地经文篇目多寡不一但内容大同小异。主要有《嘱咐经》、《下场经》（或《牛经》《祭经》《嘱咐经》《幡经》等）。一些地方还有以情歌和鳏寡歌构成的《温经》（“温”［wan^{1}］即“歌”）。《殡王经》在摩经中占较大比重。民族文化研究工作者在各地搜集了多种版本的经文，有的已经编入《民族研究》内部资料集中，大多还存留于搜集者手中。1993年，贵州民族出版社出版了镇宁版本《古谢歌》。

《殡王经》广泛涉及了布依族历史和文化各方面的内容，反映了布依族哲学、宗教、伦理等现今以及一些历史文化发展线索，是研究布依族的重要文献。

从各地《殡王经》内容不一致但大同小异等情况看，《殡王经》显然在历史上曾被统一编订过。从这些共同因素及其中有佛、道的成分看，其统一编订时间可能在明清之际。由于历史上布依族没有自己的民族母语文字，没法把经文固定下来，而且摩教的宗教职业者之间又各自为政、互不统属，因而在发展过程的纵向传承和横向传播中逐步发生了差异，以至形成了各种异文。

《访且经》

《访且经》是布依族摩经的一种。布依语称“诗摩访且”［sɯ^{1}mo^{1}faŋ^{3}tɕi^{4}］，是用于祭祀“独且神”时念诵的经文。经文的内容，除开头和结尾均感谢独且神的保护和请独且神继续为人避灾、护佑社会平安之外，大部分叙述古代与布依族友好相处的各民族，并简述各民族的生产生活特点与民族性格。经文中提到的民族主要有布撒拉（撒拉人）、布尤（苗族、瑶族）、布戎（仡佬族）、布缅（彝族）、布哈（汉族）等，并提到布依族内部不同地域人们的互相称谓，如“布尧”“布蛮”“布纳”“布依”“布越（粤）”“布扬”“布邦”“布夷”等。在布依语中，“布”是“人（族）”的意思。

《请龙经》

《请龙经》是布依族摩经之一，布依语称［mo^{1}ta^{1}luŋ^{2}］或［sɯ^{1}mo^{1}ɕu^{4} luaŋ^{2}］。由布摩在请龙神［ɕu^{4} luaŋ^{2}］仪式上吟诵。经文有一定的故事情节，叙述远古时人们离开山洞到原野生活，但他们连开发一块平地建房造屋的本事都没有，只好选择被成群结队的水牛踏平的地方建寨筑城。人们在挖屋基时，挖到了金龙肉、银龙肉，龙逃往海里。因此，人们种庄稼、养牲口都不顺利，于是就顺河去寻龙神，把龙神请回家。这样，“养牛畜才发，窖金银才长”。经文中提到的龙神主要有金公龙、银母龙、瀑下龙、山坳龙、田野龙、龙郎、龙子这七种。金公龙和银母龙管财源不断，瀑下龙管风调雨顺，山坳龙管山林茂盛，田野龙管五谷丰登，龙郎管衣食无忧，龙子管子孙发达。此外还有州龙、城龙、寨龙、家龙等。总之，布依族视龙为保佑人类之神。

《赎买经》

《赎买经》，布依语称“诗入欢好欢玄”［sw’ɾəu^{6}fan^{1}hau^{4} fan^{1}tɕian^{2}］，意思是“赎谷魂钱魂”，于“赎谷魂钱魂”仪式上由布摩吟诵。经文有较完整的故事情节，其主干是射日神话和洪水神话。神话主人公各地不尽相同，但都是土语语音的变异。例如经文中的主人公，镇宁等地叫“正”或“金”，贞丰等地则叫“香”等。故事情节各地大体相同。镇宁一带经文的故事梗概是这样的：古时天空十日并出，晒得大地干旱出现大裂缝，万物枯萎，“翁王”或“兴王”（氏族首领或国王）发话：谁能射掉太阳，就赏给谁好田。“金”［tsiən^{6}］问翁王说话是否当真，翁王说当真。金于是翻山越岭，找来金折树作弓，毛竹杆作箭，飞上天一连射掉了八日，射伤一日。翁王见状忙喊：“留下一个晒谷子，留下一个照姑娘搓麻线。”金返回地面，向翁王提出要翁王原先许诺的好田。翁王不给，金一气之下抓龙蛇当犁，抓巨蛇当耙绳，抓猪、狗当牛来犁田，激怒了神族，导致天上发大水淹没人间。天下只有“伦罕山”［puə^{1}pən^{3}han^{4}］没淹着，人与飞禽集于此山避难。人类在杀飞禽充饥时，发现鸟的嗉囊中还有谷物和豆类种子，便掏出栽种，这才为人类提供了食物资源。经文中提及的谷物有水稻、高粱、荞麦、小米、大豆等，提及的牲畜有水牛、黄牛、马、羊、猪等，反映了布依族远古时期社会政治、经济生活状况。

《退仙经》

《退仙经》是布依族摩经之一，布依语称“诗摩改仙”［sɯ^{1}mo^{1}ka：i^{3}sian^{1}］，是布摩于“为重病者退仙解除病痛”的仪式上吟诵的经文。其主要内容是：病者之所以生病，是因为历代英灵找到了他（她），现在，由布摩代表病者等和英灵们交流，最后把英灵们送回仙界去，以求病者康复。经文中祭祀的英灵有：为开发布依族生存之地而献身者，例如群雄如何赶走虎豹、披荆斩棘、忍受饥渴、死后成仙；开发田园的人们如何砍伐灌木、征服沼泽、拦河引水、死后成仙；开山取石、修筑城堡的人们如何历尽艰辛、搬运巨石、给民众筑就抗乱防兽的寨城、死后成仙；创造种粮种棉、发明耕作纺织技术后死而成仙等。经文后半部主要是祭祀在历史战争中死去的敌我双方的英灵，并描述战争情景。其中一个情节是：当时天兵（皇家部队）攻打布依族，被布依族先民砍死数万人，后来天兵又从北攻入，布依族中的侬人军队从东而进，布依族妇女也参加了战斗，"离开织布机，手握剪刀把，东杀又西杀"；男人们则"高举着长剑，冲出山洞了，右劈又左砍"，转战山山岭岭，可终因寡不敌众，死伤惨重，退居腹地西边。经文认为是这些英灵附于病者身上，所以，每段经文叙述一种英灵的功过之后，便令他们回到圣灵仙界去。

《广岜沙》

《广岜沙》是布依族民间说唱，又译为《桄岜沙》。流传于贵州镇宁、关岭一带。贵州省社会科学院专家何积全、刘之侠、黄万机、黄邦君搜集整理，收入贵州人民出版社1982年出版的《布依族古歌叙事歌选》中。

作品用说与唱有机结合的方式，讲述了广岜沙与良嫩凄婉动人的爱情故事。广岜沙与邻寨美丽善歌的姑娘良嫩相爱，私订终身。良嫩的父亲为维护传统的婚姻制度，不准良嫩毁掉由他们一手包办的与韦家财主订下的"背带亲"婚约，也不许她与广岜沙来往。良嫩忧郁致病，卧床不起。父亲不管她的死活，定要把她嫁到韦家。广岜沙得到消息后，约好伙伴，准备在韦家接亲路上抢亲。谁知良嫩在韦家轿子到达时，因怒火攻心吐血身亡。广岜沙十分伤心，决定为良嫩举行超度仪式。但他们只是相爱的情侣，不是明媒正娶的夫妻，他找了十二个布摩都不愿为他主持仪式。广岜沙只好在良嫩的坟墓边搭了个茅棚为她守墓。一年以后，到了良嫩忌日，广岜沙和伙伴们来祭坟时，坟头突然长出一株茂盛的烟草，须臾之间就长大了，由青而黄。金黄的烟叶落在燃烧的纸钱堆上，发出缕缕青烟，良嫩在青烟中出现，与广岜沙互相牵挽，随青烟飘然而去。

从作品中有关烟草的情节推知其产生的时间为近代。而作品中反映的布依族生产关系、婚姻状况等，无疑是研究布依族近代史的重要资料。

《金竹情》

《金竹情》是布依族民间叙事长诗。广泛流传于贵州望谟、贞丰、镇宁、册亨等县。文字不同，但内容大同小异。贵州省文联的《南风》杂志1982年第3期公开发表了由毛鹰、岑美强、王封常搜集整理（毛鹰执笔）的本子，计850行。

作品讲述了凡龙和榔秀的爱情故事。凡龙和榔秀在"囊哨"［$naŋ^{6}sa:u^{1}$］对歌中相识并产生了爱情。他们削竹盟誓，私订终身。头人的儿子绍宋垂涎美貌聪明的榔秀，于是设下毒计，就在凡龙和榔秀新婚不久后，以头人与蛮兵打仗为借口抓走了凡龙。绍宋借机施邪法变成大官、以乌鸦来传播凡龙已在战场战死的假讯。榔秀闻讯晕了过去，绍宋趁机将她抢回家中，准备威逼成亲。幸亏桑郎河中一条好心的鲤鱼把这个消息传达给了凡龙。凡龙骑上天马，腾空飞越群山海崖，回到桑郎河边，与绍宋展开了恶斗。绍宋狗急跳墙，杀了榔秀。凡龙在天马的协助下战胜了绍宋，他砍下了绍宋的头来祭榔秀。榔秀终于复活。

凡龙拿出记载着忠贞爱情的金竹，金竹闪现出明亮的光华，凡龙与椰秀乘着金竹的光华冉冉升天。

作品中关于“丢花包”“削竹为凭”“说媒”“订亲”“择期”“成亲”等细节的描写，展示了一幅优美、独特的恋爱婚姻习俗风情画，是了解古代布依族婚姻习俗的重要资料。从作品中反映的阶级关系和凡龙应征参战及婚俗等方面看，其应是布依族封建领主制时期创作的，时间大约在唐宋时期。

《何东与何西》

《何东与何西》是布依族民间叙事长诗。流传于贵州望谟、册亨、安龙等地。中国民间文艺研究会贵州分会1963年内部出版的《民间文学资料》第四十一集之中，收入了韦永奎搜集的本子，计770行。后汛河根据韦永奎的本子和其他原始资料重新整理的本子，被收入贵州人民出版社1982年出版的《布依族古歌叙事歌选》中，计740余行。后者在整理时进一步作了提炼和调整，使思想性得到加强，但两个本子的主要情节和艺术风格基本相同。

作品主要内容是：何西给何东当长工，一年累到头都得不到一粒粮食回家过年。何西向何东借，何东叫他去打扫马槽中剩下的麦面。回家路上，何西碰见一穷苦的打鱼郎，将从马槽得到的一点麦面换了打鱼郎的一条鱼拿回家，不忍心杀，将鱼放回河中。这鱼原是龙女。翌年又到年头，何西跟何东借不到米，空手回家，龙女变成美女在路上等他，跟他回家，喜结伉俪。龙女用宝物变出高楼大厦，跟何西过上幸福美满的日子。何东知道后，执意要跟何西换房换妻。何西在龙女劝说下依从。龙女大显神通，发起大水冲走了何东的家，卷走了何东。最后，何西和龙女相聚，重新过上幸福生活。

作品是典型的长工斗地主故事，但借助了传统的龙女童话及龙图腾传说，将一般的惩恶扬善主题改造成了反映阶级斗争的作品。

《王仙姑》

《王仙姑》是布依族民间叙事长诗，讲述清代嘉庆二年（1797）正月，在南笼（今贵州安龙）府的当丈、洞洒一带，韦朝元、王阿从（女）领导的布依族农民大起义。在女英雄王阿从（王仙姑）的故乡安龙一带，世代流传着有关她的神奇传说，分别以散、韵两种形式流传。汛河根据搜集到的大量资料整理而成的《王仙姑》，被收入中国民间文艺研究会贵州分会1980年编印的《民间文学资料》第四十五集中，全诗共700余行，由几个小节构成，叙述了王仙姑从出生、成长、率众起义到失败的整个过程。

王阿从因为会“走阴”（巫术）、“显神灵”，被人们称为“仙姑”。王仙姑美丽、勤劳、善良、倔强、聪颖，出身于穷苦家庭。为了使乡亲们能种上稻田，不再挨饥受饿，她显神灵造出了水汪汪、平坦坦的神仙田，结果都被狠毒的土司、官家霸占去了。后来，她挑柴进城换米，蛮横的土司和官家又抢走了她的柴。这一切在她心中埋下了仇恨的火种。这种遭遇绝不是她一个人的遭遇，乡亲们也有着和她一样的命运。于是她便利用“走阴”的方式组织、发动了“南笼起义”，攻打南笼府城。皇帝发两万兵前来南笼解围。在这关键时刻，王仙姑联合韦朝元、王大公的两支起义军，三路义军协同作战，一举攻陷南笼府城。皇帝又慌忙调集五省重兵围剿南笼，妄图一口吞掉起义军。在此危急关头，王仙姑再显神灵，撒豆成兵，打退了敌人的进攻。敌人见武力不能得逞，便施展毒计，抓来仙姑的爹娘严刑拷打。仙姑为救爹娘，只身进城劫狱，中了敌人的圈套，被俘牺牲。

这部长诗内容与史实不尽相符，但与统治阶级的官修史书把“南笼起义”污蔑为“匪乱”不同，它其实描绘了封建社会下布依族地区贫苦农民的悲惨命运，揭示了当时黑暗的社会现实以及“官逼民反”，歌颂了农民起义领袖王仙姑的英雄业绩，体现了人民对这一历史事件及其人物的正确评价。从这方面看，比起官修史书来，《王仙姑》更符合历史的真实。

《十二部问答歌》

《十二部问答歌》是布依族古歌，广泛流传于贵州望谟等地。其多在人家办喜酒时请歌手到家里演唱，可连唱几天几夜。1984 年黔西南自治州民委编印的《布依族苗族古歌情歌集》收入了黄仁书搜集整理的本子，计 1 800 余行。全诗由《起头歌》《天地歌》《山水歌》《送信歌》《定情歌》《逃难歌》《告状歌》《变身歌》等十二部分构成。因全是采用对唱形式，故称“十二部问答歌”。

全诗内容为两大部分。从《起头歌》到《人姓歌》通过一问一答的方式追溯天地、万物以及人类的起源；从《相请歌》到《变身歌》则是叙述一对恋人班哥和卢妹相爱及反抗恶少婚姻掠夺的故事。从反映的社会生活看，第一部分明显是远古时期的作品，第二部分则是明清时期的作品。布依族酒席上的对歌，一般都要先追溯到天地万物的起源，然后才唱到正题，所以时间相距很久的作品被穿插到一起。实际上第二部分内容是主干，在布依族酒席上因对歌程序需要使然。

第二部分是一首完整的叙事诗。《相请歌》唱述班哥巧言盛情请卢妹唱歌，卢妹推辞并申明理由和愿望。《月亮歌》唱述男女主人离别之后各自的相思之苦。《送信歌》唱述班哥请雀鸟带信，捎衣物给卢妹，卢妹表示愿把心交给班哥。《定情歌》叙述大年初一的花场上恶少罗老三缠住卢妹，后竟带家丁要抢走卢妹，班哥和乡亲奋力阻拦。罗老三抢亲未遂，逃走。卢妹、班哥互相掷花包对歌，又赠信物定情。《逃难歌》唱述卢妹被罗老三家抓走，班哥受骗也进了罗家，在罗家当帮工。一年后，趁罗爷六十花甲祝寿，班哥卢妹黑夜中一起逃出虎口。罗家派大兵小将搜寻。《告状歌》唱述班哥卢妹到很多地方告状，诉说冤屈，直告到珉谷县衙均碰壁；《变身歌》唱述罗家派人送钱到珉谷县衙行贿，后派人将班哥卢妹抓回珉谷关进牢房，一对恋人被拆散。后卢妹被押回王母（望谟），途中过白层河时跳入水中，正好班哥赶到，一气之下将押送的马倌打落水，自己也跳入江中。卢妹变成画眉，班哥变成斑鸠，向天空高飞。一群画眉、斑鸠飞进罗家和珉谷城，把官家啄咬。这一部分以抒情的笔调再现了班哥、卢妹的爱情历程，以现实主义笔触深刻揭示了黑暗的社会现实以及当时尖锐的阶级矛盾。古歌熔创世史诗、情歌和叙事歌为一炉，具有多方面的认识价值和多样性的文学价值。

布依族信仰崇拜

布依族有自己的传统民族宗教。远古社会时期，布依族先民信仰万物有灵，崇拜天、地、日、月、星辰、山川、河流、土地、古树等自然神，特别崇拜祖先及为民族作过大贡献的英雄神圣。进入阶级社会后，产生了以自然崇拜和祖先崇拜为基础的准人为宗教——摩教。摩教在发展过程中吸收了汉传佛教和民间道教中的一些因素，逐步成熟和定型，成为布依族的传统民族宗教。

清代道光年间，海外天主教始在布依族地区传教。外国传教士先后在贵州贵阳、安顺、兴义、贞丰、兴化、安龙、册亨、都匀、镇宁、独山、贵定、惠水等地传教。对这种文化侵略，布依族人民曾举行过若干次反抗斗争。其中以光绪十三年（1887）贵定县布依族农民领袖罗发先组织领导的反洋教起义规模最大。天主教在布依族地区带有强制性，因其以天主教完全取代布依族传统宗教的方式传播和中西文化差异巨大等，天主教在布依族中难以广泛传播并深入人心。

布　摩

布摩，亦称“摩师”“掌摩”“老摩”“摩公”等，男性，是布依族传统宗教的传承者与宗教职业者。主要为村寨、宗族群体式家庭主持丧葬、祭祖及禳灾祈福等宗教仪式。布摩奉“报洛陀”为祖师爷，有严格的师承关系。拜师后即可学习经文，并经常参加宗教活动，亲身实践。在熟谙经文、能独立主持宗教仪式之后，举行适当的仪式即可出师，取得独立主持宗教仪式和带徒弟、自立门户的资格。布摩主持宗教仪式时主要是诵经，法器较少，有宝剑、卦板及青铜铜鼓、皮鼓、钹、锣等乐器和礼器。

布摩在布依族社会生活中扮演着重要角色。他们知识丰富，主持仪式一般不收或只收取微少报酬，平时参加生产劳动，热心公益活动，没有特权，因而普遍受到人们的尊重和信任。阶级社会出现后，一些布摩往往也是地方基层首领之一。在与汉族的文化交流中，布摩一般也是汉文化的最先学习者、吸收者、掌握者和传承者。他们学习汉语汉文后，借用部分汉字字音和利用汉字的偏旁部首，模仿汉字六书造字法创制了布依族方块土俗字，用来记录本民族的宗教经词。这种记录宗教经词的书籍就称为“摩经”，由于它传承了布依族历史文化，因此成为书面经典。很多布摩学习了汉族的阴阳五行学说，也从事看风水、择吉日等活动。有的布摩则同时是道士，能主持道场仪式。布摩也行巫术，但其与其他民族的巫师与“萨满”不同，取得布摩资格无须经过发生精神错乱和迷狂状态。行巫术时，布摩主要靠诵经而不是靠怪异的动作去达到控制和支配施术对象的目的。布摩一般也懂医术，能用“神药两解”的方法为人治病。

雅　牙

雅牙是布依族宗教职业者，女性，相当于女巫。一般在成人后，因突然的一场重病出现迷狂和神经错乱、言语怪诞，自称某已故女巫或神灵的代言人，病愈后认为有“牙”（神灵附体），可沟通阴阳两界，能为人们预卜吉凶，行使巫术驱鬼逐邪。家人为其做一巫柜（以竹子编制的一座神坛），将巫柜挂在墙壁上，剪纸人纸马，将其与供品一起置于柜中，纸马用针钉住马脚，有事则先供祭巫柜。从此，该女便成为雅牙。人们碰到患病或家道不顺，便找雅牙占卜或进行其他巫术活动。占卜时先在巫柜下点香烧纸，雅牙把钉住马脚的针取下，据说这样纸马就会充当使者，把神灵从阴界接来，或根据需要又把它送走。神灵则通过雅牙之口，把人们需要了解的问题答案告诉人们，或协助雅牙驱走邪鬼，为人解难。雅牙在社会中的地位不高，因其言行怪诞，常被人们作为茶余饭后的谈资。

报洛陀

报洛陀，亦译为鲍尔陀。布依族传说中的造物者，摩教祖师爷，是一个充满智慧的神奇人物。一些地区发音为［pau^{5}ɾo^{4}to^{6}］，意为“遍知一切的男长老”。相传他创造了十二卷经书，其中包括了人类生产、生活一切领域的所有知识。十二卷经书传给十二位徒弟，十二位徒弟又往下传承，一代代传承下来，由于流传过程中发生了变异，所以形成了目前摩经大同小异的情况。故民间有所谓“十二个报洛陀，（经书）头不合（相同）尾合”之说。布摩把报洛陀尊为祖师爷，所以布摩家里均设祖师神位，逢年过节或举行大型宗教活动之前，均要先举行祭祀，祈求祖师爷的护佑。

摩洛高

摩洛高，亦译为摩尔格。布依语［mo^{1}lɯk^{8}ka：p^{7}］的音译。摩洛高在摩经中常与报洛陀并举，凡遇难事，就有“pai^{1}ham^{5} pau^{5}lɯk^{8}to^{2}，pai^{1}ham^{5}mo^{1}lɯk^{8}ka：p^{7}”（意为：去问报洛陀，去请教摩洛高）。对于摩洛高，民间一般认为是报洛陀的徒弟和助手，男性。但据分析，摩洛高应该是比报洛陀更早的一位女性始祖神、造物主，摩教创始者（摩教的“摩”与之有关）。

在与布依族有紧密历史渊源关系的壮族民间，“姆六甲”（mo^{1} ɾok^{7} ka：p^{7}）的神话传说广泛流传。姆六甲即一位女性始祖神。在布依族中，与姆六甲性质相近的神是保佑婴幼儿的“神母”（mɛ^{6}fa：ŋ^{2}），可能由“摩洛高”演变而来。摩洛高作为女性始祖神，产生于母系氏族社会。随着父权制确立，出现了男性始祖神报洛陀，而以摩洛高得名的摩教祖师爷也就被报洛陀取代，摩洛高退居附属地位，变成了报洛陀的徒弟和助手。

摩　教

摩教是布依族传统宗教名称，是一种准人为宗教，属布依族的民族宗教。以其信奉的创始者之一摩洛高而得名。处于多神教向一神教演变的过程中，具备了一种雏形。据初步分析，其产生于牂牁、夜郎国时期，是为适应国家统治需要，在布依族原始宗教基础上创立的民族传统宗教。

摩教有专门的宗教职业者布摩，并在此基础上开始形成最高神祇，即报洛陀。布依族信仰中的报洛陀，其原型可能是一位杰出的父系氏族首领或部落联盟领袖。摩教不仅尊其为教主，而且赋予他非凡的才能，在他那里没有任何不利的事，他能洞察宇宙间万事万物的一切发展，是一位非凡的预言家，并能解决人类社会的任何难题。

摩教有较系统的经典——摩经，已形成比较固定和规范的宗教礼仪，有自己的基本教义。但摩教的原始宗教成分也还比较大，多神教的宗教色彩也很浓。报洛陀虽有被尊为至上神的趋向，但众多的自然神仍处于游离和分散状态，未被真正纳入一个严密的神灵体系之中。

因摩教是在原始宗教基础上建立起来的，所以以大自然崇拜、动物崇拜、图腾崇拜、鬼魂与祖先崇拜、灵物与偶像崇拜、教主崇拜等为其主要崇拜内容。摩教还没有较正式的宗教建筑活动场所和严密的宗教组织。其世俗性很浓，主要表现在宗教活动的民间性和信仰的实用性。摩教中有很多巫术成分，此外，还具有开放性的特点，可以吸收异质文化的因子加以融汇，也可以进行局部修订。摩教渗透到布依族社会生产生活的诸多领域，对布依族社会各方面具有较深的影响。

摩文化

摩文化是以摩教相关的文化事象的统称，包括摩教的观念、礼仪、经典、文学、音乐、舞蹈、戏剧、美术、雕刻、语言文字及摩经中反映的社会历史、经济生活、文化交流，等等。

摩教的基本观念包含了古老的变形观念、灵魂观念、鬼神观念、冥界观念以及伦理道德观念等。摩教经典卷帙浩繁，包含了丰富的布依族历史文化内容。摩教礼仪可分为巫术礼仪、禁忌礼仪和教祭礼仪三类。主要仪式有“殡王”“罕王”“访且”“扫寨”“祭主神”“祭田”“请龙”“赎谷魂钱魂”“退仙”等。

摩经为典型的韵文体，其中包含了若干文学类型，具有浓烈的文学色彩。摩教仪式活动中诵经、歌咏、演奏等，是布依族音乐中的独特类型。仪式活动中舞蹈和戏剧表演因素也很突出。有的仪式本身就是舞蹈或戏剧，如“转场舞”“祧祭”（生育傩）等。有的仪式则伴以舞蹈表演，例如丧葬祭祖仪式活动中的“铜鼓刷把舞”等。

摩教中的美术也很有特色。“隔坛画”和“古案（灵堂）画”，有布画和纸张画两种，白描式工笔，画面生动，色彩斑斓，具有独特的美术效果。工艺美术方面，富丽堂皇的棺罩，造型各异的纸旗、纸幡、纸轿、纸牛、纸马，五彩缤纷的“大龙竹魂幡”等，都表现了布依族工匠高超的剪纸艺术和捆扎艺术水平。

摩教中的雕刻有石雕和木雕，形象生动，工艺精湛。

摩经记载的历史、经济生产、生活、文化材料，更是摩文化的重要成分。

邦仙邦拜

邦仙邦拜是布依语［paŋ^{2}θian^{1}paŋ^{2}pat^{7}］的音译，意为布依族宗教信仰中的天上极乐世界。据称，人死后经过布摩举行殡王仪式超度，灵魂即升天到达此神仙境界。那里林木四季常青，鲜花常开不败，莺歌燕舞，流水潺潺，风景异常优美。“独仙”“独拜”（神灵）生活在这里。灵魂升天到来后即加入他们的行列。他们居住在富丽堂皇的宫殿里，享受美味佳肴。神仙境界也从事农业耕作，也有纺纱织布、挖塘、沤靓染布等活动，也有娶媳嫁女、走亲访友等习俗，但他们都长生不老。

“仙”“拜”与汉族道教、佛教中的“仙”“佛”类似，所以“邦仙邦拜”信仰似有道教仙境和佛教极乐世界影响的痕迹。例如《桓真人升纳仙记》描绘的仙境：“有长年之光景，日月不夜之山川。四时明媚，金壶盛不死之酒，玻璃藏诞寿之丹，桃树花芳，千年一谢，云英珍结，万载圆成。”佛教《无量寿经》和《佛说阿弥陀经》中的西方极乐世界是这样一幅图景：国土黄金铺地，一切万物都由无量杂宝、百千种香共同合成，到处莲花香结，鸟鸣雅音。在这里，众生没有任何痛苦，享受着无限欢乐，需要什么，什么就“随意所欲，应念即至”。比较起来，摩教“邦仙邦拜”的平民大众色彩更浓一些。

桥　龙

桥龙是布依语［$tɕau^2luaŋ^2$］的音译，意思是“铜桥”。其是布依族宗教信仰中连接阳界和天界的金属桥梁。人死后，通过布摩举行仪式超度，灵魂升天通过桥龙进入邦仙邦拜。桥面宽度因人而异：在生时无德行者越走桥面越窄，有窄如刀刃者；在生时有德行者则越走桥面越宽，甚至可宽至上亿“掰”（度量词，民间以大拇指与食指之间距离为一个掰）。

在日常生活中，桥龙常被用来代表阴间。民间歌谣或情歌中常出现情侣发誓到“桥龙下相会”，意指在生时不能成对，死后也要结姻缘。

摩经或民歌中桥龙常与桥法（铁桥）并提，或以桥法代桥龙。桥龙、桥法信仰反映了布依族古代社会道德观念及金属冶炼、建筑技术的发展。

十二条路

十二条路是摩教信仰中通往天界的必经之途。据摩经描述，第一条通往“天王”的土地；第二条通往“天王”的稻田坝；第三条是牵狗去打猎的路；第四条通往下方集市；第五条通往上方集市；第六条是穿山甲打洞往返之路；第七条是雷公经过田坝的路；第八条是彩虹吃水的路；第九条是蛀虫啃木头之路；第十条为铜铁锈吃铜铁之路；第十一条是长满三只脚的木棉树和三个枝杈的苦楝树；第十二条则为青少年打竹篾球和掷花包的平地。

十二条街

十二条街是摩教信仰中灵魂升天进入邦仙邦拜的必经之地。据摩经描述，第一、二条街分别有专供坐骑的儿马和骒马在那里；第三条街有两把剑铺在两旁；第四条街马刀摆成两排；第五条街上有弓弩；第六条街有用布做的床；第七条街有王公贵族在制弓弩；第八条街有不劳而获之辈；第九条街有一些穿窄摆衣的人在玩耍；第十条街有一些穿窄摆衣的人在互相跪拜；第十一条街有一百二十人在打油；第十二条街迎接灵魂升天的仙女正在那里等候。

十二道门

十二道门是摩教信仰中灵魂升天进入邦仙邦拜的必经之途。据摩经描述，每一道门均有一王把守，对经过的灵魂盘查后再放行。各门的把守者为：第一道门为秦广王显罗［ɕɛn^{2}lo^2］；第二道门为永江王湘金［ɕaŋ^{3}tɕim^1］；第三道门为宗帝王燕金［ɣen^{3}tɕim^1］；第四道门为五官王方伐［faŋ^{3}fa^2］；第五道门为阎罗王赵将［tsau^{5}tɕaŋ^5］；第六道门为变成王胡净［fu^{2}θiŋ^5］；第七道门为秦山王山火［ɕa：n^{1}vɯə^3］；第八道门为平政王马高［ma^{4}kau^1］；第九道门为都市王汉伐［xa：n^{5}fa^2］；第十道门为转轮王彭应［pen^{2}ʔjiŋ^5］；第十一道门为三四王天涯［tian^{1}ja^5］；第十二道门为千轮王囊案［naŋ^{6}ʔa：n^5］。摩教十二道门信仰受汉传佛教十殿阎罗王信仰的影响，如十二王中有十王与汉传佛教十殿阎罗王大体相似。但在性质上，汉传佛教十殿为阎王地狱中十个职能不同的王的总称，阴森可怖，十王均有无比权威；而布依族摩教中的十二门则不过是灵魂升天进入邦仙邦拜所需的十二道门。虽然十二道门也充满陷阱充满危险，但灵魂只要遵照布摩的嘱咐行事就能顺利抵达目的地。布依族摩教中的王已不像汉传佛教中的王那样正襟危坐，俨然主持正义、公正执法的威严判官，倒有几分宽厚怜悯之气。但与汉传佛教的十殿信仰一样，布依族摩教十二道门信仰也有明显的助人行善的劝善意图。

转　轮

转轮是布依族摩教信仰中将灵魂送入邦仙邦拜的特殊装置。据摩经描述，这个特殊装置类似一架巨大的风车。灵魂升天过了桥龙、十二条路、十二条街、十二道门后，转轮王带其踏上转轮，随着巨轮的转动，灵魂被抛进邦仙邦拜。转轮王信仰有汉传佛教影响的痕迹，但被布依族摩教改造了。这与佛教转轮王的转轮有金、银、铜、铁之分以及转轮王御宝轮在其辖境内转游治境的情形大相径庭。

生魂世界与游魂世界

生魂世界与游魂世界是布依族摩教信仰中的两个鬼蜮世界。在家正常死亡者的灵魂在生魂世界，只要请布摩举行殡王仪式，灵魂即可进入邦仙邦拜；而在外凶死者的灵魂则坠入游魂世界，这个世界黑暗荒寂，与生魂世界之间有刀山、火海和血河相隔，亡灵在那里孤单受怕，需举行罕王仪式将其抬回生魂世界，再经过殡王仪式将其超度升天到邦仙邦拜。

母　神

母神是布依族摩教信仰中主管生育和保佑幼儿生长的女性神。各地区对母神的认识不尽一致。贞丰一带认为母神是保佑幼儿的。孩子降生后，须在床头边上设祭坛请布摩来举行仪式，祈求母神保佑孩子，让孩子早日长大成人。镇宁一带认为母神有十二位，称“十二神母”。人们认为伴随孩子的降生，有十二神母送其魂而至，并在其左右监护，直至孩子十二岁才离开。常提到的有“床中神母”“白昼神母”“黑夜神母”“饮食神母”“穿衣神母”等。为不得罪神母，大人不能随意打骂小孩。若得罪了神母，孩子会生病，须请布摩或雅牙举行仪式祈求神母保佑，孩子的病就会痊愈。荔波一带有的认为母神有四位，即雅娃林、雅娃翁、雅楞当、雅罗哥。平时四位母神轮流管小孩子，每位管三个月，一直管到孩子满十二岁。还有一说是二十四圣母轮流分管。人们认为，孩童降生后，可能闯着三十六关、七十二煞中的任何一个“关”“煞”，须请布摩举行仪式解之。仪式上布摩要请二十四圣母，祈求她们赐福于孩子。圣名为“二十四圣母”，但实际上人们只能举出四位：管正月、二月、三月的“花林圣母”；管四月、五月、六月的“花王圣母”；管七月、八月、九月的“南塘圣母”；管十月、冬月、腊月的“六合圣母”。这实际上是上述雅娃林、雅娃翁、雅楞当、雅罗哥四母神信仰的变异。

祧祭诸神

祧祭是以求生育、保佑子女为目的宗教仪式，属傩祭范畴。祧祭诸神仪式上供奉的神祇共三十六位，这些神祇均有偶像。他们神态各异，性格鲜明，各有分工，但多与祧祭本身和生育、保佑婴幼儿有关。例如，“万岁天尊圣母”偶像，女性，面目慈祥，专管分配生育指标；“花林仙官”偶像，女性，面目清秀若仙女，专管送“花”（子女）给主人；“托生花王庙父”偶像，男性，神态和善，负责保佑、护养子女长大成人；“本殿三元师祖”偶像，即唐、郭、周三兄弟，同母异父，系送“花”媒人，同时保护坛师及弟子；等等。除上述外，这些神祇偶像还有雷神、龙公、莫一、莫二、五通、三界公爷、上公七郎、冯敖老爷、覃九老爷、梁吴、鲁班、太子六宫、九娘、五位功曹、欧官、她地许、蒙官、勒良、刮坛、写傩等。

德者王

德者王是布依族、壮族等民族信仰的英雄神。各地称谓不尽一致，布依族中有“德者”“金竹王”“莫一大王”等称谓，但事迹大同小异。主要内容为：德者王刚出生就表现不凡。后到京城读书，早晚骑飞龙马（或金竹）往返于家和学校之间，王母不知这个情况，见儿媳怀孕，就以为她偷男人，天天责骂她。德者王的妻子为洗刷此羞辱，决意把丈夫的鞋子藏起来，让丈夫找鞋子耽误时间，而使王母知道她的丈夫德者王晚上回来过夜。德者王在找不到鞋子的情况下，用蜡制成蜡鞋。因担心太阳出来烤化蜡鞋，他于路途中用手先后三次挥退了预言太阳。后被官府发现，以妖人之名追杀。德者王先后三次被砍下头颅，前两次因其母封赠预言得好，所以将头颅合上后又继续战斗；第三次，其母伤心过度，当他问头断了还成不成人时，母亲答：“蕨菜断了不发芽，你头都断了，还成什么人呀!”德者王终于死去。母亲和妻子遵嘱将其头装进坛里，埋进竹林底下。埋下竹林的第九十九天，离德者王嘱咐的时间尚差一天，王母就开始听到竹林有嘈杂声，之后满一百天就掘开坛子，几只大马蜂忽的飞出来，飞到朝廷把皇帝叮死了。另一说是：德者王的母亲听见竹林怪声后就掘出坛子，坛子响声更大了，她就烧一壶开水倒进坛里。坛子里发出“哎哟”一声，便不再有声音了。官府知道了此事，怕德者王在竹林里操练兵马报仇，就派兵围住竹林并放火烧掉，想彻底熄灭德者王反抗的火苗。各地的传说均把主人说成当地人，甚至与某姓氏挂起钩来。各地祭祀单独进行，祭祀时间、方式也不统一。贞丰一带是在农历七月十四日祭祀德者王，祭品用猪；而对其母则用猪屎，表示谴责。

万端王、盘果王、王韶、王代、安王、祖王

万端王、盘果王、王韶、王代、安王、祖王，为非正常死亡者举行招魂（或称为“罕王”“赎头”等）仪式上祭供的神祇。其中的万端王为人类始祖神，王韶、王代为管理冥界事务的神。据摩经叙述，天上仙女喝下混沌水生下一块石头，一老人给石头画上人的五官，把它放在山顶上，石头被风吹后变成人形，即是“万端王”。万端王长大后外出经商过河时，龙神作祟掀起大风浪使万端王淹死。鲤鱼神投胎万端王之母，生下盘果王。盘果王长大后下河打鱼，河中的鲤鱼变成美丽姑娘与他成婚，生下安王。安王长大后不听母亲劝阻，捕食河鱼，其母愤然回到河中。盘果王续娶，生祖王。“安王、祖王”也有译成“罕王、梭王”或“罕温、索温”的。

报　雅

“报雅”或称“老报老雅”，意思为男女祖先，是布依族崇拜的祖先神。“报”为男祖先，“雅”为女祖先。布依族每家都在堂屋神龛正中设有祖宗神坛。受汉族文化影响，大多数地区在神龛正中用红纸书写“天地君亲师位”几个汉字，左右用小楷写“历代宗亲”“牛马二王”“神农”“杜康”“灶王府君”“鲁班先师”等。可见布依族的祖先概念已突破单纯的血缘祖先，扩展到对包括一些与生产、生活和文化事项密切相关的文化始祖的崇拜，是广义的人类祖先概念。

苏

苏是布依语［θu^{3}］的音译，意为“主”，即布依族信仰中的“主神”。很多村寨均建有主神庙宇，称为“亭苏”［$ti{:}\eta^{2}\theta u^{3}$］。“亭”［$ti{:}\eta^{2}$］指一种小型别致的主神庙宇建筑物。有的地方也称“亭赛”［$ti{:}\eta^{2}\theta ai^{5}$］。“赛”［$\theta ai^{5}$］意为“官”，所以这些地方把主神庙称为“官厅”。对主神的祭祀活动，通常是全寨甚至几个村寨集体进行，因此主神信仰是跨血缘的社会首领神信仰。有的地区把主神具体化为古代某姓氏祖先中的杰出人物，如兴仁县岑姓认为主神系祖先军事首领岑彭、马武；大兴寨王姓则说主神是该姓祖先首领王鸾。每年农历六月六前后会举行隆重的祭祀活动，集体用猪供祭主神，并于主神庙前演练武术，届时由寨老、族长宣讲乡规民约，维护社会治安。兴仁县祭官厅当晚还有数千人发射火箭的活动，故而也称为“火箭节”。

德　俊

德俊也译为“德金”，是布依族始祖神。在黔中（第二）土语区的一些地方，德俊被认为是洪水泛滥后再造人类的两兄妹中的兄长，而在黔西（第三）土语区，其则被认为是射日英雄。但在镇宁一带的《古谢经·韦氏擒雕经节》中，德俊已变为韦姓的英雄始祖神。他在韦姓迁徙途中帮助众人打死了吞食人类的巨雕，因而受到韦姓人的崇信。

独叭、独仙

独叭、独仙是布依语［$tu^{2}pat^{8}$］、［$tu^{2}\theta ian^{1}$］的音译。布依族信仰中居住在邦仙邦拜

的神灵，也译作“仙、佛”，可能是受道教、汉传佛教影响而产生的信仰。但“仙”“叭”是一种美化称谓，没有个体名称和具体描述。从摩经的简略交代看，这类神灵在极乐世界中的社会地位很高，具有上层统治阶级的特点，但也具备一般民众的特点。例如，他们也有朋友社交，及耕种稻田、娶妻嫁女的习俗，等等。

“独仙”也指天神。在布依族信仰中，天神能知晓宇宙万物的一切，注视着人类的一言一行、一举一动，代表公正和良心，并对人的言行进行监督和裁决，给予相应的报赏和惩罚，还执掌阴晴雨雪诸项事务。布依族对天神的祭祀没有固定时间和地点。一般求雨时是在野外祭祀。

山　神

山神是布依族的自然崇拜对象之一。人们认为山有山神主掌，而山神是住在某座高山上的，若到那里打猎，须先在山下烧香烧纸绕过，入山才能打着猎物，因为猎物是山神养着的。有些高山不知是否住着山神，如果出猎多次未打到猎物，也认为有山神住着，再次出猎时，也要点香烧纸拜山神。很多村寨都修有山神庙或山王庙，每年于固定日子全村寨集体祭祀。例如，贞丰一带于农历三月十五日由布摩率领寨老和全体男性村民祭祀山王爷，祈求山神保佑全村风调雨顺、六畜兴旺。

水口神

水口神在布依族信仰中属于主管稻田进出水口的神灵。其负责保佑稻田水不干，肥水不外流，以保证粮食丰收。每年农历六月初六，家家户户均到田边水口处设祭，杀鸡祭神，并在田中插三角纸旗，以驱虫灾。“水口神”实际上是“稻田神”信仰的一种变异。

树　神

树神是布依族信仰的自然神灵之一。人们认为大树，特别是巨大的古树均有神灵，并认为树神能保佑村寨人畜安宁。这种树被称为神树。有的地方哪个小孩爱生病，就带这小孩拜祭神树，让神树当“保爷”，以求神树保佑孩子顺利长大成人。有的地方，扫寨（一种祭祀礼仪）完毕后要在神树下杀狗祭树神，祈求树神挡住火星神及各种邪鬼，保佑村寨安宁幸福。

在贵阳市花溪区竹林寨，神树分别成了女神、男神和龙王神的代表，称为“女神仙树”“男神仙树”和“龙王神树”。女神仙树为檬子树，祖传很久以前人们常从远处看见檬子树上有一位美丽的布依姑娘，有时则见她坐在树下唱歌，但当小伙子们走近时，却什么也看不见，于是以为此树有神。人们头痛腰痛时，就可用斋饭、净茶和香烛纸火前去供祭，以求健康吉祥。男神仙树生长在寨子左侧，与寨子右侧的女神仙树遥遥相对。这是一棵香樟树。据说男神仙树可以保寨安民，故常有人到树下祭供，祈求保佑。每年春节期间上九（初九）之夜，人们敲锣打鼓，把龙灯和两个龙宝拿到男神仙树下祭供。龙王神树是一棵皂角树，生长在寨脚的泉井边上。据说这棵皂角树是龙王的化身，它管辖泉井和水。因此，人们每年耍龙灯之前，都要先到泉井边向龙王神树燃香点烛祭供，感谢它赐给泉水长流不断。

鲍亘嫡

鲍亘嫡是布依族信仰中主管村寨、土地等地域性事务的神灵，与汉族土地神相似。一般在寨中或寨旁古树下建立小石房，石房内以一块似人形的石头立地代表其偶像。镇宁一带该神的功能主要为：①代表神界对本寨进行监护。据说，新媳妇必须从鲍亘嫡面前经过去拜堂，才证明已加入本寨的寨籍，往后才能得到神通过鲍亘嫡转赐的恩典；死者灵柩必须从鲍亘嫡前面抬出寨子，其灵魂才能升天进入邦仙邦拜。虎豹豺狼如没得到鲍亘嫡的应允，不敢擅自入寨；各种病魔灾疫也会被鲍亘嫡拦阻在寨外。②转赐神给人的恩典，传告人对神的要求。例如，每年正月初一早上是神赐牛、马、猪、羊的时间，这些赏赐全由鲍亘嫡转赐给人。所以大年三十晚上鸡叫后，人们都拿着香、纸燃化于鲍亘嫡之前祭供，然后用绳子从鲍亘嫡旁边牵走象征牛、马、猪、羊之魂的小石块，回家拴于畜圈门，表示来年六畜兴旺。每年全寨性的大型祭祀活动，人们都要请鲍亘嫡做公证人，起誓遵守乡规民约，表示如有违犯乡规民约者，鲍亘嫡可以代表神惩处他；每遇庄稼受灾，人们也要祈求鲍亘嫡向神转告民众的请求，让神界派专神给民众消灾除害。

陀　嫡

陀嫡在布依族信仰中是与鲍亘嫡神性相似的神灵。陀嫡与鲍亘嫡的区别在于，陀嫡是专为布摩与雅牙服务的神使，专司为求神问卜者到神界去查询吉凶祸福、领取恩赐，并传达神对卜算者的要求与解除灾难的方法。

牛　王

牛王是布依族信仰中的自然神灵之一。“牛王”即“牛神”。一些地方认为农历四月初八是牛王的生日，要让牛休息一天，还要做糯米饭喂牛。一些地方则于农历十月初一祭祀牛王菩萨。

石　神

石神是布依族信仰中的自然神灵之一。一些硕大的或形状奇特的石头，人们都认为其有神。石神可以保佑村寨人畜平安，孩子拜祭石神，让石神当保爷，可保小孩平安长命。据说，一些神石上的积水可以治眼耳之疾，患者在神石前焚香纸祷告后取回神石水，涂于患处，可痊愈。

灶　神

灶神是布依族信仰中的自然神灵之一。人们认为灶神每年农历腊月二十三日“上天言好事，下界降吉祥”，当日不能用筷子、锅铲或其他物件敲击锅或灶，否则会惹灶王生气，上天向玉皇大帝报告从而带来灾难。灶王信仰受汉族文化影响的痕迹比较明显，但与汉族不同之处在于汉族灶神有名有姓，布依族灶神则无。

火塘神

火塘神是布依族信仰中的自然神灵之一。布依族人家均有火塘，居住在干栏式建筑里的地区尤其如此。无论春夏秋冬，一家人都在火塘边煮饭进食。火塘上首为长者的固定座位，一般人不能随便坐在那里。火塘有铁三脚架。三脚架置放的方向也有讲究，不能随便转动，否则会惹神灵动怒，招致灾祸。

龙　王

龙王是布依族信仰中的自然神灵之一。在布依族观念中，龙居于水中，以鱼的形象出现，其真实形象如大蟒蛇。龙一旦离开原住水域或翻身，就会引起火灾。从《罕王经》可看出，布依族先民曾以龙为图腾。受汉族风水观念影响，布依族选择阴宅和阳宅之时均讲究山水龙势，认为选中了龙址，会给子孙带来荣华富贵。在摩经《请龙经》中，记述的龙有金公龙、银母龙、瀑下龙、山坳龙、田野龙、龙郎、龙子等。金公龙、银母龙管财源不断，瀑下龙管风调雨顺，山坳龙管山林茂盛，田野龙管五谷丰登，龙郎管衣食充足，龙子管子孙发达。

谷　魂

谷魂即谷种，是布依族信仰中的自然神灵之一。人们认为谷与人一样有灵魂。每年农历七月十五，家家户户吃过晚饭后，都要点上一大把香，从神龛、大门一直插到大路，越远越好，意在接谷魂回家，使谷物丰收。布依族过尝新谷节时，摘一些即将成熟的稻穗回家，蒸熟或煮熟后带来祭供，祈求谷魂早日归家；而摘谷穗回家本身以象征性行动证明主人已占有谷魂，谷物必定丰收无疑。布依族认为谷魂会被鬼魅偷食，使粮食经不起食用。为了驱赶鬼魅，赎回谷魂，人们一般在农历正月、七月或丧葬仪式后举行“赎谷魂”仪式。

独　且

独且是布依族信仰中的自然神灵之一。据说这种神灵常以动物形象出现，或身长如羊，粗短尾，短腿，鸭掌鸭嘴；或形如巨鹅，在暗处会发光；或其身如蟒，长如巨藤。在怪异古树，石墩，幽深的山谷、溪谷等处均可能有独且。凡被认为有独且之处，忌大小便、吐痰、开玩笑等。

独　亡

独亡即布依族信仰中人死后变成的鬼魂。独亡为一种肉眼看不见的、散漫的精神实体，可通过超度升天进入邦仙邦拜，在坟地滞留。独亡一般不主动出来作祟于人，但人若碰上，即使是独亡善意的问候和招呼，也会使人生病。经布摩和雅牙占卜，知道是谁死后的鬼魂作祟后，举行相应的仪式祈求护佑，就会痊愈。

殡　王

殡王又译为“殡凡”“古谢”“砍牛”等，是布依族丧葬祭祖仪式之一。殡王、殡凡意为超度亡灵；古谢意为做客，因举行丧葬祭祖仪式时，各路亲戚均要前来悼祭，故有此称；砍牛则因丧葬祭祖仪式上要用牛、猪、羊祭祀，把祭祀牛等送给逝世者作牺牲。

殡王仪式由布摩主持，整个活动通常有请师、祭棺、开丧、转场、送仙、嘱咐等几个主要仪式。安埋后，整个殡王活动即告结束。转场仪式在整个活动中最为隆重而热烈。在殡王仪式中，敲铜鼓，鸣地炮，吹长号、唢呐，参加者可有数千人之多，祭坛中栽上高二三十米的大竹作为“灵魂升天通路”，布摩诵《殡王经》。仪式活动的意图是祖灵升天，进入邦仙邦拜。

罕　王

罕王或译“招魂”“赎头”“超八难”等，是对非正常死亡者的一种超度活动。凡属因战争、游水、摔岩倒坎等而死亡者，均需举行此仪式活动，以期将亡灵救出游魂世界，再超度升天到邦仙邦拜。

由布摩择定日子后，即做有关准备工作。选择看不见村寨的山坳，用芦苇插成迷宫似的魂归径；挖一土坑，将红泥与水搅拌成血色，谓血河；又置一口油锅，油锅下烧火，谓火海；将三十二把刀的刀刃向上排列做成刀梯，谓刀山。魂归径旁东向用八仙桌搭成神台。

仪式开始，布摩与十名徒弟穿法衣，在神台祭祖师爷报洛陀后开始诵经。诵经从清早直至下午。接着，布摩执“宝剑”带领孝子贤孙去魂归径中将亡魂引出。引魂时数千观众也参加，因为过刀山、火海、血河被人们认为可免掉人生几多灾难。血河上搭有一块木板，布摩先带孝子孝孙从上“渡”过，以示亡灵开始离开苦海；火海旁备有一堆荞麦糠壳，由一布摩徒弟在旁念经，向油锅中撒一把糠壳便有一人从火焰中跃过，以示亡魂顺利走向光明；过刀山时布摩在旁用功念咒，孝子们纷纷赤脚从利刃上走过，众人皆从旁绕道。活动进行整整一日才结束，最后将做魂归径的芦苇拔下来烧掉，将写有魂主名字的牌位护送至主家，安放于神龛上。等待来年主家经济宽裕之时，再举行殡王用牛祭祖仪式进行超度。

用牛祭祖

用牛祭祖是布依族丧葬祭祖仪式之一，于转场仪式结束后举行。由孝家每个女婿各买黄牛一头带到祭坛祭祀，仪式上将牛屠宰。牛肉煮熟后，即用于招待女婿方前来参加仪式的亲友食用。一般来说，只有一个女婿的人家，岳父岳母的丧事均由这个女婿执行砍牛；如果有两个女婿，则岳父岳母的丧事由两个女婿轮流执行；有三个及以上女婿的人家，则通常由大女婿和小女婿轮流执行；没有女婿的人家，可由侄婿执行。从仪式的内容和特点看，砍牛祭祖仪式含有殉葬意味，砍牛的意图在于让牛也跟随祖灵到仙界为其耕田犁地。

转　场

转场是布依族丧葬祭祖仪式之一，也译“砍戛”“转戛”“打戛”等。仪式在出殡之日举行。首先找一块场地（一般为“转场”专用场地），布摩到场地上举行“叫场”仪式，女婿（其中之一）家在场地中央插上木桩，桩上拴一头牛（此牛由丧家准备。其余由女婿送的牛不用拴牛桩）。然后，孝男孝女在一主事布摩的引导下来到场地，以牛桩为中心先按逆时针方向转三圈，之后暂停；孝男依次到牛桩处喂牛，孝媳则依次去剪几撮牛毛。接着继续按原方向转三圈之后，再改为顺时针方向转三圈，孝男孝女即回家；再由女婿家请来的亲友将牛砍倒。整个仪式即告结束。牛肉拿回家烹熟后，即用以招待女婿方来的众多客人。转场仪式上，舅家表现出很大权威。届时由舅家选出两位长者作为代表，当“大老爷”，转场时坐在场地一边，前面放一张小桌，桌上放灵牌，孝男孝女转到那里均需磕头；而女婿家砍牛中的一切事务，均需向舅爷请示获准。转场时，围观者甚众，鼓乐齐鸣，场面隆重而热烈。

访　且

访且是布依族宗教仪式中一种全寨性的宗教祭礼活动。每年农历六月初六，由寨中各户按人口凑钱、凑粮，备上烧酒、肥猪、公鸡等，在寨旁被视为“且神”所附的自然物——某棵古树、某尊怪石之处设立祭坛。布摩身披蓑衣，头戴斗笠，唱诵《访且经》，请且神守护好寨子，以求来年各种瘟疫、虫灾、火灾不会产生，让寨人安康、五谷丰登、六畜兴旺。经文诵完，杀猪、杀鸡，称为“生敬”；肉煮熟后又敬，称为“回熟敬”。布摩又到寨内各巷道及各户屋内，高举宝剑，边念唱边高喊：“灾鬼出不出？”另一位布摩应声答：“出！”接着将各种灾鬼送出寨门，在寨边各方道路入口处挂上一条用茅草搓成的绳子（绳上挂着画有符箓的白纸条），表示已经将各种灾鬼拒于寨外。当天傍晚，各户派人到寨神庙前集体赴宴，喝血酒，逐人向寨神起誓：保证家人不偷盗，看护好牲口不让其任意践踏庄稼；如有违反，愿受神灵惩罚。

扫　寨

扫寨是一种扫除火星和邪恶的布依族宗教祭祀礼仪。中华人民共和国成立前在布依族地区很盛行，目的是防止火灾。各地仪式的举行时间和内容大同小异。在黔西南贞丰一带，一年要举行三次，时间分别是三月初、七月十五前、腊月三十前。祭品用狗，或用猪头。仪式开始前，先用竹扎成龙船。仪式开始，布摩头上戴法帽（布依语称 fap^{8}ŋε^{6}，用纸做成，上绘凤凰、牛头马面。帽顶边沿为锯点形），在神树下“改邦”（祈福驱邪）。祭毕，由两个青年抬着龙船，一人端着装有刀头肉的碗，其他人敲打锣鼓、钹等，到各家逐一进行“清扫”。每户预先在大门口摆上一张长凳，凳上摆一碗饭、一碗水、一炷香、一颗木炭。布摩率一行人来到每家门口，再将那碗刀头肉摆在长凳上。布摩一边诵经念咒，一边掷卦板。布摩掷卦板时，需掷出“阴卦”为吉利。卜卦的卦象：两块卦板面均朝下为“阴卦”；一朝上一朝下、两块卦板面均朝上都为“阳卦”。若接连三次掷不出“阴卦”，说明此地不吉利，布摩须到屋内“打粉火”。所谓“打粉火”，是指仪式中布摩一手执火把，一手抓一把晒干的荞麦壳或碾碎的柏树叶粉末往火把上撒，使火焰一下子猛蹿起来，据说这样可吓走邪鬼。为防止由此引起火灾，布摩需先念诵“架海水咒语”镇压火星。打粉火时，还用苞谷或懒豆撒遍屋中每个角落。然后又掷卦板，若再不出现“阴卦”，还得继续掷，直到出现阴卦表示吉利为止。打粉火结束后，布摩将长凳上的那碗水和那颗木炭倒扣在地上，把长凳上的香插在龙船上。之后又到另一家继续做，等到全寨每户都扫完后，才回到神树下，将狗肉（或猪肉）倒回锅里“回熟”，即开始集体聚餐饮酒。龙船要在神树下烧掉，并在寨边各条路口将反扭的茅草绳横牵于一两丈高的地方，表示已经将邪鬼扫除寨门隔在寨外，不使其进寨作祟。全寨集体聚餐饮酒之时，同时由寨老宣布：平时各家各户都要小心用火，清扫垃圾，保护好火塘、火种。

祭主神

祭主神是布依族宗教仪式之一。祭祀对象为“主”，可能是对古时氏族或部落首领崇拜的沿袭。一些姓氏把“主”说成该姓氏有威望有地位的首领。每寨均建有“主神庙”，布依语称“顶苏”“顶晒”或“然老报”，分别译为“官厅”或“老人房”等。

祭祀日期各地不尽一致。有的地区是农历二月初二，有的是三月初三，有的是三月后的第一个虎（寅）日或蛇（巳）日，也有少部分地区在七月十五。其中以三月内祭祀居多。

仪式活动各地大同小异。这天，每户均要派一个当家男人到主神庙参加祭祀，其余男女老幼，为避免在寨中发出声响，均要到离寨子三里以外的山坡上回避，称为“躲山”，直到祭祀完毕鸣放鞭炮才回家。

祭祀仪式由布摩或寨老主持，并由另几位德高望重的寨老参与，其余人等则支锅、切肉、洗菜、烧火等，做些杂活。祭品主要有猪肉和酒。焚香后主持者祈祷主神保佑全寨风调雨顺，无病无灾。祭祀时，不能说话，也不能碰出任何声响，祭祀者的交流通过手势进行。祷词当然只能默念。据说若出现声响，祭祀就不灵验。

祭祀完毕，集体在主神庙前聚餐，并总结乡规民约一年来的执行情况，重申有关条款，意在借助主神权威加强规约的约束力。吃不完的猪肉可带回家，在庙前吃剩的骨头不能乱扔，必须在附近挖一坑，将骨头深埋。无论在庙前吃还是带回家吃的肉，都不能让肉汤滴落在衣裤上，否则以后上山下地会受到豺狼的袭击，牲畜则会受到虎豹的伤害。

从这天起，有的地区是三天严禁外寨人进寨。外寨人进寨称为“踩山”。发生这种情况，据说祭祀也不灵验，踩山者要对可能发生的灾难承担责任。若踩山者愿出钱，也可另择吉日重新举行祭祀仪式。一般选择虎日。重祭时只需一块刀头肉和一只雄鸡作祭品，寨里人也不用再躲山。重祭后踩山者可不再为今后发生的灾难负责。

很多地区，扫寨仪式与祭主神仪式被安排在同一天进行。

祭田、打保符

祭田、打保符是布依族节日仪式之一，是于农历六月初六举行的祭田仪式。各地均举行，主要内容是祭“稻田神”（或“水口神”）以驱逐虫魔。很多地区都是单家独户进行，首先用小竹枝和白纸做成三角旗，然后带上公鸡，到田坎的水口边杀鸡、焚香、烧纸，将三角旗插在稻田中，祈求神灵驱走害虫，祈求稻田神、水口神赐予水稻丰收。

六盘水市和黔南州的一些地区，还举行较繁复的驱虫仪式。这里对独山县下司、土司、麻尾及平塘县四寨、荔波县甲良、播尧等地布依族的“打保符”仪式略为介绍，以见一斑：

六月六这天，从早晨到中午时分，负责筹办的几位寨老在寨口祭祀场地撑起大红伞，伞下摆一张八仙桌。桌上放一个大木升和两个小木升，各家凑来的米都分别抓一把放进三个升子里。升子里插上“凤凰山青竹仙翁”等神灵牌位。

仪式开始，人们站立桌旁，焚香点烛。主持仪式的寨老（一般为布摩）祈祷、诵咒，诵毕大喊一声：“杀!”众人也跟着大喊：“杀!”并发出“呜呼”吼声。接着，一帮青壮年和屠夫将祭供的猪、牛拉到桌前宰杀，并将猪血、牛血倒进一个木盆搅和，再将猪尾巴、牛尾巴砍下，用几张钱纸裹住尾根，蘸上血逐一涂在各户的“秧苗标”（用白纸打制而成）上。各户将“秧苗标”拿去插进自家稻田里，仪式即告结束。据说蝗虫等害虫只要看见像“青杠竹叶剑”或“秧苗标”等符标，就不敢来吃田里面的庄稼了。很显然，“祭稻田”和“打保符”具有较浓的自然崇拜色彩。

请　龙

请龙是一种祈求吉祥富贵的布依族宗教祭仪。一般在农历正月辰日或新居落成庆典之日举行。先在堂屋中摆上丰盛的酒席，同时在房屋中柱下摆一竹簸箕，内放一个装满稻谷和大豆的升子，升子上放现钞或硬币（双数）押升口，旁边摆上两只大碗盛大米、酒、猪头、猪肉等。另有上挂纸马的竹枝插在装稻谷的升子上。布摩坐在祭桌前，手拿主人一件上衣，诵《请龙经》。诵毕，主人献上两枚鸡蛋，由布摩亲自拿着锄头在中柱下挖一坑，把鸡蛋埋于其内。据说，鸡蛋黄象征金子，鸡蛋白象征银行，蛋壳象征仓库和金银库。埋下鸡蛋，意思是为主人家中埋下了金银财富，给主人家吉祥富贵的好运气。

赎谷魂钱魂

赎谷魂钱魂是一种布依族祈福仪式。一些地区于请龙仪式后举行，有的则于丧葬祭祖仪式后或农历七月择日举行。赎谷魂钱魂仪式是基于这样的观念：有一种鬼魂暗中偷食粮食（魂），偷用钱财（魂），使人们粮食不经吃，钱不经花，所以需要举行祭仪将粮魂钱魂赎回来。在具体做法上，各地不尽相同。镇宁一带的做法是：先在堂屋中摆上的丰盛酒席，同时在房屋中柱下摆一竹簸箕，内放一个装满稻谷和大豆的升子，升子上放现钞或硬币（双数）押升口，旁边摆上两只大碗盛大米、酒、猪头、猪肉等。另有上挂纸马的四个竹枝插在装稻谷和大豆的升子之上。布摩坐在祭桌前，手拿主人一件上衣，诵《赎谷魂钱魂经》。仪式中，由布摩代表主人唤请陀嫡带着金银到天市去选购五谷、牲畜，并请求天神赐予最好的粮魂及六畜魂，祈祷来年粮食丰收、六畜兴旺。

退　仙

退仙是一种布依族祛病祈福仪式。中华人民共和国成立前，布依族民间如果有人病重不愈，便请布摩卜算，如推算出病人是被仙人缠身，就必须举行此仪式。按病人的生辰八字，可分别卜算出“五头仙”“七头仙”“九头仙”“十二头仙”四种（有多少仙人缠住病人之意）。然后按布摩选定的日子，在病人家堂屋中摆上两张八仙桌的祭品，按仙的“头”数买相应数目的猪、羊、狗、鸡、鸭、鹅等来祭供。布摩手执宝剑，吟诵《退仙经》“退仙”。退仙仪式请各方亲朋长辈参加，布摩诵经一天。天黑时布摩将纸剪成的仙人送到寨外路口烧掉，仪式即告结束。据说经此仪式，病人即可痊愈。

架桥、送花

架桥、送花是一种求神送子仪式。根据布依族的古老观念，宇宙分为三界：神仙住的地方为“上界”；人住的地方为“中界”；鬼住的地方为“下界”。来投胎的童男童女住的地方则为上界中的“花界”。住在花界的孩子称“花”［wa^1］，管这些“花”的母神称为“生育神母”。花界与神仙住的地方只相隔一条河，求子者须“架桥”过河，祈求生育神母过桥送子。相传，借助这种仪式，妇女即可怀孕。架桥仪式在黔南一带十分隆重，一般要进行七天七夜。这期间，往往欢歌达旦。

“背鸡”和“送花”是仪式的高潮。“背鸡”时，由布摩在离大门五十米开外提来一只大红公鸡，一边念咒，一边让主人弓着身子，并在其背上撒一把大米；之后布摩把大公鸡放在主人背上，让其背进家。届时众人前呼后拥，唢呐声声，爆竹连鸣。主人背上的公鸡不慌不忙，时而俯首啄米，时而抬头观望，让主人背进房间。待布摩念完“解咒”，公鸡才离开人背。此仪式，意为“公鸡引子进屋”。

“送花”时于堂屋祭坛中设一盛装鲜花的大竹筒，称为“花筒”。仪式中，当布摩一边念经，一边手持缠有自纺布条的木棒（木棒一头绑有刚从织布机上剪下的尺长的土棉布条）把花朵从花筒中沾出来，又把花朵挂于花筒之上，即象征“得子”。届时，大伙齐声高唱《送花歌》，又把花筒送进主人卧室房间，挂于墙壁之上。此后，不论家中孩子多少，逢年过节都还以糯米饭祭之，烧香供奉花筒，直至此对夫妻超过育龄。

布依族哲学社会思想

哲学社会思想萌芽——自然崇拜、图腾崇拜

布依族哲学社会思想的产生和发展，与布依族宗教信仰以及各个历史阶段的生产、生活方式有密切联系。原始社会时期由于生产力水平低下，布依族先民形成的自然崇拜、祖先崇拜、灵物崇拜、鬼神崇拜等原始意识中，就已寓有哲学思想的萌芽。布依族的自然崇拜，如对特定的山、水、树、石、雷等自然之物、力、现象的崇拜，不是凭空产生的，而是有其认识（或感觉）基础的。第一，他们初步觉察并区分所崇拜的自然之物、力、现象与自然界中其他自然之物、力、现象的不同。没有这种识别能力，是不可能产生对其自然之物、力、现象的崇拜的。第二，他们认为这些自然之物、力、现象能干预人事，或带来灾难，或给人好处，而人又无力支配，由此产生恐惧和希望等。第三，与布依族先民居住的自然环境及生产方式有直接联系。如布依族居住在山区，崇拜某一具体的古老而高大的树，是因其挺拔高大，不畏狂风暴雨，生命力强，四季常青，以象征本民族的兴旺发达。对谷种、稻田的崇拜，则与布依族悠久的稻作文化密切相关。古人随着大脑的不断完善，思维能力的不断提高，这种认识不仅未得到纠正，相反，由对这些自然之物、力、现象的崇拜进而演变为以这些自然之物、力、现象为自然神，即把这些不能理解或不能驾驭的自然之物、力、现象人格化，产生各种“精灵”意识，如山神、树神、水神、石神、雷神、谷神、田神等，神秘性更浓了。

继自然崇拜之后，布依族先民产生了图腾崇拜，有竹、鱼、猴、鸟、龙等。图腾为氏族的徽号，是布依族先民误将某种动物或植物看成与本氏族有血缘关系，或对本氏族发展作出过大贡献，然后奉其为祖先，受到氏族成员的共同尊崇。图腾崇拜的超自然性，即认为所崇拜的对象能感受到人们对它的崇敬或亵渎，包含有神灵观念，或说是神灵观的又一种最初形态，反映了人与自然的矛盾。但在图腾意识中，氏族人认为自己由某种自然物发展而来，或是认为氏族同某种自然物之间有血缘联系，由此追溯人类来源，这在客观上是把人类看成自然界的一部分，说明人与自然界有同一性。特别是布依族先民甚或猜测人是由猴变成，虽与达尔文进化论本质不同，但也与神创说相左。所以，图腾崇拜是正确和错误交织在一起，不全是神学意义上的，虽有浓厚的神秘主义色彩，但它是建立在识别自然物不同的基础上，有其合理部分。

布依族先民以竹、鱼、猴、鸟、龙等为图腾对象，是希望成为它们的后代，传承其竹之常青、鱼鳞之美丽、猴之机灵、鸟之腾飞。而龙可能是由蛇发展而来，反映了先民的观察力及其生活、生产上与这些动植物有密切关系。

自然崇拜和图腾崇拜分别标志着当时人们对自然之物、力、现象的认识不断深化，以及关于人与自然界关系的认识发展，这对考察人与自然界关系、人的思维能力的发展具有理论意义。布依族先民的自然崇拜和图腾崇拜并不纯粹是有神论的、唯心主义的。就其识别了自然之物、力、现象的不同而言，虽简单幼稚，却不能说其错；就其关于人与自然界有区别、矛盾又有同一性的意识，从自然界中探寻氏族的来源而言，确是含有无神论思想萌芽、朴素唯物主义思想萌芽。自然崇拜、图腾崇拜意识中反映的有神论、唯心主义萌芽，以及无神论、唯物主义萌芽，正是哲学思想萌芽的表现，它属于原始哲学的一个重要内容。

哲学社会思想萌芽——鬼神意识、祖先崇拜

布依族先民可能对不断出现的梦境进行反复思考，并与人的生与死联系起来。误认为人之所以做梦，之所以有生有死，是因为有一种附于人体又能独立于人体之外的“灵魂”的作用，进而产生了灵魂不灭观念（意识），偏僻农村的布依族群众中有为小孩“招魂”（喊魂）使魂回归而病愈的说法；老人去世后，要将其灵魂送回祖先住地，即“送魂”。这就是灵魂不灭意识的表现。这是布依族先民最初的形神关系意识。一旦有了灵魂观念（意识），才会有灵魂不灭观念（意识），就出现了祖先崇拜，以及真正意义上的原始宗教。

“精灵”与“鬼神”是两个不同的概念，由精灵而鬼神的过程，是人脑机能的发展，精灵意识是自然崇拜的思想基础，表现为可见、可触及的自然之物、力、现象，或可见到而又带来可感触到后果的自然物、自然力。鬼神则是指附于并能离开人体的不死的灵魂。鬼神意识一经产生，与精灵观念结合，自然崇拜对象才能逐渐升华为“神物”，演化为对自然神之崇拜。

随着原始巫术的出现，经过巫师的加工、推演，不仅能让自然崇拜、图腾崇拜完全陷入神秘主义，还会使某些简单而正确的认识、习惯性而正常的活动等蒙上一层神秘的色彩。

鬼神意识并非布依族先民的唯一意识。原始人对自然、社会、人本身的认识不断深化，精灵和鬼神意识是一个方面，而且是错误的认识。他们在生活、生产劳动中积累的经验，在制造工具、居住条件、寻觅食物、扩大生活和生产领域、社会分工等方面，也会产生相应的简单而正确可行的认识。没有这一实践和认识，原始人不可能生存下去，繁衍后代。这种实践和认识，也是布依族先民关于人与自然界关系即主客观关系的表现。

布依族出现鬼神意识的同时，也可能会有“无鬼神意识”，二者相伴而来，比较而存在。不过在其后的演变过程中，鬼神意识的势力和影响要大于“无鬼神意识”。其实灵魂本身不是有神论，也不属于有神论范畴，不宜说成唯心或唯物。只有将灵魂看成可以脱离人体而独立存在的鬼神，能支配世界、干预人事，才属于有神论范畴，是有神论，也是唯心主义。如果将灵魂看成人脑的机能和属性，人死灵魂随之消灭，这属于无神论范畴，是无神论，也是唯物主义。无论从哪一方面说，布依族灵魂意识的产生及演变，是形神关系这一哲学问题的最初表现形式，是布依族哲学思想萌芽的一种表现。

大约在原始社会繁荣时期，由于生产工具的进步和生活、生产领域的扩大，人的思维

也相应提高，布依族先民有了原始神话。它与原始崇拜不同，是布依族原始意识中最精彩的部分之一，是哲学思想萌芽的一个突出表现。

布依族神话不同于宗教，这体现在许多方面上。第一，一切宗教都不过是支配着人们日常生活的外部力量在人们头脑中幻想的反映，在这种反映中人间的力量采取了超人间的力量形式。宗教从神学本质上说，让人愚昧，并使之安于现状，阻遏人的进取心；而神话则带有一种积极向上的浪漫主义精神，是布依族先民在劳动中企图征服、支配自然的一种坚强意志的反映。神话是一种形象化的原始文学、艺术品。第二，布依族神话中的神，往往只是理想化的英雄或祖先，不是高踞于世俗社会之上，它虽有超出一般人的本领但靠的是勇敢、机智，而不是什么法术。宗教的神则不是生活在世俗社会里的，是高踞于人类之上的见不着、不可捉摸但能主宰世界、支配人类的拟造出来的偶像。因此将神话与宗教区别开来，不仅对研究神话有利，也有益于探研哲学、宗教的起源。布依族神话是在自然崇拜、图腾崇拜之后产生的，是较高一级的意识形态。它所谓的“神”，虽不是高踞于世俗社会之上，具有活生生的人性的“神人”，但最终还是神化了的“人”。讲神，带有神秘主义色彩，就有可能向有神论发展，因而不能称之为无神论。无神论是不承认任何神的。神话的这种二重性，说明它不是宗教，也不是无神论。例如，流传于布依族中的勒戛射太阳、布杰斗雷公、翁戛造万物等神话，其中的勒戛、布杰、翁戛等神人虽披着神的外衣，闪着神圣的光环，但他们实是布依族先民想象加形象化的人类祖先或英雄人物。他们不仅不怕鬼神妖怪，不屈服于自然力，不安于命运，相反，他们战天斗地，抗神斗妖，消除自然灾害，造福人类，因而使人感到可亲可敬，被人们称道、崇拜，其故事得以口耳相传下来。这类神话，反映了布依族先民征服、改造自然的愿望和意志，是对理想化的美好生活的追求。这是人与自然、人与鬼神的关系，也是古人对主客观关系的又一种表现形式，从这点来说，布依族神话有无神论思想的一面，即无神论的萌芽。

至于布依族神话在流传过程中增加了神仙鬼怪等情节，被蒙上了浓厚的神秘色彩而为宗教所利用，这是另一回事，正好说明布依族神话里的有神论思想因素与宗教有一定联系。总之，在布依族原始意识中已寓有哲学思想的萌芽，这是原始社会生产力水平低下和人的思维发展等客观条件所限制的结果。

随着原始社会的解体，阶级国家产生，布依族哲学进一步发展。与阶级社会相适应，布依族先民产生了“王权”“神权”思想，以后随着汉文化深入，又吸收了中原的儒家文化，有的甚至将其写进自己的《族谱·祖训》书中，用以教育子孙。

明清时期，出现反映布依族社会理想、维护社会安全的《乡规民约碑》等，这些都反映出布依族哲学的发展线索。它与布依族的历史变迁是相适应的。

历史上布依族地区的牂牁国和夜郎国，虽存在了几百年，但其国家形态可能比较粗陋，不够成熟。从它们未创造文字、未留下任何文献即可见一斑。牂牁国未发展成熟即被夜郎国所取代，而夜郎国未发展成熟就被汉王朝所灭。正因为如此，布依族哲学在产生“王权”“神权”思想之后，随着布依族先民国家的消亡，而逐渐改变为了哲学思想发展道路，即保持本民族传统哲学与吸收汉族儒、道家思想相结合的哲学思想发展道路。布依族的摩教也何尝不是如此，摩教之所以成为一种处于由多神教向一神教过渡过程中的民族宗教，即具备了一神教雏形便随着布依族先祖国家的消亡而基本停止发展，定格了。但外来宗教的传入，始终未能完全取代布依族传统宗教摩教。这就是布依族哲学与宗教的不同之处。

主要哲学思想

“龙造”说

“龙”，布依族称“勒”［ŋɯ⁶］或“龙”［loŋ²］。其意有二：一为彩虹，二为龙。古代布依族祭龙，都由祭师布摩主持供献牺牲，念经祈福。布依族意识中，每年春天龙神开始活动，它是保佑来年丰收和人畜平安的吉祥神，故正月十三至十五日、六月初六“玩龙”，必先于河边祭祀后入寨玩耍，名曰“起龙”，表示龙神从水。龙形，其头高昂，血盆大口，龙眼凸出，并有龙须。人们视龙须为贵，常以龙须系小孩手上作符。布依族民间有青铜铸造的龙宝，上扎各色花朵。龙宝亦被视为神物，无子嗣的人家备酒肉、香烛接龙宝去作保，以祈生育，若遇生子即视为龙子。

龙神的分类，反映在龙的不同名称里，有“家龙”“朝门龙”“圈龙”“寨龙”“粮母龙”“银公龙”“造园龙”“造寨龙”等。各种龙神各司其职，祭祀礼节也不相同，有单家独户安坛祭祀者，也有全寨统一集中祭祀者。有的还将神竹与龙神一同敬供，由寨老率领全寨人，从寨左至寨右吃喝着“唤龙、追龙”，再将供品摆于神竹前祭祀，意为“龙归金竹”。合寨饮酒，外人不得入内，误者罚之。《祭龙歌》说：

古辈来造天，还来造星辰。天地紧紧挨，中间未语音。
未造“女雅神”，“且神”还来造，山神还来兴。

这就是说宇宙之初，天地未分、生命未成之时，什么神都不存在。《祭龙歌》认为是龙神改变了这个沉寂的世界：

山顶神龙在，山尖大龙来。“粮母龙”来往，“银公龙”来往。龙神升上天，与雷神交友。水淹森林成河道，下地建村寨，河边造州城。来造寨寨兴，来造州州亮。地方人发旺，寨内皆人声。

说明布依族先民在一段时期内，曾从人神关系方面去探寻人类起源及社会形成。这就从宗教学角度提出了“龙造说”的哲学观念（意识），龙神创造的村寨、州城，为何能兴旺不衰呢？《祭龙歌》进一步解释说：

寨山稳得住，州山稳不垮。祭了龙神不惊扰，龙神不夜逃。龙神用头撑寨山，龙神用头抵州山。山倾龙神用头推，墙倾龙神用身抵。龙神造田园，种粮得好粮，头滩种粮菜，寨脚种粮菜。养鸡鸭满园，养牛畜满圈。龙让人清爽，清爽如在水中浴。龙神顺我（布摩）言，龙神顺我（布摩）心。转身龙归来，转膝龙归来，来享你供品，保寨内人多，保人类吉祥。

这就是说，龙神不仅是自然界和人类社会的创造者，而且从“山倾龙神用头推，墙倾龙神用身抵”等祭词可以看出，龙神已被布依族先民上升为人类卫士或保护神。龙神高踞世俗社会之上，能干预和影响人事，神秘莫测，只有通过祭祀使“龙神顺我（布摩）言，龙神顺我（布摩）心”，说明古代的祭师布摩是人神之间的桥梁或媒介者。认为人类社会之所以兴旺发达，是因为龙神护佑和人类崇敬龙神的结果。这就是《祭龙歌》从神学角度阐明自然界和人类社会的来源。

龙神的分类互不统辖，说明布依族先民信仰的各种龙神还处于并列阶段。其中龙与雷、龙与竹等自然对象的关系，它们都可能是当时某个氏族部落的图腾标志，随着部落联盟而与龙神融合，参与到祭龙神的仪式之中。布依族龙神的原型可能是蛇，《山海经》称古代中华民族各地区、各部落多“人首蛇身”，考古发掘的中华民族人文始祖伏羲女娲之像亦为“人首蛇身”。以龙蛇为图腾，与当时自然环境有关，古人遭到不少自然物包括蛇的危害，可知其生存艰难。蛇的生活习性与水密切相关，炎热地区蛇类更多。当人类第一次大分工出现后，农业对水的需要显得更加重要，因而人类将蛇与农业联系在一起，希望蛇能兴云布雨。蛇在演变过程中可能吸收了其他动物成分，最终演变为龙。龙就是被神话了的蛇，现实中的蛇变成了想象中的龙，龙的神话和崇拜于是产生。

“清浊二气”说

“清浊二气”说是布依族哲学中关于世界本质的重要概念，在布依族古歌中的《得刚得王》和《赛胡细妹造人烟》（亦称《伏羲兄妹造人烟》）等篇中说：

很古很古那时候，世间只有清清气，凡尘只有浊浊气。清气呼呼蒸腾腾，浊气扑扑往上升。清气浊气相撞后，交粘成个葫芦形……清气浊气相粘后，四面八方昏沉沉。不见树木和野草，不见野兽和飞禽。

“气”，布依语称“虽”［ɬui^{1}］或［suei^{1}］。古歌认为清气（虽那）和浊气（虽浓）是两种原始物质。它们互相对立，互相矛盾，经历长期的运动变化，相撞交粘成葫芦形，宇宙万物就是从这个“葫芦形”中发展而来。这说明布依族先民已不自觉地猜测出万物对立统一于物质的哲学观。

古歌在描述“气”的发展过程中，还幻想传说中的布依族祖先之一“布杰公”来将气团掰开，使葫芦形气团继续运动发展，这就充满了“直观性—运动—变化发展”意识。其哲学观点虽不彻底，但代表了当时的思维水平，因而具有重要的哲学思想史价值。古歌说：

清气浊气相粘后，四面八方昏沉沉。不见树木和野草，不见野兽和飞禽。这时有个布杰公，力气盖过众仙神，脚大可当撑天柱，天上地下任他行。巴掌像棵大榕树，他把清气捏在左手掌，他把浊气捏在右手心。海扎一声用力扳，清气浊气两分离。清气呼往上冒，浊气扑扑往下沉。清气上升变青天，浊气下沉变大地。

通过祖先神的外力推动，才使物质进一步发展变化，反映出布依族先民的思维还未脱离原始宗教的束缚。但以“清气、浊气”为万物之本的思想观念，是想从具体物质形态来解释万物的形成和发展，它已初步具备唯物主义和关于事物矛盾运动发展的辩证思想因素。

“气”本身的特性和先民的生活环境有密切关系。气体本身是一种浓时成雾，清时看不见、摸不着，而人一离开它便难以生存的特殊物体。布依族山区常年云蒸霞蔚，雾气变化万千。布依族先民生活其中，自然深有感触，并反映于思维之中。而“葫芦”或“葫芦形”，在我国南方许多民族中，都有一个共同的神话传说，其所反映的共同意识即各族祖先均出自一个“葫芦瓜”里的“兄妹或夫妻”（类似伏羲姐妹）相配的子孙。因而这种观念的形成有特定的历史文化背景，可以说这是我国南方民族的土著文化。自然哲学只能这样来描绘，用理想的、幻想的联系来代替未知的、现实的联系。布依族的古代哲学正是在实践中经过不断概括和总结，以及在结合人的美好理想和想象中发展起来的。

“由猴变人”的生物演化意识

“由猴变人”的生物演化意识，可能由于猴的体形与人接近，使古人产生类比思维，也可能古时布依族先民某个氏族信仰猴图腾。如布依族神话《开天辟地》说，古时布依族有两兄弟，“大哥在南盘江（珠江上游）与猴女成婚，二哥在北盘江（珠江上游）与猿女成婚”繁衍了人类。《造万物歌》还说：

天地形成后，地面无人烟。翁杰站在云天上，左脚踩岩山，右脚踩上山。脚一踩岩山炸，脚一踩土坡垮。垮了三整天，江中见小孩。垮了五整天，海面见猴崽。小猴三天长牙，五天长毛衣。扑着在江中，仰的为雌（阴），扑的为阳（雄），这时才分阴和阳，这时才分男和女，宽广的大地无人耕，肥沃的田坝无人种。

古歌认为，这种猴不知活了多少年代，变成有感情、能思维的动物，在日神和月神的安排下创造人烟。猴于“天天想，时时想”中不觉昏沉睡去，梦中感到身子酥痒，汗毛生长，接着浑身发抖，汗毛全都掉光。猴子醒后，按照梦的启示，拔下汗毛哈口气丢在地上，变成了人。到了这时，宽广的大地才有人耕，肥沃的田坝才有人种。这就是说，人的出现是猴子演化进化的结果。

由猴图腾信仰到“由猴变人”的生物演化意识，反映出古人的思维由简单到复杂的逻辑。这种生物演化观念（意识），在哲学思想上还是从物质世界中去探寻人类来源的思维路径。这种从物质世界中去探寻人类来源的思维路径，虽然不同于达尔文的生物进化论，但与“神创说”相左，因而具有一定的进步思想因素。

《保坝经》中关于阶级产生的观念

《保坝经》是古代布依族祈祷丰收、防止稻田虫灾的宗教经典。举行这个仪式，要用弓箭、长矛、大刀为神物，以牛、马、猪、羊、狗、鸡、鸭、鹅、鱼等动物为祭品，称为“吃九种牲畜的神”。它描述了布依族历史上个体家庭产生，以及安王和祖王两位王子争夺王位的神话，反映了阶级产生的观念（意识）。首先，《保坝经》认为万登王是雷神之子，掌握国家大权，他与美丽的鱼神姑娘都豪结婚组成父系个体家庭，生下安王。这就把王权和神权联系起来，说明万登王是借用雷神之威来统治国家，同时也反映出这个国家还具有浓厚的原始宗教图腾信仰氛围。因此，雷神之孙安王从小聪明能干，“出生三天能骑马、五天能射箭”，长大后从江中钓回许多鱼鳞艳丽的大鱼，准备食用。他母亲阻止说：“鱼是你外公外婆，不能吃。”安王不听劝告，将鱼下锅。母亲便跃入江中一去不返了。这就是说他母亲因其氏族图腾被伤害而离开了王室。第二，安王和祖王争夺王位，是起因于“财产和奴隶分配不均”。《保坝经》说，数年之后万登王续弦，娶民女雅如生下祖王。祖王长大后，看见“百姓办酒席先找安王，打官司先找安王”，很不服气。祖王的母亲设计“杀了安王要地方，杀了安王好掌印”，因而祖王借口打猎时故意射伤安王；兄弟分家时，把“歪脚瞎眼的奴仆分给安王，健康的奴仆分给祖王”。这引起两位王子的争斗，结果祖王失败。兄弟分居，各管一方，从此战乱不休。最后安王提出的和解条件是：

安王管上方，祖王管下方。下方每年要向上方进贡，一百二十个婴儿作租，一百二十个壮汉抬财物，九种牲畜不可少，好粮好酒不可缺。

显然，这是宗教外衣之下，布依族原始社会解体和阶级王权产生的反映。这种以粮食、财物以及人口（奴仆）作为战利品的现象，在奴隶制社会屡见不鲜。《保坝经》认为，祖王最终接受了安王提出的条件。每年供献礼品，民间农业也风调雨顺起来。这反映了政治动乱后的社会安定，说明在这一时期，王权与神权观念在国家治理方面实际上已得到初步的结合。

《柔番沃番钱》的王权、神权观

《柔番沃番钱》是布依族著名的宗教经典之一。至今偏僻农村里，每年正月都要选择吉日举行诵读仪式，同时供奉祖先。经书生动地记载了古代国王、臣民、城邑的情形。通过宗教仪式缅怀祖先建立的国家和政绩，反映了布依族的王权、神权思想及美好的社会理想。《柔番沃番钱》说：

国王“兴”啊，
在天上。
恩德撒四方，
恩德播四面。

《柔番沃番钱》认为，兴王不住人间，而是高踞天上，说明其王权至高无上。这个兴王在历史上是一个贤明的君王。

春天“兴”来主播种，
“兴”在上层主收获。
王有十仓化来做，
王有十仓柏木修。

千个粮仓装满粮，
好粮全是过节粮。
请示您啊造木碓，
请示您啊修石坎。

王权虽然至高无上，地位高在天上，但国王本人能通过播撒恩德来治理国家。兴王对人民的生产、生活是操心的。从春天播种到秋天收获，都由国王管理和主持。这反映出兴王治理下的国家，是以农耕为主的农业国。这段时期大约相当于古代布依族地区的牂牁国、夜郎国时代。《后汉书·西南夷列传》载：“夜郎王兴与町王禹举兵相攻伐。”《史记》也说这些国家的生活、生产方式为“耕田、椎髻、有邑聚”，这些与《柔番沃番钱》的记载相吻合。说明当时布依族社会中不仅从事农耕，就是进行修造石坎等农事建设和制造木碓等手工业生产，都必须请示国王，获准后才能进行。然而国王是身居天上的高高在上者，人间与天上相距甚遥，人民大众的经常性生产活动要怎么取得天上国王的同意呢？这个矛盾正好反证出，国王并非住在天上，而是身居人间。如同“有夏服受天命”一样，这是当时的国家统治者制造出来的神权理论。王权与神权一旦结合，便使国家统治蒙上一层神秘色彩，更容易役使广大民众。社会生活本身是实践的，凡是把理论导致神秘主义方面去的神秘东西，都可以在人的实践中以及对这个实践的理解中得到合理的解释。历史与逻辑相一致，王权、神权观念（意识）是当时布依族社会现实在布依族哲学社会思想上的反映，是布依族哲学史必经的阶段之一。

贤君治理的社会理想及“天神、天罚”观

贤君治理的社会理想及“天神、天罚”观，反映在布依族宗教经典《柔番沃番钱》中，认为兴王时代是一个社会繁荣的朝代，那时“王有十仓化来做，王有十仓柏木修。千个粮仓装满粮，好粮全是过节粮”。然而到糅王继位之后，其昏庸无道，导致严重的社会家难，从而提出了“天神、天罚”观念（意识）。那年为甲辰年和乙巳年，经书认为正是糅王即位的第十二年：

甲辰、乙巳年阿，
王位十二年。
那年穷到底，
那年饿死多少人。
古辈十太阳，
九个太阳紧紧挨，
十二个太阳齐出来。
谷粒稀似人脚杆，
稻穗稀似人的头，
岩石都倾倒，
棉花秆枯焦，
哪有你禾苗？

百姓的衣服卖吃光，
鞋也卖吃光，
头戴的耳环也卖吃光。

用“十二个太阳”形容社会的苦难，与王权、神权相吻合，反映出布依族先民社会政治观念（意识）的特点。《柔番沃番钱》说，在这种情况下，糅王才被迫寻访能人，希望能人助他渡过难关，并许下给予丰厚报酬的诺言：

国王才来讲弓弩，
国王才来讲箭，
谁能射太阳？
炼铜田坝我来给，
炼铁田坝我来分，
新开良田来奖赏。
三年之内若水冲田，
四年换来高田给，
配给高高水车田，
坝中肥田我来分。

这说明当时社会不仅能造水车灌溉稻田，还具备了金属冶炼和铸造技术。但统治者已经蜕化。经书说，当下官吏“布光”推荐能人“真”把十二个太阳射落之后，糅王却违背诺言，不给分文奖赏。由此，《柔番沃番钱》描述了一场“天神惩罚”的过程：

愤怒的“真”啊，
算着灾难的墨钱再出现。
愤怒的“真”啊，
把脸朝向神圣的铜鼓。

铜鼓是布依族礼器，带有保护善良之功能，也是权力地位的象征。经书认为真被欺骗后“朝向神圣的铜鼓”，企盼其给予启示。这种给铜鼓赋予神秘感，以及“灾难的墨钱”的概念，都显示了布依族观念（意识）的与众不同。

他把所有山头都寻遍，
他把所有草棚都寻周。
边走边思索啊，
遇着大公龙，
遇着大母龙，
右边的耙绳母龙做，
左边的耙绳公龙做，

黄鳝当鞭子，
山丘当牛丫。
牛丫套着猪，
哇哇猪惨叫，
牛丫套着狗，
汪汪狗哭泣。
天神看见了，
成片成片的乌云滚过来。
乌云淹没了人间，
乌云覆盖着大地。
古时的雨点，
雨点大如青杠树。
“糅王”的时代受干扰，
“糅王”的时代遭灾。

这就是说，由于真的英勇反抗，灾难的墨钱终于出现。天神对人间施予了严厉惩罚：

地方淹没了，
四面淹没了。
只剩扇子般地方来淹，
雄梅坡只剩斗笠般地方露出水面，
坝罕坡只剩屋子般大小来淹。
素鸟飞去归那里，
优鸟飞去归那里，
人们也去躲那里。

天罚之后，昏庸的糅王销声匿迹。这种把天当作一个具有视听能力、有意识和惩罚行为的神的想法，显然是一种唯心主义观念（意识）。《柔番沃番钱》又说：

优鸟抓来看，素鸟也抓来瞧，
翻里又翻外，翻鸟舌底边。
翻这又翻那，翻鸟肚里头。
鸟嘴有小米，鸟肚有高粱，
鸟身有稻子，这才得良种啊！
种是古代“兴王”时谷种，
稻是古代王的稻。
古辈曾有皇犬带种子，
今朝鸟类带良谷。

经书描述的是灾难中幸存的人民靠鸟类找到谷种，开始生产自救的情形。说明人们怀念贤君之情在灾难之后愈发强烈。“种是古代‘兴王’时谷种，稻是古代王的稻”，正是这种社会心态的反映。《柔番沃番钱》载，糅王销声匿迹之后，继位的国王是贤明的算王。人民在新国王的领导下，生活逐渐富裕起来。

好粮选种“高弄田”，
谷粒抛上天，谷粒撒四面，
那块成小米，那块成金稻。
割来做成堆……翻身的日子，
美好的命运，吉利的年成。
过年时节王过节，我也来过节。
赎买丰收归此家，此家粮仓粮囤满。
粮食消了粮会长，吃了旧粮新粮来。
过富贵日子，辈辈享荣华。

这就是古代布依族先民对美好生活的愿景。它反映的是一种贤君治理下社会安定繁荣的社会理想。这些与“王权、神权”“天神、天罚观”，都反映了布依族古代邦国时期的政治状态，体现了布依族古代哲学社会思想的民族特色。

封建社会儒家思想的影响及封建伦理观

封建社会是布依族和汉族进行泛文化交流的时期，从唐宋时期羁縻制到明代永乐十一年（1413）建立贵州布政使司，中央不断加强对布依族地区的控制。民间经济交往频繁，集镇逐渐扩大，经济文化交流的结果是布依族人民在行为准则、道德规范上逐渐吸收了儒家思想的有益成分。由此，布依族的封建意识形态受内地汉族影响很大，特别是布依族的上层封建主。他们甚至把儒家思想意识形态直接引入本民族之中。这些布依族上层封建主家族的《黄氏宗谱》《王氏族谱》《岑氏族谱》《金氏族谱》等《族谱·祖训》篇，对封建的政治伦理观念（意识）作了较系统的阐释，对布依族封建意识的建立起到了很大作用，甚至改变了布依族哲学发展方向，即走的是逐渐吸收汉族儒家思想的道路。其内容主要体现在：

“忠君、爱民”思想

“忠君、爱民”思想，反映在修订于明成化二年（1466）的罗甸县上司《黄氏宗谱》之中。《黄氏宗谱》在追述了从宋至明四百多年间本氏族的祖先遵从中央王朝的调遣，征战辽西、粤西、黔中等地，甚至“跨海南征”之后，训导子孙们说：

蛮，稽谱而知本源。足履山川，扫豺狼而逐北，躬擐甲胄，昌矢石从平南，斩将搴旗，披荆辟草，殆贤劳者……四百年矣。数百年栉雨沐风，宋而及明……生而继业，自得民矣。

又说：

行军不曰兵，而曰师，可见自天子出，而统归于天子，非在穷荒之域擅自行权，铁马金戈，载天声而生色。其尊王之心，勤王之意跃然满纸。

还说：

沐雨栉风，鞠躬尽瘁，无非以忠君爱国传家之意，故“祖训八条”，首以忠爱开其端；全黍承旧世，追维往训，推广数教诲之心。先申忠爱之义，用是以尔子孙等宣示之。孔子曰：“臣事君以忠，是知为臣之道。”无他，惟在于忠而已矣。盖忠始能敬尔在公，忠始能慎尔有位。忠始能惨惨畏咎，忠始能蹇蹇匪躬；忠始能致其身而不顾其身，忠始能敬其事而鲜败其事。……有官守者，食其土当报其恩，为其臣当敬其事。受恩不报，非忠也。执事不敬，非礼也。我事君不忠于君，民事我亦不忠于我，上行下效，若是其甚可不惧欤！夫为臣不忠，独不思君之所赐我以斯土者，何为？而我之所以守斯土者又何为？于戏青蛇有献珠之日，胡为人不如虫。黄雀有衔环之时，何以人不如鸟？

这些理论，把宋、明以来内地儒学的忠君思想作了系统、明确的阐述。它把忠君提到了封建政治、伦理规范的首位，并对忠君的合理性、必要性作了论述，认为忠君之必要、合理，在于“我事君不忠于君，民事我亦不忠于我”“上行下效”，若是长期这样，封建的社会秩序和土司家族的地位就不能维持了。

它又以报恩来解释忠，认为忠君即为对君之报恩，而这是人间同于动物又高于动物的本性。人而不识“忠君、报恩”就不能称其为人，甚至连禽兽都不如了。所以，《黄氏宗谱》又说：

凡属一官一职，当念惟清。如履薄冰，如临于木。凛天威于咫尺，务民事于宵肝。不惟有功于朝廷，抑且不失其疆土。祖宗赖之以长享，子孙赖之以常保。有司表为忠臣，乡党表为孝子。光前裕后，岂不美哉！

《黄氏宗谱》不仅主张为官要勤政务实，而且以为民办事不辞辛苦为美德。此外，还提倡要将“忠君”与“爱民”并提、并重。这就是“致君与泽民并重”的为官之道和辩证方法：

致君与泽民并重，民者君之子。以爱子之心爱民，君者民之天，即敬天之诚敬君。愚昧焉不察，致自弃于臣职之外。苟能敬慎自凛，而知事君治民不易。无时忘忠君爱子之心，不愧朕之股肱，可以为民之父母，人臣之职庶尽矣。孟子曰：“不以舜之所以事尧事，不敬其君也；不以尧君所以治民，民贼其民也。”尔子孙其父母，视为具文焉。

这就把封建的君民、臣民关系都解释为父母与子女的家族血缘关系，要求“以爱子之心爱民”“为民之父母”。这种思想，相对于那种把人民只看成土司领主的奴仆、牛马的领主制思想来说，是有其积极进步的一面的。它有助于缓和阶级矛盾，保持社会安定。当然，它又有其虚伪、欺骗的一面，封建土司对群众的压迫、剥削并未因此而消除。他们对百姓也决不会成为仁慈的父母。

《黄氏宗谱》把忠君置于封建政治、伦理规范的首位，其作用在于维护封建专制帝国，并且其直接目的是要百姓“上行下效”，忠于他们。因此，这只能是维护封建统治阶级利益的规范，但在客观上它又有增强边疆少数民族上层统治者内部团结和增进国家统一的作用。因此，儒家的“忠君”“大一统思想”在布依族上层的传播和影响也有其积极意义的一面。

“孝悌”“正男女”思想

《黄氏宗谱》的“孝悌”“正男女”思想，与内地儒家思想意识相一致。如《黄氏宗谱》说：

孝悌者，天之经，地之义，人之行也。人不知孝顺父母，独不思父母爱子心乎。方其未离怀抱，饥不能自食，寒不能自衣。为父母者，审声音察行色，笑则为之喜，啼则为之忧。行动跬步不难，疾疼饮食俱废。以养以教至于成人，复为之据家室，谋生理，百计经营，心力俱瘁。父母之恩实同昊天罔极，人子欲报父母于万一，外竭其力，冬温夏清，昏定晨省。无论贫与富，止求绳以诚。在朝为忠义之臣，在行间为忠勇之士。尔子孙宜体其意，务使出于心诚。竭其力之既尽，一念孝悌，积而至于念念皆然……身体力行……尧舜之道，孝悌而已。

《黄氏宗谱》不仅仅把孝悌作为天经地义的政治规范，而且把孝悌作为伦理规范的哲学基础，因而要“务使出于心诚”“身体力行”。另外，还强调“正男女”。《黄氏宗谱》说：

《易》曰：乾道成男，坤道成女。是知男正位于外，女正位于内。天地之大义也……为伯翁者，坐必别室，勿围婶媳之炉。为婶媳者，行不复堂，须避伯翁之面。则伯翁之道正矣。叔嫂虽无避面，亦有嫌疑；子与妹虽属同根，当顾廉耻。盖子叔年轻六尺，不行嫂妹之围；嫂妹贞字十年，不入子叔之室。有秩序之别，无戏谑之风，则子妹叔嫂之道正矣。若男不男，女不女，不男父母诸兄……实为家法所难容，而国法所不恕也。尔子孙务交胥正。将见家道昌隆，子孙万亿矣。

这就是把“男尊女卑”以及“妇女贞节”等家庭规范看成伦理的基础——“天地之大义”。其目的是“家道昌隆，子孙万亿”，使家法、国法相互配合，继续维护封建土司家族乃至整个社会秩序。

“勤农桑、重教育”思想

“勤农桑、重教育”是布依族人民把勤劳、好学的传统和儒家思想意识相结合而提出的道德规范。《黄氏宗谱·祖训》中说：

养生之本在于农桑。此乃衣食之所由出也。一夫不耕或受之饥，一女不织或受之寒。古者天子亲耕后亲桑，躬为重尊犹且不惮勤劳，况为至卑男女者乎。夫衣食之道，生于天，长于时，聚于为。本务所在，稍不自力，坐受其困。故勤则男有余粟，女有余布。不勤仰不足以事父母，俯不足畜妻子。其理然也……愿吾子孙尽力农桑，勿好逸恶劳，始勤而终怠。勿呼卢而唱雉而轻弃田园，勿走射业而荒故业。勿雕文刻镂以旷农事，勿衣朱佩紫尚华饰以害女红。我子孙世荷天恩，无赋役之供。苟能重本务，一岁所入，日积月累，以身家富厚，世守刺赖无穷。

即教育族人勤于农桑、自食其力、俭朴持家，以此为生活的立足点和个人美德。《黄氏宗谱·祖训》又说：

高曾祖既训汝曹以勤农桑，以足衣食。继又立家塾以训子弟者何哉？盖饱食暖衣，逸居而无教，则近于禽兽。故衣食足而礼义可兴，汝子孙宜尊往训，设家塾，延明师。务使子弟贤者、智者、愚不肖者周旋亟文，北面而受业。今日之官僚，无非昔日之子弟；今日之子弟，岂非异日之官僚？即有丁零孤苦，陋巷寒门，质美而力不足者，合族共为之提斯。庶几贤者能及、智者有为，学既富乎五车，躬必荣乎驷马。文江家运重逢山谷，蛮声复振！此闾里之所推崇，国家之所倚重也。至于愚不肖，力不及此，然孜孜苦读，业精于勤，或入个学，出个贡，补个廪，云胡不美？既不然者，学诗自然能言，学礼自然能立，纵家徒壁立，而笔舌耕伐，亦可为家人终岁。计即水旱螟蝗，砚田本无恶岁……明人伦，知礼让，喻法律，耻非为，入能孝以事亲，出则能弟以事长。子弟之学，胥在是矣。

《黄氏宗谱·祖训》的这种主张正与孔子认为治国应先使民“富久”，然后“教之”的理论相似；也与孟子认为应使民有“恒产”以无饥无寒，然后“谨庠序之教”的思想相同。布依族《黄氏宗谱·祖训》的上述思想，和孔、孟思想是相通的，都认为在实现温饱之后，就应该进行学校教育。但《黄氏宗谱·祖训》进行教育的目的，是要“家运重逢山谷，蛮声复振”，即提高边疆少数民族的声望和地位，为封建统治阶级培养后继人才。这虽有历史的局限性，但对发展边疆教育、培养人才具有一定的推动作用。

乡规碑提出的道德规范和“天人合一”观点

乡规碑是自清代嘉庆至咸同七十余年间布依族村寨出现的方规民约。其内容是把儒家观念（意识）和布依族人民纯朴的传统观念相结合，提出一系列维护社会秩序和社会安定的规范，把它刻于石碑之上。其对社会产生了重大影响，表现了布依族人民当时的社会理想和伦理观。

《册亨马黑乡规碑》说：

士农工商，是君王之正民；奸诈淫恶，乃乡里之匪类。所有奸情盗贼皆起于赌博。我等生居乡末弹丸，少睹王化之典，各宜所有。务要出入相友，守望相助，勿以相仇之心，男当以耕，女绩纺，庶乎家家盈宁，殷室安居，乐享光天化日。自立碑之后，严示子弟，贫不可为贼，贱只宜卖气。

《者冲乡规碑》说：

君臣、父子、夫妇、朋友、昆弟，各守五伦，各尽人道……君尽道，臣尽忠，子尽孝，妇敬夫，弟敬兄，各尽其诚……人有家规，敬老慈幼，勿忘宾礼……人丁兴旺，求宽怀以待人……富贵贫贱，红白会期，扶幼助老，邻里相帮，一境和悦……世有刚烈者，因小事而威逼大事，各方劝化，谨戒奢华。

《秧佑地方方规碑》提出“几不准”：

不准赌博贪婪，诱惑孺子；不准窝藏匪类，致偷设害；不准勾引刁棍，平空讹诈；不准唆使词讼，波害良家；不准估淫人妻，活夺妇女；不准持尊凌卑，凶行磕索。

《册亨马黑乡规碑》则提出“几不许”：

禁革不许赌钱；禁革不许偷笋盗瓜；禁革不许掳抢孤单；禁革不许调戏人家妇女；禁革不许游手好闲；禁革不许窝藏匪类；禁革不许偷鸡盗狗；禁革不许做贼反告。

《坝达地方规碑》则提倡“勤农耕”“俭持家”“无偷盗”的社会理想：

吾乡……勤俭各为家风。朝出耕，以仰资侍父母。著入息，聚议场圃桑林。要以后相劝，绿野明月，到处犬无声。堪称仁厚之俗。

布依族还特有一种护林碑。此碑把保护山林、环境作为一种社会规范确定下来。如兴义《顶效绿荫村护林碑》说：

窃思天地之钟灵，诞生贤哲；山川之毓秀，代产英豪。是以惟岳降神，赖此扑棫之气所郁结而成也。然山深必因乎水茂，而人杰必赖乎地灵。以此之故，众寨公议，近来因屋后丙山牧放牲畜，草木因之濯濯。掀开石厂，巍石遂成嶙峋。举目四顾，不甚叹惜。于是齐集与岑姓此面议，办钱十千，榀与众人，永为世代，于后龙培植树木，禁止开挖。庶几龙脉丰满，人物咸兴。

倘有不遵，开山破石，罚钱一千二百文。

牧牛割草，罚钱六百文。

勿谓言之不先矣！

此中蕴含“天人合一”思想，认识到有“天地之钟灵，诞生贤哲；山川之毓秀，代产英豪。是以惟岳降神，赖此扑棫之气所郁结而成也”，认为人类的发展繁荣和大自然和谐是一致的，因此，布依族人民普遍爱护水土山林，这种优秀传统一直沿袭至今。

《苦歌》《反歌》的反抗观念

明清以来，随着阶级矛盾激化和民族压迫加重，人民生活艰难困苦。布依族中产生了《苦歌》《反歌》等揭露社会不平、反抗压迫的民歌。如《苦歌》中唱道：

苦苦苦，三年两头苦。百姓肚子空，官家粮生蛀。

《穷人歌》中唱道：

鸡嘴尖来鸭嘴宽，肚子饿了空叫天。财主都是贪婪鬼，肥了肚肠烂心肝。财主住的高高楼，高楼层层穷人修。积善堂里阎王殿，吃钱吃米吃人肉。

这些诗歌对当时社会的不平和罪恶作了无情的揭露和尖锐的斥责。面对统治阶级的压迫、剥削，布依族人民并不甘心任人宰割，他们在《反歌》中发出了反抗的呼声：

水缸满了，水就要往外淌，官家对百姓压榨多了，百姓就要起来造反。上等之人欠我钱，中等之人不照闲。下等之人跟我走，打倒上等人再过年。若要我们不造反，除非免兵又减款。

布依族人民的这些反抗思想，最终酿成了清朝嘉庆年间爆发的震撼滇黔桂数省的布依族农民大起义。起义领袖王囊仙在组织准备过程中利用宗教，借神之口鼓动反抗压迫、同官绅进行斗争的思想。她说：

神仙和我讲，要我转告众乡邻。我们为何苦？只因有官绅。神仙还说过，要想得活命，就要扭成一股绳，誓与官绅不两立。要想有饭吃，团结起来打官绅，要夺回土地，团结起来打财主。要获得太平，捞起刀斧杀上南笼城。把官绅杀尽，穷人才能得太平。不得官家来压榨，究人才能得安宁。不得官家逼粮款，山寨才清静。

农民起义军的这种坚决反抗斗争的观念，冲破了封建思想的束缚，和上述族谱、祖训的封建规范大不相同。它表现了布依族人民不畏封建强权压迫，坚决与反动统治者斗争到底和勇于胜利的革命精神。

布依族伦理道德

家庭观念的形成与发展

布依族家庭及家庭观念的形成和发展，与布依族先民发展同步。布依族曾经历了母权制时期和父权制前期的大家庭。到了父权制后期，随着私有制发展，原始公社解体，对偶婚和专偶婚形态出现，布依族产生了父系个体家庭。从此，家庭观念逐渐在布依族人民心中有了巩固的地位。特别是到了封建社会时期，家庭形态决定了每个家庭成员的社会地位。家庭的兴旺发达，家庭的团结和睦，家庭的各种实力，变成了人们社会生活及努力奋斗的主要内容，确立了家庭观念在布依族人心中不可动摇的地位。人们不断地以各种形式来维持、巩固家庭的存在与发展。

家庭关系与道德

布依族家庭都以父系血缘为结构。家庭关系主要有以下几类构成特点：复合型家庭、多重型家庭、独立家庭与单一型家庭。在布依族地区，这三种家庭关系并存，以复合型家庭为主。

复合型家庭及家庭关系，是布依族传统的普遍追求的家庭形态。在布依族地区，这种家庭关系被称为“五世同堂”“四世同堂”“三世同堂”；由某代的长子组织数代成员的家庭经济生产和社会交际。家庭成员关系的构成，以五世同堂为例：第一代夫妻、第二代多对夫妻、第三代多对夫妻及未婚子女、第四代多对夫妻及未婚子女、第五代……这种家庭关系，突出了婚姻关系多层次、血缘关系多子女的特点。之所以叫复合型家庭，是因为其基本形成了多层平行的同代夫妻加子女的复合。随着老一代夫妻的自然淘汰，这种家庭必然会分解成若干个独立家庭，因而属于一种过渡类的家庭关系。这种家庭，多以雄厚的经济实力及“多世同堂的荣耀心理”为基础。但是，私有化经济及人类对财富的占有欲本能常常对伦理提出严峻挑战，加上生命的自然轮回（上一代逝世），这类家庭关系并不普遍。因此，一旦出现“四世同堂”以上的家庭，都要立“同堂匾”（参见“同堂匾”条）以显示其荣耀。

多重型家庭及家庭关系，是家庭发展中最为古老的一种家庭关系。在布依族地区，多重型家庭往往由岳父岳母、女婿女儿、外甥等不同姓氏的成员组成；或由异姓养子及妻儿、养父母及女儿等不同血缘成员组成；或由前夫父母及子女、异姓后夫及子女等不同血缘成员组成（参见“女婿上门”“收养养子”“招夫入赘”条）。

独立家庭与单一型家庭的形态相近。其区别在于，独立家庭由一对夫妻及未婚子女组成，这种家庭关系在布依族家庭形式中所占比例较大。而单一型家庭只由一对夫妻组成，有的夫妻与子女分家；有的无男儿而女儿出嫁，夫妻俩独自组成一个经济生产和社会活动小家庭。

同堂匾

同堂匾是布依族传统家庭观念中的民俗标志之一。过去，布依族以家庭团结和睦为目的，讲究家庭规模，组成家庭的代数越多，家庭的社会地位越高。一般情况下，不论组成家庭的各代人有多少兄弟，以一个或一对最高代数长者为中心，三代、四代甚至五代人都不分家，组成一个大家庭。这样的大家庭，在符合传统条件后，可组织隆重的立匾仪式立匾，以告世人，楷模于后代。这种匾分为“五世同堂”与“四世同堂”两类。立匾家庭的条件是：第一，第一代原配配偶双双在世；第二，由第一代配偶所生育的子孙各代须有一个以上健在；第三，具备上述两个条件并现存四代人以上；第四，大家庭的各代同锅同灶未分家；第五，大家庭的经济条件在当地一直维持在中等水平以上。

由于这样的同堂家庭是一种荣耀，为了达到上述条件，家庭成员首先要照顾好年迈的老人，尽最大努力让他们健在，以等待第四代子孙的诞生。同时严格要求家庭成员，长期进行伦理道德教育，以维护家庭团结不散，并要齐心协力，勤奋节俭，以确保家庭的经济地位。

立同堂匾的程序是：大家庭具备上述条件后，先与家族和寨中的父老协商，取得认可后，请布摩择定仪式日期；接着请石匠制作一块长 1 米、宽 1.5 米的长方形石匾，半米方石匾；并请当地有名望、书法好的先生，在长方形石匾上横书“四代同堂”或“五世同堂”四个大字，下书“某年某月某日吉立”一行小字（年月全用干支纪历书写）。方匾上书写同堂代数、人员姓名、家庭情况及相关事宜。择吉日将匾安放在大门或院门之上。

立同堂匾这天，请布摩念经祝贺，主家酿酒、杀猪、杀鸡，宴请村邻和亲朋。前来祝贺的人们，一般带大红高冠公鸡和大缸酒作礼品；舅家和女婿带唢呐队和唱酒歌歌手，一并欢庆一天一夜，其间鞭炮响声不断。这种立同堂匾的习俗，在清代和民国时期较为风行。

招夫入赘

招夫入赘是旧时布依族的一种家庭结构习俗。民国以前，布依族妇女组成家庭并生育子女后，如果丈夫亡故，除了“招夫入赘”或“转房”，不能外嫁。招夫入赘的寡妇在征得亡夫父母、兄弟和亲族同意后，在亲族以外招纳丈夫进入亡夫家结婚相配。入赘的丈夫必须接受的条件是：把亡夫的父母和子女视为自己的父母和子女；把亡夫的兄弟姐妹视为自己的兄弟姐妹；赡养老人，抚养后代；扶助兄弟姐妹；承担亡夫所有应该承担的义务。同时，入赘丈夫在家庭中具有当家作主的权利；入赘丈夫与寡妇生育的子女，归入亡夫家庭血缘，跟随亡夫姓氏，与亡夫子女享有同样的权利和义务。

招夫入赘不需组织结婚仪式，只请寨老和族中长老、亡夫的舅爷等重要亲戚书写契约，聚会认可。这种习俗现已失传。

转　房

转房是旧时布依族的一种家庭结构习俗。民国以前，布依族妇女结婚生育子女后，如丈夫不幸亡故，且丈夫仍有未婚兄弟，就转嫁给其中一个未婚兄弟，称为“转房”。这种“转房”，由寡妇的公婆做主决定。转房后，亡夫留下的子女由其母与后夫共同抚养。亡夫留下的男儿，享有亡夫所有的家业，不能再参与后夫的财产分配。如果亡夫留下的只有女儿，亡夫的财产在寡妇转房后，由亡夫兄弟们共同分配；女儿由后夫作亲生女儿抚养陪嫁。

转房和招夫入赘一样，没有什么隆重的仪式，只请家族长辈聚会认可。一般不书写契约，只在祭祖神时由族中长老向祖宗说明情况，求祖宗保佑万事吉利。

同宗过继

同宗过继是布依族传统习俗中的一种家庭结构形式。过去，布依族家庭如在某代没有儿子，其家庭沿袭形式有“同宗过继”“女婿上门”“收养养子”等。“同宗过继”是由无儿二老在同姓宗教族中招入赡养与财产继承人。过继对象在宗族中可与无儿二老是同辈，或是儿辈、孙辈继而是更小辈分均可。由于双方都系同一血缘宗族，过继上门者不需更换姓氏与字辈。无儿二老享有和承担的权利与义务是教育与抚养上门者，并为其操办婚事，扶助其成家立业。上门者享有和承担的权利与义务是继承财产并赡养老人，负责二老女儿们的婚姻事宜及人情交往；二老逝世归天时，承担丧事办理，并从此代人起负责料理这一宗支的祖坟祭祀；作为这一宗支的继承人（自己的亲生父母死后不能上这一宗支的祖宗牌位，但自己的名字仍可上亲生祖父母和父母的碑记）。这种同宗过继，由主家二老酿酒、杀猪，特请家族父老和主要亲戚聚会，书写契约，阐明相关事宜，经参加聚会者签字画押公证而成立。

女婿上门

女婿上门是布依族传统习俗中的一种家庭结构形式。过去，无男孩的家庭延续形式有“女婿上门”“同宗过继”“收养养子”等。女婿上门分为两种：第一种是外家没有男儿，确定由女婿上门来赡养二老和扶持妹妹，并最终继承外家所有财产。上门女婿不须更改姓氏，但生育的儿女必须使用外家姓氏和字辈。三代人之后，女婿后代可恢复原有姓氏或沿用外家姓氏，任凭后代自由选择；但一般后代都沿用外家姓氏，因改回原姓氏后易受外家宗族歧视，且易受外家宗族刁难或争夺财产。第二种是大女儿出嫁后，外家弟妹还小，家中缺少劳力的，由大女婿和大女儿上门暂时承担赡养老人与抚育弟妹的义务。五年或七年之后，待弟妹成家立业，可回女婿家。在上门期间，大女婿有主持家庭事务的权利，但离开时不能带走任何财产。

收养养子

收养养子是旧时布依族的一种家庭结构形式。过去，在布依族地区某些家庭某代无儿子，除了“同宗过继”“女婿上门”外，还有“收养养子”延续家庭的习俗。收养的养子为异姓氏的男孩以及未婚青年男子。经无子家庭与对方家庭协商，书写契约，请亲朋聚会公证后生效。养父母的权利与义务是：抚养养子并为其娶妻，尽力供其读书或学习手艺等。养子的权利与义务是：继承财产，赡养老人，负责姐妹的人情交往。养子被养父母接养后，必须改与养父同姓氏，此后历代跟随养父宗族字辈，作为宗族成员参加各种活动。其中，视养子来源的不同，随姓习俗也有所不同。如养子为姑、舅、姨之子者，三代后可自由选择是否复原亲生父亲的姓氏，但仍可继承养父家业，俗称“三代还宗”。如养子源于一般朋友或无亲戚关系的家庭，如果实行“三代还宗”，从还宗之日起要交还收养方祖传的家业，收归原宗族管理，并不宜在原收养宗族内居住。

坐家老

坐家老是布依族传统家庭中的一种家长制。过去，“坐家老”是指布依族家庭中起领导作用的且在家庭成员中辈数最高的男性老人。这些老人已不再参加体力劳动，但仍然主持家庭的重要活动，决策家庭的重要事宜，代表家庭从事外务交际，故而称为“坐家老”。布依族家庭中的成员，不论是青年、中年还是老年人，只要上面还有比自己辈数高的男性长者，都不能取得家庭的领导地位。平时从普通的经济开支到劳动安排，家族成员可提出建议，最后由坐家老拍板决定，或由坐家老直接安排。坐家老在家庭中具有至高无上的地位，偶有不正确的决定，下辈也得执行。有违其意者，坐家老可抬出家规，动用家法。20世纪50年代后，这种家长制已产生了实质性变化，逐步被规范到尊老爱幼的伦理基础之上。

长哥为父，长嫂为母

“长哥为父，长嫂为母”是布依族的一种家长制习俗用语。在布依族家庭中，如果父母逝去或是丧失管理家庭的能力，坐家老的领导作用（参见“坐家老”条）由长子、长嫂取代，故有“长哥为父，长嫂为母”的俗语。

田地归长子，龙宝归幺儿

“田地归长子，龙宝归幺儿”是旧时布依族兄弟间分配财产的习俗用语。布依族有注重大家庭的传统习惯，但天下没有不散的宴席，“树大分杈，人大分家”也是常理。分家前，如有两兄弟，因祖传田地全归长子、祖传龙宝（房屋）全归幺儿（最小的儿子）的传统习俗，故而要全家协力先造一栋新房子，不归入大家庭财产，以便分家后长子享受；其间，还要协力购置田产，也不归入大家庭财产，分家时归幺儿享受；如有兄弟三人以上，除了为长子造房，为幺儿购田，还要为中间几个兄弟造房购田，方可分家。其实兄弟在财产分配中所得十分平均，只存在祖传产业和新置产业之分。如此，体现了注重长子地位及疼爱幺儿的传统观念，强调了兄弟个个平等的实质。

女儿私方田

女儿私方田是布依族家庭传统的财产分配习俗之一。在布依族旧式家庭中就财产分配而言，有重男轻女的现象存在，女儿不能享有同男儿平等的财产继承权。有多个兄弟和多个姐妹的家庭，在兄弟分家时，同时将姐妹的抚育、陪嫁、出嫁后的人情来往等义务分配给各个兄弟。在女儿十四五岁时，从家庭的田产中适当划一块田（大小不等）归女儿，平时兄弟姐妹与之共同耕种，收入归女儿所有，俗称“女儿私方田”。

私方田的作用主要是，在女儿出嫁前几年时间，其收入供女儿添置衣服，备嫁妆。出嫁后，由兄弟帮助女儿耕种，收入仍归女儿所有，以此帮助女儿在当家立业之初发展家业。私方田女儿可终身享有，也可在出嫁七年后归还兄弟。虽然在财产分配方面出现重男轻女现象，但从伦理观念看，布依族女儿的家庭地位极高，一是女儿平时的穿戴、开销以及气度修养如何，出嫁后的生活状况如何，直接影响到一个家庭的状会地位。二是父母兄弟都认为，作为骨肉亲人，不能与其共度今生实为憾事。因此，女儿出嫁前不但教育严谨，而且深得家人疼爱，出嫁后深受家人关怀与尊重。平时，家中偶有矛盾，请姑妈上阵一说即可解决。

家　风

“家风”是布依族的家庭道德之一。这是在长辈和家庭主要成员的影响下，自然形成的一种潜移默化的家庭风习。布依族家风以民族的传统美德为基础建构，所以绝大多数家风都有统一的风貌。

首先是尊老爱幼，布依族对长辈十分尊敬，几乎唯命是从。长者的训导不论对错，不准顶撞，不准还口。有时长者动手打耳光或用烟杆敲头也不准表示反抗，不准逃避。

长者有不足之处，不准对其直接言明，只准通过其同辈转告。

在堂屋中让长辈坐神龛下，不准面对长辈洗脚和跷二郎腿，不准与长辈开玩笑，与长辈说话不准指手画脚和东张西望。

吃饭时主动给长辈夹菜添饭，有好吃的先让老人吃。

老人五十岁后不能让其干重活，六十岁后不能出野外做活，否则后代将被耻笑为不孝。

老人六十岁以上，后代必须备置棺木等丧葬用品，否则子女将被视为无能。

生活再困难也得先给老人吃穿。

年轻人不论有什么不快和烦恼，尽量不能让老人知道。

布依族家庭的长辈对后代十分爱护。一般孩子长到了八、九岁，长辈不管怎么清苦，也会设法送其上学。或几户，或一族一村，一起出钱请教师，故布依族在明清时期，百分之七十的男性都上过学。平时，后代送来敬老人的糖果，老人藏着不肯吃，一次次先后分送儿孙。不准打骂小孩，甚至被赋予了宗教色彩，人们认为十二岁以下的小孩有十二位神母护佑，如打骂小孩，若神母生气将导致小孩遭受病灾。为了小孩的安康，节日庆典祭完祖神后就得祭祀小孩的神母。

布依族家庭严禁遗弃婴儿，人们认为儿女花神给予花魂附母体而生，如有遗弃，花神生气了会导致被遗弃者的父母永远不能生育。故而有俗语曰：“你别说我儿（女）像狗屎粑，我拿我儿（女）像一碗糯米饭。”因而对自己的子女，不论男女或有什么缺陷，均视为掌上明珠。

布依族家风的另一种表现就是家庭之间互谦互让，大度相谦。儿媳都有“生为这家人，死为这家鬼”的观念，待公婆如待父母，待叔姑如待弟妹。公婆处事也常宽儿媳、严儿子。妯娌间常以俗语“天地转万年，我们处一世”作为关系准则，都要求自己珍惜天地万年才把大家安排来做一家人的功德。

布依族家风对夫妻关系而言，主要是互相维护尊严和威望，自谦不如对方，常自省自己的不足，多想对方的长处。偶尔争吵，外人进门得破涕为笑，不能让人发现争吵痕迹。平时做到互相谦让。

家庭成员均有“不计前嫌，面向明天”的修养，故而有“浓的下沉，清的上浮”的俗语。即使到了“树大分杈，人大分家”的时候，也遵循“宁可分在好言语，不要败在坏谣言”的准则。

布依族家庭还有勤俭持家的家风。为了给家庭创造更多的剩余价值，供子女求学、赡养老人、操办子女婚事、建造新居等，农村中除了白天干农活，一般到傍晚时分还要按家庭分工各负其责，开始劳作。媳妇用舂碓推磨加工食物，姑子挑水，孩子扫地，公婆生火煮饭；天一亮，年轻人出门做活，小孩上学，老年人喂鸡、喂猪、带孙。晚上，妇女加班做蜡染、纺纱织布、织锦织麻，用以出售换钱。虽然勤劳，但生活十分节俭，每人以有一套“吃酒服”的新衣为满足。乱吃乱喝、铺张浪费者的社会地位与乞丐等同，受社会谴责。

家　教

“家教”是布依族的家庭道德之一。这是在长辈的引导下，将德行传承给后代，培养家庭成员“德、才、美”的修养，家庭则由此形成一种习惯的“风范”与“气度”。“德”，布依族家庭中的长者，常用自己的实际行动为例及各种言论去启发培养家庭成员懂得文明礼貌、尊重别人、团结别人、知错就改、互谦互让。经代代熏陶，形成一种反映家庭风貌的教养。“才”，长辈在长期的生活中，不断地向家庭传授各种技能，以使家庭成员作为有出息的人出现在社会上。“美”，长辈用各种方式使家庭成员都具有仪表、言行方面的一种风范，故而布依语中关于美的形容词十分丰富。家教近似于“集体无意识”（荣格语），用文字难以言明。总之，布依族家庭十分重视造就“德、才、美”的家庭氛围。

家　法

“家法”是布依族家庭道德的一种形式，也叫“家规”“家约”等，是布依族家庭用以训诫、制约家庭成员行为和制裁违规者的法规和习惯。布依族的家法有习惯共识法（不形文）、共识成文法两种。不形文的共识法，由一代代家长口承；共识成文法大都记录在族谱之中，作为族谱的重要内容来传承。

作为一个民族整体，布依族家规和家法的执行有许多共性。按照传统习惯，首先，执法没有公议（民主）可言，执法者多为家庭中辈数最高的男性家长（参见“坐家老”条）。一般家法综合起来有下列七方面：

第一，有不尊老爱幼行为者，罚跪；在处罚中有反抗言行者打其耳光，用烟杆敲头等。

第二，有虐待老幼行为者，轻者棒打，重者捆绑吊打。

第三，有嫖赌征兆者棒打，有嫖赌事实未造成严重后果者捆绑吊打。

第四，累嫖不改、造成严重后果和恶劣影响者，累赌不改、造成倾家荡产者，开除族籍和家籍，赶出家门。有婚外性行为、未婚性行为导致怀孕者，不论男女，吊打鞭挞后，开除家籍和族籍，赶出家门，从此不准参加宗族的一切宗教活动和红白庆典。古时，未婚先孕的女性被装大猪笼沉潭淹死。

第五，有同宗同姓氏性行为者，有与禁忌通婚家族婚配者，处罚同第四条。

第六，有偷盗行为者，捆绑吊打，并由家庭置办酒肉向宗族众长老谢罪（秘密处罚，严禁外传）。

第七，有行凶杀死人者，家庭主动送官。

亲属关系与称谓

布依族家庭的亲属关系，主要有直系血缘关系、姻亲关系、继养关系等；与之相对应的称谓，主要有直系血缘关系称谓、姻亲关系称谓、继养关系称谓等。

直系血缘关系是以父亲血缘联系着宗属关系，这种关系包括夫妻共同生育的子女及后代，丈夫的父母及同胞兄弟姐妹。因为布依族家庭的延续以父系为依据，所以这种亲属关系以男性为主，女性则因亡故而终结亲属关系。布依族的血缘标志是神龛上的牌位，只书父系姓氏而无母系姓氏。如父系罗姓母系马姓，神龛上只书“罗氏神宗之位”，不书“马氏神宗之位”。在母亲亡故后，所立石碑碑文也不书母亲姓氏，而改书父亲姓氏。如父亲罗姓母亲马姓，书为“罗母马氏之墓”；同时，在碑上的孝祀栏，只书孝子、孝孙等男性辈分及名字；女儿、媳妇及各代母系不落名。这说明布依族家庭的血缘严格遵从父系的传统。

由于长期受封建观念的影响，布依族家庭血缘关系存在差别在于：一般只男性有财产继承权，而女性没有。女儿出嫁后只留一块“私方田”，耕种数年后归还兄弟（参见“女儿私方田”条）。兄弟间虽有平等分配财产的权利，但在未分家时，长兄弟享有绝对的支配财产和处理家务的特殊权利；外嫁的姑娘和未嫁姐妹及女儿，不能参与家政（但有建议权）。

姻亲关系是联姻后所形成的亲属关系。包括夫妻关系、姑妈的血缘关系、姨妈的血缘关系及外家的血缘关系。

夫妻关系。布依族家庭虽严格遵从父系血缘的传统，媳妇在家庭血缘标志上没有地位，但在实际生活中，夫妻在家庭中是平等的，有时甚至特意强调妇女在家庭中的生存地位。在一些地区，新娘拜堂前，在大门要提一下装满谷物和压有货币的大斗，并从扁担或马鞍上跨过，象征着她给家庭带来丰收和财气，并将挑起家庭生活重担。拜堂时，男方兄弟回避，以示新娘将得到兄弟不可争夺的主导权利。布依语中没有“离婚”一词，证明了布依族在历史上没有离婚这种社会现象。传统上，夫妻没有生育男孩，丈夫可以纳妾，妻子不能再嫁；有些妻子还主动出面为丈夫纳妾，而且共同和睦相处终生。

姑姨及外家血缘的亲属关系。姑妈虽属父系血缘关系，但其与丈夫生育的子女不能归入父亲血缘；姑妈作为父亲血缘的载体，到其死亡时终结。姨妈和舅舅等虽与母亲有血缘关系，但与父亲血缘无关，只能作为家庭的旁系血缘亲属，更无直接的家政权利。

继养关系包括女婿上门（参见“女婿上门”条）、接纳养子（参见“收养养子”“同宗过继”条）、招夫入赘（参见“招夫入赘”条）等所形成的关系。

鲍达雅达

鲍达雅达是布依族家庭关系中的称谓之一，汉语可直译为男性祖宗和女性祖宗。这是对曾祖父、曾祖母的祖父母辈往上无限远的历代宗亲的称谓。往常祭祀祖宗，不呼各代姓名，而呼此词以概之。同时，对地方神（近似于土地神）也称“鲍达雅达告崩”，意即世间始祖。

鲍汪雅汪

鲍汪雅汪是布依族家庭关系中的称谓之一。曾祖父的父辈称“鲍汪”，曾祖父的母辈称“雅汪”。有时将曾祖父的父母辈统称为“汪达”。

德　祖

德祖是布依族家庭关系中的称谓之一，是对曾祖父母的统称。有时也分别称曾祖父为“祖公”，称曾祖母为“祖奶”。有些地区称“公坳”“奶坳”。

德公德奶

德公德奶是布依族家庭关系中的称谓之一。祖父称“德公”，祖母称“德奶”。

波

波是布依族家庭关系中的称谓之一，汉语即父亲之意。若在“波”的前面加一个“番”字，即“番波”，则是对整个父辈的统称。

乜

乜是布依族家庭关系中的称谓之一，汉语即母亲之意。若在“乜”的前面加个“番”字，即“番乜”，则是对整个母辈的统称。

波　耶

波耶是布依族家庭关系中的称谓之一，汉语即叔叔之意。同时，也是对比父亲小的叔辈的统称。如用于对具体某个叔叔的称呼，则很少按汉族的大小排列称“三叔”“四叔”，而是在“耶”字的后面加上其小名。如该叔小名叫“德寸”或“德松”，则称为“耶寸”或“耶松”。

王　坳

王坳是布依族家庭关系中的称谓之一，通常系媳妇在外人面前对丈夫弟弟的敬称，或外人提及某媳妇丈夫时用的敬称（话题以该媳妇为主角时用）。家人直称“某耶”（参见“波耶”条）。

雅　古

雅古是布依族家庭关系中的称谓之一。通常系媳妇在外人面前对丈夫妹妹的敬称，或外人提到某媳妇的丈夫之妹时的敬称（话题以某媳妇为主角时用）。家人称“雅古”时在“孃”字后加上其小名。这一称谓只适用于未出嫁的姑子，出嫁后的女儿的称谓（参见“鲍帕雅帕”条）。

勒

勒是布依族家庭关系中的称谓之一，汉语即儿女之意。儿子和女儿通用。直系血缘长辈可对小辈直呼“勒”，若对别家儿女呼“勒”被视为对人不恭，可直呼其小名。

勒　兰

勒兰是布依族家庭关系中的称谓之一，是对孙辈的统称。孙子孙女共用。非直系血缘长辈也可对别家孙辈直呼“勒兰”。

勒　利

勒利是布依族家庭关系中的称谓之一，汉语即重孙、曾孙之意。男性女性共用。

公　代

公代是布依族亲属关系中的称谓之一，汉语即外公之意。女婿在外人面前尊称岳父为“鲍大”。

奶　代

奶代是布依族亲属关系中的称谓之一，汉语即外婆之意。女婿在外人面前可尊称岳母为“雅代”。

鲍龙乜龙

鲍龙乜龙是布依族亲属关系中的称谓之一。家人对媳妇外家兄嫂的称谓。兄称“鲍龙”，嫂称“乜龙”。

鲍纳雅纳

纳是布依族亲属关系中的称谓之一。家人对媳妇外家弟妹的称谓。弟称“鲍纳”，妹称“雅纳”。

鲍帕雅帕

鲍帕雅帕是布依族亲属关系中的称谓之一，汉语即姑爹姑妈之意。姑爹称“鲍帕”，姑妈称“雅帕”。

鲍维响雅维响

鲍维响雅维响是布依族亲属关系中的称谓之一，汉语即姨爹姨妈之意。姨爹称“鲍维响”，姨妈称“雅维响”。

比隆兰

比隆兰是布依族亲属关系中的称谓之一，汉语即表兄弟姐妹之意。不论男性女性或年龄大小均称“比隆兰”。

社会道德与伦理

社会道德与伦理，这是维系布依族社会群体的生活地域、群体集团关系的行为规范与行为准则。布依族在长期的生存发展中，形成了与自己的生存环境、集团结构、文化精神密不可分的社会道德与伦理。大约可归纳为以下几种形态：社会风尚、宗族与村落公益事业习俗制、议榔制与乡规民约等。

1. 社会风尚——布依族历代先民传统美德的凝聚

布依族习惯依山傍水而居，大都讲究自身整洁与环境整洁。不论大人小孩，不讲个人整洁均被耻笑为“那由”（脏）、“那吉仍定”（滚烂泥的牛），无人尊重。各家各户，每日清扫房前屋后，稍不干净，寨老或族长就会上门批评，久而成习。有客进家，敬酒敬肉，大碗喝酒，十分好客。每家都空有一间卧室为客房，专供客人居住。如来客多了家中住不下，四邻主动上门领客，故有“一家客是全寨客”的俗语。生人过寨，每位寨人都会主动招呼，从未相见却如同早就相识。在布依族乡村不怕走错路，不论向谁问路，他都会陪你走一程，直到给问路人讲清了路向才离去；而且，岔路口上常立有“指路碑”，上面写明了东西南北各走向何处。路上与外地（外村）人相遇，主地人要让到路坎下，让客人先过了才上路。旧时，路不拾遗被予以神秘色彩，人们认为捡别人掉的东西会遭受不幸。爱整洁，讲礼貌，热情和善，积德为本，助人为乐，大度无私是布依族社会风尚的重要特点。

2. 宗族与村落公益事业习俗制

公益事业习俗制，是以布依族取族而居、同宗同族视为一家的特性为基础的，为使村寨成为一个紧密相连、团结一致的整体而形成的。这些习俗久而成俗，大家共同遵守。传统上曾有过“公田制”（参见“纳磨”“纳赛”“纳谢”条），公林制及牛场制（参见“公林制”“牛场制”条），保护习俗（参见“龙脉及风水树制”条），互助习俗（参见“古邦”条）等。

3. 议榔制与乡规民约

议榔制与乡规民约，是统一布依族社会集团的意志、维护社会平安发展的行为规范习俗。包括公布条款仪式，规范行为与思想道德的内容，以及违反后的处罚规定等（参见“议榔制”“祭春”“祭秋”“乡规民约”等条）。

寨老会

寨老会是布依族社会组织制度之一。布依语称村寨为“板”［ʔban^{42}］，称寨老为“博板”［po^{213}ʔban^{42}］或“布光”［pu^{42}kuaŋ^{33}］。俗语“板又光、然又首”意为“寨有寨老、家有家长”。寨老是一寨之主，也是一寨的自然领袖，由群众公认推举而成。一个村寨的寨老，少则三五人，多则五六人，视村寨大小、人选多少而定。寨老一般由办事公道、深明理义、广见博识、作风正派、正义公平的男性长者担任。

寨老的职责，对内主要是主持和办理本寨日常事务，如节日安排、公益活动举办、寨神祭祀、寨内纠纷处理等；对外代表本寨利益，作为本村全权代表参与解决寨与寨之间的有关问题。

寨老地位崇高，以至其在历史上曾被视为行政长官，进而被神化。在黔西南的兴仁、兴义、贞丰等县市，布依族村寨几乎都立有一种四柱四角的凉亭式“官厅”，相传部落战争年代，部落首领曾用作军事瞭望亭和议事亭。后来发展为主神，每年农历正月初一至初三，由寨老主持祭祀官厅。祭毕，寨老走进官厅中分左右对席，焚香化纸钱，率众恭拜主神。然后议事，总结往年生产生活大事做得如何，商议来年应做之事，统一意见后即列出条款，当众宣布。同时对青少年作一次严肃的社会道德说教，到场人员必须恭首听训，违者受罚。兴仁县大山乡波秧村至今还保持着大年初一必须演武的纪念仪式。寨中男性老幼到官厅拜年时，要携带刀、矛、枪、鞭等古代武器，在当班（演武专用场地）进行演武。由寨老派头人指挥，操兵器进行操练。先于武场中绕九弯，然后列陈两排，忽而相持，忽而相背，作阵法练兵。演练结束，鸣地炮三响，持兵器叩拜主神而后散。其他村寨的男性青壮年，亦有不同形式的武术表演。集体在官厅用餐，所剩熟食全部倾倒于官厅侧的仓中（厅外墙脚刨一穴，用一石作底，四石作壁，一石作仓盖）。人们只能分到一块刀头肉带回家祭供家神。在官厅集体用餐，所用碗筷、杯盘、砧板都置于官厅中待来年使用。

祭寨神庙会亦是寨老制职能之一，民国年间此俗还较为盛行。一般每年对寨神行祭数次，即正月初三一次，三月初三一次，六月初六一次，七月十五日一次。每次用牛、猪、公鸡等物作祭品，由寨老主持行祭，祭师布摩念经文祈祷丰收，寨人同餐共宴。这对团结村寨人心、强化村规寨约、增强村寨内聚力有较大作用，但其形式是宗教的。

宗族制

宗族制是布依族社会组织制度之一。布依族宗族是由同宗同姓的一个或数个村寨组成，各地皆然。其血缘组织联系紧密，内部禁止通婚，每个宗族都有族长。

族长在宗族成年人中自然产生，一般由辈分较高并有威望者担任；或辈分虽不算高，但属族中经济大户，在社会中有能力有威望也可充任其职。族长的对内职责是伸张家传、家教和家规，弘扬办事公道、尊老爱幼、相互帮助、自立自强、不欺人亦不怕人欺、以理服人、热心公益事业、爱村爱家等优良品格。对违反上述规者，族长可对之给予批评教育或罚款，或给予其他处罚。族长的对外职责主要是人际交往、大事协商、纠纷谈判等。族长的行动受族内意见制约，在外代表族内利益，维护族内尊严，体现族内的风格气度。

宗族议事形式，平时有“家族长全体会议”“家族长代表会议”“当事人与评中人专门会议”“有关方面协商会议”等。遇事民主协商，决议后由族长负责施行。

明、清时期布依族上层有钱有势者建有祖宗祠，作为全族祭祖和聚会之所。如望谟县王氏宗祠、罗甸县黄氏宗祠、麻江县罗氏宗祠、兴仁县岑氏宗祠、镇宁县王氏宗祠等。宗祠平时有专人守护，定期由族长在宗祠内主持祭祀、宣布族规、合族宴会。费用由家族祭祀田收入开支，如安顺布的伍氏祭祀田，民国时就有八十石之多。有的还将族规作为“祖训”条款载入族谱，让后代子孙世世遵循。这种“祖训”条款，每年在祭祖仪式上由族长宣读，从而增强了族规的神圣性。

宗族聚会的另一形式，是“春节送铜鼓会”和“清明节祭扫祖坟聚会”。每个布依族宗族都有一面或数面铜鼓，作为本族祖传之宝。春节用鼓敲击为乐，并祭祖铜鼓；至正月十五日晚收鼓，再祭一次。然后，集体送铜鼓到族长家保存，全族置酒宴餐，显示宗族的团结和意志。

清明节祭扫祖坟聚会，由族长主持召开各家长会议，确定祭扫规模、分工及费用数额。每户出钱若干，届时聚于祖坟前杀猪置酒祭祖，举行合族宴会。此举有忆祖思今、团结向上之功能，也是增强宗族凝聚力的方式之一。

另外，布依族宗族内还有“老人会”“互助会”等。亲邻有事，互助互帮，不计报酬。

这种布依族宗族制是自发的，但组织又是严密的。因严重违犯族规而被革除者，从此不允许参加本宗族活动，并受社会鄙视。

纳　磨

纳磨是布依族公益习俗制度之一，汉语直译为坟田，意即共一个祖坟的宗族共同耕种，收入主要用于祭祖的稻田。这种田产归宗族集体所有，耕种方法有集体共同耕种和宗族家庭轮流耕种两种，收入交“长老会”（参见“宗族制”条）管理。纳磨的收入，主要用于以下五个方面：第一，供宗族祭祀和宗祠开支；第二，资助读书有出息但家庭困难的宗族青少年求学；第三，救济宗族中的特困户；第四，宗族打官司开支；第五，补贴修建村寨路径、桥梁、水渠等。

纳　赛

纳赛是布依族社会公益习俗制度之一，汉语直译为官田，意即招待官兵的田。这种纳赛的田产系当时统治政府所有，由官兵常过往的要道村寨购置，村寨集体共同耕种，纳赛收入交寨老会或寨中的行政长官掌管，供接待过往官兵，交纳在邻近修造官道的工匠口粮等开支。

纳　谢

纳谢是布依族社会公益习俗制度之一，汉语直译为客田，意即接待客人用的田产。纳谢一般为整个自然村寨集体所有。耕种方式有二：一为全村集体耕种；二为村寨中若干个宗族轮流耕种。收入归寨老会管理。

纳谢的收入主要用于招待以下两种寨客：一是本寨青年集体结拜的兄弟寨朋友，于春节或六月初六节互访做客时招待客人，一般由寨老会成员和青年作陪；二是寨中某宗族有一宗支客居他乡，年节回故里访亲做客，由寨老和族长作陪，也由纳谢收入开支。

公林制

公林制是布依族社会公益习俗制度之一。一般在村寨旁划出一片山林，集体栽种树木。林中木柴用途有四：一是群众开会、寨老开会、族老开会时砍柴取暖用；二是各户有红白喜事，经寨老会同意后适当砍柴取暖用；三是修建学校，公房取材用；四是孤老去世无棺木者砍来做棺木用。

牛场制

牛场制是布依族社会公益习俗制度之一。一般在村寨地界内划出几片山坡作为专用牧场。不准开荒种地，归村寨集体所有，供村寨放牧牛马专用。

龙脉及风水树制

龙脉及风水树制是布依族社会公益习俗制度之一。陪衬村寨风水及村寨共有坟场的山坡，分别称“龙脉”“龙宝”“龙势”等，严禁砍伐树木、开山采石、开荒种地、破土乱挖，违者将被视为破坏村寨人神生机，要严厉处罚。寨山山头上、寨神庙房、入寨口等地生长的树，被视为风水神树，为村寨兴旺之根本，严禁砍伐，人人自觉保护。

古　邦

古邦是布依族社会公益习俗制度之一，汉语直译为相邦，意即有来有往，互相帮忙。这种习俗制有着严厉的处罚措施。例如，村寨中有人去世，消息传开，十六岁至五十岁男性都得放下活计，前去帮忙、守夜。青年人要守到处理完丧事才可回自己家。有违者，若不向寨老会说明理由，轮到他家有事，寨人自然不去探视帮忙；谁家有砌房盖屋、抬石造屋等需全寨青壮年出力之事，向寨老会报告，寨老会派人发布通知后，全寨相关人员自带工具准时出动，有违者当夜罚买酒来向众人表示谢罪；寨中造林、修路、修水沟、扫寨内巷道等，以家庭为单位，不论人口多少，每户派一主要劳力参加。有违者（不到或派弱劳力），罚买酒给参加出劳力的人喝。在扁担山一带，过去常遭外强进犯，四十八寨布依族有约，外敌侵入，不参战村寨作扁担山的敌人论处；每寨不参战的青少年，由本寨抄家处罚，以后他家有人去世不准帮忙抬上山；战死者，由村寨超度安葬，其父由村寨赡养送终，其子女由村寨抚养至成家立业；还规定，在哪个村寨地界发生抢劫，由该村寨赔偿受害人损失并帮官家查缉凶犯；在哪个村寨地界发生斗殴，由该村寨出面调处；在哪个村寨地界发现死尸（过去乞丐和路人病饿死亡多），由该村寨负责安埋等。

议榔制

议榔制，在平塘、惠水等市县布依语称“议榔”，在望谟、册亨等县称“议各习”。“榔”源于布依族早期社会的血缘组织，是本氏族对部落酋长的称谓。“议”即“集中”“聚会”之意。

议榔制随着社会发展，逐步变为以地缘关系为主的农村公社组织。进入阶级社会，原来的氏族部落酋长乃至农村公社首领演变为凌驾于社会之上的统治阶级，议榔制便具备了国家机构的某些政治职能。这种基本上不改变社会组织体系，而把农村公社变为统治工具的社会结构，是东方奴隶制社会的特征，马克思称之为“亚细亚的形态”。布依族议榔制组织，小的包括一个或数个毗邻村寨，大的包括数十百寨，不分姓氏宗族，都可以参加。议榔设有榔头、巫师，以及分管军事、主持司法的头领。

组织的最大权力机构是“议榔大会”，主要讨论与议榔有关的重大问题，制定“榔规榔约”，选举各种执事头领。规约的主要内容是：保护私有财产不受侵犯，维护生产生活秩序，维护公共道德、纲纪伦常，决定采取保卫集体安全和抵御外侮的具体措施等。

榔规榔约体现组织内群众的意志和愿望，必须遵守，违者必究，有较强的约束力，在社会动乱时期往往发挥较大作用。在黔西南布依族苗族自治州的兴义、兴仁、册亨、安龙、贞丰等市县，有不少类似榔规榔约的古代碑文，所刻规约为当地群众所遵守。如位于南盘江畔的《册亨马黑乡规碑》立于道光二十七年（1847），碑文曰：“我等生居乡末弹丸，少睹王化之典，各宜所有。务要出入相友，守望相助，勿以相仇之心，男当以耕种，女绩纺……自立碑之后，严示子弟，贫不可以为贼，贱只宜卖气。倘忽行乱偷，通寨一力禁革。……勾引外贼，必定擒拿送官治罪。若有贼人枉告中人，以为磕索者，此事指鹿为马，众人不致相丢。”碑文还具体列出八项禁革的款目：“禁革不许赌钱”“禁革不许偷笋盗瓜”“禁革不许掳抢孤单”“禁革不许调戏人家妇女”“禁革不许游手好闲”“禁革不许窝藏匪类”“禁革不许偷鸡盗狗”“禁革不许做贼反告”。

马黑乡为清时永丰州与册亨州的分界，地处要冲，有盘江航运之利，类似碑文其他地区亦不少。在平塘县上莫乡，布依族议榔组织曾在民国年间召开群众大会，宣布榔规，并当场处死偷盗耕牛、屡教不改的罪犯。其刑法，是采用大竹笼装犯人，再用石头捆绑沉入水塘中溺死。说明议榔组织不仅有教育功能，还有执法效果。

近现代时期，有的地区议榔制与寨老制融合。寨老亦即议榔的榔首，对社会的管理和教育很是奏效。在农村，想要发扬优良传统、伸张正气、压制邪气、促进社会安定发展，都离不开有威望的榔首和寨老。

祭　春

祭春，也叫“祭青”，是布依族社会规约习俗之一，布依语叫“根谬哨”，意即祭祀绿色季节。以村寨为单位，于农历三月初三前后在寨神庙前举行。行前，各户凑钱粮，买猪鸡，酿酒。行时，杀猪杀鸡祭祀寨神。每户派一代表参加，结束时各户代表面对寨神庙饮鸡血酒宣誓，保证家人看管好牲口，不破坏绿色庄稼，不偷盗嫩瓜、青辣椒及各种蔬菜等，如有违反愿受神灵严惩。这一习俗，确保了春季作物不遭破坏，不被偷盗。

祭　秋

祭秋是布依族社会规约习俗之一，布依语叫“根谬显”，意即祭祀黄色季节。以村寨为单位，于农历六月初六在寨神庙前举行，形成和内容与祭春相似，目的是确保秋季作物不遭破坏，不被偷盗。

乡规民约

乡规民约是布依族社会规约习俗之一。一般乡规民约与榔规榔约、祭春、祭秋有所区别。后三者为民间集团和团体自己制订条规，经过具有宗教色彩的活动告示执行；而乡规民约多以基层行政长官与寨老、族长等协商制订，行政长官的意志占主导地位。乡规民约订立后，或刻石碑立于寨中，或书在纸上张榜告示。乡规民约的内容比较原则，不像民间规约那样细致到某一行为和事项。

有理扁担山，无理三扁担

“有理扁担山，无理三扁担”是中国南方广泛流传的俗语，意为对讲理者以礼相待，对不讲理者先揍了再说。此俗语原系周边民间对扁担山一带布依族待人精神的评价。

作为社会伦理道德的具象之一的交际行为，扁担山布依族人有其独特的性格。这种性格具有双重性：一方面是对有礼有节进入扁担山的人，布依族人热情相待，作上宾安排，以示“你是讲道理的人，重情热烈是扁担山的气度”，便出现了“有理扁担山”一语；另一方面是对小视扁担山，在那里横行霸道、胡作非为者，不问你有多大的官、多凶的兵、多强的势力，先打了再说，以示“你不讲理，先尝我扁担山头三招厉害（‘三扁担’）”再说，便出现了“无理三扁担”一语。这一俗语广为流传，证明了布依族伦理道德观具有独特性。

伦理道德教育

布依族的伦理道德教育，从形式上看，有家庭教育和社会教育；从教育方法上看，有身教（参见“家风”条）和言教。言教主要是依靠丰富多彩的民间故事和歌谣，形象地去启发人们什么该做，什么不该做。通过故事和歌谣及现实事例，对因果关系加以阐释，去告诫人们怎么做人。而在日常生活中，几乎整个社会的老年人都以自己的行为去给后代树立典范。就伦理道德教育而言，可分为尊老爱幼教育、家庭婚姻关系教育、人际交往教育、社会公德教育、爱护自然教育、勤俭节约教育等。许多教育故事家喻户晓，成了伦理道德教育的口承教材。有些口承教材还结合布依族传统的宗教观念，被赋予了一层神秘的宗教色彩。

父行子效的故事

“父行子效”是布依族伦理道德教育的口承教材之一。讲的是以前有一个没良心的汉子，上有一个盲眼老母，下有一个七岁小儿。老母眼盲，能吃不能做了。一天夜里，汉子哄老母说：“娘，对门村来了个治瞎眼的郎中，我带你去看看吧。”老母很高兴，汉子用箩筐背着老母出门了。原来汉子嫌老母眼瞎拖累他，连夜把老母背进山，然后扔进山后水潭淹死，顺手把箩筐扔在潭边上。汉子回家没一会儿，他小儿提着箩筐回来了，汉子一看这箩筐，生气地说：“你捡箩筐来做啥?”小儿说：“不捡回来，到你能吃不能做之时，我拿什么背你去扔潭?”汉子一听，吓了一跳。

失妻的故事

“失妻”是布依族伦理道德教育的口承教材之一。讲的是有一个勤劳善良的汉子，娶得一位仙女为妻，和睦相处。妻常对他说：“再好看的男男女女都是过眼烟云，只有夫妻恩爱相贞才陪伴一生，以后你出门别乱跟着别的女人走，要不我们的姻缘就尽了。”一天，汉子去赶场，见一秀女比妻更漂亮，还老用眼神逗他，他动心了，跟着那女子走到场口，女子不见了。他回到家，妻走了。从此他孤身一人，实在后悔。

起心不良银变屎的故事

“起心不良银变屎”是布依族伦理道德教育的口承教材之一。讲的是得书与得告两人是不同村的朋友。得告去赶场要经过得书的家。一天，他们两人约去赶场，一同走到半路时在一堵崖下歇凉，在石板下发现了一缸子钱，由于不便带到场上，两人就约定赶场回来再一起带回家去分。得告起心不良，到了场上借故说拉肚子，要去解手，叫得书在场上等他，自己跑到崖下取走银子。结果他打开缸子一看，是一缸米汤，就把它全喝了。他不好意思再回场上见得书，便匆匆赶回家。路过得书家门口时，肚子突然痛得走不动了，就到得书的床上睡，拉了一床的稀屎后肚子好了。他怕得书的母亲发现，便悄悄溜回自己家去了。得书在场上左等右等，等到天黑不见得告，回到崖下发现银子不见了，也就回家了。得书一进屋却见到一床的银子，心想得告心好，把银子全留给他了，明日送一半去给好心的朋友吧，可是得告可能不会要。于是得书想了个办法，打了糯米粑，就用糯米粑包好一半银子，假借送个粑来看朋友为名，把一半银子送到得告家。得告想，这还得还一个粑的礼给得书带回，但又舍不得糯米，就只打了一点粑包在得书的粑上，送给得书还礼。得书不知道，回家切开一看，才看见是自己包银子那个粑外面又包了一层新粑，心想：“兴许是得告待朋友心不诚，没好运啊。”

救神树和救蚂蚁的故事

“救神树和救蚂蚁”是布依族伦理道德教育的口承教材之一。讲的是有个小学生，先生看他命相算出他后天必死，没明说，叫他明天起别来上学了，在家好好玩几天。可到第五天小孩又来上学了，先生很吃惊，问他这几天做了些什么。小孩说，那天他放学回家，先见一棵大树被人砍了一斧头，在流血，他用稀泥把树上的斧口封了；又在小沟边见涨水冲下来好多蚂蚁，觉得好玩，拿木棒把蚂蚁接到了沟边。先生笑了，说："你救了神树和上千只蚂蚁的命，换回了你这条命。"

富人借粮的故事

"富人借粮"是布依族伦理道德教育的口承教材之一。讲的是富人家旁边住着一家穷人，富人家天天将剩饭和刷锅饭往阴沟倒，穷人天天把阴沟里的饭捞出，洗干净晾干，几年藏了几囤箩剩饭。突然接连三年大旱，富人没吃的了，穷人把干饭借给他。穷人说："再多粮食也经不住乱抛撒呀，借给你的全是你原来倒掉的。"

布依族经济生产

有关经济生产的特有概念

公山、公林和公共河流

公山、公林和公共河流是历史上布依族农村公社公有制的痕迹。“公山”“公林”，布依语称“波越”“董越”，一般距村寨较远，属同姓（后有不同姓）的自然村寨管辖。只有寨内人（不分阶级和家庭）才能砍伐木材、开垦荒地或放牧。外人不得占有和享受，违者没收或罚款，所收款项尽归寨内公务开支。

河流，布依语称“达”。凡流经各个村寨的河流，分别为各寨所占有。反映在语言上则分段以寨名命名河流，且此种情形比较普遍。例如扁担山著名的白水河，就分为“达都诺”“达弄宏”“达波升”“达波阿”等，意为“都诺寨的河”“弄宏寨的河”“波升寨的河”“波阿寨的河”等。各条河段均为当地全寨人的公共财产。

坟　田

坟田是古代布依族家族中专门用于清明节时集体祭祖、吃上坟酒的稻田，布依语称“纳莫”。有的家族坟田多至八十余石（每石250斤稻谷）。平时请人耕种，每年族人聚集吃上坟酒，其费用均从坟田的收入中扣除。许多地区的“纳莫”地名，至今仍普遍存在。

入粟县官、受钱于都内

入粟县官、受钱于都内是古代中央王朝对布依族地区采取的一种经济统治方式。当时因其地广人稀，生产比较落后，郡县设置后经费无所出，统治不稳，于是地主、豪富从内地招募农民，进入布依族地区屯垦，收获粮食交给当地郡县，而从中央王朝的内府领回报酬，称为“入粟县官、受钱于都内”。由此，形成布依族地区的“夷汉大姓”，即龙、傅、尹、董等，这些大姓后来逐渐融合于当地少数民族之中。他们带来了内地先进的生产技术，促进了布依族地区的经济发展。

印田和荫免田

印田和荫免田是唐、宋时期以来布依族封建领主制时期特有的一种经济生产方式，并一直延续至明清时期。当时由中央王朝授予统治布依族地区的土司、亭目，是各土司统治辖区内的世袭领主。土官把领地分为“公田”和“私田”两大类，前者作为“份地”分给农民，后者作为土官的“自营地”。“印田”和“荫免田”就是私田中的一种。凡是有印信的土官、亭目官都领有印田，无印信的土官、亭目官则领有“荫免田”，带有“职田”性质，故又称为“俸禄田”。例如贵州省望谟县桑郎亭目王氏曾得六份印田，每份稻谷产量约120挑。这是桑郎地区土质最肥、水源最好的田地。由附近农民以无偿劳动为他们耕种、收割，农产品全归亭目官所有。解甲还乡的土官亦享有若干荫免田，如贵州省罗甸县董当乡大井大队令碑地方，今存一块万代历三年（1575）刻立的石碑，碑文说明该处田地系泗城州罗解哨的一个土目黄僳“开凿”的私田。他自称不愿在官场混下去，于是还乡，以“开凿私田”为乐，即由他直接经营六十余亩最好的田地，实际上这都是由上层土司授予的荫免田。

把事田

把事田是布依族封建领主制时期特有的一种经济生产方式，即封建土官赐予下层官吏“把事”的田地，具有俸禄的性质。由附近农民无偿为他们耕种，收割农产品归把事所有（参见“印田和荫免田”条）。

劳役田

劳役田是布依族封建领主制时期特有的一种经济生产方式，即土官授予服夫役的农民耕种之田地，产品归耕种者所有，不需缴纳粮谷，但必须负担与其田地农产品相当的劳役。如“伙夫田”“割路田”“舂米田”“柴火田”“小菜田”等。

粮田或公田

粮田或公田是布依族封建领主制时期特有的一种经济生产方式。“公田”即由土官作为“份地”分给农民耕种。农民用自己的劳动和生产工具耕种这种土地，产品归耕者所有，但不得典卖。耕种这种份地的农民，或者担负印田、荫免田的耕作，或者缴纳粮赋，所谓“分地而耕、纳租于主，是为公田”（《黔南识略》卷二七兴义府部）；或者充当土官兵丁，所谓“散则农、聚则兵”，故又有“兵田”“粮田”之称（参见“印田和荫免田”条）。

稻田农业

布依族习惯依山傍水而居，耕地中稻田占多数，水稻耕作历史悠久。考古说明布依族先祖——汉藏语系古越（粤）人，早在7 000多年之前，就已成功将野生水稻驯化成人工栽培水稻，并大量种植水稻。布依族地区考古发掘有汉代稻田模型。其中一半为水塘、一半为稻田。塘中荷叶相连，鱼儿摆尾。稻田用泥条隔成阡陌，田头留有过水缺口，田中刻着行行水稻。水塘与稻田之间，筑一长堤，其上立一鸟展翅欲飞。塘堤正中设有涵洞，可通水灌田。模型周壁刻画小树九棵，间隔基本相等，显示水塘与稻田周围遍栽桃李花果。这形象地反映了古代布依族地区的水利设施，再现了荷叶田田、阡陌纵横的田园风光。司马迁《史记》也说当时布依族地区是“耕田、有邑聚”。由于布依族祖祖辈辈从事水稻耕作，至20世纪50年代，布依族民间种植的水稻，大多数地区有三十余个品种。笔者于80年代初在贵州平塘进行田野调查时，发现按布依语称谓统计的传统水稻品种，竟有近四十个品种之多。据说“文革”期间，有关部门开始派工作组进村入寨，强行推广“矮杆粳稻”等杂交水稻，才使布依族民间原有种植的数十种传统水稻品种逐渐消失。

布依族对水稻耕作和田间管理积累了丰富的经验。布依族人民习惯将稻田分为泡冬田、晒冬田、母田、秧田、高塝田、望天落雨田、水车田、兼作田等。

泡冬田是为了加强田土肥力与酥溶，防止害虫入土繁殖，秋收后，有部分田要放水进去翻犁翻耙，之后整个冬季让水泡着，到春天再次翻犁翻耙，才能下种或栽插。这种泡冬田以最能保产的院脚田居多。

晒冬田和母田、秧田、高塝田、望天落雨田、水车田等是秋收后要深犁翻土，让埋在泥土中的虫卵、害虫、杂草根须暴露在外，借冬季的寒冷、霜雪把它们消灭，同时也借寒冷与冰雪疏松泥土。

兼作田，土质较肥，一般用以冬季种植麦子、油菜、蚕豆、豌豆等农作物。秋收后两次翻犁，种植时用锄捣碎泥土，播种小季农作物；夏收后再放水将植物根基泡烂，经过“四犁四耙”，最后栽种水稻。

泡冬田在栽种前，要做到“五犁五耙”。晒冬田和兼作田栽种前要做到“四犁四耙”。秧田把秧苗扯出移栽别的稻田后，再经过“一犁一耙”即可栽插水稻；且因秧田很肥沃，一般都用于种植糯稻。

布依族对稻种的选择和培育特别讲究。要在稻谷熟透未开割时，于傍晚无露水并日晒不烈之时，到稻谷长势最好的田选取好的谷穗，连穗茎一起捆成把，单独晾晒，单独保存。有的在播种前再作一次筛选，方法是在水缸中掺入一定比例的黄泥和清水，到一定浓度时将谷种倒入泥水中搅拌。在相应时间内，将上浮和只沉到半中的谷子撮出，只留沉底那部分稻谷作种。

播种，选择泡冬田或秧田经犁耙平整后，均匀播撒谷种。谷种发出二分芽之时，放水晒一天；继而再放水入田；待秧苗长度为七八寸时，才可以扯出移栽。

施肥，播种田先放入牛圈肥，后放入秧青（嫩草叶、艾蒿、嫩藤等），翻犁翻耙后播种；晒秧后施人粪肥。普通稻田先施牛圈肥和猪圈肥，后施青草、枯草、古藤肥，犁耙将肥料埋烂后才能插秧。对部分望天落雨田，为了消灭虫害和增强肥力，还要施放石灰、草木灰等。

水稻含苞、扬花之时，各薅秧苗一次，再施放人粪肥（现多改用化肥）。收割时，稻谷泛黄，放干田水，三至七日后开镰收割。

稻谷要在阳光下暴晒数天，让水分蒸发；为不生虫，最后一次晒到待天黑尽空气开始回潮时，才将稻谷收入粮仓蓄藏（称为“晒露水”）。

耕作水稻使用的生产工具，主要有犁、耙、挖锄、薅锄（板锄）、钉耙、薅耙、摘刀、镰刀、柴马、斧头、挞斗、撮箕、箩筐、麻袋、扁担及晒谷用的竹席、麻毯（又作蚊帐用）等劳作工具；还有稻田吸水工具水车、龙骨车、吸水竹筒、戽水桶等。粮食加工工具主要有水碾、水磨、砻（布依族一种古代以竹编圈填泥土做成两扇磨盘，再以青杠木片安磨牙的木磨，专用于稻谷脱壳的加工工具）、碓、风簸、筛、簸箕等。这些都显示出布依族特定的稻作文化。

旱地农业

布依族地区旱地较少，但也形成特定的生产方式。布依族人民依据不同的自然条件，将旱地分为间作套种地、轮种地、轮歇地、砍火地等数种。

间作套种地多用于平缓山地，这类土地较肥沃，一般是：大季苞谷地套种瓜豆类，洋芋地套种苞谷；小季种大麦、小麦、油菜籽、豌豆、蚕豆等。这是较普遍的耕作方法。

轮种地多用于种植荞麦和洋芋，一般头年种荞麦，第二年种洋芋；或头一年种荞麦，第二年种油菜、蚕豆、豌豆。轮种方法能使不同作物从土壤中吸收足够养分，有利于农作物生长发育，提高单位面积产量。故布依族地区有“肥地不如换种”的旱地耕作俗谚。

轮歇地主要种植荞麦、洋芋、苞谷、豆类等，一般连续种植三年，又丢荒二至五年，让其长满杂草后再翻犁耕种。土地肥力即靠杂草腐烂作用和增加施放农家肥。此种方法过去多用于高坡陡地。后因人口发展，地不够种，轮歇地逐渐消失。

砍火地的耕作程序是：头年八月左右将选定的荒山荒坡上的野草杂树砍倒铺平，到第二年二月间杂草枯干，便放火焚烧，使地表形成草木灰层。三、四月间即可播撒苞谷、荞麦的种子，再用锄头挖土将种子稍加覆盖。此后，既需不中耕亦不施肥，直到成熟时收割。据说砍火地的农作物产量不亚于熟地，然因放火焚烧才能耕种，自然环境易被毁坏，后来逐渐消失。

其他如蔬菜园、麻园、果园等亦属于旱地农业，但耕作方式较精细，施肥量也较一般山地多得多。

布依族地区江河流经的河谷地带会形成大大小小的坝子，土地肥沃，宜于农耕，成为高原农业生产的重要区域。雨量充沛，气候温和，年平均温度为16℃～19℃，年降雨量1 200～1 400毫米。个别地区如红水河，南、北盘江沿岸，每年无霜期达8个月之久。盛产水稻、玉米、小麦等粮食作物，还有小米、高粱、红稗、豆类、薯类。惠水、平塘的黑糯米是其稀有特产。安顺、平坝、都匀、惠水、独山、贵定、兴义等地历来都是贵州高原的主要产粮区之一。经济作物有甘蔗、棉花、茶叶、油菜、烟草、水棉、油桐籽、油茶籽、芝麻以及瓜果类、药材类植物。

至20世纪90年代，为了加快布依族地区社会经济的发展，国家进一步加大投入，布依族地区农业经济发展成绩显著。如黔南自治州利用当地高山、河谷与坝区所形成的不同气候、土地资源、特色品牌农产品等比较优势，大力发展种养业，拓宽农民增收渠道，发展高效农业。同时，整合资源，扶持农民，启发民智，解放和发展生产力，全力推动传统农业向现代农业转变，提高农业科技含量，解决了农民从种得出到种得好，从卖不出到卖得出、卖得好的问题，促进了农业基地规模化、设施现代化、种养标准化、服务专业化、生产集约化的现代农业发展。至2015年，当年全州农业总产值、总增加值、农村居民人均可支配收入，分别达到285亿元、176亿元、8 500元，分别比2010年总增长131%、

151.4%、126.1%。为了让黔南蔬菜有特色、有品质、有市场，黔南自治州每两年就要制定一份蔬菜重点项目推进实施方案，对重点品种、种植面积进行详细规划，并根据各地实际情况、种植习惯、气候特点、目标市场需求，确定本区域的主导品种，使各地在品种结构调整上各有特色、成效显著。不仅蔬菜如此，茶叶、水果、畜牧等产业在新品种、新技术、新模式的探索和试验示范方面均成果累累，在产业发展的体制机制上不断创新，培育了一大批科技人才队伍，为广大农民提供产前、产中、产后的优质服务，使农户种（养）有目标，销有市场，破解了产业发展中不断出现的新问题。2015 年，黔南自治州的蔬菜、水果、刺梨种植面积分别达到324.30、105.45、37.05 万亩；全州茶园总面积达131 万亩，其中，投产茶园面积达 54.83 万亩，产量 2.09 万吨，产值 33.64 亿元，综合产值 65.47 亿元。

2019 年，黔南自治州政府坚持高质量发展，坚守发展和生态两条底线，统筹推进稳增长、促改革、调结构、惠民生、防风险、保稳定各项工作，全州经济社会持续健康发展，农村产业革命纵深推进，新增调减低效作物 42.09 万亩；实施 320 个 500 亩以上坝区产业结构调整，面积达 59.72 万亩。大力推行“龙头企业 + 合作社 + 农户”模式，培育龙头企业达 755 个，创建专业合作社达 4 567 个，覆盖农户达 38.3 万户。“三品一标”认证面积达 773.85 万亩，绿色、有机食品认证产品 69 个，地理标志农产品 14 个，长顺县获评“国家农产品质量安全县”。预计完成农业增加值 243 亿元，增长 7%。至 2019 年底，黔南自治州地区生产总值达 1 450 亿元，比上年增长 9%。城镇、农村居民人均可支配收入分别达 34 134 元、11 846 元，分别比上年增长 9%、10.5%；常住人口城镇化率达 53.5%，全面小康实现程度达 97%。

“十二五”期间，黔西南自治州加快现代水利体系建设，并取得积极进展，全州水库供水能力达到 12.43 亿立方米，农村人均有效灌溉面积达到 0.8 亩，基本解决农村饮水安全问题。先后建成马马崖电站、普安横冲梁子风电厂发电。建成 500 千伏金州变电站和贞丰白腊、普安雨雪、晴隆欲飞等 138 个 35 千伏以上输变电工程，新增 10 千伏以上供电线路 2 681 千米。地方电网建设取得突破性进展，使农业经济上进一步提升。2012 年，全州农林牧副渔增加值、农民人均纯收入均增长 20% 以上，粮食产量取得突破性增长。至 2015 年，当年全州粮食产量达 110 吨，较上年增产 47 万吨，增加农业总产值约 14 亿元，可增收 5.6 亿元左右。烤烟产量和单价大幅提高。全州完成烤烟种植 41.75 万亩，比去年新增 8.75 万亩，由于雨水和气候条件较好，烟叶质量和产量较去年大幅提升，预计每亩单产烟叶 125 公斤以上，实现收购烤烟 100 万担，比去年增产 49.54 万担，加之每公斤单价较去年增加 5 元左右，卖烟收入可达 10.5 亿元，再加上补贴 1 亿元，共计 11.5 亿元，在去年的基础上净增 6.07 亿元。

扩大甘蔗种植面积。贞丰、望谟、册亨 3 个县于 2015 年抢抓洋甫南华集团投资建设 2 个日产 5 000 吨、1 个日产 4 000 吨糖厂的机遇，全力推进甘蔗种植，新增甘蔗种植 11 万亩，每亩平均产甘蔗 5 吨（每吨甘蔗 520 元），平均每亩产值 2 600 元，实现产值 2.86 亿元。扣除上年种植玉米每亩 600 元，2015 年仅甘蔗一项可为农民纯创收 2.2 亿元。

薏仁米种植面积大幅增加。2015 年，全州采取调整高榜田和旱地来发展薏仁米，新增薏仁米种植 15 万亩，每亩可平均收入 2 500 ~ 3 000 元，扣除种植成本每亩 600 元，仅薏仁米一项就可为农民创收 3 亿元左右。蔬菜、干果和其他农作物增产明显。由于扩大蔬菜种植面积，加之今年气候条件较好，蔬菜、干果和其他农作物长势和挂果很好，实现丰收。同时，辣椒、茶叶等价格较往年大幅上涨，农民增收明显。蔬菜、干果和其他农作物为群众纯增收1亿元以上。

2019年，黔西南自治州政府坚持“不忘初心、牢记使命”主题教育，激发强大动力，砥砺前行，着力推进“5个百万亩”工程，加快粤港澳大湾区“菜篮子”建设，新增种植茶叶10万亩、蔬菜7万亩、中药材5万亩、精品水果8.55万亩，稳定种植优质高效烤烟区30万亩、薏仁米65万亩，推进安龙食用菌发展模式“裂变”，食用菌发展到5.55亿棒。全年出栏生猪181.41万头、年末存栏122.95万头。高标准推进农业园区建设，各县（市、新区）新增1个州级以上农业园区，各乡镇建成1个以上特色产业园，着力推进“黔货出山”工程，实现农产品销售额30亿元以上。至2019年底，黔西南自治州地区生产总值达1 272.80亿元，比上年增长9.8%，增速连续五年保持贵州省前列。

林　业

布依族地区的林业资源丰富，主要分为木材林、水果林、经济林等。古时林区分布更广，故有“黑羊箐”之名。

民国年间，布依族地区自然生长的木材林以杉木、松木、木杠、香樟木等树种为主，主要分布在今黔南、黔西南的南、北盘江流域，盘州市，六枝特区的郎岱，镇宁的六马，黔南的罗甸、长顺、都匀、龙里、荔波、三都等地。其他木材林多在村寨附近及房间屋后栽种培育，主要品种有椿木、杉木、秋木、泡桐木、香樟木、竹子林等。

人工栽种培育林木的方法是在每年春节前后，将播种的树苗移栽，或到山林中挖来自然生长的树苗重新栽培；先挖坑，垫上草木灰或牛粪肥，栽上树苗，填土平坑后再施人粪肥，继而堆培泥土即成。如在人畜经常路过的道路附近栽树，要用刺团围住树苗，以免树苗受伤害；待树苗长至一丈高之前，每年冬天还需培土剪枝。如遇虫害，则多用火烟熏林中树木的有虫之处灭虫。

水果林，多在布依族村寨附近山地或房前屋后栽种培育，主要品种有桃、李、梨、樱桃、芭蕉、香蕉、橄榄、黄果、柑橘、石榴、杏、枇杷、甘蔗等。其中以甘蔗的种植面积最广，在南盘江、北盘江一带山地之上，漫山遍野皆种植甘蔗。新鲜甘蔗除直接当水果食用外，多用来加工成红糖块保存。大量的红糖块也用甘蔗叶包裹堆放，习惯是每包红糖块重约10斤。因出产量大，当地的乡场集市常年都有红糖出售。

经济林木，主要包括竹林、木棉树林、油桐树林、茶园林等。竹林多野生，布依族村寨附近则多是人工栽培的竹林。竹林种类繁多，有大龙竹林、楠竹林、金竹林、毛竹林、棕竹林、水竹林、芦竹林等。木棉树林多野生于南、北盘江，红水河沿岸地带。油桐树林是成片种于土山之上，或播种于旱地坎角。油桐树栽种比较方便，直接油桐籽下种成苗，不需移栽即可成林。用油桐树的果实油桐籽榨成的桐油，是布依族地区著名的土特产之一，如镇宁六马牌桐油自明清以来就已闻名遐迩，是20世纪80年代我国桐油出口免检的唯一品牌，产品远销海外。

林下药材，是布依族地区的著名特产，历来是传统道地药材主产区之一。“黔地无闲草，夜郎多灵药。”黔西南自治州地势起伏较大，立体气候明显，雨量充沛，气候优越，非常适合中药材生长，据统计，全州道地中药资源近2 000种，其中植物药190多科1 800多种，动物药163种，矿物药12种。

截至2015年底，黔西南自治州已培育种植中药材118个品种，总种植面积达到106.2万亩。其中规模化种植中的药材品种达到16种之多。如薏仁米种植面积30.11万亩，占全国种植面积的20%左右；还有金银花26万亩，名贵中药材白及3 000亩，铁皮石斛8 000亩，天麻5 000亩，三七2 000亩等，还开发种植培育了倒提壶、金线莲等濒临灭绝的珍稀药材品种。

黔西南自治州安龙县利用高海拔低纬度和雨热同季交替的温润特殊气候孕育了种类繁多的动植物，特别是丰富的中药材资源，打造有万亩铁皮石斛、万亩山豆根、千亩重楼、千亩白及、千亩三叶青、万亩千里光、万亩黄精等药材产业基地，有力地带动了当地中药材产业化的快速发展。

此外，安龙的土地上还生长着国家一级保护的红豆杉、贵州苏铁，二级保护的金毛狗脊、金钗石斛、独蒜兰等几十种珍稀濒危药用植物。

安龙仙鹤坪国家级森林公园、龙头大山被专家称为植物基因宝库，成为国家中药材保护基地和种苗基地。林中的黄褐毛忍冬是进入《中华人民共和国药典》（2009年5月）的金银花类品种，经过产业化种植，药材具有芳香油高和绿原酸含量高、产量高、质量好的特点。2015年，安龙中药材种植及保护抚育总面积已突破40万亩，总产量超过22万吨，实现产值11亿元。

对个别石漠化集中连片的贫困地区，则采取结合石漠化治理推出种植金银花（山银花）、花椒等中药材的策略，有效治理了石漠化，解决了石漠化贫困区域经济发展与生态修复难题，成功探索总结出金银花发展的“坪上模式”和花椒种植的“顶坛模式”，实现了生态修复与百姓增收的有机统一，为我国石漠化区域的发展与生态治理提供了可借鉴、能复制的经验。

2019年，黔西南自治州充分利用当地山水林地的优质旅游资源，共完成旅游投资128亿元，成功创建2个4A级景区、6个3A级景区，成功举办2019国际山地旅游暨户外运动大会、第七届“中国美丽乡村·万峰林峰会”、山地旅游运动装备产业博览会以及全国青年女子垒球锦标赛等28项国际国内活动，在全国率先发布山地旅游标准体系，全年接待游客达6 800万人次，旅游总收入达690亿元。2019年8月，中国气象学会在北京组织专家组对《黔西南·四季生态气候康养资源评估报告》进行论证，通过评审，黔西南自治州获得“中国四季康养之都”称号。总之，布依族地区在林业资源的培育和开发利用过程中，使当地的自然生态环境得到进一步改善和提高，成为海内外游客喜爱的旅游目的地。

畜牧业

传统布依族畜牧业，没有大规模的生产形式，也没有专业的牧民，主要靠农民的家庭饲养。生产用的饲养家畜，主要有黄牛、水牛、马匹等，每户饲养数量不等。

布依族农村各地均有牛马交易市场，较大的牛马市有贵阳的花溪，黔南的都匀、独山，黔西南的兴义、兴仁，关岭的花江、永宁，安顺的幺铺、镇宁等地。每场上市的牛马有数百至上千头（匹）。

肉食家畜，主要有猪、狗、羊等，过去每户最多喂养三四头猪、三五条狗，多为自家年节时食用。养羊的家庭也不少。其他家禽有鸡、鸭、鹅等，饲养量较多。饲养家禽是家庭日常开支的主要来源之一。

随着国家市场经济发展，布依族地区畜牧业的规模化饲养才开始发展起来。如黔西南自治州结合市场需要，大力发展“高原山地生态畜牧业”，在国家一系列政策的支持下，至2013年底，全州共建成年出栏肉牛50头以上的规模场93个，1 000头以上的5个，10 000头以上的1个，存栏牛数量增长到69.22万头；建成年存栏肉羊100只以上的规模养殖场362个，500～999只的39个，1 000只以上的22个，存栏羊数量增长到了101.25万头。还新建年存栏2 000羽以上的规模养殖场52个，1万羽以上的17个，10万羽以上的2个；建设省级蛋鸡标准化示范场4个。2018年，黔西南自治州政府实施整合退耕还林还草、石漠化治理、保护生态环境工程，全州人工草场、改良草地面积逐年扩大。至2018年底，全州肉牛存栏48.27万头、出栏16.92万头，肉羊存栏48.96万只、出栏36.91万只，种草养畜成为助推黔西南州脱贫攻坚的重要产业之一。2019年，黔西南自治州政府积极拓展生态畜牧业，加大对独山日泉、福泉温氏、三都正邦等大型生态畜牧业企业的服务工作，提升畜牧规模化水平，全年完成生态家禽出栏2 244万羽，禽蛋产量4.3万吨，生猪出栏356万头，肉牛出栏25万头，羊出栏31万只，总产值达103亿元。同时大力发展生态养鱼，养殖面积4.28万亩，促进渔业恢复性生产，产值达4.8亿元。布依族地区现代畜牧业的发展，有力地促进了农村经济水平的提高。

手工业

布依族的传统手工业，主要有木匠、石匠、竹篾匠、铁匠、铜匠、银匠、纺织、制陶等。

布依族人民一般是农忙务农、农闲从事手工业生产。因此，中华人民共和国成立以前，其手工业还未从农业中分离出来作为独立行业。

民间木匠各地皆有，主要从事立房架屋，装修板壁，制造家具、农具等。不少木匠还能雕刻花鸟、鱼虫等图案，用来装饰居室和家具。

石匠，主要加工石磨、石碓、石碑，砌石墙造拱石桥，做石雕刻等。几乎每村都有石匠为当地人民服务。特别是在贵阳市郊、安顺市郊、镇宁、关岭、六枝、普定等市县，因当地布依族民居均为石头房、石板房，祖先坟墓也是石室墓，改这些地方是布依族石匠的集中分布区。当地布依族男子几乎人人会加工石头，且做出来的物件十分精美。

布依族地区盛产竹子，竹篾匠也很多。竹篾匠主要加工竹背篓、竹筛子、竹簸箕、竹撮箕、竹囤箩、竹晒席、竹斗笠、竹凉席等。有的整村整寨都从事竹编。著名的有独山竹斗笠、荔波竹凉席，还发展成特制的民族工艺品。

平塘的“牙舟陶瓷”是布依族地区著名的陶瓷工艺品牌，主要生产各种陶瓷生活用具、陶瓷工艺品、陶瓷玩具和祭祀用器等。制作的“牙舟彩陶”已有五六百年历史。

铁匠，主要铸造生铁铧口等农具及打制斧头、锄头、铲刀、镰刀等生产工具和刀、矛等武器。据说，中华人民共和国成立前著名铁匠用秘密方法打造的大宝刀，在战斗中可以轻松斩断敌方的大刀，能极大地提升大宝刀拥有者的战斗力。

铜匠，主要铸造铜鼎罐、铜锅等生活用具，制造铜唢呐等乐器和铜制首饰品。

银匠，主要制造银手镯、银项圈、银耳环等首饰。

其他如熬糖、制酱、煮酒等食品加工，也是当地主要的手工业门类。熬糖，以当地布依族种植的甘蔗为原料，制作的红糖块数量大、质量好，明清时期就已久负盛名。有的用红糖和玉米为原料，配合以核桃仁、苏麻等制成饴糖，这也很受欢迎。

制酱，以小麦、大麦为原料，经发酵后制成。因加工过程中必须加入枸杞叶，故称“枸酱”。枸酱味道香醇，是布依族平时自食的佳品。黔西、织金等地布依族制作的枸酱很有名，多销往邻近县市。

布依族纺织业更是普遍，古代布依族纺织的土布（在古老织机上织出的棉布）曾作为朝廷贡品。各色土布品种有数十种之多。织锦则是当地著名的工艺品，是在古老织机上织出的，织锦时是锦面背面朝向织锦者，织锦者需要全凭记忆，熟练地织出各种美丽的传统图案。

酿酒，非常普遍，几乎每个布依族家庭都有一套酿酒工具。以大米、苞谷等粮食为食料，发酵用的酒药由多种植物配制而成。布依族酿酒方法有“天锅”和“夹缸”两种，酿出的米酒醇香味美、度低数，一般俗称“土酒”。如糯米酒，一般来说用糯米一斗（30斤）为一缸，一缸可产香酒30斤左右。其法为先将糯米淘洗干净，用清亮冷水浸泡5~8小时，然后将水滤干，蒸熟后倒进大簸箕里散开，让其自凉，凉至10℃左右，将自制酒药撒在糯米饭里，搅拌均匀，然后放进陶缸中压紧，中间刮整小窝一个，缸口盖严密封。24小时后（俗称“对时”）即可开盖。此时糯米饭就变成了甜酒，再过一周时间，甜酒变辣；再加进冷水浸泡两天，然后倒进大锅里，用酒甑罩住，甑的顶部放一口天锅，天锅里装上冷水（须常换水保持冷却），大灶里加火将酒糟煮沸，烧酒就从枧槽里流出来了。这种糯米酒的优点是度数一般为35度左右，醇香可口，补肾健胃，产量高，是布依族人民的传统饮品。其他酒类还有“大米酒”“苞谷酒”“刺梨酒”“糯米烧窖酒”等。

20世纪80年代以来，随着国家市场经济的需要，在国家政策的指导和扶持下，布依族民间手工业逐渐发展壮大，各地均出现了专门经营民族民间手工业产品的企业；相应地，也出现了不少专营民间手工业的布依族企业家。

狩　猎

狩猎在布依族经济中不起主导作用，但至民国时期还保留有个别专业猎户。如贵州平塘上莫乡陈定坤家几代人均以打猎为业，田地请人帮忙耕种，定坤本人就曾亲手打死豹子两只。20世纪80年代初笔者在贵州省六山六水调查的田野调研中，亲眼看到陈定坤家梨木山寨老房子里还存有野猪头骨几百颗，屋壁上原来挂满了野猪头骨，经测量头骨最长者1.2尺，估计活体野猪体重不下300斤。

经调查，布依族的狩猎文化也很有特点，他们以猎获对象和狩猎方法的不同，分为上硐梅山猎人、中硐梅山猎人、下硐梅山猎人等三种。上硐梅山猎人专猎虎、豹等凶猛野兽，猎人只用毒箭和弓弩，不用猎狗，也不需猎枪，而且猎人都单独行动，不带帮手。捕猎过程分为查访、架弩、念《团山经》等。《团山经》又分为《请进经》和《放出经》。当猎人猎获一只虎后，即念《放出经》，意思是放掉其他老虎。即使这一带还有多只老虎，也不能在同一地方再打第二只，必须换到新的地方重新念《团山经》，需进行第二次捕猎。猎获的老虎不准抬进家，要先在院子里摆酒，插香米、备饭等敬供山神，然后才剥虎皮。

中硐梅山猎人专打野猪、野牛等野兽。猎人不用弓弩和毒箭，而是用火枪、猎狗。通常两至八人一起行动，其中一人任首领，布依语称“报矫”，打猎时首领作统一指挥。出猎前需选择吉日。吉日的推算方法，即一年十二个月中每月初一为何种日期都有规定，再从月初至月末按“泰安、流连、戊喜、赤口、大吉、空亡”等日期按顺序周期运转，并相信不同日期对狩猎收获影响不同，进而采取相应行动。六种日期中以泰安、戊喜、大吉三种为吉日，猎人就在这三种吉日出猎。

猎物分配，有“隔山打猎，见者一份”之说，只要在山上追猎物时，看见者打一声吆喝也算参加。除猎人首领独得野猪头外，其余部分按人数多少平均分配。连猎狗分得的数量也与猎人分得的相同。这显然是原始平均分配的历史遗迹。

猎人首领分得的野猪头不能砍碎，直接放入锅中全部煮烂后用手扒出野猪肉来，去掉猪肉的野猪头骨就整个挂在屋檐板壁之下。挂的野猪头越多，显得猎人首领越有本事。

下硐梅山猎人专捕野鸡、水獭、兔子、雀鸟等小动物，工具多用铁夹、冷套。方法简便，农闲时一般人都可捕猎。因此，下硐梅山的狩猎，无专门从业者。

布依族商业贸易

商贸文化的起源

商业贸易是历史范畴，当历史发展到一定阶段而产生，不与人类社会相始终。学术界研究指出，自布依族先民进入新石器时代有了原始水稻农业，人们开始定居。由于经营水稻农业，食物比以前有较可靠的保证，随着生产力的发展，也向原始手工产品提出了要求。各部落、氏族之间在接触中相互影响，并进行偶然性的物物交换，这就是商业的原始萌芽。从云贵高原布依族地区考古发掘出土的海贝等物，可以推测新石器时代的布依族先民，可能经珠江上游的牂牁江南下与沿海一带的部族部落先民接触，在物物交换中得到沿海部族部落的物品。同时，沿海一带的部族部落先民也可能沿牂牁江北上进入云贵高原与布依族先民进行物物交换。这时候交换的物品，主要是部族部落先民自己生产劳作所获的剩余部分，没有专业的商品生产，也不会有什么等价交换，只是根据双方的需要“以其所有，易其所无”而已。但是这种交换，促进了各部族部落的经济文化交流，密切了氏族部落的相互关系，对社会发展和民族形成都有重要意义。

秦汉时期的商贸

秦汉时期，牂牁江成为布依族先民对外贸易的主要通道。《史记》说：“夜郎者，临牂牁江，江广百余步，足以行船。”还说：“南越（国）以财物役属夜郎（国）。”又说：“夜郎国始依南越。”汉朝使者唐蒙在南越国吃到枸酱时，“蒙问所从来，曰：道西北牂柯，牂牁江广数里，出番禺城下”。唐蒙回至长安，问蜀贾人。贾人亦曰：“独蜀出枸酱，多劫市夜郎（国）。”说明汉朝时蜀国商贾为了逃避官府赋税而“劫市夜郎（国）”，牟取高利。夜郎国布依族地区的商人又将其贩运到南越国出售。

秦汉时南越国的番禺是丝绸、陶瓷、珠玑、犀牛、玳瑁、果实、布匹的集散地，也是海外贸易中心。其中就有来自布依族地区的商品。《汉书》说：“（夜郎）谈指出‘丹’（丹砂）。”《后汉书·郡国志》说：“夜郎出‘雄黄’。”《华阳国志》说：“平夷县山出‘茶密’。”丹砂、雄黄、茶密，都可能是夜郎地区的商品。此外，还有蜀国商贾从蜀国把铁器运至夜郎国布依族地区出售。《史记·货殖列传》说：“蜀卓氏之先赵人也。秦破赵，迁卓氏……致之临邛，大喜。即铁山鼓铸，运筹策，倾滇蜀之民。”又说：“程郑，山东迁虏也，亦冶铸贾‘椎髻’之民，富埒卓氏，俱居临邛（今四川邛崃）。”“‘椎髻’之民”

即夜郎国其俗“椎髻、耕田、有邑聚”。近年来，布依族地区的清镇、平坝汉墓出土的铁犁、铁锄、铁斧、铁刀等器具就可能来自当时的蜀商贾贩运销售之物。这说明秦汉时期之前，在南越国、夜郎国、滇国、蜀国之间，早已存在一条重要的商业通道，有力地促进了我国西南地区与沿海南越地区的交流，为当地政治、经济、文化的发展作出了巨大贡献。

宋元时期的商贸

宋元时期，布依族地区的商品以马匹、朱砂、蜜蜡、土布为多。南宋后，由于与我国西北地区市马不易，朝廷因连年战争急需用马，遂在广西横山、贵州罗甸设“市马司”，购买马匹。宋徽宗大观年间（1107—1110），播州每年只市马50匹，数量很少。至绍兴三年（1133）南宋于罗甸置市马司之后，仅在绍兴七年（1137）就市马约3 000匹。朝廷派遣官吏胡舜陡到罗甸地区负责买马，一次就得2 500匹，付黄金120两、白金6 000两、锦400匹、绝4 000匹、盐200万斤。以此计算，每马值银钱2两多，加上黄金、绝、盐比价，马价是相当高的。

当时马匹以四尺高为准，“每增高一寸，银增十两，有至七十两者”。用黄金二十两，便可买到“土人”呼为“龙驹”的名马，“日可行四百里”。南宋时驰骋沙场的“广马”，有一部分就是从布依族地区输送的。故《宋会要辑稿·买马》说：“广西买发纲马，多是西南诸番、罗甸、自杞诸国。”“西南诸番”即今黔南；“罗甸”在今安顺及黔西北；“自杞”在今黔西南及滇、桂相邻地区。到至元二十九年（1292）“减金竹酋长所部贡马”（《元史·世祖本纪十四》）；泰定三年（1326）“八番岩霞蛮来降，愿岁输布二千五百匹”（《续文献通考·土贡一》）；致和元年（1328）“安龙寨（今安龙）土官岑世忠籍其民三万二千户来附，岁输布三千匹”（《元史·泰定帝本纪二》），说明宋元时期布依族地区养马业和纺织业已相当发达，土布、马匹不仅是朝廷贡品，也是当时社会的大宗商品。

明清至民国时期的商贸

明代以后，大量内地汉民进入西南地区。朝廷军队又在交通沿线设立卫、所、屯、堡。后来，这些卫、所、屯、堡逐渐发展为城镇，为商品贸易提供了有利条件。布依族地区因而出现了贵阳、都匀、独山、南笼、安顺等重要商业城镇。据明弘治《贵州图经新志》记载：由于商业发展，还出现了“岁以蜜蜡贸易为生”的布依族商业户。

明末清初，随着地主经济出现，经济更多地需要求助于市场，地主出售手中的粮食，买进需要的生活用品。当时布依族农民生产经营有较大自由，农产品逐渐商品化，相应地促进了市场繁荣。如贵阳市的棉布、丝绸、食盐、山货药材、牲畜、皮毛、广洋杂货等商品转运各地，商品购销两旺。据清《黔南职方纪略·贵阳府》载：当时有“江、广、楚、蜀贸易，客民毂击肩摩、籴贱贩贵，相因坌集，置产成家者，今日皆成为土著”。清《滇行纪程摘钞》也说：贵阳城市街道自南自北商旅云集，“时来谈者，皆谓滇南重地”。

安顺市是贵州高原西路货物的集散地。城内设“五市”：三市为棉花市；一市为土布市；一市为粮市。仅城中经营绸布业的商号就有八十余家。清《黔南职方纪略》说：“（安顺）寰市宫室，皆宏敞壮丽……商贾云集，远胜贵阳。”

兴义城是黔西南棉布、百货的主要市场。清《黔南职方纪略》说：“（兴义）客民多辏集。”兴义地区的纺织品贸易，“嗣以通道滇省，由罗平、蒙自仅七八站路即通商，滇民之以棉花易布者，源源而来，会则机杼遍野”。清《兴义府志》也说：商贸以“吴绸、粤棉、滇铜、蜀盐”及本地特产为主，“物钱用秤以斤计两，十斤曰一秤，七斤曰一串”。由于地近云南省著名的罗平铅厂，故有川广两地商人贩运棉花到此销售，又买回白铅，以牟取高利，可见当时商业之繁盛。

开州（今开阳县）则以水银、食盐、布匹贸易为主。多为江西商人贩棉至此售卖，购买水银到汉口，每年平均在五百余担以上。以八大家商号最著，曰“八大将”。乾隆、嘉庆年间，城内大街长一百四十丈，宽七丈，两旁小街十余条，商务繁荣，人烟稠密。

独山州、永丰州（今贞丰）、永宁州（今关岭）、镇宁州、定番州（今惠水县城）等地，每场集会数千人贸易，多时达万人。

至民国时期，布依族地区商业贸易进一步发展，特别是1933年黔桂铁路通至贵州独山后，商业更趋发达。除传统百货外，还增加了洋布、洋纱、石油、煤油、汽油、纸烟、化学染料等外来商品。本地输出商品则以布匹、桐油、茶叶、纸张、烟叶、鸦片等为大宗。民国《贵阳府志》载：民国二十七年（1938），仅贵阳年输入货物就达“总价值约计3 260 000元”，说明商品流通之活跃。

但在广大农村，布依族从未出现商业资本家。兴义、安顺、都匀、独山等城市有一些商业会馆，但都是外地汉族资本家和店主办的。布依族的对外商品贸易，主要通过汉族行商和坐商为媒介进行。个别地区，如望谟的桑郎、板城，镇宁的扁担山和安顺、平塘的克度等地，曾出现数千至数万银圆资本的布依族商业主，他们主要是土特产经营者或鸦片获利者，发财后就增加购买土地，由富商而转化为大地主。

乡场贸易

乡场贸易，是古代布依族地区的商贸场所，相当于内地的集市。此法古已有之，如《天下郡国利病书》载：“僚家夷女留鳅虾，以供腊祭，地有‘羊场’‘鸡场’，实属诸夷互市。以十二属相递……每场岁三十市。”“以十二属相递”，即以十二生肖的子鼠、丑牛、寅虎、卯兔、辰龙、巳蛇、午马、未羊、申猴、酉鸡、戌狗、亥猪等相递排列，用来作为集市名称，故而有羊场、鸡场、牛场、马场等。这是云贵高原地名文化所反映的布依族地区乡场贸易，具有突出的民族区域文化特色。

明清时期随着经济发展，乡场贸易地点不断增多，“以十二属相递”的乡场数量也不断增加。如以前镇宁州只有乡场8个，到乾隆、嘉庆年间已增加至17个；乾隆年间永宁州只有乡场15个，至道光年间已发展到29个；定番到民国年间已有乡场达32个。

这种乡场的特点是：相互之间赶场的日期不同，不会冲突；乡场之间距离也较近，便于从甲地到乙地的货物运输；也由于“以十二属相递”排列，民间基本上天天有乡场。故布依族地区有“七天赶七场”的谚语；当天贸易所剩商品，第二天又可到邻近乡场出售。

乡场上商贩很多，但坐商很少，仅在较大的乡镇和南、北盘江主要码头上有少数本地坐商或两广坐商。

货物交易以当地土特产为多，如粮食、布匹、牛刀以及食盐、日用百货等。有些地区交易时习惯用饭碗计粮，八小碗为一升，四小碗为一角；二角为一升，十升为一斗。每斗大米重约50斤。也习惯用手量布，大拇指至中指间距离为5寸，称为“一杈”，两杈为一尺。又习惯用拳量牛，高十三拳者为大牛，齿少拳多者牛价就高；还有用类似尺的木棒比马，从地上比至放马鞍处，按高低论价。此种度量习惯，与秤、斗、升、尺等度量衡并用，反映出特定的民族区域贸易文化。

进入20世纪90年代中期，由于国家进入市场经济发展阶段，从城市到乡镇的个体、私营商贸企业增多，布依族地区的商贸物流获得迅猛发展，发生了今非昔比的大变化。如黔南自治州1978年进出口总额仅为105.31万美元，到2002年首次突破1亿美元大关，2007年达到3.22亿美元，是改革开放之初的305倍。还相继培育了以瓮福集团、邦泰、川恒等重点企业作为全州进出口贸易的骨干企业，2015年又成功引进贵州英吉尔机械制造有限公司总部、贵州东峰矿业集团总部、贵州赛博盟微粉工业有限公司总部入驻黔南，壮大了外贸群体。随着国家修订《外贸法》降低准入门槛，实施企业自营进出口经营权备案登记，申报自营进出口权的企业逐年增多，到2015年已累计有438户企业办理自营出口备案登记。全州外销市场进一步扩大，先后有17种商品远销世界40多个国家和地区，形成由60多户外商投资、国有、民营企业组成的外经贸企业集群。利用外资规模逐年扩大。从2001年到2015年，15年间累计引进外商投资项目42个，合同利用外资76 357.74万美元，实际使用外资43 044.38万美元。2019年，黔南自治州商贸系统持续深化“放管服”改革，推进商贸业政务服务规范化标准化建设，企业和群众办事提供材料减少60%，限时办理事项办结时间比法定时间压缩50%，企业开办时间压减至3天以内，营商环境进一步优化，扎实推进“产业大招商提升年”行动。至2019年底，新增引进重点产业招商项目724个，新增重点产业到位资金526.6亿元。进出口总额完成3.56亿美元，实际利用外资0.3亿美元，增长56.8%。创新创业活力持续释放。新增星创天地、省级农业科技示范园区等创新平台10家，新认定高新技术企业42家，省级高新区创建实现“零突破”。获得专利授权1 347件，增长7.6%。建成县级以上农民工创业示范园14个、创业孵化基地18个。各类市场主体达27.75万户，增长10.2%。民营经济活力不断增强，完成增加值910亿元；民间投资占固定资产投资比重达54%，较上年提升9个百分点。

黔西南自治州首府兴义市的兴义国际商贸城，是兴义市“十二五”规划的政府重点建设项目。项目总建筑面积30余万平方米，总投资15亿元，是兴义市首个超大型商业贸易、仓储与物流中心，涵盖粮油副食、服装鞋帽、装饰建材、电子电器等综合商品业态，集批零交易、品牌展示、仓储物流、电子商务等现代商务功能于一体的黔西南自治州首席一站式国际商贸平台。至2016年底，黔南自治州政府组织商贸企业参加“云上贵州·大数据招商引智再出发”活动，引进了一批大数据优强企业，到位资金50亿元以上。大力发展电子商务，培育了5家年销售额200万元以上的农村电商龙头企业，建成了4个县级综合运营服务中心、35个乡（镇）综合服务站、210个综合服务点。推进兴义、普安“电子商务进农村全国示范县”建设，分别完成投资2 000万元以上；推进兴仁、册亨“省级电商扶贫示范县”建设，分别完成投资1 000万元以上。2019年，黔南自治州政府全面落实商贸企业减税降费政策，为商贸企业降低成本达49.8亿元，新增市场主体6.1万户。对州级商贸企业加快实体化转型，累计完成投资26亿元；打造国资监管“数据铁笼”，对国有商贸企业实行“企业云监管”。特别是兴义海关于2019年1月16日正式挂牌成立，标志着商贸物流高地形成，极大地促进布依族地区国际商贸业的发展。至2019年底，黔南自治州产业大招商成效显著，引进重点产业项目355个、产业链项目281个，招商引资重点产业项目到位资金433.77亿元。开放型经济平台加快建设，2019年黔西南自治州外贸进出口总额达4 658万美元，比上年上升18%。外贸进出口产品主要有4大类10余种，包括花卉、茶叶、板栗、薏仁米、桐油、木制家具、服装、鞋、箱包、手袋、硝酸铵、木炭、中药材等，其中农产品出口种类居贵州首位。

货币金融

从布依族地区考古出土的海贝等物，可推测上古时期布依族先民最早使用的货币应该是海贝。随着社会发展，以后人们才逐渐改用金属货币，至民国以前市面上通用白银、铜钱。

白银有宝银、票银、锭银、絮银之分。宝银每锭50两，成水十足；票银每锭10两或5两，成水十足；锭银每锭1两或5钱，银水在九成至十成以下；絮银每块钱数至数分不等。絮银皆由锭银剪下，灌铜者名“市银”；灌铅者名“铅钯银”。其成水皆低，凡成水不足者，又名“巧水银”。

铜钱多各朝所铸，宋元以上古钱极少，清代铜钱较多。铜钱有厚钱、薄钱之分。薄铜钱靠数，一个为一文，一串为一千。厚铜钱则靠秤，称钱时用线贯穿两端，按重量计数。

民国八年（1919）之后，银币有法国搬庄洋、墨西哥飞鹰满龙洋、湖北满龙洋、四川汉字洋、贵州汽车洋等。每元合库平七钱二分。又有半元，每个合库平三钱六分。此外，辅币还有湖北、云南、香港、广东等处银货双毫、单毫。铜币有各省制造之当十、当二十、当五十等铜圆，而以当十铜圆最为通用。

当时流行于布依族地区市场间的虽有黔省纸币和国币，但只占少数。且纸币价格低于银币，约值银币或国币五成至六成。至民国二十四年（1935）后，布依族地区才通用纸币。银币、铜币逐渐减少。纸币的种类庞杂，真假难辨，有五元、二元、一元、五角、五分、二分、一角之分。十元一张者极少。

民国二十五年（1936）国民政府强令以法币换收硬币，云南半块每元可换法币二元。市面禁用硬币，悉用国币，并规定中央银行、中国银行、交通银行、农民银行之纸币为法币。其余纸币陆续收回。

民国二十六年（1937）后，布依族地区通货膨胀，物价飞涨。开始淘汰角币，继而淘汰元币，再则虽五元法币亦无用。国民党政府滥发纸币，人民深受其害。发行的关金票每元合国币二十元，掺杂流行市场。物价有涨到千倍或数千倍者。当时，布依族地区多无银行、钱庄、票号，仅有一些合作金库服务农村贷款及现款汇兑等。

中华人民共和国成立后，为组织和发展社会主义经济，国家对原有少数银行实行了社会主义国有化，首先建立了中国人民银行。1951年后又建立了中国农业银行和农村信用合作社。农业银行曾几度与中国人民银行合并，1979 年又重新恢复。2019 年，黔南自治州共有中国人民银行中心支行 1 家，市、县支行 12 家，分理处和储蓄所 39 家。农业银行有中心支行 1 家，县、市支行 12 家，区营业所 69 家。各乡镇有信用合作社 447 个，部分村还设有信用站。建设银行有中心支行一家和县支行 11 家。黔西南自治州共有人民银行中心支行 1 家，县、市支行 8 家，储蓄所 14 家，分理处和信托部 4 家。农业银行中心支行 1 家，市、县支行 8 家，区营业所 49 家。乡镇信用合作社 327 家。建设银行 9 家。整个布依族地区基本建立了较为完整的金融体系，为当地经济建设和文化事业发展发挥重要作用。

进入市场经济阶段，布依族地区的金融业获得了很大发展。金融业的进步，有力地支撑了布依族地区经济文化的发展。

布依族交通通信

水上交通

布依族人民多居住在珠江上游，当地江河湖岸，水源便利，以耕种水稻为主，水上交通历史悠久。如司马迁《史记》载：“夜郎者临牂牁江，江广百余步，足可行船。”又说：蜀地所产枸酱，是通过夜郎国牂牁江船运直抵番禺的。还说夜郎国有精兵十万，“浮船牂牁江，出其不意，此制越（南越国）一奇也”。这就指出了水上交通的军事价值。今珠江上游红水河、南盘江、北盘江流域，至今仍是布依族聚居的心腹地带。当地考古发掘出土的汉代青铜铜鼓上的羽人竞渡纹饰图，也印证了古代布依族先民水上交通的发展状况。

民国以前，因陆路交通不便，水路运输盛行。南盘江、北盘江交汇处的望谟县蔗香、板城码头，每逢场期各地商船云集，沿江商船提前一周进港排队，商船沿江排列达数里之遥。蔗香、板城码头的街道上，有本地坐商、两广坐商，运货的马队、行商，戏班戏台，水运与商贸极为繁荣。

北盘江上游的贞丰县白层码头，历来是贵州西部通往两广的重要货物中转口岸，商贸也很发达。

除黔西南的南盘江、北盘江、红水河之外，还有黔南地区的都柳江和蒙江、黔东北的乌江等水上航道。

其他布依族地区的域内水上交通也较方便。许多江河支流落差虽大，但其中形成的多段水平河段，沿河百姓多利用船只作交通工具和水上运输工具。红枫湖、桂花湖、百花湖等天然或人工湖，沿湖百姓多利用船只作为辅助运输。

布依族的水上交通工具主要有筏、梭船、木船、拖轮、机轮等。最早使用的主要是筏，分为竹筏、木筏两种，有简易和固定两型。如需临时运大型过重货物，按需要用大竹或木杆并排，加数根横杆，用藤或绳子、竹篾等将横杆与竹排、木排杆拴牢固定，放入水中即可使用，完成该项临时运输后可将筏拆散作他用；固定的筏由十数杆大竹或木料并排而成，打眼穿入横闩，使用时间较长。

后来发展到梭船。梭船一般用一根数丈长的大整木挖凿成舟船，船身窄且细长，两头尖，形如织布梭状。整木梭船再度发展，加用木板拼合成船身，形状仍然如织布梭。梭船多用于平时打鱼或轻便货物运输、过河过湖劳动、赶场、走亲戚等。

随着生产发展，开始制造和使用木船。木船比一般梭船大，一头平一头尖，船上用竹席搭成篷，适用于远程运输和载客。工人加工梭船和木船，生产出来后先刮灰膏，再刷数层本地特制的桐油，可防船只漏水和浸腐，延长寿命；使用数年之后，再刷数层本地特制的桐油，船只又可长期使用。

布依族地区水路多处河谷，风力不大，故船上极少使用风帆。撑竿为竹筏和小船的船家必备，用长竹或长木做成，长丈余以上，在船只离岸和在礁石、浅水处撑船用。

桨、橹、舵，主要供梭船和木船使用。桨用于划水，推进船身，长四、五尺不等；橹比桨长，除成双固定于船身两边划船外，也有固定于船尾摇划；舵用于船身推进时调整航行方向。

纤绳由牛皮、棕丝、麻等材料做成。一种用途是船靠岸后，多不用锚，用纤绳拴于码头稳船；另一用途是船逆水行进时，由人工用纤绳在索道上拉船牵引。

拖轮和机轮，均为近现代机械动力轮。有木壳和铁壳两种。铁壳拖轮和机轮由厂家生产，20 世纪 50 年代后才逐渐使用。锚多用于现代化的机轮，停靠时稳住船身。

陆上交通

布依族地区的陆上交通古已有之。《史记》说：战国时楚国派庄蹻入滇所走的路线是“（庄蹻）将兵循江上，略巴、蜀、黔中以西”。《华阳国志》也说：“沂沅水，出且兰，伐夜郎（国）。”说明战国时庄蹻率兵入滇，是经巴、蜀、黔中以西，先夺乌江口，进入贵州高原布依族地区的且兰、夜郎，然后转战云南滇池一带。当时布依族地区早就有能通往四川、云南的水陆交通了。

汉武帝曾于公元前 130 年派唐蒙入夜郎国。唐蒙率军千人至夜郎国后，向夜郎国国王赠送厚礼，始开通了著名的经僰道至牂牁江的南夷道。此道由四川僰道出发，经石门到朱提、至味县，西向滇池，此为一路；还有从四川朱提下贵州威宁、水城到夜郎、且兰，沿牂牁江至广郁，通广州，此为一路。这个时期，布依族地区的交通，可走四川，可进云南，与广西、广东、湖南等相邻地区基本上都能四面通达。

然而，布依族地区的陆路运输多翻山越岭，崎岖艰难，比不上水路运输便利。直至二十世纪三四十年代，布依族地区始有能通汽车的公路交通。此时期，先后开通了黔桂公路、川黔公路、黔湘公路、黔滇公路等交通干线。同时，还开通了南笼（沙子岭至安龙）公路、贵惠（贵阳至惠水）公路、陆下（陆家桥至下司）公路、都三（都匀至三都）公路、开修（开阳至修文）公路、册八（册亨至八度）公路等交通支线。特别是 1933 年，黔桂铁路从广西河池修通至贵州独山，结束了布依族地区没有铁路运输的历史。从此，陆路运输量大大超过水路运输，占据交通运输的主导地位。

布依族地区的陆路交通工具，古代主要有马驮、滑板、独轮车（俗称鸡公车）、马拉车、牛拉车、滑竿、轿子等。后来才增加自行车、摩托车、汽车、火车等。

古代陆路多为驿道，交通工具首先是马。布依族地区用马匹作运输形成的马帮、马队，是偏僻山区的主要运输形式。用马运输，要先安马鞍或驮架。驮架上放有马篓。马篓由竹篾编成，呈扁圆形。有干篓和油篓两种：干篓敞口，专装干货；油篓有口盖，内糊棉纸数层，再刷上几层桐油，滴水不漏，专门用于装桐油、菜油、酒等液态货物。

滑板是布依族特有的运输工具之一。它由一块较厚的木板制成，上平，下如船底。有干滑和湿滑两类。干滑板多用于采矿、小煤窑，从地下坑道、窑口到地面设有滑道；修滑道时挖至硬土，铲至光滑，运矿石或煤时只需一绳牵引，极为省力。湿滑板多用于地面运输石料、木料及笨重货物；滑道铺上一层黄黏土，运输期间用水浇滑道，每块滑板有数根纤索，上坡牵引，下坡稳住慢行，运送重物非常方便省力。

独轮车由木架和木轮组成。木轮最早不套胶胎，后改套胶胎，增加动力。木架在轮上安有货架，并列伸出两根木肩，木肩拴万套绳，运输时套绳于人肩，以两手抓紧木肩推进和掌握方向。独轮车多用于短途运输。

马拉车在布依族地区普遍使用，最早的马拉车均为木轮，单马单车牵引。后来发展到木轮套上胶胎，或改用汽车轮胎，并增加到双马、三马、四马牵引，动力较大。马拉车有平板车、马篷车两种。车篷多为竹篾席做成，有些设有载客座位。

牛拉车比马拉车少，且只有单牛牵引。

滑竿和轿子，主要是病人、官人、富人乘坐，由脚夫抬行。

自行车、摩托车、汽车、火车等运输工具是二十世纪三四十年代才有的，但当时数量极少。多数布依族地区仍处于人挑马驮、交通闭塞的状况。

只有中华人民共和国成立后，经过几十年努力，布依族地区的交通运输才发生了根本变化。以黔南自治州为例，中华人民共和国成立初期黔南境内仅有348.2千米简易公路，1956年建自治州时70%的县城不通公路，公路总里程为629.2千米，除黔桂、黔湘两条坑槽密布的289千米等跨省级公路外，其余均为简易公路、马车大道。全州唯一的一家汽车运输机构——原独山专署人民运输公司，仅有5辆老旧汽车，艰难地承担着黔南现代公路运输的重任，大量的运输主要靠人挑马驮。交通的困境，使得当地各族人民饱受交道不便之苦。

中华人民共和国成立70多年来，在上级政策支持下，黔南自治州交通运输事业一个接一个重大交通项目的建成，深刻地影响和改变了黔南州交通闭塞落后的形象。1958年，由广西柳州延伸到贵阳的黔桂铁路全线通车。1975年，湘黔铁路正式建成通车。两条入黔铁路干线在黔南“人字”交叉，成为贵州连接华东、华中、华北以及华南的交通干线。1998年，兰海高速公路贵阳至新寨段高速公路的开工建设，开启了全州高速公路建设的新篇章。2003年3月，总投资近4亿元的荔波机场正式开工建设。2007年6月8日，荔波机场顺利竣工，当年11月正式投入使用，黔南进入“空中时代”。

2012年，黔南100%的乡（镇）通油路或水泥路，100%的行政村通公路。2014年12月，都匀高铁东站正式投入使用，贵广高铁同步正式开通，黔南迈入了“高铁时代”，进入“珠三角4小时经济圈”。2015年6月，贵阳北至长沙南G3002次动车首发，贵州首条运营时速达300千米的高速铁路——沪昆高铁贵州东段通车。2015年12月，独山至平塘高速公路开通，黔南州实现“县县通高速”目标，全州公路通车总里程达到1.8万千米。至此，黔南交通形成了以都匀为中心，以铁路为骨干，公路、水路纵横交错，国道、省道、县道相互连接的交通运输网络。

通 信

布依族通信，计有口信通信、符号通信、烽火台通信、驿站通信等数种。

口信通信在布依族地区比较普遍，这种通信没有专门从业人员，临时从事者义务服务，不收费。如某人有事要转告另一村寨的亲友，又不能亲自见面，可在赶场天寻找对方寨子或邻寨人转告口信，他们都会很负责地设法将口信传到。有时一个口信可能经五六人转告，但决不会失误。

符号通信多为集体活动的通信所用，用刻竹、刻木为之。如清朝节前同姓氏宗族相约集体围猎山羊来扫墓祭祖；又如沿河数寨相约上山采鱼药，统一时间施放一条河，集体捕鱼等。这两种大型活动，古时都采用刻竹、刻木通信。先由发起活动的寨老或族长将相约内容按俗成的符号刻于竹、木片之上，派人送到被约村寨的寨老或族长手中。主事者都能读得懂木、竹之信的内容，并按约行事。

烽火台通信，是某一地域的村寨为更快地传播外强侵入的紧急信息而采取的通信手段。烽火台一般建立在当地最高峰或山顶古堡内，古堡烽火可遥相连接，也能让共同使用城堡的几个村寨都看到烽火，以便及时准备迎敌。如在扁担山一带四十八寨，就有阿欧（果寨）城堡—波生城堡—坝又城堡—波宛城堡—孔马波城堡—红运城堡—平寨城堡……它们都相距五至八华里（2 500 ~ 4 000 米）连接成线。这种城堡布依语叫“那节”，皆用大石围砌整个山头而成，内设烽火台、碉楼等，较大的城堡还有山洞存粮、存水。城堡在战时日夜派人值班，一旦发现敌情，立即点燃烽火传信。接到烽火信号后，战斗者进入战备状态，老弱妇女进入城堡内以防遭受攻击。

驿站通信，主要是指官家设立的邮差驿站，约 30 千米一个站（高山地区约 15 千米一站），俗称“马站”。每站有专职传信骑手，明代以前多由士兵从业。公文与信件由骑手一站传给一站，属该站辖区的信函就存放于该站，由收信者自己派人到站上领取。

民国年间，布依族地区始有现代邮局，个别交沿线安装有电话，但通信手段极为落后，只有中华人民共和国成立后，邮电通信业才取得了巨大发展。自 20 世纪 90 年代起，布依族地区开始用光纤通信。至 2019 年底，布依族地区青年人已普遍使用手机通信，2G、3G、4G 网络通信覆盖当地各州、市、县、乡镇，直达村寨。目前，各地在积极推进 5G 网络通信建设。

布依族律法

古代习惯法

习惯法曾是布依族社会普遍存在、赖以维持社会秩序的古规、古法。它包括古代社会组织议榔制中除军事联盟部分之外的习惯法部分，即榔规、榔约。榔规、榔约的主要内容是：维护议榔制组织正常生产的生活秩序，保护村寨利益，保护本组织人员安全等。如有集体或个人的利益受到外来侵犯，本组织有执行集体反抗和报仇雪耻的权利和义务。作为榔规、榔约裁决的补充，还有神判法。此法系由布依族摩教中的祭师布摩来主持。神判仪式极严肃，惩罚也极严厉。有“偷一赔九”“诬赖七十”等规定，意思是被判定为罚犯后，其惩罚是按被盗物的价值赔偿九倍；若判定原告系诬赖，则以诬赖罪惩处，按诬赖的价值的七十倍赔偿被告，以恢复被告名誉。在具体举行神判过程中，一般都邀请寨老、族长等共同参与，协商惩罚的具体规定。

神判形式有捞油锅、包粽粑等。

捞油锅：由原告出钱来聘请布摩，把 10 斤桐油放入架好的锅内，然后点燃柴火把桐油烧开。布摩将一枚铜钱丢入油锅内，然后挽起手袖，赤手伸入油锅捞出锅底的铜钱，被告随即一一照样赤手伸入油锅捞取铜钱。最后以手是否被烫起泡来对罪犯进行判决，若手被烫起泡则被判为罪犯；若全部都没有被烫起泡，则判原告为诬赖罪，按“诬赖罪罚七十”原则进行惩罚，还要以酒肉宴请被告的乡朋亲友，并放火炮，当众向被告赔礼道歉，名曰“洗贼名”。

包粽粑：由原告出钱米聘请布摩主持，当事人双方各包好粽粑，各人做上记号一同放入同口锅内煮沸。待大家同意后取出检查，粽粑没有煮熟者即为罪犯。若被告的粽粑全部煮熟，则认为是诬告，判原告为诬赖罪。惩罚与捞油锅相同。

这种神判法，显然是上古社会生产力低下、人类愚昧所产生的历史遗迹。故今人没有目睹过，仅系传说，究竟何时产生也无从考究。

古代成文法

布依族古代成文法是明清时期才产生的，尤以清代最盛。当时因布依族地区战争频繁，地方受害匪浅，为了维护社会秩序和自身利益，布依族人民聚众协议，订立乡规民约。内容提倡树立纯朴风尚，维护社会治安和生产秩序，保护劳动成果；内容大多为倡导邻里和睦，相友相助，集资修桥铺路和保护风物等公益事业。各种乡规民约内容丰富，条款翔实，重言严示，惩罚不殆。有的刻石为律，有的写约为据，饬令共同遵守。

从现存的乡规碑碑文来看，其宗旨、内容反映了当时处于战乱之中布依族人民要求安居乐业、休养生息的愿望；体现出边远地区人民对当时社会混乱状况的控诉，也是针对当时封建统治阶级腐败无能而发出的檄文，具有重要的历史价值和意义。特举例如下：

坉上修路碑

此石碑刻立于贵州册亨县城西6公里，帽盒山半坡大路边石岩之上，宽1.2米，高0.8米，系天然石壁凿平，镌字于上而成。其碑文曰：

尝闻福果津梁，凭善总之修缉；寿海尔梁，靠阴骘之培。兹有落僑黄天锡，思慕古风，度蚁埋蛇，尚且扬名于奕世。吾人虽不及，荷蒙载道之为幸也。今乐措资修缉，以免往来崎岖之叹，非邀目下速报之缘。惟愿椿萱永固，岗陵之茂已耳。谨记。皇飞（清乾隆年号之另称，著者注）五十五年二月吉旦置。

者冲乡规碑

此石碑刻立于贵州册亨县者冲乡岩洞寨大路边，石碑高1.9米、厚0.22米、宽0.78米，四面均刻字。正面“立碑安民”系册亨理苗州的布告；背面“垂芳千古”属乡规民约，署年道光二十八年（1848）。而正面布告署年道光十七年（1837），说明当时册亨州州同的布告刻立在前，后乡民们另议乡规民约，刻于碑的背面。乡规民约碑文为：

今将公议款式刻碑于左：

第一件，有君臣、父子、夫妇、朋友、昆弟，各守五伦，各尽人道。

第二件，君尽道，臣尽忠，子尽孝，妇敬夫，弟敬兄，各尽其诚。

第三件，人有家规，敬老慈幼，勿忘宾礼。

第四件，处邻里而和乡党，莫使愧心而昧骗。

第五件，须要众人而合一心，休藏戈矛刀剑。

第六件，山林树木，地饶敦朴，人丁兴旺，求宽怀以待人。

第七件，善良者宽刑，凶暴者逞威，信振家风，天必从之。

第八件，富贵贫贱，红白会期，扶幼助老，邻里相帮，一境和悦。

第九件，世有刚烈者，因小事而威逼大事，各方劝化，谨戒奢华。

第十件，世为匪窃得物投宿，凡我境内之人，查实盘问，方可借宿。

第十一件，有年壮女姿者，苟合私奸。此等不法，父母族内伙同治之。

第十二件，妇女独行者，乃遇寻花问柳之鄙夫，昧心拐逃，恐后有累，切莫隐匿，不可招留。

第十三件，世有不法之徒，昼夜游赌，刁害民家之子弟，各人警戒，勿喧哗。

第十四件，世有游手好闲，日夜其饕餮，借酒逞凶，此失其大节，切莫以行以留。

第十五件，各户种植之谷物各管，不可私窃，勿为狗盗。

第十六件，如有土地凭证，凭中典当或卖，不可妄害生诉，枉害受罚。

第十七件，假害生事，丢赃诈骗，盗窃牛马家财，内外查实，连窝同办不恕。

第十八件，各户多种五谷、瓜果蔬菜，务使肥己利家。

兴义顶效绿荫村护林碑

此石碑刻立于兴义市顶效镇绿荫村寨中大路旁，碑高 1.3 米，宽 0.62 米，顶呈半圆形，镌“永垂不朽”四个楷书大字。碑文曰：

窃思天地之钟灵，诞生贤哲。山川之毓秀，代产英豪。是以惟岳降神，赖此朴棫之气所郁结而成也。然山深必因乎水茂，而人杰必赖乎地灵。以此之故，众寨公议，近来因屋后丙山牧放牲畜，草木因之濯濯。掀开石厂，巍石遂成嶙峋。举目四顾，不甚叹惜。于是齐集与岑姓面议，办钱十千，凂与众人，永为世代，于后龙培植树木，禁止开挖。庶几龙脉丰满，人物咸兴。

倘有不遵，开山破石，罚钱一千二百文。

牧牛割柴，罚钱六百文。

勿谓言之不先矣！

计开助钱之人姓名开列于后（略）咸丰五年（1855）冬月二十五日。

龙渣板街等寨联防合同碑

立出合同以靖地方事：龙渣亭苏国珍（指土司制之亭目官。著者注），板集亭韦凤斌，板坝亭陆文龙，团烘亭罗旺魁，板烘亭罗朝贵，者告亭陆建业，顶烘亭书玉禄，者贵亭林茂之，央坝下汾黄金贵并众等。

缘于世道，当日混浊，忠实切难保守，善良叠遭逆累。只得大众集于板街塘，共商公议：

和气同心，出入相友，守望相助，然后得以各安职业。

无容不启良心，从逆窜累，勾引入乡。并不得以强凌弱，以众欺寡，因私灭公，害众成己。倘有此徒，大众共相处治，实不容留。

倘若团内有大小事务者，理宜投鸣团首，理剖公平。

不得以小作大，以私忘公。

若有团边四路，陡有逆贼入境，急书随到随出，各带口粮追堵，或三日五日，十天半月，不得分出彼此。

自公议之后，若有违犯，共相处治。

待自岁平之日，自有官法主张。

今公共议和、合为一心也，立此为据。

代笔，苏国珍，同治五年（1866）六月初十日大众立。

以上成文法均录自黔西南自治州史志办公室编《黔西南布依族清代乡规民约的碑文选》，1986 年 4 月册亨县印刷厂印刷。

布依族教育

布依族教育分家庭教育、社会教育和学校教育等，以家庭教育为主。由于历史上布依族没有产生过比较流行的母语文字，所以布依族的学校教育基本上是汉文教育，而且直到明清时期才得到普遍发展。家庭教育和社会教育是以布依族的传统教育方式进行的，是布依族传统文化的一个方面。学校教育是受汉文化影响的结果，它对推动布依族文化教育事业的发展起到了极为重要的作用。

布依族在历史上虽然很少产生过著名的教育家，但有自己的一套教育思想，它通过言传身教或民间谚语体现，有关教育的谚语是了解布依族古代教育的宝贵资料。

膝头教

膝头教指幼儿教育。膝头，指孩子尚小还抱在父母膝头上。布依族谚语云："孩子懂事膝头教，孩子不懂了全社会教。"意思是教育要从孩童时抓起，父母应负起教育孩子的责任，在孩子还需大人抱时就得开始实施教育，懂事的孩子都是这么教育出来的。如果不从小教育，他们长大就不懂事不明事理，就会遭到社会舆论的谴责。这句谚语反映了布依族对幼儿教育、家庭教育的重视。

幼儿教育包含的内容很多，除进行语言、行为举止的基本训练外，还进行为人处世、礼仪等方面的教育。语言训练包括发音、词汇积累和语言美的教育。举止训练包括起坐行止的基本要求，特别注重一举一动的得体和优雅。为人处世的教育要求尊老、尊长、爱幼，对朋友要忠诚，待人要热情。礼仪教育包括节日、庆典礼仪和一般社交礼仪等。

幼儿教育主要采取口头传授方式，并不失时机地以榜样进行示范，让儿童受到启发，明白事理。除说理外，幼儿教育特别注重情感教育，家长以实际行动使儿童感受到亲情的珍贵，懂得关心别人。为增强教育效果，有时也辅以适当惩罚。但实际生活中惩罚很少，否则家长将受到社会舆论的谴责。

全社会教

全社会教，布依语原意为"普天下教"［$to^6paŋ^2suan^1$］，即社会教育。布依族重视幼儿教育和家庭教育，力图使儿童在进入社会前能够初步社会化。但由于教育不力或方法失当等原因，幼儿教育和家庭教育有可能实现不了这一目标，因而社会教育就成了必要的补充。

社会教育的主要内容是伦理道德和行为规范的教育，也有关于生产、生活技能的教育。

社会教育主要是通过言传身教、讽喻、讲故事，感受现场（如宗教、节日庆典、事件等）气氛等，使儿童受到教育。

家　教

家教指家庭教育。布依族重视家庭教育，特别强调家庭教育要从幼儿抓起。布依族家庭教育包括才智、德、美、体等方面。才智教育主要是培养后代在生产和社会生活实践中应掌握的基本知识和技能。如培养女孩在出嫁前要具备做家务、纺织、印染等知识技能，还要教授女孩为适应社交和出嫁后社会角色变化所需的基本知识。对男孩教育也有相应要求，如教会男孩一整套农活技术、一般手工技术等。德和美的教育，是长辈根据本族的伦理道德规范和审美观念，把后代培养成符合布依族社会规范、具有良好道德品质及审美情趣的人才的教育。体育教育，主要是训练后代具有健康的体魄。

布依族家教的施行者主要是父母和长辈。成年兄长对弟妹也负教育责任。家教被置于社会监督之下。孩子如果未能很好地掌握生产、生活技能，言行举止不合社会规定，则被认为没有家教，是父母和有关教育者的失职，会受到社会舆论的谴责。

传统教育

传统教育是布依族教育内容之一，也指教育方式或体制。作为教育内容，传统教育指有关布依族文化传统的教育，包括民族伦理观、道德观、价值观、审美观等的教育；民族传统技艺的传授；民族民间文学艺术（神话、传说、故事、民歌、音乐、舞蹈、工艺美术等）的传授；民族节庆礼仪、社交礼仪的传授；为人处世教育，等等。作为教育方式，其是相对学校教育而言的。其特点是非文字、非书面的；无固定场所和专门机构；言传身教；口授；示范；讽喻；讲故事启发；现场气氛濡染，等等。明清时期布依族地区普遍实行学校教育，但占整个布依族教育的比重甚小。直到 1949 年中华人民共和国成立以前，布依族教育仍以传统教育为主。

学校教育

学校教育是布依族教育体制之一，最早可追溯到汉代。当时毋敛县（今黔南自治州都匀、独山、荔波一带）人尹珍自费到中原拜师于儒学名家许慎，学成后回乡就开始在黔南布依族地区创办学校，招收了不少布依族子弟入学，是布依族地区儒学传播之始。尹珍的一生，除了从事教学之外，还因擅长经术，曾于汉桓帝年间（147—167）历任尚书丞郎、荆州刺史等职。他的老师应奉为司隶校尉，师生并显一时，是当时全国知名的人物。

此后，历唐、宋、明代，学校教育在布依族地区逐步推开。至明朝时期，明廷规定：凡土司子弟，都必须入各级儒学学堂学习。不经过儒学学习者，不准承袭土司职务。清顺治九年（1652），清廷又规定：“题准每乡置社学一区，择其文艺通晓，行谊谨厚者补充社师。免其差役，量给廪饩养膳。提学按临日，造姓名册，申报查考。”此后，在布依族（包括其他民族）地区，逐渐出现了传授儒学的“社学”。清康熙四十四年（1705）“议准贵州府、州、县设立义学，将土司承袭子弟送学肄业，以俟袭替。其族属人等并苗民子弟入学者亦令送学”；“贵州仲家（时称布依族名）苗民子弟一待入学肄业，考试仕进”。土司子弟以及布依族子弟，都有机会入学接受儒学教育。但这些学校多属私塾性质。

直到清雍正八年（1730）贵州巡抚才设立“上、下两游新疆义学事，永丰（今贞丰）、册亨、罗斛各设义学一所”。自此，布依族地区各地均有了官办的正规学校，入学读书的布依族子弟也逐年增多。

清乾隆五年（1740），在发展“义学”的同时，各地增设“社学”，从而使布依族地区出现了“州学、社学、义学”三种不同类型的学校。到道光年间，有布依族青年先后考中举人，例如清道光二十五年（1845）贞丰州布依族王绩康以第八名的成绩考中举人等，其他的考生考中贡生、秀才者较多。

至清道光二十七年（1847），清廷颁旨废除八股，改用策论试士。布依族地区“义学”也随之改名为各级学堂。学堂的教学方式以中、西学兼授为主，开启了现代科学的学校教育。

民国年间，布依族地区现代教育进一步发展。但总体来说，布依族子弟入学率很低，女童入学率几近于零。

中华人民共和国成立后，布依族地区的学校教育才真正得到巨大发展。布依族地区的学校教育属于汉文教育或汉语与民族语双语教学，教学用语、教学形式多与汉族地区无异，经过数十年的发展，为布依族地区经济文化的发展奠定了雄厚的人才基础。

宗族教育

宗族教育是布依族传统教育体制之一，是家庭教育范围的扩大。布依族家庭有主干家庭（几代同堂的大家庭）、核心家庭（一对夫妻和未婚子女组成的家庭）等类型。而宗族则是由同一血缘祖先繁衍下来的若干家庭的总和。宗族也称家族，按血缘远近分若干“房”，即房族。各房族和家族均有自然形成的家族领袖，有的称族长。家族领袖一般由辈分较高、年纪较大、办事公正、德高望重的人担任。一些名门望族有自己的祠堂，祠堂内供奉祖宗牌位。家族祠堂的一项重要活动，就是举行集体祭祖典礼，在祭祖典礼上宣读《族谱·祖训》以教育子孙。《族谱·祖训》包括若干重要的教育内容，如君臣关系、培训子弟、创业持家、为官为民、感恩报恩、为人处世等行为准则，要求宗族内全体人员共同努力上进。

贵定县布依族罗氏的宗祠还立有宗祠碑。其碑文大意为：

①遵守国家法度，为国尽忠，为先祖父母尽孝。

②敬志尊贤，尊老爱幼，出入相友，守望相助，疾病相扶，九族亲密无间，团结和睦。

③尚宗风，讲礼义，种田纳税，读书明礼，入则孝，出则悌，谨而信，泛爱众，重亲仁。

④耕读为本，勤俭持家。

宗族每年定期或不定期在祠堂举行祭祖活动，并重申宗祠碑文有关条款，表彰做得好的宗族成员，对违反者进行批评，责令改正；对严重违犯或屡不改者，由宗族长老议事会施以相应处罚。

宗族教育贯彻了国家法度和布依族社会伦理道德的基本精神，并与宗族对成员的基本要求结合起来。其中的封建主义成分自不待说，但民族优秀传统精神文化也占有重要地位。它对于树立良好的家风、宗风，维护社会安定，提高社会文明水平，促进社会和谐发展，具有不可忽视的作用。

嘱　咐

嘱咐是布依族教育形式之一。嘱咐本为布依族丧葬祭祖仪式的项目之一，有关行为准则载于《殡王经》中，仪式进行到诵《嘱咐经》时，孝子须全跪到灵前听诵，所谓“嘱咐”包含生者对祖灵的嘱咐和祖灵对生者的嘱咐。生者的嘱咐，主要是告诉祖灵升天进入邦仙邦拜，要经过什么地方，有什么注意事项等；而祖灵对生者的嘱咐，主要是嘱咐子孙要勤劳俭朴，耕读为本，教育子女，为人诚信，和睦乡亲；嘱咐女儿出嫁后相夫教子，孝敬公婆，妯娌和睦，不忘舅家亲情等。嘱咐教育具有明显的教化目的，反映了布依族的伦理道德观，有积极因素，但也有消极因素，如重男轻女等。

节日规约教育

节日规约教育是布依族教育形式之一。即利用节日祭祀神灵的时机，制定和重申有关规约，达到借助神的力量增强规约权威和效果的目的。这是一种传统的教育方式，一般在农历三月三、六月六祭祀主神或山神时均有此项内容。例如在贞丰一带，三月三祭主神时，规约的主要内容为：

①尊老爱幼，互助团结；一家有事，全寨相帮。

②爱护公共财产，维护民族利益和民族习惯；不准放牲口糟蹋庄稼，不准乱砍伐公有山林，不准弄脏饮水井。

③若有外来侵犯，要一致对外，共同战斗；不准贪生怕死，不准临阵脱逃。

全寨性节日祭祀，主持者为布摩或寨老。寨老一般由各宗族长老组成，具有代表性和权威性。一旦发生违犯规约，由主持祭祀的布摩和寨老负责执行，对之进行批评教育或处罚。因节日规约关涉公共利益，既有祭祀活动的“神力”作后盾，又有社会舆论监督，执行和教育效果都很好。

职业教育

职业教育指不同职业技艺的传授活动。布依族中的职业教育是传统教育的重要内容之一，布依族传统社会主要有农业和手工业两大行业，绝大多数人从事农业生产，部分在从事农业的同时，兼从事其他行业。农业技艺的传授基本上由家庭来完成，家长或兄长言传身教，使青少年掌握全套农业技术。一些手工技艺，如纺织、印染、编织和简单的石工、木工等，也由家庭内父母兄姐进行传授。其他比较复杂的知识和技艺，则需要拜师，从师学艺。如布摩、铁匠、铜匠、木匠、石匠、医生、鼓乐队手（主要是唢呐吹奏）、篾匠等，都须拜师。拜师，一方面能学到系统的技术知识，得其技艺精要；另一方面，一些师傅在社会上有声望，师从于名望高的师傅无疑可提高自身的身价和信任感。

师傅对徒弟的职业教育，主要采取边实践、边传授指点的方式。例如布摩招收徒弟后，先口授摩经，待徒弟基本记下后，让其参加祭祀仪式，亲自实践，温习巩固所学经文，并学习有关操作程序。其他手工业，开始时师傅主要让徒弟“打下手”（协助、配合师傅干活，为师傅服务），从一些最简单的基本工作做起，待熟练后，再逐步过渡到学习比较复杂、技术要求高的技艺。例如木匠师傅带徒弟，先让徒弟学锯工、砍削、刨工等，再过渡到打眼、画墨线，最后才教总体规划、设计等。一般师傅在教徒弟时，都会“留一手”，因担心把绝招教给徒弟后自己失业，一般要到临死时或年老快歇业时，才将诀窍教给自己最亲近的得意门徒。

徒弟基本掌握有关知识和技术后，即举行“出师”仪式，离开师傅自立，独立开展业务活动。徒弟独立后，即成师傅，可以自己带徒弟。

民国年间布依族地区出现了师范学校，始开布依族职业学校教育的先河。中华人民共和国成立后，布依族地区的技工学校、卫生学校、中医药学校等各类职业学校教育增长很快，有力地推动了布依族地区经济文化的发展。

布依文教育

布依文教育是布依族教育形式之一，即用布依文传播知识的教育。布依族历史上曾出现过几种文字类型，在拼音文字创制之前的几种文字类型中，以借汉字或根据六书造字法利用汉字偏旁部首创制的方块土俗字使用较普遍。该文字约产生于唐宋时期，盛行于明清，布摩用来记录摩经，歌手用来记录和创作民歌，一般群众则用来记录一些简单的事，当他们向别人传授知识时，也同时传授了这些文字。

方块土俗字的学习和掌握受汉语水平的限制，由于中华人民共和国成立前的旧时代布依族中懂汉语、识汉字者很少，所以能掌握这种文字者也不多，从而限制了知识的传播。20 世纪 50 年代末语言学家在政府领导下为布依族创制的拼音文字，是一种科学的文字类型，易学、易记、易写，试验推行的效果很好。然而受极左路线的干扰，其推行中断了 20 多年，80 年代初修订后重新试验推行，并在部分地区进入了小学，布依文教育初步纳入了布依族地区教育体系。

乡规民约教育

乡规民约教育是布依族中一种规定社会成员行为准则的准法律条文。由乡、村群众自发组织制定，共同遵守执行。它既是一种社会控制手段，也是群众自我教育、自我约束的方式。

乡规民约一般都刻在石碑上并举行隆重仪式，将石碑立于村寨中心或主要道路旁边。所刻内容各地不尽一致，但大都涉及乡民共同关心的问题。如册亨县秧坝乡马黑村清道光二十七年立的“乡规碑”，除规定乡民要“出入相友，守望相助，勿以相仇”“男当耕种，女绩纺”“贫不可为贼，贱只宜卖气”外，又列了一些禁革款目：

——禁革不许赌钱。
——禁革不许游手好闲。
——禁革不许偷笋盗瓜。
——禁革不许窝藏匪类。

——禁革不许掳抢孤单。　　——禁革不许偷鸡盗狗。
——禁革不许调戏人家妇女。　　——禁革不许做贼反告。

有的乡规民约还规定了处罚标准。如立于清同治六年（1867）的秧佑“乡规碑”，规定赌博者“罚钱二十吊”，偷竹木夺田地者“罚钱十二吊”，窝藏匪贼者“罚钱二十四吊”等。

乡规民约对违禁者的处罚，一般由封建统治机构的乡村政权和自然领袖共同执行，具有一定的权威和效果，对维护布依族地区社会治安的稳定发挥了积极作用。

现代教育

现代教育是指清末民初时期布依族地区的学校教育。相对于传统的儒学教育而言，其除教授以儒家文化为核心的中华传统文化之外，还引进西方国家教育思想体制与教育方法，增加了现代科学教学内容，如数学、物理、化学等；将学校分为初等、中等和高等教育三个等级。

布依族地区现代教育始于20世纪初，光绪三十一年（1905）清廷下令停科举，兴学堂。布依族地区的府、州、县纷纷把书院改为官立高等或两等小学堂。这是布依族地区现代学校之始。州、县以下一般只开办小学，中学堂则由府开办。民国初年，官方很少增设学校，布依族农村只好自办私塾来解决儿童的入学问题。直到民国二十二、二十三年（1933、1934），布依族地区的教育事业才稍有起色。其中的兴义县发展较快，当时全县小学已有150余所，布依族儿童入学者较多，而且已经有布依族老师。中等教育也得到一定发展，都匀、兴义、安龙等县先后开办了中学。

抗日战争爆发后，国民党当局迫于形势，在布依族地区陆续设立了县立初中，在有条件的县创办省立中学。到民国三十年（1941）前后，基本上各县都有了一所中学，少数县还有2~3所。布依族子弟中已有不少人小学毕业后能升入中学。

民国年间，已有一些布依族青年考入省外学校学习。安龙、惠水、荔波和独山等县还有些考入上海、北平（今北京）、南京、云南等地的大学学习；有些考入黄埔军校学习军事，其中有人还成长为黄埔军校少将战术教官。

抗战期间，内地的大夏大学、浙江大学、湘雅医学院、唐山工程学院等被迫西迁到贵州。于是，国民党当局在民国二十七年（1938）成立了贵阳医学院，民国三十年（1941）创办了贵阳师范学院，次年又成立了贵州大学。至此，一些布依族青年才有机会考入这些本地高等学校。

中华人民共和国成立后，布依族地区的现代教育才真正得到大发展。经过几十年的努力，建立了从初等教育到高等教育一整套完整的教育体系，这是前所未有的巨大成就。

师范教育

师范教育是布依族现代职业教育之一。20世纪初，随着现代学校教育的兴起，为了解决师资问题，贵州各市县都开办了临时性的师范传习所（或称师范养成所、教育讲习所），招收布依族地区的各族知识青年，经过系统严格培训，毕业后即可担任教师。这是布依族地区师范教育的开始。

至民国年间，布依族地区很多市县都有了师范学校。比较著名的有民国二十五年（1936）创办的“贵州省立贵阳乡村师范学校”，学校设于贵筑县（今贵阳）的青岩镇。当地是布依族聚居区，入学的布依族青年较多；由于贵州省立贵阳乡村师范学校的教学质量高，毕业的师资人才供不应求。

民国二十七年贵州省政府将全省划为“五个师范教学区”，各师范教学区设“省立师范”一所。布依族地区的省立师范主要分布在贵阳、安顺、都匀、盘州等地；条件好的中学还附设“师范部”培养师资。布依族青年在师范学校毕业后，多回本地从事中小学教育工作，促进了布依族教育事业的发展。但总体来看，民国时期的布依族地区教育仍然很落后，农村文盲还很多。

中华人民共和国成立后，布依族地区师范教育迅猛发展，市县级师范学校的教学软硬件不断提升；自治州政府所在地设立有高等师范院校；每年向民族地区输送大批人才，有力地推动了布依族地区教育文化事业的发展。

教育谚语

教育谚语是布依族总结教育经验和教育规律、教育思想的精练传言。由于历史上布依族没有自己通行的民族文字，这些精练的教育谚语是以口耳相传的形式产生教育作用和传承教育思想的。

布依族教育谚语有的强调教育的重要性，如“树不钻不空，人不教不懂”“知者易，不知者难”等；有的总结教育必须从小抓起，如“少小不学习，长大无出息”“根好梢就好，根坏巅摇摇”“小时不育，大来育不伸（直）”等；有的强调家庭教育的重要性，如“老子聪明儿智慧，糟好酒才醇”等。谚语的“聪明”不是指遗传学或血统论意义上的智慧，而是强调人们对家庭教育是否重视、家教方法是否得当、家风是否良好等，对孩子有直接影响。这就对教育者和受教育者都提出严格要求：“严父教出好子女，严师带出好徒弟”“劝君莫养骄骄子，长大不认娘老子”“劝君莫养骄骄娥，出嫁骂公婆”。布依族教育谚语还主张教育者若要提高教育效果必须以身作则，言传身教，因为受教育者往往是通过仿效来学习的。“儿穿父鞋，媳照婆样”“不会做鞋，婆婆有样”即指此。关于教育方法，布依族谚语则主张多用劝说手段达到目的，如“鼓不打不响，理不说不明”“知者易，不知者难”等。并劝诫少年儿童勤学苦练，如“少小不学习，长大没出息”“学习不用功，到头一场空”“出门不学礼，必然乱规矩”“自己挖地自己得，自己学习自己得”“知书识礼，正正经经，走到哪里，哪里尊敬”等。总之，这些布依族教育谚语反映的布依族教育思想，在今日仍有积极意义。它是布依族一宗宝贵的精神文化遗产，十分值得珍视。

呴

“呴”是布依族教育用语，布依语［hok^7］的音译，指“驯服”“培训”“训练”。布依族教育重视实践。当孩子成长到一定年龄后，便让孩子参加实际的生产，一边口头传授，一边示范，并让孩子亲自操作。这就叫“呴”。

比

“比”是布依族教育用语，布依语［pi^3］的音译，意思是“比方”“比喻”等。在教育中，是指教育者在施行教育时，采用讲故事或举榜样作例证等方法，使受教育者受到启发和触动，从而达到教育的目的。例如，在教育孩子要孝敬父母时，教育者往往会讲这样一个故事：从前某人对自己的母亲不孝，用木碗盛饭给母亲吃。后来，他的儿子就天天刨木碗，问其故，答是为父亲做的，以便将来父亲用。此人见状触动很大，联想到自己也会老，如果儿子用自己对待母亲的办法来对待自己，又将如何？因此决心改正自己不孝的恶行。由于“比”是用生动的事例来感动和启发受教育者，与干巴巴的说教相比，其效果非常明显。

哑

“哑”是布依族教育用语，布依语［jua^4］的音译，意思是“指导”“指点”。当受教育者学习掌握了一些基本知识后，即进行实际的操作演练，这时，教育者就必须在其身旁负责指导，这叫“哑”。

算

“算”是布依族教育用语，布依语［$sɔn^1$］的音译，意思是“教”。“算”有广义和狭义之分：广义的“算”泛指教育，包括教和学两方面；狭义的“算”指具体的教育活动，如教书、给徒弟传授技艺等。

羊

“羊”是布依族教育用语，布依语［$zia\eta^2$］的音译，意思是“跟”，引申为“模仿”“仿效”等。“羊”指传授者身教示范时，学习者要照着传授者的动作和程序去做。

样

“样”是布依族教育用语，布依语［$jwa{:}\eta^6$］的音译，意思是“榜样”“式样”“模式”，指学习者模仿的式样或范本。布依族教育强调模仿的重要性，要求学习者按照指定的样子去做。“样”既指道德品格方面的楷模，也指制作实物的式样，还指工作、劳动等程序。

织金木戛郭氏学馆

织金木戛郭氏学馆是布依族著名私塾之一，由织金县木戛乡郭氏开办，设立于清朝中叶，招收附近各族子弟入学。郭氏家族是当地著名的教育世家，清代曾出过郭灿然、郭登桌、郭维新等秀才。清光绪年间，郭家有一子弟考取南京应天府太学，学成毅然辞官返乡，以教育为业。郭氏家族自己出资设馆教学，培养当地各族子弟。民国三十年，木戛学馆改为“木戛保国民学校”，创办新学，由郭登品、郭云书、郭登书等执教，郭登品任校长。因学校纪律严明，教学质量高，吸引了织金县城、清镇卫城、纳雍、黔西、贵阳青岩等地子弟前往就读。

金沙柿花乡姚氏学馆

金沙柿花乡姚氏学馆是布依族著名私塾之一，由金沙县柿花乡火烧寨姚姓布依族人开办，时间为清代中叶至民国初年，招收附近布依、汉、苗、彝子女入学。在重视教育风气的熏陶下，姚氏子弟成才者众多。民国年间，姚氏子弟上小学、黔西简易师范者不乏其人。当时培养出来的布依族师资，参与创办柿花乡小学，并出任校长、教员，为当地培养了不少人才。

布依族天文历法①

布依族有自己独具特色的天文历法。天文方面，布依族对宇宙空间、日月星辰等天体的运行规律有自己的认识。例如认识到太阳、月亮为圆球体，天地有多层；以动物形象给星星命名，测定宇宙方位等。历法方面，如以十一月为岁首，月份和季节划分法；方位纪时和物候纪时等。布依族天文历法丰富了祖国天文历法宝库，是布依族人民对人类的伟大贡献。

当 莞

“当莞”是布依语［$taŋ^5 ɳon^2$］的音译，意思是“白天的灯”，指太阳。黔西南一带也称［$ʔdan^1 ʔda:t^7$］，意思是“炽热的物体”。布依族认为太阳是一球状物。古歌《造万物》说它是祖先神布灵用红石岩敲击而成的。太阳白天在空中从东到西运动，晚上则从另一路线回到东方，等待次日早晨露脸。布依族古时曾认为有十二个（或十个）太阳；这些太阳轮流烘烤大地，使岩石熔化，万物枯干，人类生活陷入绝境。后有射日英雄出现，除留下现在的太阳和月亮外，将其余的全射落。人们认为太阳为阴性，是一个怕羞的姑娘，而太阳的光芒则是太阳姑娘怕人窥视，射向人们眼睛的针。日食被称为“石蚌吃太阳”［$kop^7 ken^1 taŋ^5 ɳon^2$］。布依族对太阳的上述观念有幻想的成分，但也有唯物的科学因素。

冗 练

“冗练”是布依语［$ðoŋ^6 ʔdian^1$］的音译，意思是“每月亮一次”，即月亮。布依族认为月亮为一白色球状物。古歌《造万物》认为月亮是祖先神布灵用白岩石敲击而成的。而在另外一则神话中，则认为它是远古时十二个太阳中的一个，因见其余太阳被射落，吓得躲进了海水里，泡白了，温度也下降了。人们认为月亮是一个温情脉脉的小伙子。根据月亮的圆缺盈亏，人们把一个月分为三个阶段，即“月初黑”“月中亮”“月末黑”。把月初和月末称“黑日”［$ʔd:an^1 ʔdat^7$］，月中称“亮月”［$ʔd:an^1 ðoŋ^6$］。把月食称为“石蚌吃月亮”［$kop^7 ken^1 ðoŋ^6 ʔdian^1$］。

叨 利

“叨利”是布依语［$ʔdau^1 ʔdi^5$］的音译，指星星。除“叨利”外，布依族对星星还有“冗叨”［$ðoŋ^6 ʔda:u^1$］（指光亮模糊的星体）、“当刀”［$tak^7 tau^3$］（大而明亮的星体）的叫法，而“叨利”则指小而明亮的星体。人们凭肉眼观察，以星体大小分别给予不同称

① 参见黎汝标：《布依族天文历法探究》，《贵州民族研究》1993 年第 3 期。

谓。此外，还以动物形象给不同星座命名，如 ʔdau^{1}ʔdi^{5}kuk^{7}（虎星）、ʔdau^{1}ʔdi^{5}ma^{1}（犬星）、ʔdau^{1}ʔdi^{5}tɕau^{3}ta^{6}（河上之星）、tak^{7}tau^{3}via^{2}fu^{2}（带尾巴的星）、ʔdau^{1}ʔdi^{5}naŋ^{6}sa：u^{1}（谈恋爱的星）。还根据星星的颜色，分为 ʔdau^{1}ʔdi^{5}ʔdiŋ^{1}（红色星星）、ʔdau^{1}ʔdi^{5}xen^{3}（黄色星星）等。

更、啦、若、内

更、啦、若、内是布依族对方位的概念。以某一点为中心，面向日出方向（东方），日出方为“卡若”（外方），相反的方向为“卡内”（里方），左方（北方）为“卡更”（上方），相反方向则为“卡啦”（下方）。更（上）、啦（下）、若（外）、内（里）分别相当于北、南、东、西。图示如下：

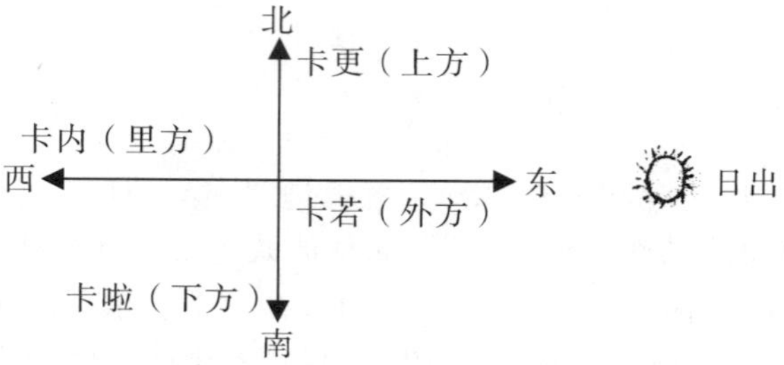

十二方位测定法

十二方位测定法是布依族测定方位的方法之一。即把宇宙空间当作一个圆周，以所站的地点为中心，把圆周分为 12 等份，粗分为 12 个方向，相邻两个方向之间约占 30°角。若需细分，就以每个方向为 10°角。12 方位以卯方这一日出方为起点，按逆时针方向顺序称为“fɯŋ^{4}mau^{3}”（卯方）、“fɯŋ^{4}ɕi^{2}”（辰方）、“fɯŋ^{4}sɯ^{3}”（巳方）、“fɯŋ^{4}sa^{4}”（午方）、“fɯŋ^{4}fat^{8}”（未方）、“fɯŋ^{4}san^{1}”（申方）、“fɯŋ^{4}zu^{4}”（酉方）、“fɯŋ^{4}sat^{7}”（戌方）、“fɯŋ^{4}kaɯ^{4}”（亥方）、“fɯŋ^{4}saɯ^{3}”（子方）、“fɯŋ^{4}peu^{3}”（丑方）、“fɯŋ^{4}ȵen^{2}”（寅方）。如图所示：

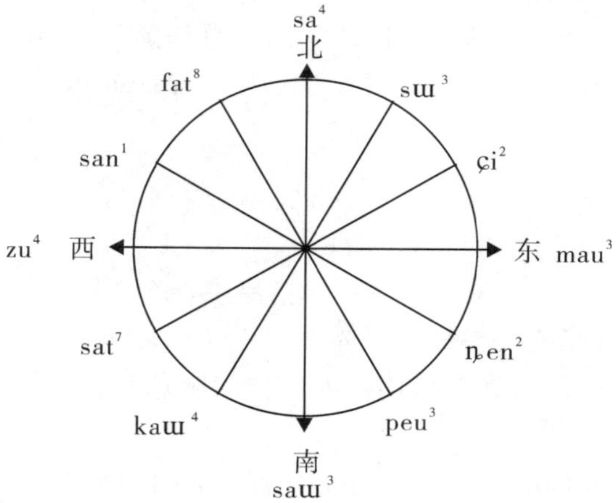

天象预测

天象预测指对即将发生的事件通过天象的不同征兆作出的预示，包括气候、社会变迁及人生际遇等，在布依族中主要是对气候的预示。这些天象主要有日象、月象等。天象预兆用谚语的形式进行总结，既形象生动又概括凝练。如日象预兆：“太阳打伞兆雨，月亮打伞要晴”“阳光来得早，午后保不了”“日落日出胭脂红，不雨就生风”“夕日返照，晒得鬼叫”“早霞有雨，晚霞要晴”“太阳伸腰要下雨”。月象预兆：“月亮明明天无雨，月亮朦朦天不晴”“太阳打伞天要雨，月亮打伞草木枯”“夜着西天明，预告明天晴”。天象预测体现了布依族关于天体运动对自然界影响的认识。

历　法

布依族年历“以十一月为岁首”或“以十二月为岁首”或“以十月为岁首”，而公元历法以一月为岁首。

布依族年历的年节分别在十一月末、十二月末、十月末或分别称冬月末、腊月末、寒月末，公元历法的年节定在元旦。

布依族年历规定闰年 383 天或 384 天，公元历法闰年 366 天。

根据汉文史籍和部分布依族地区的年节习俗，布依族有“以十一月为岁首”的传统历法。明清时期，从（明）郭子章《黔记·仲家》可知，布依族多数地区“以十一月为岁首。”康熙以后的《贵州通志·蛮僚》载定，番州“以十月望日为岁首”。清乾隆年间，贵阳、安顺、南笼诸府所属地区“以十二月为岁首”（乾隆《贵州通志·苗蛮》），说明夏历（农历）已传入布依族地区。但直到民国年间，平塘县和荔波县布依族（莫家）仍于农历十一月过年，而荔波县方林乡一带的莫家至今仍于十一月过年，不过春节，其周围的布依族则以过春节为主，也过十一月节，称“过小年”。这种历法，把一年分为十二月，每月的日数不详。但从年节仍参照夏历来看，这种历法可能与夏历基本相同，只是根据布依族地区的气候特点，将表示一年起始的大年提前了两个月。

布依语中没有“春、夏、秋、冬”这类表示季节的专有名词，但对“月”的不同称谓都包含了季节的意义。

从劳作和农闲的角度，布依族把一年分成两个季节：“练轰”（从播种到收割，相当于农历三月到九月）和“练春”（收割后到第二年春耕开始，相当于农历十月至次年二月）。“练轰”即“劳作的季节”，“练春”即“过年的季节”。

从气候的角度，布依族把一年分为“练绕”［ʔdian^{1}ɾau^{3}］和“练您”［ʔdan^{1}ŋit^{7}］。“练绕”即“温暖的季节”，“练您”即“寒冷的季节”。前者相当于农历四月至十月，后者相当于农历十一月到次年三月。

从农活和气候来分，月被称为“ŋuet^{8}”，带有月份和季节的双重意义。两月为一ŋuet^{8}，处于农闲的十一、十二和正月不称ŋuet^{8}。其余依次为“宜善ŋuet^{8}”（二、三月）、“细哈ŋuet^{8}”（四、五月）、“若懈ŋuet^{8}”（六、七月）和“并古ŋuet^{8}”（八、九月）。

与农历相吻合的称谓，依次为“练依”（ʔdian^{1}ʔit^{7}，十一月）、“练腊”（ʔdian^{1}la:p^{8}，

十二月）、“练香”（ʔdian^{1}ɕaŋ^{1}，正月）、“练宜”（ʔdian^{1}ȵi^{6}，二月）、“练善”（ʔdian^{1}sa:m^{1}，三月）、“练细”（ʔdian^{1}si^{5}，四月）、“练哈”（ʔdian^{1}ha^{3}，五月）、“练若”（ʔdian^{1}ɾok^{8}，六月）、“练懈”（ʔdian^{1}ɕet^{7}，七月）、“练并”（ʔdian^{1}piet^{7}，八月）“练古”（ʔdian^{1}ku^{3}，九月）、“练旭”（ʔdian^{1}ɕip^{8}，十月）。

与农历十一月相吻合的称谓［ʔdian^{1}ʔit^{7}］，按原意为“一月”。这反映了布依族“以十一月为岁首”的传统风习。

十二纪数法

“十二纪数法”是布依族以十二个符号纪年、月、日、时的一种方法。十二个符号依次为“省［sat^{7}］、改［kaɯ^{4}］、筛［saɯ^{3}］、彪［peu^{3}］、年［ȵen^{2}］、猫［mau^{3}］、习［ɕi^{2}］、师［sɯ^{3}］、沙［sa^{4}］、番［fat^{8}］、散［san^{1}］、汝［zu^{4}］”。分别与汉族十二地支“戌、亥、子、丑、寅、卯、辰、巳、午、未、申、酉”相对应。纪年、纪月、纪日、纪时均用这十二个符号。

纪年：布依族纪年法为几种方法并行。一种是历史纪年和公元纪年，如“（清）道光三年”“民国二十五年”“公元 1943 年”等；一种是借汉族天干地支相搭配的“六十甲子”纪年法；一种就是布依族传统的纪年法，即十二符号纪年法。而对人的年龄采取最后一种纪法，如“沙”年出生的，称“比沙”，即“沙”岁，意思是“沙年出生的”。

纪月：除用数字等纪数法外，也采用十二符号纪数法。

纪日：除用数字纪数外，也用十二符号纪数。用数字纪数时，每月第一天到第十天依次称“唆依”［so^{3}ʔit^{7}］、“唆宜”［so^{3}ȵi^{6}］、“唆散”［so^{3}sa:m^{1}］……相当于“初一”“初二”“初三”……第十一天起则按顺序往下计数。一个月数完，又从头开始。用十二符号纪月时，则周而复始，轮番往下计数。

纪时：只有十二符号纪数法一种。以两小时为一时，从晚上约十二点（过去没有钟，只能估计）开始，每日 24 小时刚好十二时辰，十二符号一个轮转。

物候纪时

物候纪时指布依族以动物习惯行为及其他征候作为定时依据的纪时方法。有的经歌谣形式传承。如其中一首《鸡叫歌》以公鸡凌晨到白天啼叫的次序定时辰：

第一次叫定“筛”（子）时；
第二次叫定“彪”（丑）时；
第三次叫定“年”（寅）时；
第四次叫定“猫”（卯）时；
第五次叫定“师”（巳）“旭”（辰）时，人们上山把地耕；
第六次叫定午时，太阳挂在天正中；
第七次叫定未时，你（鸡）母掉头钻进笼（指天黑）。

十二符号纪月、纪时的物候特征

十二符号纪月、纪时的物候特征指布依族历法中与十二符号相对应的月、时的物候特征。列表如下：

地支	布依语	月份	十二月花特征	时辰	物候特征
子	saɯ³ 筛	十一月	三变花（野花名）	1～2 时	中夜
丑	peu³ 彪	腊月	杏花	3～4 时	鸡叫
寅	ȵen² 年	春月	桃花	5～6 时	鸡叫三遍
卯	mau³ 猫	春二月	板栗花	7～8 时	大天亮
辰	ɕi² 习	春三月	凤福花	9～10 时	舂米
巳	sɯ³ 师	四月	石榴花	11～12 时	吃早饭
午	sa⁴ 沙	五月	马桑花	1～2 时（午后）	做活路正紧
未	fat⁸ 番	六月	马兰花	3～4 时	吃午饭
申	san¹ 散	七月	旱谷花	5～6 时	牛掉头回家
酉	zu⁴ 汝	八月	桂花	7～8 时	鸡进笼
戌	sat⁷ 省	九月	荞花	9～10 时	吃完晚饭
亥	kaɯ⁴ 改	十月	珠谷花	11～12 时	睡觉

布依族科学技术

布依族人民在长期的生产实践中探索利用了很多科学技术，虽然未形成系统的科学理论，撰写出严格意义上的科学著作，但他们把通过长期思索、观察和实践所形成的基本看法或用神话、古歌的方式表述出来，或体现于实用技术中。例如，神话古歌中就有对宇宙的生成、结构等的解释：天地分别由清气和浊气构成，形态为一挂上一铺下的两块巨型板块；天有十二层，海也有十二层；宇宙由看得见的“阳界”和肉眼看不见的“阴界”构成，等等。而在诸多实用技术中，则体现了布依族先民在长期的生产实践中总结出来的数学、物理和化学理论思想。水稻栽培、纺织、印染、建筑等是布依族重要的科技成就。

随着现代学校教育在布依族地区的兴起，西方现代自然科学传播到布依族中，特别是中华人民共和国成立后，现代科学知识在布依族地区日益普及，布依族出现了自己的科学家和科学著作，科学技术的进步有力地促进了生产力的提高，促进了布依族社会的进步。

天地清气浊气生成说

天地清气浊气生成说是布依族解释宇宙万物生成的理论之一，见于神话和古歌中。例如古歌《赛胡细妹造人烟》认为，太初时世间只有清、浊二气，到处混沌一片，随着清、浊二气升腾，交粘成一个葫芦形。布依族祖先布杰公把清、浊二气分别捏在左右手掌心，把两种气掰开，于是清气上升变成了天，浊气下沉变成了地。

这种解释有荒诞的成分，但布依族先民根据自身的生产生活经验对天地形成的推测，却含有科学的唯物因素。

猴变人说

猴变人说是布依族解释人类起源的理论之一。古歌《造千种万物》说，翁戛造成天地后，地上没有人，他就站在半空中，左脚踩在东方的岩山巅，右脚踩在西方的山坡上，朝天吼三声，脚一跺，岩山爆炸，山坡垮到大江大海中，于是江海中出现了小猴崽。小猴三天长牙齿，五天长毛衣，在大江大海中游泳，有的仰泳，有的扑泳，仰泳的变成女人，扑泳的变成男人，他们男女结合，繁衍出人类。

“猴变人说”虽有荒诞成分，但与达尔文进化论有一定的相似度，在一定程度上表现出布依族先民对人类起源推测的科学性。

地铺天挂说

地铺天挂说是布依族解释天地形态的理论之一。古歌《造千种万物》说，太初没有天地，翁戛向空中吹气，刮起大风使到处雾蒙蒙，昏沉沉。轻的上去变成天，形成雾和云，重的则落下变成石头、泥土和地，天就像一块巨大的平板挂在空中，地则像一块巨大而凸凹不平的板块铺在下面。

限于观测手段的落后，布依族先民不可能认识地球及整个天体的形态，但他们根据自己肉眼观察得出的印象对其进行大胆解释，体现了布依族先民对宇宙万物的探索精神。

十二层天海说

十二层天海说是布依族对宇宙结构的理论解释之一。古歌《十二层天十二层海》认为，神各造了十二层天和十二层海，每一层分别有不同的情景，而这些都具有人类社会生活的特点。可见，用想象对自然进行解释属于布依族先民社会生活的一部分。

“阳界”与“阴界”

“阳界”与“阴界”是布依族对宇宙结构的理论解释之一。布依族认为宇宙由肉眼看得见的现实世界（“阳界”）和肉眼看不见的“阴界”构成。两个世界的自然形态基本相同，只不过“阳界”生活着的是人与动物的肉身，而“阴界”生活着的则是人与动物的灵魂。而灵魂也是具有形体的，只是肉眼看不见而已。

对宇宙结构的这种解释是布依族先民阴阳对立、互补哲学思想的具体体现。而它又是布依族先民灵魂观念的延伸，既然万物皆有灵魂，那么，与现实的物质世界相对应，必然有一个供灵魂生活的世界存在。但从今天的科学理论看来，这种解释显然是荒诞的。

旧石器制作技术

旧石器即旧石器时代的石料器具。中华人民共和国成立后，考古学工作者在布依族地区发掘了“水城人”“穿洞人”“猫猫洞人”等旧石器文化遗址，距今分别为10万年、5万年、1.2万年。出土器物有石器、骨器、角器等。

水城人遗址发掘于1973年，共出土石器53件。石器以河滩上的砾石为原料，制作时以扁平砾石为打石核，一手握砾石，将其一端斜置石砧，另一手执石锤，利用锤之锐棱猛砸石核而成。考古学家将这种制作方法命名为“锐棱砸击法”。

穿洞人遗址遗在1978—1981年发掘于贵州省普定县城郊，共出土石器3 000余件，石器仍用锐棱砸击法制作，与水城人遗址石器制作方法具有明显的继承关系。

猫猫洞人文化遗址发掘于1974年，共出土石器4 000余件，分石片、石钻、石核、石锤、石器等，据专家推测，这里不仅是居住遗址，还是一个生产石器的场所，其石器的制作仍以锐棱砸击法为主，体现出与水城人和穿洞人遗址密切的文化渊源关系。

旧石器有刃、尖状以及锐棱砸击的制作方法本身，都说明布依族先民对受力面积与压力、压强之间的关系等力学原理有了初步的认识。这可以说是布依族科学技术的发轫。

新石器制作技术

新石器即经过磨制的新石器时代的石料器具。中华人民共和国成立后，历年来在布依族地区征集到的石器有石斧、石锛、石刀、石磨盘、石锄等。其中能体现古百越（粤）典型文化特征之一的是有段石锛和有肩石斧等。

比起旧石器，新石器的制作技术比较精细。原料多用砾石，石质坚硬，采用磨制技术，刀刃磨得较薄，刃部锋利，有的表面光滑如玉，刃部有使用痕迹。

新石器具体的制作过程不详，据估计一般先将石核砸击出雏形，再进一步磨制，布依族古歌《造千种万物》在唱述祖先神布灵创造太阳和月亮时，说他用青石作工具，分别将红、白石岩敲击成石球，再加以磨制而成。这正是新石器时代石器制作技术的反映。

新石器制作反映了布依族先民对力学原理认识的进一步深化和将力学转化为实用技术的能力的提高。

人工取火技术

人工取火技术即用人工技术采集火种。从布依族古歌《造千种万物》看，布依族先民是在石器时代制作石器时发明这一技术的。古歌中祖先神布灵说：

我们拣石块/用石块来磨/用石块来碰/用石块来搓
只要磨久了/一定会出火/只要碰着实/一定会出火/只要用力搓/一定会出火

众人照着布灵的话去做，果然有了火。这正是布依族先民在制造石器过程中总结出人工取火技术的生动写照。

考古学发掘和研究证明，水城人文化遗址有胶结坚固的杂色灰烬层，含炭屑、灰岩块、烧石等，厚度为5～15厘米，这表明旧石器时代的水城人已经在使用火了。

骨器技术

骨器是布依族原始社会工具种类之一，用动物骨磨制而成。在水城人、穿洞人、猫猫洞人等文化遗址中，均发掘出很多骨制器具，有骨铲、骨椎、骨叉、骨刀等。在水城人遗址发掘的骨铲用厚大肢骨弄破做成，刀口分为平直、倾斜、圆钝、尖状诸形。扁钝类骨椎精工磨制，光滑发亮，尖部呈小巧圆状，形制美观。管长尖骨椎，形如圆锥，细小而长，尖锋似针，长度为2～4厘米。骨叉用大骨肢做成，叉部扁薄，后部厚大，有的则体形较小，呈剪刀叉尖，底部是原骨形状。猫猫洞人遗址发掘的骨椎为三棱形，粗琢后刮削，再磨制成光洁扁锐之尖刀。骨刀通体磨光，一面微凸，一面稍平，磨制精，选型美，其精工程度在国内罕见。

角器技术

角器是用动物头角制成的器具，在布依族地区发掘的猫猫洞人文化遗址中发现，表明布依族先民在旧石器时代晚期已经懂得角器的制作技术。猫猫洞人文化遗址中发掘出的角器为角铲，用鹿角和肢叉做成，先剁鹿角一段，将端部稍加琢制，再磨平、磨锐，呈45°角，便成了铲刀。

角比骨坚硬，制作角器的技术要求比制作骨器更高。因此，角器的出现标志着布依族先民科技水平的进一步提高。

制陶技术

考古发掘资料表明，布依族先民在新石器时代已发明了陶器制作技术。1978 年春季，考古工作者在布依族地区平坝区发现了飞虎山文化遗址，得到上千片灰砂陶陶片，陶片上有弦纹、细绳纹、波浪纹等纹饰。1987 年 10 月，有关部门试发掘，又得到大量破碎陶片。陶器质地坚硬，火候高，其中有一片乳黄色的陶衣片上，有一带状红彩，这是贵州原始文化出土的第一片彩陶。

恩格斯把人类野蛮时代低级阶段的标志定为“从学会制陶术开始”，以区别于蒙昧时代。的确，陶器的发明是人类远古文化史上划时代的创造。在制陶技术中，从选择泥土到陶器成型再到烧制出成品，都涉及很多科学原理和复杂的技术难题。先民们必须反复实践，不断地总结经验教训，才能取得成功并推动技术的进步。

布依族的制陶技术，发展到近现代，有了很大的飞跃。除注重其内在质量外，还特别注重其装饰性和美学观赏价值。如著名的平塘牙舟陶器造型自然生动，线条简洁明快，形态古朴典雅；陶器色泽温润，色彩富丽，色调和谐，造型优美，装饰性强。

弓箭的发明

弓箭是布依族先民的工具和武器之一。根据考古研究的一般情况推测，其发明时间大致在旧石器时代向新石器时代过渡的中石器时代。布依族地区发掘的飞虎山新石器时代文化遗址中发现箭头两件，说明当时人们已知使用弓箭。布依族古歌、神话中提到弓箭的地方不少，而最著名的莫过于射日的神话和古歌，布依族摩经中也有射日神话。尽管这些神话在人物名称和情节等方面有些差异，但人物使用的工具均为弓箭，说明了弓箭使用的普遍性。

弓和箭看似简单，其中却包含着较复杂的力学原理，没有长期生产经验和技巧的积累，是不可能发明出来的。所以弓箭的发明在布依族科学技术史上具有划时代意义，它标志着布依族先民的生产力跃上了一个新的台阶。

毒箭技术

毒箭即带毒的箭镞。采集动植物毒液制成剧毒液汁，与箭镞结合而成。其中一种剧毒液汁的制作方法是将红辣椒挂在马蜂窝边，让马蜂群起而攻之，将毒液射入其中。使用弓箭时，将剧毒液汁涂于箭镞，可大大增加弓箭的杀伤力。

毒箭制作起始时间不可考，民国年间一些地区仍在使用，主要用来射杀猛兽。清《贵州通志·蛮僚》仍有布依族使用毒箭的记载：“敛百物之毒以染箭，中者血濡缕立死。”

稻作的发明

稻作的发明指稻谷耕作技术的发明。百越（粤）民族是我国最早发明稻谷栽培技术的民族之一。古代百越（粤）地区的稻作文化遗址，有距今1万年前的浙江“上山文化”，有距今1.5万年至1.2万年前的江西“万年仙人洞文化”、广东英德“牛栏洞文化”、湖南道县“玉蟾岩文化”等，浙江的河姆渡新石器时代遗址发现了大量稻谷遗迹，说明至迟在6 000～7 000年前，百越（粤）民族就已发明了稻谷栽培技术。稻谷栽培的起源地，很多学者都认为在古百越（粤）分布的滇南、黔、桂及印度阿萨姆邦一带，布依族由古百越（粤）族的一支发展而来，又自古以来居住在云贵高原，无疑是参与稻作技术发明的一分子。布依族古歌、民间神话、传说、宗教经典以及生产生活等大量的文化事项，都充分体现出了布依族的稻作文化特点。

栽培稻是由野生稻培育而来的，在此过程中妇女做出了杰出贡献。她们在采集中发现野生稻不仅可以当作食物，而且味道好，就加以定向培育，于是栽培稻就被发明出来了。

贵州布依族地区的古文化遗址中发现稻谷遗存，且发掘的双孔石刀（用皮条或绳索套在手指上）可用于收割稻穗，石杵和石磨盘则可用来加工谷物（去壳）。布依族地区野生稻品种多，发明稻作技术是没有问题的。

布依族地区栽培稻有水稻和旱稻，这反映了布依族先民发明稻谷栽培技术时能因地制宜，根据不同自然条件培育不同性能的稻谷品种。

踏耕技术

踏耕是布依族古代犁耕产生前的一种耕作技术，即让牛、马等动物在水田中践踏，将土质踏松，再播种或栽插禾苗。根据布依族民间传说，布依族先民最初是将稻种随便撒播在土中，任其自然生长，后来发现被水牛滚过的泥塘中水稻苗壮籽肥，从而受到启发，采用牲畜踏耕的耕作方式种植水稻，提高了产量。

踏耕作为耕作技术来说十分原始，其耕作质量和效率都很低。随着犁耕的出现，踏耕就逐渐退出了历史舞台。

犁耕技术

犁耕是用犁作工具的一种耕作技术。在布依族古歌《安王与祖王》和摩经中的《赎买经》等反映母系氏族社会末、父系氏族社会初期生产生活的作品中，就已记载有犁耕的内容。但犁的形制不详。根据中国考古发掘的情况，人工冶铁起始于春秋晚期，在此之前金属冶炼仅有铜器。由此可推知布依族古歌或摩经中犁为木铧犁或铜铧犁。但布依族古歌和摩经表明，当时布依族先民已用水牛或黄牛作为牵引动物。

布依族的犁耕一直延续至今，但早已用上铁犁铧了。耕作技术方面，形成了以耕为核心，包括犁、耙等工序的耕作技术，提高了耕作质量和粮食产量。

火耕或刀耕火种技术

火耕或称刀耕火种，是布依族耕作技术之一，是农耕早期一种比较普遍的耕作技术，直到目前局部地区仍有其残留痕迹。其方法是先将草木砍倒，待草木干后放火焚烧，再开垦、播种。若干年后，地力耗尽、丢荒，另找丢荒多年的地方开垦。按布依族的观点，火耕是增加土地肥力的一种手段。布依族谚语“火不烧山地不肥”，即指此。由于对生态会造成一定的破坏，所以除局部地区外，大部分地区逐渐放弃了这种耕作方式。

泡冬田技术

泡冬田是布依族农业生产技术之一，指秋收后引水进田浸泡过冬，春播时节，田地经三犁三耙平整后播种。泡冬田的田地多在寨脚，土质较肥。泡冬田能保持田土肥力，又可防止害虫入土繁殖，同时还能使土质疏松，便于扯秧移栽。

晒冬田技术

晒冬田是布依族古老的耕作技术之一。对于秧田、母田、引水不太方便的高塝田、望天落雨田等稻田，秋收后都要翻犁一次，让泥土曝晒；入冬后再翻犁一次，让冬季的冰雪、寒风浸刮。

晒冬田让泥土中的虫卵、害虫、杂草根须长期暴露在外，借冬季的寒冷和霜雪把它们消灭；同时借寒冬和冰雪可使稻田泥土疏松，以增加肥力。晒冬田可在来年春天多雨时犁耙成水田，一般经过四犁四耙、施放田肥即可插秧。

犁耙技术

犁耙是布依族农业生产技术之一。土一般只需犁，而田则犁、耙并举。犁是将土深翻，使板结的土质松动，便于栽种和植物根须的伸展，以充分吸收养分；耙则是将土坯碾碎，便于秧苗的栽插。所以晒冬田在插秧前一般需经四犁四耙，使土块完全碾碎，以便秧苗栽插和生长。

耙一般紧靠犁的工序之后。深犁将土翻起来后，立即用耙将土坯碾碎，这样一轮称"一犁一耙"，二轮称"二犁二耙"，以此类推，直到满意为止。对晒冬田，最理想的犁耙效果是将泥土碾成泥浆。

耙有"踩耙"和"手扶耙"两种。踩耙为铁齿，耙田时平放，以水牛牵引，人踩耙上。踩耙多用于土坯大、土质硬的田，耙的重量和耙齿的尖硬便于碾碎土地。手扶耙为木齿，耙时用手扶，并用力往下压扶手，增加耙身重量。手扶耙多用来耙土坯较小的田和平整秧田。

兼作田技术

兼作田是布依族农业耕作制度。泡冬田和晒冬田均只种一季水稻，将田地放水浸泡或排水翻犁曝晒，而兼作田则指稻田兼种其他作物，如小麦、大麦、油菜等农作物或绿肥等植物。

兼作田技术是一种既充分利用地力，又增加地力的手段。布依族人民在长期生产实践中发现种植油菜和绿肥可以增加地力，便下意识地用贫瘠的田土兼种，形成了兼作田制度。

选种技术

选种是布依族农业生产技术之一。布依族人民在长期生产实践中发现，种子只有饱满，秧苗才能肥壮，产量才高，所以特别重视稻种的选择。

稻种一般有两种选择法，即单穗选种法和沉淀选种法。

单穗选种法：一般在稻谷熟透未开割时，在傍晚露水未上、日晒不烈的情况下，到稻谷长势最好的田里选择长得饱满的谷穗，连秆茎一起捆成把，单独晾晒保存。

沉淀选种法：在播种前进行，一般是在水缸中用水和黄泥搅拌到一定浓度后将谷种倒入进行搅拌，在相应时间内，将上浮和沉不到底的瘪谷捞出，沉淀到底部的即用作种子。沉淀选种法体现了布依族对浮力知识的掌握和运用。

苞谷种子的选择是在秋收剥壳时，将籽粒饱满的苞谷果实晒干后单独保存。

黄豆、豌豆种的选择一般用筛滚法，即将适量种子放入筛内，两手执筛，筛平面略微倾斜，然后摆动筛身，籽粒饱满者便往下滚动，将这些籽粒择出即可。

其他种子的选择也有相应的方法。

施肥技术

施肥是布依族农业技术之一。首先是草木灰，布依族先民在火耕中发现了草木灰的增肥功效，所以家里的草木灰被有意识地保存起来，待春播时施用。其次是畜禽粪便，即圈肥。牛、马、猪圈肥一般由腐烂的垫圈青草、秸秆和畜粪形成。春播前一个月左右，将圈肥从圈中掏到户外堆放，待青草、秸秆进一步腐烂再用作底肥。再次是人粪尿，称大粪，一般作追肥用。最后是绿肥，称秧青。绿肥一般有两种：一种是人工撒播的，如马豌豆茎叶；另一种是山野生长的易腐植物，如艾蒿、化香等的茎叶。绿肥一般施放于水田中，撒秧或移栽秧苗前，将田犁耙平整后，将绿肥割到水田中沤泡，数日后再将绿肥均匀撒布于水田中，翻犁一道，撒秧或移栽时再犁、耙一道。

布依族先民充分认识到施肥与农业收成的关系，所以特别重视积制肥料和施肥。布依族谚语云“一挑粪进，一挑谷出”，说明了人们对肥料重要性的认识。

水车技术

水车是一种汲水器械，起始时间不详，但从摩经看，布依族发明使用水车已有相当长的历史。摩经中记载，亡灵进入邦仙邦拜的途中最后要通过一个大转轮转动，把亡灵转入这一境界，而大转轮的原型即水车。

水车由支架、转轴和叶轮构成，叶轮兼有受力和提水的功能。水力冲击叶轮，带动转轴转动，叶轮将低处的水提高，倾倒于木槽，流到沟渠和田中。

水车的制造表明布依族先民在动力、机械和能量等方面的知识水平的提高。

汲水技术

汲水技术是将水从低处汲到高处的技术。布依族中，汲水工具除水车外，还有龙骨车、抽水竹筒等。龙骨车为一木制机械装置，与其他民族使用的龙骨车基本相同，使用时用手摇摇把，摇把轴带动齿轮，齿轮带动“龙骨”，将水从低处提到高处。

抽水竹筒充分利用空气压力的原理。制作时先将竹筒（长度根据实际需要而定，多在4米以上）掏空，用一根长木棒，一端缠上破布，塞进竹筒内，抽水时用力拔木棒，布塞将竹筒内上半部分的空气排除，使水在空气压力作用下被抽到竹筒上口，流出竹筒，布塞每抽一次，可抽出数桶水。

粮食加工技术

粮食加工包括对粮食收获后储藏前的加工和食用前的加工。前者如脱粒，扬去瘪壳，晒干等；后者如去壳，碾碎磨细，筛、簸去糠壳等。加工技术较复杂的有风簸、水碾、水磨等。

风簸用木料制成，包括风箱、进料斗、出料口、去风口几个部分。风箱为一半封闭的圆形装置，内有叶轮，轮轴处有一侧外装摇把，摇动车把可使叶轮转动产生风力。进料斗下有可调节流量的活动挡板，通过手控制挡板，进料斗内的粮食流下，通过风力通道。出料口有两个，籽实粒饱者流下后从第一个出料口流出，半饱满者由于不胜风力而从第二出料口流出，瘪壳则被风力吹出风口外。

水碾和水磨均是借助水力带动的加工器械。其主要装置为受力叶轮、齿轮和石碾、石磨。叶轮受水力冲击转动，带动齿轮，通过齿轮的传动，使石碾和石磨转动，达到去壳和碾碎粮食的目的。

纺织技术

纺织业在布依族中历史悠久，民间从纺轮到纺车、织布机，从棉花加工到纱线纺织、印染等技术一应俱全。过去，布依族人民的穿戴和家中使用的床单、被盖等物都靠自纺自织。现阶段，人们才逐渐习惯用各种现代化生产布料，但布依族地区自产的各种布料，仍然很受当地市场欢迎。

纺轮技术

纺轮是一种古代纺纱工具，是纺坠的主要部分。纺坠由一根横木或圆形纺轮和一根竹竿组成，这是中国夏代以前唯一的纺纱工具。布依族地区发掘的飞虎山新石器文化遗址发现石轮和陶纺轮各两件，说明布依族地区新石器时代就已掌握这种纺纱技术，对于原始的手捻来说，显然是一大进步。

纺轮的大小、厚薄和重量与纱线的粗细有关。重的纺轮具有较大的扭转力，但不太适合于纺较细的纱；而轻的纺轮适合纺较细的纱，但又可能在加捻时缺少一定的扭转力矩。为了解决这一矛盾，布依族先民把纺轮做得较薄，既减轻重量，又不减少外径，使之保持适当的运动惯量，在加捻时有较大的扭转力矩。这很符合力学原理。

纺坠的使用一般有“吊锭法”和“转锭法”两种。吊锭法是将纺坠悬吊，将纺轮转动，两根手指将松散纤维捻合成纱，同时捻动捻杆，带动纺坠在空中旋转。捻，布依族称“ʔban^{1}”。转锭法是在纺纱时，将纺坠斜放在腿上，以手搓动捻杆，使之做功，布依族称“lan^{2}”。从摩经中提到纺纱时多用“ʔban^{1}”的情况看，古代布依族先民主要采用吊锭法纺纱。

纺车技术

纺车也称纺花机，是布依族“沙”［sa^3］或“耍”［sva^3］的一种纺纱工具。

布依族使用的纺车，主要是卧式单锭手摇纺车。虽然一些地区曾将其改为多锭（如民国年间贞丰布依族人士陆照辉曾改进为三锭纺车），但没有推广。

手摇纺车主要由锭子、绳轮和手柄构成。手柄在绳轮轴心部位，绳轮和锭子均安放在木制支架上。锭子用铁制成，长约 20 厘米，一端较粗。较粗的一端套在纺车左端木架的绳套上，绳轮上的绳弦则套在两绳套间的套杆上。摇动手柄时，绳轮转动，带动锭杆转动。锭杆较小一端为螺旋纹，转动时，能将松散纤维捻成细纱，同时将捻好的细纱缠绕在锭杆上。

绳轮以竹篾做成鼓形，直径约 1 米，再用绳弦绕轮周，与锭杆连在一起。在轮轴伸出木支架的头端装上木手柄，即成完整的手摇纺车。

织布机技术

织布机是编织布匹的工具。布依族使用的织布机为木制机架，长约 2 米，宽约 1 米，高约 1.5 米。主要部件为：①提综支架，位置在机架顶部正中，为双向鸟头形，中部和两鸟头均钻圆孔，中部的孔以轴贯穿，能活动，鸟头的孔系细绳，一头接于提综，一头接于脚踏板。其功能是通过提综使线张开，便于穿纬线。②脚踏板，在机架下部正中，一头接地，一头接连提综支架的细绳。③箝架，为一活动支架。穿好经线的箝卡放于支架横板中，其功能是撞紧纬线。④梭，为一般形构件，体腔空，以一竹棍为轴，可穿跨作纬线的线筒，其功能是牵引纬线。

机架两端，一端为坐板，供织布者操作时坐。坐板靠里，有一裹布轴。机架另一端供放置绕（经）线轴用。经线穿过综、箝，一端系于裹布轴上。操作时，人坐在坐板上，脚踏踏板，一手执梭，一手扶住箝卡的支架。当脚踏其中一块脚踏板后，拉动细绳，细绳作用于提综支架，支架作动，使综一上一下，传经线张合，与此同时执梭的手将上好纬线的梭适时而迅速地从张开的经线中投过，另一只手则将箝架往自己前面拉，撞紧纬线；如此循环往复。

棉花加工技术

棉花加工技术是布依族纺织工序之一。先将籽棉通过轧花机倾轧，挤出棉籽和废叶渣，得出皮棉，然后铺放在竹席或干板上，用两根细小光滑的松花棍轮番抽打，使棉团松散，清除废物。再将棉花放置于搭好的台上，用弓弦反复捶弹使之完全松散呈泡花状。最后将松散的棉花用竹制的搓花棍卷搓成拇指粗细、长约 30 厘米的棉花，捆扎成把存放，以备纺纱时用。

纱线纺织技术

纱线纺织技术是布依族纺织技术之一。先将棉花搓成条，用棉花条在纺纱机上纺成纱，拉裹成纱锭，再用回线架将纱锭回成线圈。脱下线圈，用清水浸湿后放入白米浆中煮两小时左右，再取出挂于竹竿上阴干。这样浆煮后的棉纱能增强硬度和韧性。阴干后，将线圈套在绕线架上，用纺花机带动竹制小滚筒，将其绕圈回裹，形成纱锭。之后，根据布匹筘门宽度要求，将一定数量的纱锭穿套在引线架的竹轴上，牵引出经线。再将经线穿好综和竹筘，裹于滚轴上，安放在织机上即可开始编织。

编与织技术

编与织是布依族纺织工艺。布依族分别称之为“三” ［sa：n^{1}］ 和“当” ［tam^{3}］。“三”指不用器械的纯手工作业；“当”则指用织布机进行的手工操作。前者工艺较粗糙，后者则较精细。布依族使用织布机的时间不详，从摩经的记载看，“三”和“当”两种工艺均有，而摩经的形成上自远古，下迄明清，说明布依族使用织布机已有较久的历史。

印染技术

印染技术是布依族对白布或白纱进行印制图案和染色的技术。有“织出白布再染”和“先染再织”两种技术。分靛染、蜡染、扎染、枫香染诸种。

靛染的起源很早，布依族摩经中，祖灵升天进入邦仙邦拜后，仍和在阳世一样，也需沤制蓝靛染布，可见靛染在布依族生活中的重要性。靛染需经过一系列复杂的工艺，首先是将蓝靛草沤制出靛汁，装入桶里或缸里，加上适量土碱或石灰，搅拌，水静后蓝靛泥沉底，即可用来染布。印染前，先在清晨将白布晾晒在户外草坪上，使其自然漂白，既容易上色，又经久耐用。此外，还有用牛屎拌水后进行漂白的。漂白后，将蓝靛放入染缸内，加适量的水、白酒、土碱等原料，待这些原料起化学变化后再放入白布。经多次冲洗，直到染成所需颜色，再上胶（用牛皮熬成的胶），用石碾将布压平，碾出光亮即可。

蜡染工艺程序与此相似，先将蜜蜡融化，用传统铜制蜡刀蘸上蜡液，在白布上绘出精美图案，再放入染缸多次浸染。经过多次浸染和冲洗，染成后，再煮沸去蜡，让靛染布上的自然冰裂样花纹呈现出来，即成蜡染布。

扎染是用针先将白布缝扎，再放入靛缸浸染，染好后折线，被缝扎的地方即呈现出各种美丽花纹。

布依族印染的染料制作和漂白技术包含了比较复杂的化学知识。

冶炼技术

冶炼技术即对金属的冶炼技术。布依族地区的冶炼技术起源很早，近年来考古工作者在普安县发现铸造铜钺的模具沙石范，其时代在公元前179—公元前157年的汉文帝年间。其他考古遗址发现的青铜冶炼时代更早，在春秋战国时期。说明至迟在两千多年前，布依族先民已经掌握冶炼青铜的技术。布依族是使用和保存祖传青铜铜鼓最多的民族之一。铜鼓属布依族青铜礼器，其冶炼和铸造技术比纯铜器物复杂，需运用更多的化学知识。

历史上布依族对铁的冶炼起源也很早。布依族摩经中把联结阳界和仙界的桥梁描绘成“铜桥”与“铁桥”并举，这说明铜铁的冶炼技术应该是在相距不远的时间里发现和使用的。我国对铁的冶炼兴盛于春秋战国时代，当时包括布依族百越（粤）先民已经普遍掌握了铁的冶炼技术。在布依语中，表示金属的名词“luaŋ²”或“luŋ²”（铜）、“fa²”（铁）、“ði³”（锡）、“xaŋ¹”（钢）等都不完全是汉语的同源词或借词，说明早期布依族的冶炼技术有一部分工艺是独立发明的。

建筑技术

建筑技术指布依族的房屋建筑、桥梁建筑等技术。房屋建筑在布依族中有木构建筑和石构建筑两种。史载，布依族先祖有“巢居”之俗，后发展到发明使用榫卯结构的干栏式楼房建筑。河姆渡新石器时代文化遗址出土了大量榫卯结构的干栏式楼房建筑，说明汉藏语系百越（粤）族群先祖的干栏式楼房建筑技术起源很早，该遗址是中华大地最早发明使用榫卯结构技术的文化遗址。据《北史 · 南僚传》记载，南北朝（420—589）时布依族先祖僚人“依树积木，以居其上，名曰‘干阑’”。“干阑”即“干栏式”楼房建筑。最初的干栏式房屋可能是木头横置于树上作梁，铺上木条作楼，顶上盖草或树枝遮挡阳光和雨水。随着人类思维能力的提高和工具的进步，才发明了榫卯结构、穿斗结构等技术，使居住房屋的结构和空间等布局，采光、防震等功能更加合理，房屋更加牢固。这在建筑史上是一大进步。在长期历史发展中，无论房屋建筑式样发生怎样的变化，榫卯结构、穿斗结构等木结构建筑技术一直沿袭至今。

石构建筑主要有石头房屋和石头桥梁。石头房屋建筑一般在木房构架立起，屋顶盖上草和瓦，再用石头砌山墙将房架四周围护起来。用石头垒砌山墙需要具备诸如重力、压力、水平、垂直、连接、转角等几何学、物理学方面的知识，要解决一系列技术难题。对基脚石和墙头石十分讲究。石构建筑技术精湛之地，首推镇宁县扁担山一带，那里的石头房屋建筑，从上到下，从外到内，包括屋顶上盖的，除楼枕、檩条外，全是石头。其技术之精湛，令人叹为观止。

布依族石桥建筑，有拱桥和平桥两种。其中拱桥的技术要求很高，要先在架桥的河面上搭建牢固木架，再用凿好的石块拱砌而成。布依族石拱桥建筑，按照大小分有三孔桥、五孔桥、七孔桥、九孔桥等几种。平桥虽看似简单，但需在石厂开挖出长约 5 米、宽约 1.5 米、厚约 0.15 米的巨石。先将巨石在石厂中加工成桥面，再用“滑板运输法”（参见“滑板运输”条）把巨石桥面转运至河边，架桥时将两个巨石桥面合为一个桥面，稳稳安放于桥墩之上。其过程中也有不少技术难题需要解决，没有一定几何学、物理学知识是办不到的。至今，布依族村寨保留的古代石桥建筑很普遍，说明古代布依族建筑技术之高超和精湛。

制红糖技术

制红糖是布依族手工技术之一。以甘蔗为原料榨汁，再将甘蔗汁熬制成红糖。其做法是：用大青杠树做成榨架，用两根长约 1 米、直径约 0.5 米的青杠木，上部挖成齿轮状滚筒，其中一筒的上部有柄，套上一根横杆，用牛拉动。通过齿轮咬合转动，带动两个滚筒，将甘蔗放入两个滚筒大缝中，榨出蔗汁。之后，将蔗汁倒入大锅中煮，使水分蒸发。熬到适当时候，将糖汁倒在木框里面；待糖汁冷却成块时，用竹签划成一定规格的小方块；再等进一步冷却取出，就成了砖块状的红糖。

酿酒技术

布依族很早就掌握了酿酒技术。布依族宗教经典和神话、古歌对酿酒的发明均有自己的解释，认为是古代“同夯女造酒”。虽然不知其确切年代，但既然发明者为女性，可推知其发明时间应该是新石器时代的母系氏族社会。这与人类文化发生发展的一般规律是相吻合的。

布依族最古老的传统酿酒法不经过蒸馏。一般是将蒸熟并已基本冷却的食物（大米饭、小米饭、高粱饭等）拌以酒曲（发酵药物），装在陶缸等器物中，用“秧被”等捂严实。待发酵后出现酒酿，即成甜酒，取出装入陶罐中，需要时舀出即可食用。布依族摩经这样记述古时酿酒的情形：

…… ……
三天酒在被子里，
六天酒还在被子里，
酒醪渐渐沉下去，
酒糟渐渐往上浮。
舀到缸里面留着，
舀到缸里面贮藏。
…… ……

酿酒技术中的酒曲的好坏对酒的质量有举足轻重的意义。布依族先民在长期实践中逐步掌握了酒曲的制作技术，将若干味草药晒干、碾碎，拌以药水，捏成小圆团酒曲，再晒干后备用。使用时根据加工食物的量，将适量小圆团酒曲碾成粉末，均匀地撒在达到一定温度的食物中，拌匀即可。布依族摩经对制造酒曲有这样的记述：

“卡勒”造酒药，
“卡勒”造酒曲，
三十味草根相拌，
四十样药相拌，
要它成酒药，
它就成酒药。
想做陈谷酒，
就成陈谷酒。

想做七月酒，
就成七月酒。
想做九月酒，
就成九月酒。
…… ……

随着历史的发展，先祖们发明了甑子和用甑子蒸大米饭的技术。在此基础上，原来的酿酒技术才逐渐发展为采用蒸馏技术提取烧酒。布依族采用蒸馏技术提取烧酒，主要有天锅酒、夹缸酒两种。通过控制蒸馏时间，使酒精浓度或高或低。一般来说蒸馏时间长，烧酒的酒精浓度就低；蒸馏时间短，烧酒的酒精浓度就高。

土硝和土碱制作技术

布依族的土硝制作方法是先在岩洞中撮取硝土，装入大缸用水溶解，将溶液倒出，滤去杂物，再将溶液放入大锅熬干。锅底呈现白色晶体即成土硝。再按比例用土硝加上硫黄、木炭粉制成火药。火药是重要的生产和军用战斗物资，用法很广。

土碱的制作方法是把蒿子割下，晒至七八成干时，堆成一堆，放火烧尽，再取其灰烬装入大缸用水溶解，将溶液倒出，滤去残渣，再将溶液放入大锅熬干，即成土碱。土碱是重要的手工业原料，布依族主要将其用于染布和造纸。

造纸术

布依族造纸技术历史悠久，纸的种类主要有草纸、毛边纸、皮纸等。草纸、毛边纸用竹子作原料，皮纸则用构树皮作原料。其工艺一般是将竹子、构树皮等原料放在以石灰、土碱等调兑的水中长时间沤泡，再以石碓舂成浆水或以水碾碾成浆水，放入池中；制作一般的纸，可用细竹帘轻匀舀出竹子浆，滤出水分，揭出，糊在墙壁或木板上，晾干或烘干即可。制作质量高的纸，要用特制的精细竹帘从池中轻匀舀出构树皮浆，让其自然滤干水分，趁湿码放成叠，待纸叠自然地彻底晾干，即成高质量的纸张。

布依族医药卫生

布依族在长期历史发展中，总结了丰富的医药卫生知识，积累了很多医药和治疗经验。他们在继承百越（粤）先祖医疗传统的基础上，不断吸收兄弟民族的医疗实践经验，从而形成了自己民族的医学理论。

布依族的医学理论体系基本不属中医体系，但又因所处的自然环境和文化传统，从而在医学上形成了别具一格的特点，特别是在常见病、多发病的诊断和用药上有独到见解。在诊断方面，除中医的“望、闻、问、切”四诊方法外，还有“划、扪、扣、弹、揪、击、打、听、相”等方法。对疾病的命名直观形象、生动确切。对药物的命名则多反映药物形象和用药部位以及所治的病症。在治疗上，很讲究药量、药引、用药时间和用药后的饮食禁忌等。用药主要是鲜药（生药）和干药（熟药）相结合。讲究药理，如寒病用热药，热病用清凉之药等。此外，布依族医学还注重精神疗法，以结合巫医的方式使信仰宗教的患者获得精神上的慰藉，达到“神药两解”的目的。

中华人民共和国成立前，布依族地区部分以中医为主的医院引入了西医。但西医在布依族地区的普遍推行，是在中华人民共和国成立以后。中医和西医相结合的医疗，为布依族人民防病治疗能力和健康水平的提升作出了巨大贡献。

医学理论

布依族医学理论是布依族对疾病起因及治疗方法的基本认识和见解，经历了逐渐发展的过程。例如，布依族地区多瘴气，而秦汉时布依族百越（粤）先民已能认识瘴气的病因是由“地气所使然”，并能用针灸进行治疗，后此法传入了中原。魏、晋、隋、唐时期，布依族先民对瘴气有了更深刻的认识，能对不同季节和气候条件下的瘴气进行分类，并采取发汗、针刺等疗法。

布依族先民在迁葬过程中通过对人体骨骼体位进行还原，对人体解剖逐步有了认识。同中医一样，布依族医学把人看作一个以脏腑经络为中心的统一的有机整体，把人与自然看成阴阳二气失调所致，正邪止虚而效。但具体到某种疾病的认识和治法上，布依族医学又与中医理论有所区别，如因饮食不节所致的胃病，中医认为是脾胃不和所致，在治疗方法上主张调和脾胃或消食导滞为宜，而布依族医学则认为是“外邪侵入胃中”，以采用“翻药”催吐或打油针（一种类似针灸的方法）为佳。

布依族传统医学理论中有相当浓厚的信仰色彩。例如因意外事故引起外伤，往往认为是冥冥中有神鬼作祟的结果，因此，也要采取相应的治疗手段，除用药物对伤口进行药理治疗外，还举行一定的宗教仪式，为患者驱邪、祈福和叫魂等。不明原因的困倦、疲乏、消瘦、饮食不佳等，被认为是神鬼作祟，除进行药补、改善饮食、刺激食欲外，也举行宗教仪式，祈福禳灾。在用药和治疗方面，认为“三”“七”“九”等数字具有神秘的魔力，因此吃药用三服，一天服三次；一服药由三味、七味或九味配成；推拿时数三下、七下或九下；憋气默念三遍咒……人们认为这样可以增强治疗效果。这种认识具有巫术色彩，是产生时间较早的一种医学理论。它虽有唯心、神秘成分，但在注重药物治疗的前提下，对于信仰鬼神者来说，不失为一种较有效的精神治疗手段，是治疗的重要辅助措施。

疾病的分类

疾病的分类即对疾病不同种类的划分。人们认为不同原因引起不同的疾病，不同疾病有相应的名称。总的来看，布依族医学对疾病的分类有如下几种：

（1）邪毒：凡能导致脏腑不和、气血失调的病症，称为邪毒。有寒毒、热毒、风毒、水毒、虫毒、食毒诸种。

（2）痧气：由积劳和寒气引起的疫病。有寒痧、热痧、红毛痧、漂蛇痧、蚂蟥痧和鱼鳅症诸种，以鱼鳅症最为严重。患病时，痧气在患者皮肤下穿行，皮肤上不时冒出一股股形如鱼鳅的条状粗纹，故有此名。

（3）瘴疫：瘴气和痧气都是引起急性病的因素。但两者有区别，痧气是因四时气候骤变，导致人体不能适应而发病；瘴气则指山岚浊水的恶气或动物死烂之瘴气，如战乱后的战场污染、传染性动物瘟疫的浊气等。晋代嵇含在其《南方草木状》中把瘴气分为青草瘴、黄茅瘴、黄芒瘴等，宋代则有冷瘴、热瘴、哑瘴、炎瘴、烟瘴、岚瘴、暑湿瘴、毒气瘴等。其中疟疾是常见的一种症状，布依语称“盘先”［$pan^{2}sia\eta^{1}$］。

（4）风毒：风毒有多种，如母猪风、鸡爪风、颠羊风、肚痛风等。因不同风毒引起的病有不同症状。如母猪风（癫痫）症状主要有昏迷、口吐白沫、抽搐等。

（5）湿症：有湿热、湿毒、寒湿、风湿等。

（6）外伤：如虫兽咬伤和跌打损伤。

（7）劳累过度使筋骨受伤。

（8）由于精神、心理受挫引起的肝、脾、胃、肺、心、肾、脑、髓等的损伤。

（9）神鬼作祟引起的疾病。不同的诊断角度和方法，对同一病症会得出不同的结论。如头痛，可从病理诊断角度认为它由风毒引起，也可从信仰角度推断为神鬼作祟；神经错乱，从病理诊断可得出是由于思虑过度或精神受打击过大引起的，也可得出是神鬼作祟，或神鬼附体。

布依族医学对疾病的分类依据是大量的医疗实践经验，它对治疗过程中对症下药，提高疗效具有重要意义，但一部分因信仰因素导致的疾病类型则有浓厚的荒诞色彩，除在精神疗法方面有一定积极意义外，往往延误疾病的治疗，属布依族医学中的糟粕部分。

诊断方法

望 诊

望诊是布依族医学诊断方法之一。指医生对患者全身及身体局部、分泌物和排泄物的观察，例如对全身皮肤颜色或面部、舌苔、眼睛、大小便等的观察，尤其重视面部的观察。布依族医学认为正气的盛衰、邪气的轻重可以通过面部表现出来，因此通过对面部的仔细望诊，可以比较准确地诊断出疾病。如眼白发黄，可能是黄疸型肝炎；面部灰暗而印堂暗里微红，可能是肺病；若额部及印堂部位呈暗黑色或灰色无华者，体内可能有阳疮；大便带血，说明肠胃受损；腹泻不止且便中带血，则属红痢或血痢，等等。布依族医学认为，望诊是诊断中的第一道“工序”，也是比较直观、重要的诊断方法，但必须综合其他诊断方法才能作出判断，不能单凭望诊就作出判断，以免误诊。

问 诊

问诊是布依族医学诊断方法之一。通过询问病人或陪诊人，了解患者的自觉病状和疾病发生、发展、医疗经过，饮食、睡眠、大小便情况以及其他相关因素。同时，对患者近期的心绪状况也作进一步询问，以了解患病的精神因素。

触 诊

触诊是布依族医学诊断方法之一。主要方法是以手对病变部位进行触摸、按压、叩击和震荡等，然后通过医生的手感（触感）来诊断疾病的病位范围、程度与性质。

听 诊

听诊是布依族医学诊断方法之一。主要是从患者的说话声、吼叫声以及患部的波声等诊断病情。

脉 诊

脉诊是布依族医学诊断方法之一。也称“切脉”“拿脉”，通过手感觉患者脉搏跳动的频率、强弱等，判断患者阴阳气血的盛衰和病情的轻重。

甲 诊

甲诊是布依族医学诊断方法之一。布依族医学认为指甲的不同颜色和形状可以反映人体脏腑病机的变化，因而通过指甲判断病情。诊断方法是：在自然光下，患者伸手俯掌，手指全部自然伸直，医生仔细观察各指的指甲体，分辨其形状、质地、颜色、光泽度等，以判断病性。甲诊以手指为主，必要时还诊察足趾甲。

卜 诊

卜诊是布依族医学诊断方法之一。对危重病人，如果治疗效果不大，即怀疑神鬼作祟，请巫师占卜以判断病因，便于采取相应手段使患者康复。如蛋卜，患者危急时刻，用一枚鸡蛋置于患者怀内片刻，然后取出用水煮，以观其色断定患者病情的严重程度或是否有救。又如“过阴”和“问卜”，将患者衣物脱下，巫师用这衣物擦患者家的米粒，以衣物沾不沾米来诊断病情。卜诊多含荒诞成分，但据说能对病人起到一定的精神治疗作用，故多作为辅助的诊断方法。

药物种类

矿物药

矿物药是布依族药物种类之一。主要有天然水银、土硫黄、石药、丹砂、硅石、石钟乳、炉甘石、青石、赤石、黄石、白石、黑石脂、自然铜、铝粉、锡、金、滑石、石膏、无名异等。这些药有的用于清热利尿（如石膏、滑石等），有的用于镇惊熄风（如赤石、金等），有的用于解毒杀虫（如水银、硫黄等）。雄黄（黄石）则据说可以防蚊虫毒蛇，所以端午时节布依族用雄黄粉与大蒜兑酒喷洒于屋内及房前屋后，并给牛和人喝。

动物药

动物药是布依族药物种类之一。指取动物身体、身体部位分泌的排泄物以及内脏等配制的药。主要有麝香、猴结（母猴月经）、虎骨、虎尿、牛黄、鹰爪、犀角、蜂蜜、银蛇、雾蛇、蜈蚣、燕尾蛇、山羊、山羊角、桂鱼、猪蹄、猪肝、猪腰子（肾）、猪肺、狗肉、狗鞭、鸡、鸡肝、鸡胆、鸭爪皮、珍珠、鹧鸪、斑鸠等。这类药中，有的用于补益血气，如鹧鸪、山羊、鸡；有的用于壮阳，如狗鞭等；有的用于利胆明目，如鸡胆、蛇胆等；有的用于清热解毒，如珍珠、牛黄等；有的用于祛风镇痉，如蜈蚣、白花蛇等。布依族医学有同类相生的用药观点，人体某部位的疾病可用动物相应部位治疗，即所谓“以肝养肝，以肾补肾，以脑补脑，以心补心”，因而狗鞭可壮阳，猪眼球可治眼疾，牛心可以治心脏病，相应地，动物血也可补人血。而未生蛋的嫩鸡以狗地羊（植物药）等炖煮，可大补，因其气血正旺、生命力正蓬勃，所以入药服用后即可使人焕发生命活力。

植物药

植物药是布依族药物种类之一。此类药物最多，是布依族药物谱中的重要组成部分。计有酢浆草、瓶尔小草、白及、何首乌、淫羊藿、伞叶排草、响铃草、阴地蕨、虎杖、白薇、骚羊古、黄栀子、鸢尾、腋花、富贵草、草血竭、肾蕨、野菰、散丹花、吉祥草、水杨梅、铜锤玉带草、狗脊、瓜子金、徐长卿、大种鹅儿肠、土细辛、三角枫、万年荞、土黄连、蒴藋、元宝草、地黄连、朝天罐、青鱼胆草、臭牡丹、雷丸、铁筷子、茜草、车前草、金银花、伸筋草、过山消根、马兰、大蓟、蛇含、吴茱萸、线纹香茶菜、蚤休（重楼）、益母草、卷柏、山楂、八月札、八爪金龙、四块瓦、八角枫、石吊兰、积雪草、马鞭草、半夏、金钱草、小金钱草、土牛膝、商陆、红禾麻、白英、野菊花、骨碎补、仙鹤草、山豆根、芭蕉、白花刺、十大功劳、鸡屎藤、地瓜藤、海金沙、钩藤、蒲公英、杜仲、无爷藤、九节茶、千里光、夏枯草、岩刷把、天南星、岩白菜、虎耳草、折耳根、杏树皮、核桃等。植物入药有的用鲜药，有的需要晒干和进行一系列程序加工后才入药。使用时，有的直接切细或碾成粉吞服，有的捣碎敷于患处，有的与动物炖、蒸后服用。

治疗技术

熏洗法

熏洗法是布依族治疗技术之一。对外感、内伤、麻痹、风湿、痧症等患者，治疗时将所需药物放入水中煎熬，令病人坐于布罩棚中让药汽熏，或直接用药水洗浴全身或患处。熏洗时间及药水浓度视患者病情轻重而定，重症患者要求药水浓度高些，熏洗时间久些，病情较轻者反之。

敷贴法

敷贴法是布依族治疗技术之一。对痈疽病、跌打损伤、风湿关节炎等，常将草药捣烂敷贴患部。若患者有凉爽的感觉，说明用药对路，疗效佳；若有火烫之感并引起红肿，则意味着药不对病。一些内科病症也可用敷贴法，如扁桃腺炎，可用蓝靛泥糊于患处皮肤，数日即可痊愈。生疮时，用一种叫“表破”的草药放在火上烤烫后敷贴在患处，效果也很好。此外，用草药敷贴于脉搏穴位可治愈恶性瘴疠。用叶子烟屎点于穴位，可医治伤风感冒、腹痛和中暑等。

角吸法

角吸法是布依族治疗技术之一。主要用于治疗跌打损伤、风湿关节炎、头痛等。一般以黄牛角、山羊角、鹿子角等作为角具，根据各种疾病和药物特点，选定相应的部位进行角吸法治疗。治疗时，先以尖锐的搪瓷碎碴刺患处，渗出些许血后，涂药，并使患处湿润，用火子或用纸烧燃后放于角内，扣于患处。由于角内火将氧气燃光，形成真空，空气对患处周围形成压力，从而使角内产生吸力，将患处内部的恶血、污浊之气或湿气排除，使患处痊愈。角吸法发展成了后来的“拔火罐”，但角吸法仍很盛行。

药刮法

药刮法是布依族治疗技术之一。根据患者疾病类别和病情选择适当部位刮治，如伤风感冒刮关节、太阳穴等部位；小儿暴饮暴食引起“食滞内停”病症（布依族医学称“隔食”），刮治时则选择腹部。刮治工具可以直接用药物，如姜等，也可以用手或铜线等。为不刮伤皮肤，药刮时将菜油烧熟后用刮具蘸油，以增加润滑，保护皮肤。刮时要数数，一般为三下、七下、九下、十二下、十五下、二十一下等。

挟捏法

挟捏法是布依族治疗技术之一。在突然发病而又来不及用药或用其他治疗方法的情况下，可采用挟捏法进行治疗。适用于各种常见病。多选择头额、颈项、背胸、肘弯、膝弯等各部穴位。医生手蘸石灰水，弯曲中指、食指关节侧面进行挟捏，挟出黑红色疙瘩，然后用手指压其两头，患者便感到疼痛减轻。

针刺法

针刺法是布依族治疗技术之一，主要用于治疗生疮和小儿疳疾等。治疗生疮，主要是长脓包后，用针刺破，将脓挤出。治疗疳疾，要先检查患者背上是否有疳疾症状。如有，背部皮肤会出现“痣黑点”。用针挑黑点处，可挑出一丝丝如羊毛般粗细的小纤维，纤维连绵不断，有时甚至会将针弄断。挑完后，病人顿觉全身筋骨舒适，食量增大，从而疳疾逐步根除。

烧熛法

烧熛法是布依族治疗技术之一，主要用于治疗小儿急慢性惊风、咳喘、痄腮、食滞、腹泻等。治疗时用灯芯草蘸上桐油将其点燃，然后根据需要在体表一定的部位或穴位上快速烧灼，直到局部皮肤出现点状焦痂为止。此外，治牛皮癣也常见此法。将棉花少许扯匀成片状，铺于患处，点火燃烧，既可止痒，也有一定疗效。

佩戴法

佩戴法是布依族治疗方法之一，即根据不同病症选用相应的药物佩戴于患者颈项、手腕或身上其他部位。主要用于治疗慢性病和对急性病进行辅助治疗，或防治某种疾病，如手握生姜片或在鼻孔前放鲜橘皮以防晕车晕船等。这种疗法源于古代服饰。布依族先民认为佩戴金、银和玉器可以避邪，所以小儿经常生病要戴银饰帽子，用银背带背；妇女则戴银项圈，银制或玉制手镯，金戒指等。而以矿物和植物染料染成的蜡染布、靛染布等，则有药用价值，穿戴它有防治皮肤病和抵御光射、毒风侵入人体之功效。布依族人民在其启示下，逐步发明了药物佩戴法用于治疗和预防疾病。

饮食疗法

饮食疗法是布依族治疗方法之一，即以药物配以饭菜一起烹制食用，达到治疗目的。例如用补药和鸡、猪腿一起烹煮，炖烂后食用，达到进补目的；以枫香叶捣烂喝其汁，或在水中撒些石灰后饮用，或饮用苦丁茶；用木耳掺酒醋炒来当菜吃；或以“青寒”（布依语，苦菜名）及狗屎藤和糯米面煎粑粑来吃，则可以治痢疾。

男女不育症诊治

男女不育症诊治是布依族擅长的治疗技术之一。对男不育者，以杜仲为主药，配以狗肾等单方；女不育者，以猴结为主药配成药方。

接 骨

接骨是布依族擅长的治疗技术之一，指对骨折、骨头错位等伤病的治疗。布依族接骨不需要复杂的设备和手术即可矫正或治愈骨折。例如民国年间兴义县有一例掌骨破碎、皮肉脱落的患者，请一位布依族老人医治，医治后患者碎骨愈合，肌肉复生，能参加正常劳动。关岭县一位妇人从高岩跌下，四肢大骨和肋骨全折断，请一位姓马的布依族医生治疗，两月即痊愈。册亨冗渡一位布依族医生，以家传秘方为基础进行筛选，加上自己多年从医的经验，简化配方，改革剂型，配制成药膏“介骨灵”，对骨折后消肿、止痛、促进愈合有较好的疗效。

疾病预防

疾病预防是布依族医疗措施。布依族医学认为，虽然就命运说而言，人患病有一定的不可抗拒性，但只要注意预防，疾病是可以预防的。通常有如下措施：

把好病从口入关，注意饮食卫生。布依族乡规民约规定不得污染打饮用水的水井，谁故意让牲畜践污饮用水，就要进行处罚。水井要常洗，布依族谚语云：“勤洗井，水常清。”说话要真，喝水要清。霉腐变质的食物不吃，一些动物不能吃，如谚语云：“吃着蚂蚁一只脚，十个医生医不活。”

讲究个人卫生和环境卫生，消除病菌滋生土壤。如谚云“勤洗澡，不吃药”；“不干不净，吃了生病。夏天屋子净，不生疟疾病”；“勤洗勤换，不来病患”；“房前屋后勤打扫，一家老幼病灾少”。每逢端午节，布依族人家都用雄黄粉兑酒，加蒜泥喷洒房前屋后，以防沙虱、蝮、蛇等毒害侵入屋内。

注意隔离，切断传染源。布依族对麻风、肝炎和痨病（肺结核）等传染病，均采取隔离治疗的措施，除医务人员外，杜绝传染病人与健康人的接触。不仅如此，对肝炎病人，死后往往还采取火化措施。人们还认为其病菌会化成气传染于人。

加强锻炼，增强体质和抗病能力。布依族谚语云“饭后百步走，不用去药铺”；“运动运动，百病不敢碰”；“要想身体好，常洗冷水澡”，等等。

加强保健。饮食起居要有规律。布依族谚语云“早睡早起，病不惹你”；“剃头洗脚，胜过吃药”；“三分吃药，七分调理”。饮食上不暴饮暴食。布依族谚语云“饭是吃饱，酒是喝香”（意思是饮酒应控制在品出酒味，不能过量）；“要想身体好，吃饭不过饱”；“要想身体壮，饭菜嚼成浆”；“青年莫贪酒，少年莫贪烟”。

保持精神的愉快。布依族医学注意到精神状态与疾病的关系，特别注意强调保持乐观的心境。老年人经常教育年青一代尊敬长辈、年长者，特别是子弟要有孝心，使老人乐观开朗，减少疾病。而人们应随时注意保持乐观的情绪，布依族谚语云“不气不愁，活到白头”；“爱说爱笑，阎王不要”；“树大伤根，气大伤身”；“笑口常开，青春常在”。

著名中医王臣帅

布依族著名中医较多，例如王臣帅就是布依族著名中医之一。王臣帅 1935 年出生于黔西一个布依族中医世家，其曾祖父、岳父均是当地有名的中草药医生。王臣帅得其祖传，12 岁开始参与行医，后独立行医，主要能医治伤寒、痢疾、肾炎、腹肿、腹水、肠胃炎、肝炎、肺炎、风湿、妇女红崩白带、男子精气不调、男妇不育、儿科风寒、抽筋、骨折、跌打损伤等病症。特别擅长治疗男女不育，在当地很有名气，从花溪、安顺、清镇、织金、金沙、修文、息烽、遵义等市县慕名前来医治者很多。王臣帅的中医“针刺接骨”“扯斗接骨”和“外包接骨”等疗法也很出名。其诊断方法主要有拿脉、看指甲、看舌苔、按摩患处、敲打患处、观五形、根据病人出气状态和哼气声判断病情等，并根据不同季节和气候用药，效果很好。

布依族体育

产生和发展

人类最初没有专门的体育活动。古代布依族先民们的体育寓于生产劳动、战斗和游戏等活动之中。随着社会发展，布依族先民们将这些活动的一些过程反复演练，使之逐步从生产劳动、战斗及游戏中独立出来，才形成较专门的体育活动。如射箭、射弩、赛马、登山等项目，显然是从古代布依族狩猎活动发展而来的；水上漂石、划竹排、划舢板船、赛龙舟等项目，其来源可能与古代布依族水上捕鱼活动有关；扭扁担、斗牛等则来源于古代布依族的稻作农业生产活动。此外，还有一些项目，如打抛（线球）似乎来源于纺织生产。这些均为源于布依族生产劳动类的体育活动。

来源于战斗活动者，如布依族掷石赛、梭镖、武术、棍术等，可能是从练兵杀敌的活动中发展而来的。而来源于社交娱乐或婚恋活动的体育项目，如甩花包等，则可能是恋爱中青年男女交换信物的一种方式，后来才演变为娱乐性的体育活动。

体育运动的类型及特点

布依族传统体育可分为“生产类体育”“生活类体育”“军事类体育”“祭祀类体育”以及“娱乐类体育”数种。

生产类体育项目与人们的生产活动具有密切关系。它们从生产劳动中产生，并反映生产劳动的内容。这类体育项目有“游水追鸭”“划竹排”“划舢板船”“划龙舟”“登山”“射箭”“射弩”等。

生活类体育项目反映了人们的社会生活，如“甩花包”“抢鸭子”“抢彩球”等。

军事类体育项目较多，具有搏斗性质。除“射箭”“射弩”外，“摔跤”（或称“板腰”）、“打石仗”、“武术”等均明显属此类。摔跤是两个男子勇与力的较量，以将对手摔倒于地为胜。打石仗主要流行于镇宁、普定、六枝、关岭、安顺、三都等市（特区）县。参加这种活动者“战斗”时均需全身心投入，但战斗双方都全无敌对性质。它可能由古代军事演练演变而来。三都县周覃地区的这项活动，是在周、覃两大姓氏之间开展“对打石仗”比赛。按古规，只有15岁至50余岁的男子有权参加；要求双方人数相等；村寨中每个人是否参与比赛，全凭意愿。“对打石仗”有三条规则必须严格遵守，一是在“战斗”中双方任何人被击伤都不得发怒闹事；二是不准使用火药枪、马刀、铁块等利器；三是不准虐待“俘虏”。“战场”设在横贯周覃大坝的格博河两岸。一般在农历四月初八早餐后，两大姓氏的战斗队伍各先占据格博河的一边，抬来大筐碎裂的瓦块、小石块；当双方领队挥手致意后，九名号手吹响牛角号，双方“战士”随之发起攻击，向自己的目标猛烈地投掷瓦块、石块。

“战士们”可利用自然物作掩护，也可冲到河坎边短距离掷射。有单独行动，也有集群式冲锋，阵地上呼喊冲杀声不绝于耳。阵地后方不远处，有双方的老人、小孩和妇女观战。他们不时发出助威的呐喊声和欢笑声。

祭祀类体育活动，指在祭祀礼仪上或作为祭祀仪式的一部分进行表演的体育项目。如贵阳市乌当区新场乡可龙寨布依族，每年于农历正月初九至十五，在“玩红灯”活动中要在“演武场”上表演的“演武活动”就属此类。届时，寨中庙里竖起一面方形红旗，庙中灯烛闪闪，气氛肃穆。由“灯头”高举红灯，带领人们先到庙中参神拜佛，祭祀祖先。接着，穿红袍红裤、佩红腰带的“玩龙灯”者，在“灯头”领导下，合唱《点兵歌》，又跟着锣鼓的鼓点节奏涌向“演武场”。

“演武场”上，由“灯头”指挥“开场杀法”，布依族称“歪栋那结”，意即集体操练。集体操练共有24个操练套路。

之后，就是“演武场”单项演习。分“单枪”“单人大刀”“双人长枪”“双人大刀”“双人铜锤”“双人大斧”“耍铁链”“耍棍术”等。一般演武都有锣鼓、钗钹等打击乐伴奏指挥；其中的“单人大刀”“双人铜锤”和“双人大斧”等还有专门武术唱词相伴和；舞“单人大刀”者头上需饰野鸡尾。演习紧张欢快，气氛热烈。此外，“铜鼓刷把舞”“粑槽舞”等也属祭祀类体育活动。

娱乐类体育项目，在布依族传统体育中占有很大比重。如“打陀螺”、“打童棍”、“打抛”（线球）、“踢毽”、“打秋千”、“水上漂石”、“跳独脚”、“扭扁担”、“斗牛”等，其娱乐性很强，都是布依族青少年喜爱的体育活动。

布依族传统体育项目计有数十种之多，有些活动经常开展，有些则多在节日和喜庆的日子里举行。

传统的体育竞赛项目

赛　马

布依族的赛马活动历史较长，据《礼记·俚僚》载：“僚人（布依族先民）好马驹，喜走骑，常以玩娱。”据《元史》记载：“仲家蛮（布依族）牧马有术，骑术上乘。”赛马是布依族喜爱的重要体育活动之一，多在每年春节、六月六、八月十五、重阳节、十月初一等节日中进行。分“一般赛马”和“正规赛马”两种。

“一般赛马”时间不定，由养马户的小伙们自由组合，商定比赛时间、路线和比赛距离。比赛时，小伙们牵着自养骏马，马背上无马鞍，亦无马镫，但马头上都需挂一条红布，增加美观。他们商定先后顺序后，不慌不忙地跃上光溜溜的马背，抓紧缰绳，快马加鞭，飞驰向前。这种赛马活动，只凭眼观看，谁骑术最好，马跑得最快，就会博得大家的喝彩祝贺。赛后不发奖，亦不记名次。

布依族的“正规赛马”活动，多在春节、六月六、八月十五、重阳节、十月初一等节日在专门赛马场举行。或由地方官员主办，或由寨老出面主持。比赛时，骑手们牵上自养骏马，马背上备马鞍马镫，马头装饰随个人喜爱。跑马道两旁插有各色小旗，骑手们按规定时间跑完全程，并在快速奔驰中从马背低身抓起地上小旗，之后可在马背上做各种动作，以马速最快、动作最优美和抓得的地面小旗面数最多者为胜。最后，由地方官员或寨老主持颁奖大会，给获胜骑手颁奖。

甩花包

甩花包又名掷花球、甩糠包，古称“飞蛇”，是布依族很有特色的体育项目。宋《溪蛮丛笑》记载：“土俗岁首数日，野外男女分两朋，各以五色彩囊装豆粟，往来抛接，名曰‘飞蛇’。”宋代的“飞蛇”，就是后来布依族的甩花包。花包用各色彩布缝制而成，呈菱形，约有 20 厘米见方，内装米糠、小豆、棉籽等。每只角用五彩丝线做成要须。又用布条缝制成长 60 厘米左右的带子，抛掷时手拿带子，往前或往后绕几圈即抛出。接时也须接住带子。赛场上男女分成两队，相距 7～8 米远，相互掷接。规则是不准横撇，掷包不准过肩、不准抬脚，谁接不着对方花包，要送给对方一件礼物。在甩花包过程中，开始是随意丢掷，后阶段多投向自己爱慕的人。所以，甩花包也是布依族青年男女表达爱情、选择配偶的一种活动方式。

打　抛

打抛是在布依族男青年中一项极为普遍的体育活动，其历史悠久，简便易行，深受男青年喜爱。用棉线绕成一个比鸡蛋稍大的线球，这种线球，用手掌拍击着地，能反弹一米多高。活动时，人数可多可少，有时二三人，有时十多人，集中在寨内广场或大院坝中进行比赛。有立式转背拍击或蹲式拍击两种姿势。立式转背拍击是：身体直立，伸手掌用力猛拍线球碰地，趁线球碰地弹高之机，身体很快旋转一周，在线球往下降之时又猛拍一下，这样循环往复，旋转拍击，谁拍得多，谁为优胜者。这样的体育活动体弱者难以取胜，且旋转十来圈往往眼花头晕，欲站不稳。蹲式拍击是：左膝下蹲，右膝成弓箭步，身躯直立，用右（左）手连续拍击线球碰地，使其不停止，以拍得最多的为优胜者。一般人可连拍二三百下。比赛结束后，败者要为优胜者供球。供球方法是：由败者将线球抛至胜者手掌边，胜者站立顺手拍击线球着地，待线球弹起来时，用脚背猛踢线球，使线球飞向远处。如败者判断准确、动作敏捷，当即接住线球，便算完成供球。若接不住，败者需捡球再供，直至接住飞球为止。打抛不选场地，人数可多可少，既可增强体质，又可增加欢乐气氛。

踢　毽

踢毽是布依族女青年喜爱的体育活动。每年农历正月初一至十五，姑娘们身着节日盛装，欢声笑语，聚集在晒谷场上，进行传统的踢毽比赛。毽用新布和古代硬币、鹅毛管、鸡毛等制成。踢毽姿势分落脚式、悬脚式、反脚式三种，一般都用右脚踢。落脚式：左脚站立，右脚踢毽，当毽向上时，右脚趁机落地一次，两手下垂、自然摆动。悬脚式：左脚站立，右脚不能着地，连续踢毽，两手下垂、自然摆动。反脚式：左脚站立，右脚向外侧踢毽，脚不落地，两手下垂，自然摆动。比赛时，无论何种姿势，均以连续踢的时间长、个数多者为优胜。败者要向优胜者供毽。优胜者站立等候，失败者在相距 1.5 米左右处将毽抛向胜者，胜者用脚猛踢使毽向远处飞去。供毽者若判断方向正确、动作敏捷，把飞毽接住，则比赛又可从头开始。这项体育活动清新活泼、讲究技巧，既能逗趣取乐，又能锻炼身体。

打鸡毛毽

打鸡毛毽是贵州册亨、望谟、镇宁及毕节一带布依族特有的一项体育活动。多在节日期间举行，也有不分季节在平时打着玩的。参加者不分男女，也不受年龄限制。鸡毛毽制作简单，即用一节长约 3 ~ 6 厘米，一端有节的小竹筒，插上七八匹雄鸡毛，扎紧即成。用来击打鸡毛毽的拍子，以木质较轻的杉木板做成，呈长方形，有柄。比赛时，在场地中间画根中线为“界河”，对打双方各站一边；由一方把鸡毛毽发过中线，另一方接鸡毛毽抽拍回去。如此连续拍打，类似现代的羽毛球竞赛。若谁接不到鸡毛毽或拍打不过“界河”就算输。有二人对打、四人对打，也有两人为一组，多组进行比赛。后者以每组所打个数多者为优胜。不管哪种打法，都是获胜者先发鸡毛毽，失败者持拍抽回。打鸡毛毽运动量大，需要运动员机智、灵巧、反应敏捷。

打苞谷壳手拍球

打苞谷壳手拍球是布依族喜爱的一项体育运动。苞谷壳手拍球如高尔夫球大小，用苞谷壳裹好后，再用细麻线捆扎，上插公鸡毛数匹而成。比赛时，先在场地中画一线作“界河”，运动员用双手拍打，类似现代排球竞赛。一方发球后，另一方接不到球或拍打不过“界河”，球落在哪方场地哪方算输。这项比赛有二人对打、四人对打，也可分组比赛，以拍打过“界河”球数多者为优胜。

托篾球

托篾球是布依族男青年喜爱的运动，多在每年春节、六月六等节日中举行。其历史悠久，据宋孟元老《东京梦华录》卷九及周密《武林旧事》卷四载：“仲夏日，僚人（布依族先民）……编竹为球，以手托之，前后交击为胜。因僚人住地山高水寒、手足疫冻，故其男子常托弄之。”清窦光鼐等《日下旧闻考》也说：“托球一事，自金、元以来即有之。”至今布依族男青年所玩的篾球，系用竹子划成细篾条编制而成，球直径 10 ~ 15 厘米。参加人数不限，大家围成圆圈，先由一人用手将篾球托飞至空中，其余人依次轮流接球、托球。比赛时，以接球的次数最多，托球最快最高为优胜者。负者要受罚，或唱歌，或跳舞，或在地上打个滚，以此逗趣取乐。

蛇孵蛋

蛇孵蛋是布依族孩童喜爱的一项体育活动。参加者二人至若干人不等。由一人蹲在地上，胯下放一石块作“蛇蛋”，旁边人袭击夺取石块。守石者不能站起，只能蹲着四面转动，伸手去捉夺石人。谁被捉住，就轮到谁来蹲下守石。孩童们一边玩，一边哄笑欢叫不止。这项活动不分时间地点，随处可以开展，对孩童们健体、交友和智力竞技很有好处。

犊　啊

犊啊意为“护小鸦”，是布依族孩童喜爱的一项体育活动。由一人扮“鹰”，一人作“母鸦”，数人互拉前面者的后襟连成串。先有几句逗笑对白，扮母鸦者撑开双手，拦住扮鹰者，扮鹰者设法抓住“小鸦队”的最末一人。队伍随扮母鸦者左右拦“鹰”而一边摆来摆去，一边“啊啊啊”地叫。如最末一人被抓住，就由他（她）来扮鹰，原扮母鸦者排到最后扮“小鸦”，原排第二名上前扮母鸦。如此循环，每人都可在活动中扮母鸦和鹰。此项活动场地条件要求不高，随时随地都可举行，是孩童们健体娱乐的好方式。

打陀螺

打陀螺是布依族孩童喜爱的体育项目之一。有“转时赛”和“斗陀螺”两种。参加者人数不限。“转时赛”由多人用鞭抽转自己的陀螺，喊“预备起”后同时抽打，看谁的陀螺转的时间最长。得胜的陀螺顶上会涂上石灰白点，并欢呼它可“叭依噢杯”（意为去遥远的“依”住地运棉花），以此作为对优胜者的奖赏。“斗陀螺”则由好胜者自愿参加，将两个陀螺同时抽打相碰，哪个陀螺被碰倒转不起来就被扔掉或归优胜者所有。以此法轮番竞赛，能碰倒所有对手的陀螺的为最后优胜者。

金儿棍

金儿棍是布依族青少年喜爱的一项体育活动。比赛时，需选择一处较宽敞的场地，参赛者按人数平均分为两方。第一步，先在地上放两块石头，发棒一方用一节尺余长的木棒横放在石上，手持另一节木棒，将横放木棒弹打出去，越远越好；接棒一方需判断方向，尽力跑去接棒。若接到棒，双方换位。如接不到而棒落地，则进行第二步，重新发棒。第二步，将一棒斜靠在一块石上，发棒者用手中的木棒敲打斜棒高出的那头，将斜棒敲翻起约半米高，再用手中棒将翻起的棒用力打向远处，接棒者判断方向，尽力跑出去接棒。若接住棒则双方换位，由接棒一方换成发棒者。若接不住棒则开始第三步，重新发棒。第三步，双方分别一对一，发棒一方将木棒抛起，手持另一棒敲打抛棒，打得越远越好。接棒者奋力跑出去接棒，若接住，这二人的一轮比赛结束，等待轮换；若接不住，接棒者必须从棒落处用单脚跳回原地，俗称“跳脚”。或双方轮流发棒，以接棒多、“跳脚”少者为优胜者。

分达丁

分达丁是布依族男女青年喜爱的一项锻炼脑力的传统体育活动，又被称为“打土电话”。两节空竹筒分别在一头蒙上蛇皮，以一根蜡光线通过蛇皮相连接即做成“达丁”。在天气晴朗之日或月夜，同寨的男女青年成群相约，于村口大树下通过“达丁”对唱《兄弟姐妹歌》；或是相邻村寨的男女青年成群相约，进行“达丁”对歌比赛。对唱时，双方相距15～20米远，一方对着竹筒唱，另一方拿竹筒靠耳聆听，声音清晰优美。

竞乜模

竞乜模意为“母猪棋”，是布依族青少年喜爱的一项体育活动。其玩法是在地上或石板上画若干圆圈为棋格，两人对阵。棋格有一称为“猪窝”的主格，每方有一块小石板称为“母猪”，另有十二颗小石子称为“猪崽”。玩法类似跳棋，“猪崽”按规定线路互相进攻或阻拦，设法将对方“猪崽”拦到我方“母猪”辖格，将其捡来让“母猪”护住。最后，谁的“母猪”将对方全部“猪崽”捉住，谁即为优胜者。

竞侃亚

竞侃亚意为“草秆棋”。其玩法是先在地上画棋格，两方对阵，每方用十二根草秆，一根比一根短些。草秆各按规定路线跳下，长秆吃短秆，最短的草秆又吃最长的草秆。最后，以吃完对方草秆者为优胜。

竞勒升

竞勒升意为“石子棋”。其玩法是先在地上（有的凿在石板上）画上方形棋格，双方对阵。各用一种颜色的小石头五颗作棋子，从棋盘底部摆成三角阵式向前推进，有“夹吃”“挑吃”“连夹带挑吃”等几种吃棋子法。以将对方棋子全部吃尽为优胜者。

拳术、刀术、棍术

布依族的拳术有“小洪拳”“板凳拳”等数种。刀术、棍术也很有特色。民间有上刀梯、喉头顶标枪、肚皮劈石等武术。各种武术多是家传防身之用，节庆时才义务为群众表演，以增加节日娱乐气氛。

布依族军事

产生与建制

布依族军队古已有之。“夜郎兵”或“南夷兵”即布依族先民的军队。后世称“土司兵”，即布依族土司统领的军队。

“土司兵”军队的建制，据布依族土司《王氏宗谱》载：“宋皇佑四年（1052）……敕令岑仲淑为怀远将军，驻古勘。王凤若为龙虎将军，降沼委管长雹四甲，桑郎四甲；黄慧管罗斛四甲，罗宜二甲，镇守黔界；潘必达管路程八甲；杨廉康镇守八甲；奏委各官承袭，世代相承。”

《杨氏族谱》载略同。这些地域包括今红水河两岸的布依族和壮族地区。“甲”即“兵甲”，为军事组织。首领称“甲首”或“兵目”，由土官统管。各甲辖地大小，取决于分封土地多寡与军事力量强弱。甲首承袭，通常由嫡长子继承；如无嫡长子，则兄终弟及袭职。不继承甲首的诸子，分派各地为“亭目”。“亭”是“甲”的下级军事组织，随着历史发展逐渐演变为一般封建政权，兼有统兵、征赋、治民理民等职责。“土兵”平时为农，战时为兵。但布依族农民起义军的建制则另有所制。如王囊仙、韦朝元领导的清嘉庆二年（1797）南笼起义共设“元帅、将军、军师、总管、钦差、仙达、仙姑”等职，由“皇仙娘娘”和“在天王玉帝仙官”统管，率军作战。

兵　器

按照布依族土司《岑氏族谱》的记载，布依族兵器计有革器、盔甲、火药、火炮、刀、矛、枪、鞭及弓箭等。民间弓箭的箭头以毒药喂制，见血封喉。

清代布依族南笼起义军发明创造了一种特大的挡牌。此种挡牌长 3 米多，用大竹或藤条编织而成，牌内塞满棉被，可以抵御枪炮。攻城时每牌可以掩护 30 多人和登城云梯前进。在当时的条件下，这种挡牌不失为一件新式武器。义军制造的火炮也很具威力。义军不仅造了千斤重的“大铁炮”，还制造了杀伤力特大的“九节炮”。“九节炮”的炮子，大者重一斤，小者也有五两。发射时巨声震天，射出去弹如雨下。义军攻打永丰（今贞丰县城）时一炮打到州署旁边，守城官兵“皆逃匿”，树断两枝，石为两破。仅此一端，足见“九节炮”威力之大。

战略战术

布依族军队的战略战术，以清嘉庆二年南笼起义为例，有如下特点：

“围而不攻，不攻自陷。”义军在起义之初围攻册亨城就用此种战法。清嘉庆二年正月十五日，起义军包围了南笼之南册亨城，但城坚难攻，一时不能奏效。于是倚势而行，采取“围而不攻”的办法，将城围死，待其自毙。如此坚持半月，城中绝粮，炊烟已断，义军毫不费劲，一举将城攻下。

“围点打援，出奇制胜。”马别河歼灭战就是义军围点打援、出奇制胜的典型例子。马别河位于黄草坝（今兴义市）以东的马岭峡谷之中，清嘉庆二年六月八日，清军首领勒保命游击常山和普安州判丁楷，带兵赴南笼救援。义军首领韦朝元闻讯，先率义军到达马别河谷，拆掉马别河石桥，搜走所有渡船，尔后在河谷两边埋下伏兵。常山率兵而至，看见河水猛涨，无船可渡，只好扎营在左岩山坡上。韦朝元乘常山之兵立足未稳，指挥伏击的义军发起攻击。在义军的猛烈夹击下，常山、丁楷、把总陈宏典、外委张世溥等皆被击毙，援军全部被歼灭。这场漂亮的歼灭战，在当地人民心中留下了深刻印象。他们将这段战争编成唱本，一直流传至今：“皇军遭战马别桥，个个勇猛如虎蛟。皇兵好似落水狗，浮尸水上血染桥。陷在烂田难拔脚，又遭乱剑与飞刀。”类似战例不仅止此，清嘉庆二年四月初，永丰（今贞丰）守城兵将一部出城打探援军消息，被义军围在“那山”（地名）。城中守军急驰往援，却不知这是钻进了义军“打援”的口袋里。义军三面夹击，将其聚歼在城西烂泥稻田之中。这一仗击毙守备张文贵、周斌，把总王举、武举人段自成等。歼敌数十人，缴获火炮一门、火枪数十支。

“踞险抵抗，以一当十。”义军举事的地方山高谷深，坡崇岭峻，鸟道盘行，草茂林密，形势陡险。为了阻抗官军进犯，义军很好地利用了这些关隘险阻御敌。“一夫当关万夫莫开”，对这些关隘的利用，使义军战斗力倍增。当勒保、觉罗吉庆率官兵进达南笼时，不知遇到了多少义军关隘的阻击。勒保向皇帝奏报情况，几乎每奏必称“贼卡遍布，攻击甚难得手。臣万分焦急，百计图筹”。而嘉庆皇帝每次读到此种奏报，便谕批大骂“可恶”“可恨”“可恶之极”，切齿痛恨之情和无可奈何之状溢于言表。

“筑城有术，坚如磐石。”义军不仅很会利用地形地物作战，而且颇擅固地筑城之术。按清军首领勒保的描绘，义军根据地洞洒、当丈两寨均因山势地形，筑起了多层木栅，垒起了道道石城。这些工事又将周围付寨和山头环连起来，形成了内外两层三十六寨和无数小卡紧连的防护网。这使勒保军伤透脑筋，直言“步步仰攻，甚难施力”，“枪炮难施，城难攻破”。若不是义军在胜利之后丧失警惕，此战城恐怕就是勒保的葬身之地。

“巧造枪械，增大战斗力。”兵家从来认为，武器是战争胜负的重要因素。义军对此也十分重视，并有创造之绩。如义军制造的九节大炮和发明的大挡牌等，大大增强了义军的战斗力，南笼起义军虽然失败了，但它留下的战略战术具有重要的历史价值。

布依族古典文学

古典文学是布依族文学的主要构成部分。除了民间口头文学，还有摩经文学，以及后来兴起用汉语创作的书面文学。摩经文学和汉语文学均为书面文学。从严格意义来讲，布依族古典文学的主要成就体现在摩经文学中。但由于摩经文学属宗教文学，已归入宗教类进行介绍，这里介绍布依族人撰写的汉语古典文学，也可称文人文学。

由于历史原因，保存下来的布依族人撰写的汉语古典文学，多为明清时期以来的作品。其中在全国文坛占有一定地位的代表人物有莫友芝、莫与俦（友芝父）、莫庭芝（友芝胞弟）、黄锦辉、王由孝、刘剑魂等。这个时期的作品，以诗词、散文为主，其内容有同情人民的痛苦遭遇；揭露黑暗现实；还有文人抒发对天地山川、日月星辰、节日欢乐、风物特产等的感怀之情等方面。

莫氏几父子，均是清朝中期学识精深的文人，贵州独山人。他们的著作，对贵州文化的发展起了不可忽视的作用。

莫与俦是著名历史学家、文学家、诗人。其主要成就是对贵州史地、人物的研究与介绍。主要著作有《二南近说》《仁本事韵》《牂牁考》《毋敛先贤表》《都匀府自南齐以上地理考》《贵州置省以来建学记》等，对贵州史事人文、文化、文学、地理沿革均有精深研究，对后世的贵州史学学科的发展产生了重大影响。但他的大量诗文已遗失，仅存部分载于《贞定遗集》之中。

莫友芝是清末人，一生有多方面的成就。他不但是诗人，还是语言学家、音韵学家、考据学家、目录学版本学家、书法家，被誉为“西南巨儒”。其著作《郘亭知见传本书目》十六卷，是对《四库全书简明目录》所作的重要补充与札记，成为后来人们阅读和研究《四库全书》的重要参考书；所著《持静斋藏书纪要》四卷、附二卷，为我国版本学研究留下了宝贵的资料；他与郑珍合著的《遵义府志》内容全面，考订精审，体例有创新，文笔雅健清新，备受后代学者推崇，有“天下府志第一”之誉；他编撰的《黔诗纪略》选辑了二百六十余位黔地诗人的诗作共二千三百多首，全书三十三卷，对每位诗人附有评论，成为研究贵州地方文学史不可或缺的重要史料著作；其他著作，还有《郘亭诗抄》《郘亭遗诗》《影山词》《唐本说文木部笺异》《石梁记》《声韵考略》《过庭碎录》《樗茧谱注》《宗元旧本经眼录》等。

莫友芝的诗作，体现了宋诗派诗歌的共同倾向，即以文字为诗，以议论为诗，以才学为诗。莫氏诗歌的内容，主要有朋友间唱和酬答，描摹山水和生活小景；还有叙事诗和部分考据诗。考据诗以《芦酒三首》《甘薯歌》等为代表。《芦酒三首》是对杜甫《送从弟亚赴河西判官》中的“黄羊饫不膻，芦酒多还醉”的“芦酒”一词的考证。诗后有注释近两千字，考证“芦酒”即今日之“咂酒”。其异名有十种，注引文献多种，又证以乡间民俗、方言及酿制诸法，思路广博，考证方法细致翔实，显示了深厚的学术功底。

莫友芝的唱和酬答诗，写诗人性格为人、处世态度等。他徘徊于官场外，冷眼旁观，但对内中黑暗却清楚在目，常予鞭挞揭露。其诗中最引人注目的是山水诗和生活小诗。作为失意才子，莫友芝热爱自然，希望从自然中寻求寄托与慰藉。他几次进京，沿途风光尽收；晚年遍游吴越，广交文人名士。纵情山水，使其山水生活诗突破了炫耀才学的形式主义，显示出语言清新、形象生动、比喻新奇的诗风。

莫友芝的词，文字音韵考究。除诗词外，莫友芝还有众多杂记、游记、信札等。《贵州通志》对莫友芝作了这样的评价："苍雅故训，六艺名物制度，旁及金石目录家言，治诗尤精，又攻真行篆隶书。"

莫庭芝是莫友芝胞弟。其学业精湛，聪敏过人，曾为贵阳府学古书院山长、思南府学教授，潜心传授汉宋学术和文字训诂之学。主要著作有《青田山庐诗钞》二卷、《青田山序词》一卷留世。此外，在编纂《黔诗纪略后编》中，为传承地方文献作出了重要贡献。

其他诗人，如册亨的黄锦辉，望谟的韦清兰、望漠人等，因其诗作与百姓生活情感紧密相连，有励志、教化意义，深受欢迎，被地方文人数代抄传。

布依族民间文学

神　话

布依族神话是古代布依族认识世界、解释事物的故事。它展现了布依族人的世界观，变异性地记述了当时的自然状态、社会斗争、生活情感。可以说，它是研究古代布依族思想和社会的重要形态之一。从这些神话来分析，可以归纳为以下几种类型：①人们用当时贫乏的知识与经验去解释天地与万物的形成与变化；②人们用一种神秘的眼光去理解、记叙各种文化的诞生及人与自然的艰苦斗争；③对部族古代英雄的神秘化记述。第一类的代表作品有《力戛撑天》《混沌王》《盘果王》《德金射日》《妹妹巧计杀太阳》《当万和蓉莲》《公鸡请太阳》《犀生犁山河》《马桑树为何长不高》等。这类作品诞生时间较早，没有复杂的情节和丰富的形象，仅仅用于说明对某一事物的认知。由于它远离多彩的生活，所以在长期的承传过程中，人们除了灌入当时一些社会生活的概念外，无法注入更多的情趣，其情节、人物、风格都较为凝练和朴实。第二类的代表作品有《祭龙》《兄妹成亲造人烟》《人是怎样会用手和脚的》《戛妹造衣裙》等。这一类诞生的时间比前一类稍晚一些，而且常与某种生活现象、事物特征紧密联系，甚至直接对某种文化、生活习俗进行形象的幻化阐释，所以，它的再创余地较大，在承传过程中，融入了原始社会以来各时期的精神与现实风貌。相应地，它的部分作品情节、情趣也比第一类完整和强烈，并增加了叙述的逻辑性。第三类的代表作品有《捉旱精》《茫耶寻谷种》《德者王》等。这一类作品如果离开了“神事主体”这一条神话的基本标准，倒是很像传说（传说基本标准为“物事与人事主体”）。它用人神纠葛来记述人类曾经历过的斗争，但这种记述并不像史事传说那样专指，而是对斗争经历进行了形象化的综合。由于这些作品反映的内容与人类的生活紧密相关，加上“综合”这一特性，它在承传过程中具有许多再创的灵活性，有许多起伏相扣的情节及鲜明的人物形象。

布依族神话的承传可分为三种形式：故事承传、古歌承传（参见“古歌”条）、摩经承传达室（参见宗教类“摩经”条），其以故事承传为主，且承传变异性较大，情节性较强，是布依族社会广泛使用的神话承传形式的特点。

《力戛撑天》

《力戛撑天》是布依族关于天地开辟的神话之一。同题材、内容相近的神话还有《混沌王》《盘果王》等。内容叙述远古时代，天地相隔很近，人们舂碓时头稍抬就碰着天，挖地时不小心锄头会碰着天，扁担立着放也会碰着天，生活劳动都极为不便。后来出现了一个名叫力戛的祖先巨人，他生活劳动就更不便了，常躬着身，背上也被天擦破了皮。力戛在众乡亲的帮助下，经几次反复，终于把天地撑开了，让天地离得很远很远。可一松开，天就会塌下来，于是他拔下自己的全部牙齿当成钉子把天钉住，天不再下塌了。他的牙因此变成了天上闪亮的星星；拔牙时流出的血变成了天上的彩虹。他在撑天时喘的粗气变成了风，流的汗变成了雨，眨眼变成了闪电，咳嗽变成了雷鸣，头上戴的花格头帕落下变成了银河，热了脱下的白布衫变成了云朵。大地还没有光明，力戛又挖下自己的右眼，挂在天的东面变成了太阳；挖下自己的左眼，挂在天的西面变成了月亮。力戛饿极了，累极了，倒在东面地上，把地压翘了，地面变成西边高东边低，从此水一直向东流。力戛没有眼，没有牙，跌落太重，不久就死在地上了。死后，他的肠子变成了江河，他的心变成了鱼塘，他的嘴巴变成了水井，他的膝盖和手腕变成了山坡，他的骨骼变成了石头……相应部位变成了各种自然物、动物。从此，天地分开，万物繁盛。（参考韦兴儒《贵州布依族民间故事选》，中国民间文艺出版社 1989 年版）

《德金射日》

《德金射日》是布依族关于天地自然及其变化的神话之一。题材内容相近的作品还有《卜丁射日》《勒戛射日》《十二个太阳》等。内容叙述古代十二日突然并行于天空，给人类带来了极大灾难。国王许诺：谁能射下太阳，就能得到许多好田好地。德金离别妻儿，找到“高娃树”制作弓箭，爬上最高的树梢，射落了十个太阳，射伤了一个。国王在地上惊呼：留一个照人走路，给王晒谷，照姑娘织麻纺纱。德金回到地上，问国王要他许诺的田地，国王反悔不给。德金一气之下，去山坡草丛寻找射落的太阳，想把它们扔回天上，但没找着。他抓来龙神等动物当成犁耙和牛犁田，故意激怒了神族。由此，天神发下大洪水，淹没人间，反悔的国王因此消失。整个大地只有一个山顶没被淹没，少数人躲在这个山顶免受灾难，一些鸟类在山顶上幸存。人们在饥饿中捉了些鸟来充饥，在鸟的舌根和喉头发现了幸存的谷种。待大洪水消退，人类才重新繁衍。

《妹妹巧计杀太阳》

《妹妹巧计杀太阳》又称《兄妹巧计杀太阳》，是布依族关于天地及其变化的神话之一。这是中国射日神话中一个独特的异体神话，在民间文学集成普查工作中，于贵州六枝特区坝湾布依族乡发掘，给射日神话增加了一个特殊的类型。内容叙述远古时期，突然十日并行于天空，大地干旱猛烈，给人类带来了特大灾难。一家两兄妹决心为人类解除灾难。聪明的妹妹想出妙计，她织出一块大白布，将布剪成圆形，请“雅牙”念咒，让白布闪闪发光。天亮之前，她将白布铺在高山顶上，哥哥则带着众人躲在白布旁的树林中等着。天一亮，十个太阳排队行走于天空，太阳们排成扁担似直行，互相看不清头尾。突然，太阳们发现山顶上闪闪发光的大圆盘，便以为自己的一个兄弟落到地上了，纷纷向山头飞下，要去救自己的兄弟。当十个太阳靠近山头时，哥哥和众人一齐扔“石头龙”（布依族一种扔石技术，命中率高、飞得远、有力，能发出马达似的鸣响）。结果，十个太阳被“石头龙”砸死了八个，砸伤了一个；只剩下一个好的飞回天上，变成太阳；伤的一个飞回天上，变成了月亮。（根据伍荣腾发表于《南风》1994 年第 3 期的原作缩写）

《当万和蓉莲》

《当万和蓉莲》是布依族关于天地及其变化的神话之一。内容叙述太阳和月亮是天帝手中的一枚红元宝和一枚白元宝。天帝高兴时将元宝在天上滚着玩，滚红元宝时就成了白昼，滚白元宝时就成了月夜。可是天帝如果不滚元宝，大地就长期黑暗。威虎神将为了使大地能有规律地出现白天和黑夜，建议天帝按规律轮流滚元宝。玩乐中的天帝很不高兴，一气之下用酸草把两个元宝煮得失去了光泽，并将威虎神将和元宝一起打下人间，压在一堵大岩之下，使大地黑暗了几万年。

当万和蓉莲夫妻俩见大地如此黑暗，爬到压着威虎神将和元宝的山顶向天空发问："这是为什么?"他们问了很长时间，问得声音沙哑了，也没天帝的回音。他俩累得躺下睡着了，威虎神将托梦告诉他们，只有用一对恩爱夫妻的一只眼睛，以及他们一只手腕流下的血，才能砸开山岩救出他和元宝，最后才可商量给大地恢复光明的事。为了人类光明，当万和蓉莲忍痛照办了，终于救出威虎神将和元宝。

威虎神将又说，元宝失去了光泽，只有夫妻俩吞下元宝，熔化身躯，大地才会恢复光明。当万和蓉莲决心为人类光明献身，当万夺走了威虎神将手中的红宝石吞下，全身燃烧成一团红球，飞上天空，变成了太阳；蓉莲也将白元宝吞下，燃烧成一团白球，飞上天空，变成了月亮。他们夫妻双双轮流巡空，使大地有了白天的太阳和夜晚的月亮。从此，布依族把太阳叫作"当万"，把月亮叫作"蓉莲"。（参考韦兴儒《贵州布依族民间故事选》，中国民间文艺出版社 1989 年版）

《公鸡请太阳》

《公鸡请太阳》是布依族关于天地及其变化的神话之一。内容讲述远古时世间有十二个太阳，一个接一个来回巡空，结果世界没有夜晚全是白天，大地炎热无比。有位大汉很生气，拿一根长竹竿爬到长得顶天的马桑树颠，用长竹竿将太阳一个接一个打落下地死了。最后一个太阳被吓得赶紧往回跑，躲到天边大山洞不敢出来了。从此，天地失去了光明。生活在黑暗中的人们叫牛去请太阳，没请来；叫马去请太阳，也没请来。后来，人们才想起：公鸡原来生活在天上，没下凡前公鸡与太阳的关系要好，它喊太阳叫哥哥，就叫公鸡去请太阳吧！于是公鸡去天边山洞请太阳。太阳也说："闷得慌，想出去走走，就怕被人打着。"公鸡说，它要回来问问人们，要是人们同意以后再不打太阳了，就叫"哥哥"，听到叫"哥哥"，太阳就出来。公鸡回来和人商量好了，每天叫一次"哥哥"。太阳听见了，就每天出来走一趟。从此，大地有了白天和黑夜。

《犀牛犁山河》

《犀牛犁山河》是布依族关于自然及其变化的神话。内容叙述古时大地祖神包达吉朋造了大地、造了万物，但包达吉朋觉得大地只是平平的一块，没有山川，没有峻岭，很不完美。他想，大地要是和天空一样，青一块、白一块、红一块、蓝一块，该多好看啊。包达吉朋便造了犁，把犀牛王拉来犁大地。他用藤鞭不住地抽打犀牛，白天黑夜不停地犁。犀牛累得喘不过气来了，但不敢吭声，边在前面拉边想着要逃走。一天，包达吉朋也累了，叫犀牛也歇一下，去找点干净的水来喝，犀牛便趁机跑了。大地才犁了一半，犁过的地方就有了山川河流，没犁的地方就成了平原。因包达吉朋先从西方向东方犁，犀牛在前人在后，犀牛比人重，把东面踩下去，西面翘起来，就造成了地面环境西高东低、水往东流的现象。

《马桑树为何长不高》

《马桑树为何长不高》是布依族植物神话之一。内容叙述古老之时马桑树长得太高，又大又直，直通天庭之上。雷公爱睡懒觉，时常忘了给田地泼水，天就大旱。一遇干旱，人们就顺着马桑树爬上天去打雷公的耳光。

一年，雷公又忘了泼水，人们又上天打雷公耳光。雷公一气，猛往地上泼水，地上爆发了大洪水。人们用竹竿在地上捅了几十个大洞，才免于洪水灾难。人们告到天帝那里，雷公挨了天帝一顿骂。雷公因此怪马桑树长得太高，让人们有通道经常上天打他，便一气之下用雷斧砍了马桑树干，又用脚把马桑树桩踩扁。从此，马桑树再也长不高，人们也不能再爬到天上去了。

《牛吃糠壳人吃米》

《牛吃糠壳人吃米》是布依族关于动物的神话之一。内容叙述天帝造人之初，把人放到地上，人还不知该怎样过日子，该吃什么，该做什么。大家商量请祖神包达吉朋顺着高齐天的楠竹，上天去向天帝说："再不安顿好人，人就全回天上来了。"天帝听了，忙叫牛王下凡告诉人："要一年种一季稻子，三天吃一顿饭。"可牛王很笨，一路背诵着天帝的话，到了地上就背错了，把天帝的原话说成了"一年种两季稻子，一天吃三顿饭"。人问牛王还种什么，牛王喜欢麦苗，就说："种谷子和麦子。"人种了一季，又种两季，一天吃三顿饭，累死累活不够吃。祖神包达吉朋又上天报告，若再这样人就都回天上来了。天帝生气了，认为是因牛王传错话，就叫牛王下凡帮人犁田。牛王问那它自己吃什么，天帝说："牛吃糠壳人吃米。"从此牛便专为人犁田，专吃糠壳。

《祭龙》

《祭龙》是布依族图腾与祖先神话之一。内容叙述天帝造人，叫人住在山洞中。人有好多代后，山洞住不下。人上天问天帝怎么办，天帝说："搬到山下搭棚子住吧。"人说："野兽太多，搬出山洞要被野兽吃光的。"天帝说："那我就派龙神去保护人。"

人开始到山下挖地基建房住，但养的牲口常遭野兽偷吃，种的庄稼也常被野兽糟蹋。人又去天上问天帝。天帝说："我已经派龙神下去了，可是你们挖地基、开田，也不给龙神讲一声，一旦挖着龙神，龙神就跑到江河里去了。"于是，天帝拿出一本《请龙经》送给人，让人回去在挖地基、开田时念诵，龙神就不受干扰了。从这以后，布依族人民每当需要举行诸如"挖地基起房""开山采石""挖山开田"等重要仪式时，都要念《请龙经》，过年也要念《请龙经》。从此龙神与布依族人在一起，永远保佑人类吉祥。

《兄妹成亲造人烟》

《兄妹成亲造人烟》是布依族关于人类繁衍的神话之一。这个神话有多种版本，前半部关于洪水成因的内容不尽相同，后半部关于兄妹幸存与兄妹成亲的内容大同小异。关于洪水成因综合下来有三说：①雷公忘了布雨，被人上天捉来关在鸡笼里；②人想吃雷公心，张网在海里捉来雷公关在笼子里；③人想吃雷公肉，将桐油泼在石板房顶上，用计引雷公滑落下来，将其关在笼子里。雷公脱逃原因则有二说：①雷公哄小兄妹得水喝，增加力量破笼而出；②雷公哄小兄妹屙尿给它喝，增加力量破笼而出。雷公脱逃之前，拔下两颗雷公牙报答兄妹俩，并交代兄妹俩用葫芦避难事宜。

神话内容叙述远古时代，连续三年大旱无雨，一位英雄上天捉住雷公，带回家来关在木笼里，不给它喝水，想让它尝尝干旱的味道，促使它理解人间旱苦，回云天后能及时布雨人间。这位英雄有一对幼小儿女，英雄上山干活时叫小儿女看守雷公，不能给它水喝。

雷公干渴难忍，苦求小兄妹。小兄妹依父命不给水。雷公要求：不给水，屙尿给它喝也行。小兄妹觉得好玩，屙尿给雷公喝。雷公喝了尿水，有了力量，拔下两颗门牙给小兄妹表示酬谢，并告诉小兄妹将两颗牙栽在后园，结出大葫芦后摘来掏空，以后大洪水时躲进里面逃命去。雷公破笼飞回天空，三日后（古时天上一日，地上一年），发洪水报复人类，兄妹俩遂躲入葫芦飘于洪水之上。

大英雄为了治水，拿着竹竿去捅开大地为消水洞，最终累死于南海。大洪水消退后，兄妹俩回到人间，已经无人迹可寻。兄妹俩只好问竹子："何地可以寻人配对繁衍人烟?"竹子答："世间已无人，要兄妹成亲造人烟。"兄妹一气之下把竹子砍成一节又一节（竹子原来是无节的）；兄妹俩又问南瓜，南瓜也如上回答，他们又把南瓜砍成一瓣又一瓣（南瓜原是无瓣痕的）……最后问到天神，天神仍如上说，兄妹执意不愿成亲。天神说："如果哥拿线，妹拿针，向相反方向抛出，若线可穿针，兄妹成亲便是天意。"兄妹俩一试，果然抛出的针线转弯又来相交，但他们仍不愿成亲。天神又叫兄妹在山头向相反坡面滚磨盘，再试天意。两扇磨盘又转弯于山脚相合，兄妹仍不愿成亲。天神说："试天意不能超过三遍。"最后叫兄妹围山相追，如面对面相撞则兄妹成亲；如不然，便由天神派仙女仙童下凡与兄妹相配造人烟。兄妹在山下相追，妹前哥后追得正急，天神施法让妹突然转回身，哥撞在妹怀中。兄妹俩无奈，只能依从天意成亲。可是婚后生了一肉团，哥哥一气之下将肉团砍碎，扔向四方天空，并责问天神为何要欺骗他们。不想碎肉片落处，一片片碎肉变成了人间一个个村寨，四面八方炊烟袅袅。从此，地上又有了人烟。

《人是怎样会用手和脚的》

《人是怎样会用手和脚的》是布依族关于文化起源的神话之一。内容叙述天神造人之初，先造了一对夫妻，放到人间正落到一棵桃树下。但他们只会躺在树下，不懂用脚站起，不懂伸手摘桃，饿了就往上张着口，等桃子落到嘴里。天神在天上看得心里很着急，心想要怎样才能使人会用手和脚呢？天神变成一只鸟，站树上大骂人是憨包。神鸟骂了很长时间，夫妻就被骂得生气了。夫妻站起来去用脚踢桃树，伸着手去抓鸟。结果桃树被踢摇，果子纷纷落地，他们用手去捡桃子吃，这才突然醒悟，原来手脚也有用处啊！从此，

人就会用手和脚了，还发明工具，用工具去打猎、种地。（据罗糯栋收集的原作缩写）

《戛妹造衣裙》

《戛妹造衣裙》是布依族关于文化起源的神话之一。内容叙述了古时人们不会做衣裙，只用一匹布披裹全身。有个叫戛妹的孤儿，爹娘死时只给她留下一头牛和一匹布。戛妹长到十几岁时，那匹布已披烂了，连出门唱歌都不好意思出去。她想，反正要找朋友出嫁了，留着牛也没用，就拿牛去场上换布。但那头牛只换得半匹布，不够披裹全身。她想了几天，把那半匹布做成了一件夹衣、一条长围裙。戛妹穿出去时，人们都说好身段，纷纷来向她学做衣裙。天上纺织云朵的神女也看见了，决意把更漂亮的衣裙传给人间，便化装成一个叫花子老奶奶下凡到戛妹家讨饭。戛妹不嫌老奶奶脏，也不嫌老奶奶衣着破烂，让她吃得饱饱的，还送了她大米。神女见戛妹不但手巧，还心地善良，就说明了来意。她拉着戛妹的手，叫戛妹闭上眼，把戛妹带到了她织云朵的天宫。在天宫里，神女用三天教会了戛妹蜡染、织锦、做漂亮的衣裙。戛妹回到人间，传播技术。从此，人间有了美丽的百褶裙和织锦衣。

《捉旱精》

《捉旱精》是布依族关于英雄的神话之一。内容叙述了古代有一旱精，夜幕中下山吸干江河与稻田的水，造成严重旱灾。布依族的英雄先祖翁戛为了解除旱灾，与旱精进行反复较量。

翁戛先用一根根葛藤挽成套子，企图套住夜间下山吸水的旱精，但一个个葛藤套都被力大无比的旱精绷断了。旱精为了报复，更凶恶地吸去大地江河与稻田的水，翁戛又用三根葛藤为一股，扭搓成绳再做活套，但仍制服不了力大无比的旱精。后来，翁戛再用九股葛藤为一股，扭搓成绳做成粗大活套，并在田野里挖出许多水井坑，让水浸满，趁夜里将粗大活套安在井口。旱精再来吸水，就被粗大活套套住了脖子。翁戛率领众人打死了旱精，再用火把旱精烧成了灰烬。从此，大量水井分布各地，旱精消失了，人间终于过上了太平的日子。（据讯河收集的原作缩写）

《茫耶寻谷种》

《茫耶寻谷种》是布依族关于英雄的神话之一。内容叙述了古代人类不知谷种，也不知种庄稼，全靠猎获兽肉与采集野菜充饥。后来人们听说，天边有一个神洞装满了谷种，于是挑选了年轻力壮、聪明智慧的茫耶前去取谷种。临行前，姑娘们送给英雄茫耶许多飘带，表示敬意。茫耶出门了，路途遥远艰辛，经过一次次艰苦斗争，他在白胡子老人的指导下，骑着大神给的骏马，牵着大神给的小狗，带着能战胜魔鬼的宝剑和弓箭，获得了开启神洞的钥匙。接着，他又经历了一次次艰苦斗争，取得了谷种。但在残酷斗争中，茫耶失去了自己的宝剑和弓箭，体力耗尽。最后，茫耶把装谷种的口袋和姑娘们送的飘带系在小狗脖上，让小狗带回了家乡。英雄茫耶历尽艰辛给人类带去了谷种，自己却安息在外乡荒林之中。（据讯河收集的原作缩写）

《德者王》

《德者王》是布依族关于英雄的神话之一。内容叙述古代有位英雄名叫德者，自幼不知父亲的模样，与母亲相依为命，以为财主放牛为生。德者在神水潭边放水牛时，常能看见一头神犀牛在水潭中游戏。久之，德者与神犀牛相处甚密，可骑着神犀牛玩游潭中。后来水潭有神犀牛出没之事被财主家发现了。财主请来布摩（相当于祭师）占卜，算出："谁家如果将父骨葬于犀牛腹，必出皇帝。"财主问："如何才能将父骨葬于犀牛腹？"布摩说："将你父骨放进粑粑中喂牛，即可葬于牛腹。"财主与布摩的对话，被牛圈中的德者听到了。当夜，德者回家问母亲：我的父骨葬于何处？母亲顺手指院墙墙头一只水獭尸骨说："那就是你的父骨。"于是德者将父骨取来碾碎，包于荞麦粑粑内（家穷，无糯米）藏于怀中。次日，财主家拿一块糯米粑粑叫德者去喂神犀牛。德者骑着神犀牛在潭中游玩，先用糯米粑粑哄牛张口，趁机将自己的荞麦粑粑喂进了牛嘴之中。一时天象变化，电闪雷鸣，潭水翻腾。德者想用财主家的糯米粑粑喂牛时已来不及了，只好将财主家的糯米粑粑挂在神犀牛牛角上，跳离牛背，迅速离开神潭。神犀牛转入神潭深处。接着，周围山崖垮满潭中，变为自然垒成的一座大坟，德者的父骨就葬于其中。

此后，德者家开始发迹。德者进皇城读书，才华很好，母亲又帮他接了媳妇在家等着。读书期间，学堂里有许多神像，学子们打扫极费力。轮到德者打扫时，德者就命诸神闪开让位，这令同窗们很吃惊。平时，白天他在学堂学习，夜晚以竹扫帚为马，飞行于皇城与家之间的千里天空，回家睡觉。久之，母亲发现儿媳有孕，但不知儿子夜归晨出，遂责怪儿媳不贞。儿媳为证明丈夫德者夜归，夜里偷了德者左脚那只桶靴藏匿起来。第二天清晨，德者要找靴穿上飞返京城，太阳连续三次出山，都被他用花格头帕三次扇回。皇城为之黯然。德者找不到左脚那只桶靴，临时用蜂蜡做了一只鞋配上，飞返京城。终于，德者的先生算出，在他的学生中有夺皇位者。德者的先生为讨好皇帝，报告皇室，称今日左脚穿蜡靴者是叛逆者。皇室随即派兵围住学堂，让全体学生将靴脱下放入沸水锅中。德者暴露，继续求学不成，骑着竹扫帚回到故乡。

德者在家乡招兵买马，建立都城，自称为王，划出广阔地盘，让人民耕种，不纳租税，获得处处拥戴。后来，德者王常年与皇室战斗。皇室重兵压境，德者王采用神绳拉来山峦堵敌，将所有敌人都阻挡在山脉之外；又用豆子撒豆成兵，千军万马可随时调动。德者王的母亲看着战场上战死的人太多，不同意德者王继续反抗，偷偷将家中的三囤箩黄豆拿去用火炒过。待到对外打仗之时，德者王推倒囤箩冲出千军万马，神兵却个个无头，终于战败了。德者王又采用神绳拉山峦堵敌，将所有敌人阻挡在山脉之外，他母亲在一边封证说："神绳断啦！神绳断啦！"德者王用来拉山峦的神绳就被拉断了。最后，力不敌众，德者王被擒，他的头被敌人砍下。到了这一步，德者王并没有倒下。德者王仍然捧着自己的头，请母亲帮忙接上，再继续战斗。母亲说："不可。"德者王一气之下，将自己的头扔进竹林。德者王虽然死了，但竹林因之每一竹节孕育出一个神兵，竹林山风之声，神兵吹号欲出。从此，人们传说："竹林有竹节，人间骨气在。"还传说："母亲若支持德者王，德者王就不会失败。"

传 说

布依族的传说，在布依族民间文学中占很大比重，是作品最多、内容最丰富的一类民间故事。这些民间传说的种类有人物传说、史事传说、地方传说、动植物传说、土特产传说、民间工艺传说、风俗传说等。

布依族是个明辨是非、善于进步、爱好文明的民族；同时，布依族在历史上又是一个不甘屈辱、顽强斗争的民族。它作为中华民族的一员，积极投入到全中华民族的历史斗争中去，把自己的生存命运与整个中华民族紧密联系。这些民族精神与民族气质便体现在众多相关的民间传说之中。如反映反抗斗争的人物传说有王囊仙的传说、罗光明与罗天明的传说、韦卜鸾的传说等；反映与外界交往，学习先进文化的传说有《徐霞客到独山》《诸葛亮过九龙山》《永历皇帝与姑娘坟》等；反映与整个中华民族同呼吸共命运，投入民族解放大潮的众多关于红军活动在布依族乡的传说以及布依族人抗日传说《日本鬼子“拉稀拉稀”》等。这些作品以历史真实为基础，对人物与事件进行了艺术夸张，使人在浓郁的情趣中记忆渐去的历史岁月，从中感受和树立民族个性与精神。

布依族居住的地方山水奇秀，世所公认。贵州高原有名的几大风景区——黄果树风景区、龙宫风景区、花溪风景区、红枫湖风景区等处在布依族聚居区的腹地。布依族骄傲地创作了大量关于故土美景的传说，用一个个优美动人的故事向世人展现了故土的奇秀风貌与自己的恋乡情结。这类传说，用形象化的手法，加上完整的故事，幻化出风景区中某个景点的形成与来历。这些景点的形成与来历，几乎都被说成是爱情的绝作，使奇丽山水与动人故事相互映衬，具有极高的美学价值。

布依族是以稻作农耕为主的民族，因而它的动植物传说大都与水和稻耕文化有关。如《唤雨鸟》《稗子为哪样长得高》《青蛙肚子为哪样是白的》《螃蟹背上为什么有牛脚印》《刺藜的来历》等。一方面用幻想的形式表现出布依族地区的自然生态环境与动植物特征的来历，另一方面突出表现布依族生产、生活与水和稻作农耕之间相互依存的关系。

布依族是一个富有进取心和创造性的民族。如（民国）《镇宁县志》就赞誉“夷族”（即布依族）进取心极强，是一个“唯恐不如汉人”的民族，不论生产技术还是文化民俗均不甘落后，也有许多享誉社会的创造与发明。同时，布依族人民不甘于已有成就的存在，还十分注重对已有成就的艺术阐释，以便教育和启迪社会，因此创作了许多优美传说。如反映著名特产和民间工艺的传说《波波糖的故事》《海子犁的传说》《六马桐油的故事》《独山盐酸的传说》《阿达创蜡染》《蜡染的来历》等；反映独特文化习俗的传说《挂阎王刺》《打“鲍古”》等；反映服饰艺术的传说《挽戴牛角花帕的来历》《围腰布的传说》等；反映重要节日、乐器、戏剧的传说《弹月琴的传说》《吹木叶的来历》《姐妹箫的传说》《“牿冬”的传说》《还傩愿的由来》《布依戏的由来》等。这些传说，对人们了解布依族地区的著名特产及文化习俗起了很大的辅助作用。

王囊仙的传说

王囊仙的传说是布依族历史人物传说。王囊仙是布依族历史上的真实人物。中国第一历史档案馆存《军机处附民族类》第1970号《勒保奏折》载：王阿崇（亦作王阿从）号囊仙，布依族，生于乾隆四十二年（1777），安龙府北乡洞洒寨贫民王文学之女。其父早亡，其母韦氏改嫁。清《黔语》也说，王阿崇长大后，以拜巫行医为业，自称“获五色卵于山中”。人们因生活苦难，认为其巫术很灵，常求教于她。王阿崇便借拜巫行医之机，号召和组织广大贫苦农民发动起义，被推为义军首领，号称皇仙娘娘。嘉庆二年（1797）正月初五，南笼起义爆发，义军队伍以布依族为主，得到当地汉族、苗族、回族等各民族人民的热烈响应和支持。义军转战出境，先后占领贵州省一半地区及广西省、云南省部分地区。义军建立了农民政权，废除苛捐杂税，各族人民为之扬眉吐气。当时，这位号称皇仙娘娘、威震三省的义军首领，却只有十九岁，可谓少年英豪。

清政府先后调集了贵州、云南、湖南、湖北、四川、广西、广东“七省清军”对义军进行围剿。面对强敌，义军始终英勇顽强，不断扩大起义战果。双方展开了长期的拉锯战，直到嘉庆二年八月二十三日，义军终因寡不敌众，起义失败。王阿崇等义军首领被俘，解送北京，于同年十一月七日被清政府杀于北京。南笼农民大起义虽然失败了，但义军的英勇事迹却传诵于民间。关于这位义军女首领的传说，以下几则较有特点：

《芭蕉扇》叙述阿从是王母娘娘派来投胎凡间，专为民除恶扶正、救苦救难的囊仙（仙女）。她八岁梦得一神扇珍藏于家中。十岁时家乡大旱，她用神扇扇来喜雨，救了庄稼。十二岁时又扇走冰雹，使家乡免于雹灾。十九岁时，囊仙见官府逼民生计全无，才组织造反。她率领义军集于云盘山，被官军围困，官军围山浇上桐油点火，采用火攻。囊仙就用神扇将火扇灭，官兵惊恐四散逃跑。又一次，囊仙带人夜探敌营，被官军发现围困，她取神扇扇翻了敌军人马。囊仙的神扇在战斗中累立战功，官兵极为害怕。后来官军收买一义军内奸，盗走神扇，反过来对付义军，但官兵凡胎俗子，使用神扇不灵。义军因失神扇久战不下，才失败了。（据汛河收集的原作缩写）

《神脚仙手》叙述囊仙乃天仙下凡，幼小时便有紫色光环罩在头顶，太阳晒不着她，大雨淋不着她。她有一双神脚，再烂的路，再厚的雪地，行走起来都不留脚印。她有一双神手，见家乡田地少，农家不够种，就在石山上一指点，便出现大片良田。她十九岁组织农民起义，指挥大军作战，在悬崖上行走如飞，吓得敌人心惊胆战。一次，勒保带领几十万官军围困义军，义军兵力少差点敌不过官兵，她用仙手抓起黄豆撒向山野，一豆一兵，变成千军万马杀退了敌人。义军的大炮不够，缺乏火药，她用仙手把竹席裹成筒，点化成炮；又用黄泥点化成火药，万炮齐轰，打得敌军丢盔弃甲。义军被围困，粮食缺乏，她用仙手做饭，甑子里的饭能长舀不尽。皇帝听说了义军首领的神脚仙手，都害怕得生了大病。（据汛河收集的原作编写）

罗光明与罗天明的传说

罗光明与罗天明的传说是布依族历史人物传说。罗光明与罗天明是布依族两位农民起义首领。据史料载，清咸丰五年（1855），两罗在黔南上江（今三都县境）组织农民起义，领导布依族、汉族人民反抗清政府的压迫。义军先占领了三都、丹寨二县的部分地区，后攻克古州、都匀二城，又占领独山、黎平、荔波等县，并与太平天国义军石达开部、李文茂部合军作战，给清军以沉重打击。为此，在布依族地区留下了关于二罗起义斗争的许多传说，流传最广的一则叫《神箭威取三脚屯》。

《神箭威取三脚屯》叙述了罗光明能使一把巨斧，一斧可砍断一抱粗的大树；罗天明使一把大刀，砍树如切豆腐。他俩都有一套神箭法，百丈外要射左眼不会射着右眼，百发百中。当时朝廷派巴图果鲁率军驻守三脚屯（今三都县城）。二罗起义后，义军三面包围三脚屯，只留一面诱敌出城。巴图果鲁早知二罗武艺，并有专用刀斧与弓箭。他招纳有一帮江湖神偷为左右，心想只要偷来二罗专用刀斧、弓箭，义军就会不战即败。于是巴图果鲁夜里派神偷摸进义军营地，找到兵器房。结果刀斧太重，神偷扛不动，只偷来两把弓和几根五尺长的箭，回到三脚屯报告巴图果鲁。巴图果鲁知二罗的大刀巨斧还在，若硬战自己必输，但若用偷来的弓箭与二罗赌箭退兵，二罗必输。次日巴图果鲁便出城来与罗光明约赌箭法，赌约是：由罗光明十丈外射一根红线，如射中，官兵就让出三脚屯；如射不中，义军要撤出包围。哪知巴图果鲁上了二罗的圈套。二罗早知官兵中有一帮神偷，赶制了假的兵器放在兵器房中，真的兵器仍留在手。赌箭时，罗光明上阵，罗天明藏于山上树后。在罗光明射断红线的同时，罗天明也射落了巴图果鲁顶冠上的红缨，敌军受到惊吓，撤出城堡逃向山上。从此，三脚屯成了义军的指挥营地。（据杨有义收集的原作缩写）

韦卜鸾的传说

韦卜鸾的传说是布依族历史人物传说。黔中韦氏《族谱》均将韦卜鸾记为祖先。据记载，韦卜鸾因曾有功于朝廷，明洪武三年（1370）被授为永宁州、镇宁州土官州同知。因韦氏自宋代以来在布依族中系大姓之一，加上韦氏传说的祖先韦卜鸾是个有影响的人物，故留下了许多与其有关的神奇传说。突出的传说有《九龙屯的传说》《真假牛角》《羊打鼓与马舂碓》等。

《九龙屯的传说》叙述卜鸾家三面环水，靠山建营寨。传说卜鸾年轻时十分勤劳，在河边种有大片麦田，常被一犀牛践踏。一夜卜鸾抓住犀牛尾巴，被犀牛拖着进入河底，结果到了龙宫。犀牛的主人是龙王，时值龙王九兄弟与芭蕉神打仗，卜鸾帮助九龙战胜了敌方。龙王任凭卜鸾选取龙宫金银财宝，卜鸾拒收，只要了偷吃他麦子的犀牛来犁田。离开时龙王告诉卜鸾，等犀牛死后，拿犀牛皮做船可穿行水底，拿犀牛角做号可唤来雨水。卜鸾照办了，每遇干旱，吹一声犀牛角而狂风大作，吹两声犀牛角而大雨倾盆。故此处风调雨顺，收成很好。寨中人丁兴旺，卜鸾便招兵买马，建城屯兵。因屯寨前河潭有九条龙，故寨名为“九龙屯”。

《真假牛角》叙述卜鸾筑城建寨，招兵买马后，犀牛皮船与犀牛角号的神奇外传千里，官兵前来抢夺这两件宝贝，进剿九龙屯。官兵刚到屯前对岸，卜鸾两声犀牛角号吹起，狂风暴雨，河水猛涨，冲去大半官兵，余部只好纷纷撤退。官兵二剿九龙屯时，带来许多木船和水兵，刚一下河，被卜鸾三声犀牛角号吹得激洪四起，大潮汪洋，全军覆没。官家二剿九龙屯惨败，不敢再派兵。卜鸾过了一段太平日子。后来，来了一货部，是官兵奸细，探得牛角号模样，做了个相同的假犀牛角号，趁卜鸾出门之机，进家哄骗卜鸾幼孩，换走了犀牛角号宝贝，留下假的犀牛角号。

《羊打鼓与马舂碓》叙述卜鸾的犀牛角号宝贝被换走后，官兵又来进剿，卜鸾取犀牛角号复吹而不灵，认真一看方知真号已被骗去。官兵过了河，卜鸾凭着神箭，于半山射死许多敌人，敌人不敢强攻，围山企图困死卜鸾。卜鸾知无法永久拒敌于山下，为了拖延敌人进攻时间，便在屯前摆上几排大鼓，鼓上挂上盐块，让群羊去舔盐，群羊站累了用前腿放下敲击鼓面，如此反复，鼓声不断。又将草捆于碓杆中部，用马绳拴马于碓尾，让马每食一口草，就得踏碓一次，如此反复，碓声咚咚不停。敌人以为寨中兵马不乱，不敢进攻。卜鸾则连夜用犀牛皮船潜水将子孙及寨人运出包围圈外。待盐块被羊吃完，草捆被马吃尽，碓声鼓声全无。敌人入寨时，卜鸾子孙及寨人已分散于外地安身。（据韦永品收集的原作缩写）

徐霞客在布依族乡的传说

徐霞客在布依族乡的传说是布依族历史人物传说。布依族乡依山傍水而居，风光奇秀，而且居黔桂、滇黔几省的咽喉要道。明代地理学家、探险家徐霞客入黔后，沿途对布依族聚居的黔南、黔中、黔西南等地的风景名胜进行过考察。徐霞客写出的《黔游记》对布依族地区的黄果树瀑布、红岩碑等多处进行了记载，故而在布依族地区留下了许多关于徐霞客与布依族人友好相处的传说。代表作有《姐妹山》《下江村》《红岩碑》《赞盐酸》等。

《姐妹山》叙述黔桂交界处有座山，山中有一穿洞，黔桂两边的壮族和布依族通过穿洞相望可见，如同姐妹照镜。但因山林之争，壮、布两边经常斗殴，刀枪相见。徐霞客过此，知道此情后，经过了解，发现两地语音相同，风俗相通，便在当中说和，使山两边壮、布知道两族本是一家。最后，由徐霞客主持，两族饮酒结盟。因此，徐霞客将“穿洞山”改名“姐妹山”，希望壮、布永如姐妹，同镜相照。

《下江村》与《红岩碑》叙述徐霞客在当地布依族人引导之下，游下江村“双虹洞”和关岭“红岩碑”，赞其美景为天下之绝。布依族人请徐霞客在美景处题诗留念，徐霞客说：“此乃自然天成，先人造化。若每个人至此均乱画乱写，反坏了原貌大雅。”这表现了徐霞客对大自然与古代文化的珍爱。

《赞盐酸》则叙述了徐霞客吃过独山地区的布依族美食“独山盐酸”后，赞不绝口，并带走一些，四处给人品尝传扬，使得这种美味扬名天下。

诸葛亮在布依族乡的传说

诸葛亮在布依族乡的传说是布依族历史人物传说。由于布依族乡地处滇黔咽喉要道，三国时诸葛亮带兵南征七擒孟获，曾多次往返于布依族乡地区。故在布依族居处的黔中、黔西南留下许多相关的传说和地名。如“九龙山”“关索岭”“马刨井”“孔明塘”“孔明坟”“孔明坝”等地名。诸葛亮在布依族乡的传说中的代表作有《诸葛亮过九龙山》《关索岭与马刨井》等。

《诸葛亮过九龙山》叙述诸葛亮率兵经过布依族所在的九龙山时，被刀砍不断的九龙藤阻路，不能前行，屯兵山下。饮水时因水中有九龙汁，诸葛亮和兵士纷纷病倒。但见布依族人在山中九龙藤间穿行无阻，问其缘由，得知布依族人喜食狗肉，而黑狗可镇龙威。诸葛亮便买来九十九条黑狗“祭龙”，并煎荡分食，才使部队康复，过九龙山再不受龙藤所阻，顺利西进征服了孟获。

《关索岭与马刨井》叙述了诸葛亮的大将关索率部经黔中大坡顶峡谷时，众将士突然乏力不能前进，八里高坡爬了几天也上不去。后在半山宿营，因无水，众将士口干舌燥不能动弹。绝望之时，关索的坐骑于半山刨地嘶鸣，前蹄刨出一坑，涌出泉水，因此救了关索部队。关索率部上到山丫口后，给当地布依族人留下许多银钱，又在丫口处修亭立碑记录此事。后来布依族人把这个山丫口改称为“关索岭”，半山的水井称为“马刨井”。

永历皇帝在布依族乡的传说

永历皇帝在布依族乡的传说是布依族历史人物传说。清顺治九年（1652）三月，西南地区抗清不断。布依族的抗清大军曾派人将明永历皇帝朱由榔从广西接到贵州南隆所（今安龙县城），并建行宫，将“南隆”改为“安龙”。永历皇帝在布依族聚居区安龙居住近三年。永历皇帝与十八先生等在布依族地区的活动，留下了许多历史传说。代表作有《永历皇帝与姑娘坟》等。

《永历皇帝与姑娘坟》叙述了永历皇帝罹难流浪时，衣服破烂，走到今普安县水沟河边寨时，昏倒于破庙中，被一布依族姑娘救回家中。姑娘的母亲外出回家，见一“乞丐男人”躺在女儿床上，按照布依族习俗，只好给女儿与这“乞丐男人”订下终身。永历皇帝醒后，得知此事也不反对，找到部下要来皇家玉带赠给这位布依族姑娘，并发誓待坐稳江山后就来迎娶姑娘为妻。后来，在布依族人民的拥戴下，永历皇帝建皇宫于安龙城，按诺言前去迎娶姑娘。不想此时，姑娘已病亡，葬于虎头山上土堆中。永历皇帝为姑娘重修大坟以感激当年落难施恩之爱，这就是“姑娘坟”的由来。“姑娘坟”就坐落在安龙山环水绕的虎头山上。“姑娘坟”与“（明）十八先生墓”一起，如今已经成为当地著名的旅游景点。

《日本鬼子“拉稀拉稀”》

《日本鬼子“拉稀拉稀”》是布依族史事传说之一。抗日战争时期，日本军队侵略中国的最后一站是布依族地区的贵州独山县。当地布依族留下了一些关于本民族抗战的故事。《日本鬼子“拉稀拉稀”》叙述了日军一个排进入布依乡扫荡，与布依族抗日游击队在大树林中周旋了一天，一个青壮年都没抓到，反而送了几条命。傍晚日军窜到一布依族寨子宿营，寨人早上山躲避去了，只剩一位不怕事的老爹。日军抢来许多鸡，叫老爹炒给他们吃，老爹炒好后，倒进好些生菜油。日军怕放毒，叫老爹先吃，见没事后才抢着吃。吃了没一会，日军个个拉稀，跑到菜园边屙肚子，没手纸就乱摘园边的荷麻叶（园子边生长的带微刺的植物）来揩屁股，一个个又辣又痛直蹦跳。当官的抓住老爹硬说他放毒，老爹说我也吃了却没拉稀，那是你们水土不服。原来老爹先吃了几颗桃仁核（布依民间治拉稀的药）。日军问老爹有没有治疗方法，老爹在园子摘了一篮红辣椒，说这是专治拉稀的，每人吃完三个会好。日军吃了辣椒就叫，辣得一个个喊爹叫娘。老爹溜走了，日军知道上了当。当官的吓怕了，下令说：“这地方人毒辣，草草毒辣，果子也毒辣，皇军大大的屁股辣，嘴巴也辣，‘拉稀拉稀’撤退！”

风景名胜的传说

风景名胜的传说，是布依族地区主要民间文艺作品之一。布依族聚居区的黄果树瀑布风景区、安顺龙宫风景区，被誉为“高原明珠”的贵阳花溪风景区、荔波茂兰喀斯特丛林风景区（也称小七孔景区）等风景名胜区，都流传着许多动人的传说。如黄果树瀑布风景区的传说有《鹊羽划瀑》《剪机杼》《河底拾宝》《石破天惊》《布依龙》等；安顺龙宫风景区有《布依姑娘变龙女》《二伍化龙》等；贵阳花溪风景区有《安乐坡》《金银潭》《花溪河与半边山》等；荔波茂兰风景区有《小七孔的来历》《鸳鸯湖》《犀牛洞》等。这些传说，多以优美神奇的爱情故事来叙说某一景点的形成，情节与景观形象结合，增加了景点的文化韵味。

《鹊羽划瀑》是“黄果树瀑布风景区传说”的代表作之一。故事叙述了原来白水河平静地从西向东流去，并无瀑布。上游有一大财主，名叫甲山，娶阿丹为妻。阿丹生了女儿白妹后再也没有生育。甲山又抢来一少女为妻，并说阿丹水命克夫，欲将阿丹烧死。阿丹被逼无奈跳入白水河自尽，化成一只喜鹊。甲山将女儿关入绣楼，不准出门。女儿白妹长到十八岁，知其父逼死母亲，十分伤心，因此痛恨恶父。白妹与住牛圈的长工阿水用木叶和“仙鹤笛”（用仙鹤腿骨制成的笛子）传情，深深爱恋。但其父要白妹嫁给另一财主家的丑少爷。白妹次日将被丑少爷接走，阿水伤心至极。入夜，喜鹊到阿水身边开口说话，叫其快扎一竹筏，并用竹梯将白妹接下绣楼，拂晓时将有流水到院外接他俩逃婚。次日拂晓，果然院外流水哗哗，白水河突有一支流延至院外。阿水与白妹乘竹筏逃离甲山家。天亮，甲山发现，带家丁乘龙船追赶。喜鹊在竹筏上飞旋，护送阿水与白妹。龙船比竹筏划得快，每次龙船将追上竹筏时，喜鹊便拔下一支羽毛扔下，将河划成一道小瀑，阻止龙船前进。前后划出十七道瀑布，但龙船均调整速度慢慢滑下瀑布，又追赶竹筏。眼看龙船又要追上竹筏，甲山伸手就要抓住阿水与白妹了，喜鹊拔下两支羽毛扔给白妹，化成一把仙剪。白妹剪断河水，轰隆一声，河床一落千丈，白妹与阿水的竹筏在下段平稳下飘，甲山的龙船掉下千丈大瀑，死于深潭。从此，白水河形成了黄果树瀑布风景区的“九级十八瀑”。

《布依姑娘变龙女》是“安顺龙宫风景区传说”的代表作之一。传说龙宫锁着一条老龙，多少年来老龙常发怒吼，导致洞中涌出大水，还将龙宫顶上撞出一个通天洞。一年春天，一位俊秀的布依族姑娘在龙潭边淘洗黄豆，准备拿去磨豆浆，但姑娘掉进龙潭后永不复返了。她托梦给父母，说老龙已收她为女儿，还请了先生来教她读书。老龙有了这个女儿，再也不寂寞，也不发怒了，从此不会涨浑水淹庄稼了。从那以后，人们一进入龙宫正殿，便可见那条老金龙在龙宫壁上昂首欲飞；再进入二殿，便见玉女坐在琼花台上捧卷读书，玉女旁边站着教书先生。

《花溪河与半边山》是“贵阳花溪风景区传说”的代表作之一。故事叙述了花溪大田坝过去叫波纳寨，古时没有河水，田地干旱得冒烟。寨上喝的水，要翻过项圈山到十多里外的帮布河挑水。一个叫罗香的姑娘常在挑水路上与青年石匠王刚相遇，王刚经常帮助罗香，久之双方产生爱情。王刚向罗香求婚。罗香提出：何时能凿穿项圈山，何时可成亲。王刚奋力凿山，七七四十九天也不歇息。他的精神感动了仙人，给了王刚“劈山鞭”和“挑山扁担”，给了罗香“百花种”，交代他俩在“鸡叫之前”一定要“劈山”“挑山”，帮布河水就会往波纳寨流去。仙人的话，被一直追求罗香并常悄悄尾随的财主之子云若听到了。王刚劈开了项圈山，帮布河水向下流，罗香跟着流水撒花种。正在王刚将扁担穿进被劈成两半边的项圈山，要“挑山”到别处去时，云若学鸡叫。王刚以为“鸡叫”时分已到，心中一急，扁担翘落，山的一半弹到了云南，另一半落在原地压死了云若。罗香一听鸡叫，也急了，没来得跟着河水跑，将花种全扔在田坝中。从此，罗香全扔下的花种在田坝，这里就叫“花溪河”。

《小七孔的来历》是“荔波茂兰风景区传说”的代表作之一。传说景区的响水河一边住着布依族，一边住着瑶族。当时河上没桥，这一带的石头难开采，搭桥很困难。一个布依族小伙与一个瑶族姑娘在乡场上相识相爱，但古规古俗不准这两个氏族通婚。小伙的父母说：“想要布依家与瑶家结亲，除非响水河上有座‘通天桥’。”从此，这对异族情侣便只能隔河苦恋。一夜，瑶家姑娘在河边哭泣，一仙翁知道缘由后，叫她回家织一匹七丈七尺长的土花布，“玩山”那天带到河边来，自会有桥。姑娘照办了。到那天，突有七个姑娘下河站在水面，互相间隔一丈远排成“一”字，叫瑶家姑娘快把土花布抛过河。瑶家姑娘见状猜是仙女下凡，用布匹一抛，河上现出一座美丽的七孔桥。从此各民族青年便通过此桥交往恋爱，桥上和桥两头，时常欢歌笑语。

布依族还流传着许多地方性风景名胜的传说，如《扁担山的故事》《金山银山扁担山》《仙鹤坪的传说》《查白歌场》《皇帝洞》《阿哈湖的传说》等。

动植物的传说

动植物的传说属于布依族对动植物形态的解释性故事。这类故事，以人与动植物之间的纠葛结果，来形象地解释动植物形态的形成和变化。这类故事与神话均以“人事”或“凡事”来表达内容，但后者整个情节少有神的参与。这类故事朴实简明，情节有趣，特别是以布依族生活地域中特有的动植物作为阐释的对象，如反映布依族地区独有植物的《刺藜的来历》，反映布依族地区到处可见的无根植物的《无娘藤》，与稻耕文化紧密相关的《唤雨鸟》《青蛙肚子为哪样是白的》，以及《螃蟹背上为什么有牛脚印》等，具有明显的地域文化环境特征。

《刺藜的来历》叙述了布依族地区生长的刺藜只生长在布依族地区的原因。故事讲的是带领民众与官府斗争的布依族母女俩，被官府抓住杀害后，不失顽强斗争的“刺气”，化成了两蓬枝叶、花蕾、果实均带刺的刺藜。一年，官兵大军压境，进攻布依族地区，人们只好分三路四处逃难。人们为了能世世代代找到同胞亲族的踪迹，摘下布依族地区绝无仅有的刺藜果，取出果粒，分给逃难的各路人马，相约每走百步撒一粒种子。后来，凡是布依族人居住和走过的地方都生长有刺藜，见到刺藜就知道这是布依族地区。

《无娘藤》叙述了布依族地区的无娘藤这种植物的来历。故事讲的是古时布依族祖先娶得龙女为妻，生育了一子一女。之后，龙女回了龙宫。无娘的子女生活十分艰难，便常于江边哭泣，呼唤母亲。龙女闻之，来到儿女身边，说明自己不能与子女相伴终身。为了子女生活顺利平安，龙女赠给两个子女一根龙王的白色“龙须”，让子女把“龙须”放在村边的刺蓬上，就能保护子女吉祥幸福。两个子女按照母亲的话，把“龙须”放到刺蓬上，虽然无根须植入土中，却能不断长成许多藤须，开出许多小百花，自此生活平安，事事顺利。从此，布依族村寨旁的刺蓬，如无此藤，都要去摘来一两根小藤，放在刺蓬上，次年就能发展出满蓬的白藤，以求龙王护佑。人们永远找不到这种藤入土的根，就像古代那对兄妹永远见不到作为龙女的母亲，所以叫它“无娘藤”。

《唤雨鸟》叙述了哥弟两个孤儿，生活贫苦，靠打鱼种地过活。平时哥哥关心弟弟，常食鱼头，让弟弟食鱼身。后来弟弟被人挑拨，说鱼头最好吃，是哥哥心重，留不好的鱼身给弟弟吃。来年春天，两兄弟下河打鱼，幼小无知的弟弟恨哥哥只顾自己，不给他吃鱼头，趁下雨涨洪水将哥哥推下河淹死了。回家后，弟弟吃鱼头，感觉鱼刺很多，方知错怪了哥哥，悔恨莫及，遂化成小鸟，飞遍天下呼唤哥哥，以表悔意。所以，每年春时，化鸟的小弟便“哥啊——哥啊——”不停地呼唤。当此鸟呼唤后，天便会很快下雨，布依族农家便开始撒种耕田，故称此鸟为“唤雨鸟”。

《青蛙肚子为哪样是白的》叙述了古时一位布依族青年娶得田螺姑娘为妻。田螺姑娘不能下水，不然就会恢复原形。后田螺姑娘生有一子，天天到河边钓鱼，什么事也不做，其母跑到河边吼骂儿子，儿子不理睬，气得其母直跺脚，这一跺脚使河边现出一个大井，流水漫出，淹了其母，化为原形沉于井水中。儿子见状，后悔痛哭。青蛙得知，答应为之喝干井水，便让儿子再见亲娘，并告诫田螺姑娘之子，见了母亲后千万别高兴笑出声，不然蛙肚要破。青蛙鼓足大肚喝干了井水，田螺姑娘之子果然见到了母亲，高兴得大笑。蛙肚因此破了一个口子，水又复入井坑中，淹没了田螺姑娘。田螺姑娘之子再三哀求青蛙，又用一块白布给青蛙补好了肚皮，让青蛙再次吸干井水，使其母子相见。从此，青蛙的肚皮因补过一块白布而成了白色。

《螃蟹背上为什么有牛脚印》叙述了古代的牛与蟹原是好朋友，常在河边一同玩耍。一日，牛下河喝水，不慎踩在蟹背上，从此使蟹背留下了牛脚印。蟹十分气愤，两只前脚钳住牛鼻孔，叫牛点头道歉，跪地求饶，被人看见了，才知道只要钳住牛鼻孔，就能让牛听话。从此，人们耕田时，为了很好地使唤牛，就把牛鼻孔穿起来。

土特产的传说

布依族地区有许多独特的土特产。比较闻名的有镇宁波波糖、兴义海子犁、六马桐油、惠水糯米窖酒、独山盐酸等。关于这些土特产，有许多相关的传说。这些传说均有一个共同的特点，就是土特产在生产过程中因为某些偶然性技术创意使之更加完美，闻名于世。如《波波糖的故事》说的是糖匠强逼徒弟干活，徒弟累得晕头转向，无意把配料错混在一起，因而出现了美味的波波糖。《糯米窖酒的传说》说的是古代有一位布依族老人测算出来年要干旱，他担心来年没有多余粮食酿酒过年，当年便多酿了一大坛糯米窖酒埋于地下。次年秋，有一位仙人路过老人家，拿出一颗宝珠要换酒喝。老人担心埋在地下的酒变质清淡，一再说明后，开坛取酒送给仙翁喝。仙翁三碗下肚，连醉三天三夜，醒来大呼：“好酒!”从此当地布依族便时兴把头一年的糯米窖酒埋于地下，次年才饮用。因“糯米窖酒”曾经醉晕仙人，人们又取了一个酒名——“晕酒”。《独山盐酸的传说》则叙述古时有一穷汉给财主打长工，每日用财主家的剩饭菜养活母亲，有余时将剩饭菜混在一起倒入坛中。久后，取出食用，味酸而香美，其母并因常食而活到百余岁。传开后，人们便仿其混料制成盐酸，后成名产。

蜡染的传说

蜡染的传说是布依族民间工艺传说。蜡染艺术是布依族独特的一门民间工艺，为此出现了与此相关的各种传说，如《阿达创蜡染》《蜡染的来历》《蜡染姑娘》《蓝靛染布的来历》等。其代表作《阿达创蜡染》叙述了古时人们穿的是白布衣服，一位姑娘从动物飞禽的色彩得到启发，决心做出花衣服，把人打扮得更漂亮。她先用各种色泥涂染，但色泥容易脱色，每洗一次衣服又要重涂。姑娘为此十分苦恼，整日在山上来回寻思，想在大自然中得到启示。蓝靛草为姑娘的理想所感动，告诉姑娘它愿作染料，并教给她做染靛的方法。但蓝靛只能把衣服全部染蓝，姑娘仍为衣服没有更丰富的图案花纹日日在山上苦苦寻思。后来蜜蜂告诉她蜂蜡可以在布上画出图案花纹，并教会她怎么做蜡染。从此布依族才有了蓝冰纹、线条分明的美丽蜡染面料，做成蜡染衣裙并代代相传。

节日活动的传说

节日活动的传说是布依族风俗传说。布依族节日活动中有许多独有的习俗，如七月十五“挂阎王刺”，开秧门时办“秧苗会”，六月六“祭田”。这些独有的习俗，都有相应的传说。具有代表性的就有《秧苗会》《祭田》《挂阎王刺》等。

《秧苗会》讲的是古代一位布依族小伙与住在山洞的妖婆之子打老更，像亲兄弟一样。一日，小伙见妖婆在洞中制造冰雹，问她这做何用。妖婆说她要拿冰雹去收庄稼。小伙说：“你老把庄稼收了，我吃什么?”妖婆见小伙与儿子是朋友，便告诉他：制三角白旗，滴上鸡血插在自己田中。她知哪块稻田是小伙的田，就不收哪块田的庄稼。小伙回来照办了，不久下起冰雹，只有他田里的庄稼完好无损。从此，每年插秧时，人们都选择统一的日子过“秧苗会”，在田里插滴鸡血的小白旗，杀猪聚餐，以求庄稼不受雹灾。

《祭田》讲的是古时人与猴子发生战争，蚂蚱教人做了许多木槌扔在猴子进攻的路上。蚂蚱对人说：“我可以帮你们打败强大的猴，但要让我们享用你们种出的庄稼。”人同意了。后来猴子的大部队进攻人，蚂蚱成群飞去抓猴子的头，猴子气得捡起地上的木槌往自己头上打蚂蚱，蚂蚱没打着，一个个把自己打昏了。人趁机把猴子赶进山去。从此，每年六月六稻谷扬花的时节，人们都要在田坝举行“祭田”仪式，一是感谢蚂蚱帮祖先将猴子赶上山，二是祈求蚂蚱不要过分吃掉秧苗。

《挂阎王刺》讲的是古时有一位布依族孤儿，因贫困娶不到妻，常去后山洞口唱“苦情歌”。后来唱得一个香女带回成婚。可是其妻婚后三年没有生育，孤儿也日渐消瘦如病。他们找到布摩推算，说孤儿之妻是个鬼女。孤儿不信，布摩拿了些阎王刺和芦枝给孤儿，叫其深夜用来点火到床上照照便明白。孤儿照办了，果然照出妻子原是一架骷髅。孤儿求布摩设法将鬼女驱赶，布摩于七月十五清早趁鬼女到井边去挑水时，念咒将用神水喷过的阎王刺与芦枝分插于每道门窗楣上。鬼女回时，说：“门窗怎么挂网插刀?”她进不了家，骂骂咧咧回山上去了。从此，为了使野鬼不进家门，每年农历七月十五日，布依族都要在各道门窗楣上挂上阎王刺与芦枝，长年不能取下。

生活习俗的传说

布依族有许多关于生活习俗的传说，如《浪哨浪貌的传说》《弹月琴的传说》《吹木叶的来历》《姐妹箫的传说》《还傩愿的由来》《布依戏的由来》等。这些传说都有一个共同的特点，均用一个爱情故事来说明某一习俗产生的缘由。如关于布依族妇女“围腰”的传说：一种说法是，在很古的时候，女人比男人聪明，什么事都是男人出力，女人出主意。男人不服气，共同商量，用布绣上花，做了一块围腰，女人拿去一围，就蒙住了心，从此，女人没有男人聪明，管不了男人了。另一种说法是，很古的时候，布依族的民俗是男嫁女家，男的受气，女的做主。有个叫梁二的后生，出嫁后受苦受累，还常常吃不饱饭，受妻子的气。有一天晚上他被妻子逼去砍柴，到庙里面歇气时做了一个梦，一个神仙给了他一块绣花围腰，叫他拿去给妻子围上。妻子看到这块绣满花卉的围腰，都争着学做，再无心管男人。从此女人兴起了围围腰的习俗，男嫁女随之也逐渐变为女嫁男的习俗。两种说法，后者比较丰富，反映了布依族历史上的一个重要社会发展阶段，或可以说，这是古代从母系社会向父系社会过渡的遗迹在民间传说中的反映。

故 事

布依族的故事，包括幻想故事、动物故事、鬼怪故事、生活故事、机智人物故事、寓言、笑话等。这些故事富有正义感，有追求完美的精神。许多故事里表现出布依族人对正义的支持与认同，对邪恶的鞭挞与憎恶。如《草凳上的小狗儿》《七妹与蛇郎》等体现人们对弱者的同情，对美好生活的向往，对邪恶的痛恨。故事讲述弱者在危难中，多能得到神奇力量的支持，最后都有一个圆满结局。在幻想故事中把“龙、蛇、蛙”等作为人的良友，给人带来幸福，从一个侧面反映出古代布依族对这些自然物种的崇拜和信仰。

故事幽默，讲究哲理，是布依族故事的又一特点。机智人物故事、笑话常使人们在捧腹大笑之后悟到一种生活情理和观念，在幽默与风趣中传达给人们明确的生活哲理。如《起心不良银变屎》就直接警示，朋友之间要真诚相待，对朋友不真诚吃亏的是自己。《张公百忍》直接提出，社会交往要不怕困难曲折，要能忍气除忧，和气生财。《父行子效》提示了榜样的作用，显示了令人震颤的伦理因果，其教育意义十分丰富。

还有大量布依族的故事，内容表现对爱情的忠贞不渝。许多故事甚至表现情侣们历尽艰难，生生死死仍不分离；有的今生无缘，再世仍相依相伴，表达高尚的爱情观。

幻想故事

布依族的幻想故事多为爱情题材。在艺术性上表现出情节起伏，扣人心弦，人物形象丰满，爱憎分明，特点鲜明。其代表性的作品有《草凳上的小狗儿》《七妹与蛇郎》《大妹与青蛙》《螺丝姑娘》等。

《草凳上的小狗儿》系广西“百鸟衣型”的故事。这与布依族和广西壮族紧紧相邻、文化交流历史久远有一定的关系。故事讲述有个贫苦善良而又憨厚的青年，唯一的财产只有深潭旁的一块麦田和一间茅草房。一年麦子长得正好，突有一日青年发现被牲口吃去了大半，便昼夜守田，想抓住吃麦子的牲口向牲口的主人家索赔。突然，一匹大马从深潭蹦出来吃麦子，他抓住马尾不放，被马带入深潭水下的龙宫。他向龙王说明情况后，好心的龙王深表歉疚，许诺家中金银由他任选，家中物件由他任挑，以示赔偿。青年说自己不要金银财宝，只是一生孤苦，只要那草凳上的小狗去陪伴度日。龙王十分不舍，但因有诺言在先，只好将小狗送给青年。青年抱着小狗回到家中，十分高兴。他节俭勤劳，每天上山开荒种地。有一日干活回到家中，突见桌上摆好热饭热菜，以为是邻居老人可怜他来帮忙做的，前去道谢邻居老人。邻居们互相探问，没人帮青年做过饭菜，觉得奇怪。次日青年又上山了，四邻悄悄从门缝探奇，只见草凳上的小狗脱下狗毛，化为一个美丽姑娘，熟练地为青年做好饭菜后，重新披上狗毛，变成小狗坐回草凳上。邻居们告知了青年。次日，青年假装上山干活，半途回来，推门进屋，的确见到一位美丽姑娘正忙着给他做家务。他抓起狗毛扔进火中烧了，姑娘从此无法变成小狗了，与青年结为夫妻。

婚后，青年见妻子美丽无比，就守在织布机旁看她，不愿上山劳动了。妻子知丈夫心情，找来一大张竹笋壳，把自己的形象画于笋壳之上，劝丈夫上山干活时把自己的画像带上。青年上山干活时就把妻子的画像插于地角，挖一锄看一眼，心意满足，从此男耕女织，其乐融融。有一天突然刮起大风，将笋壳画像吹至皇城。皇帝见后，被笋壳画像的美貌所迷，派兵四处寻找画像之女。官兵寻到青年家，将其妻强逼上轿带走。妻子被逼无奈，临行带上一袋菜籽上轿，告诉丈夫，待明年春天沿着长有油菜的路去寻她，要带上弓箭，一路射百鸟百鼠，其肉充饥，其皮毛做“百鸟衣”避风寒。第二年春天，青年照嘱寻妻。到了皇城，适遇皇帝与自己的妻子在城门观风。妻见穿着“百鸟衣”的丈夫来了，进宫后第一次露了笑颜。皇帝觉得奇怪，问其缘由，妻说那人衣着“百鸟衣”很好笑，如你穿“百鸟衣”我更喜欢。为了取悦美人，皇帝命士兵让路，给穿“百鸟衣”的青年进城，并脱下龙袍与青年换着穿。事后，青年之妻命令士兵放出猎狗，咬死了换上“百鸟衣”的皇帝。青年得了龙袍，长相又酷似皇帝，便当了皇帝，妻为皇后。

《七妹与蛇郎》说的是古时有一老汉，有七个女儿。老汉全靠在财主家做工养活全家，还借了财主家好多钱和米。一年，财主命老汉把后山的树砍光，挖成地来种小米。砍树、挖地、撒种时间都规定得很短，并扬言老汉不按时完成就还债滚蛋，如还不起债就将老汉打死顶债。老汉急得在山上直哭，后得一条巨蛇相助，砍树、开荒都按时完成了。财主要种的是糯小米，但老汉年老眼花，错撒了黏小米。财主命老汉一粒粒捡回再重撒糯小米。巨蛇唤来百鸟帮老汉捡回小米，老汉免了一死。老汉十分感激巨蛇，为了报恩，带巨蛇回家让其从七女中挑一个为妻。女儿们见是一条巨蛇，都不愿嫁，只有七妹想到巨蛇有恩于父亲，为了满足父亲心愿，跟着巨蛇走了。巨蛇是千年修成的仙子，一到山洞口就现了人形，小伙十分英俊，并有宫殿般楼阁居住。一年后，七妹带着许多绸缎回家探亲，大姐知七妹遇上了仙子，富有幸福，逐生歹意，与七妹回蛇郎家。大姐见确是富有人家，蛇郎又是堂堂一表人才，到井边洗衣时哄换了妹妹的衣服，将妹妹推下水井淹死。蛇郎知妻已被害死，十分伤心。后见妻变成了小鸟，他便用仙法消去房屋楼阁，自己也化成小鸟与妻飞向蓝天。大姐见一切诡计皆空，良心自责，跳井而亡。

《大妹与青蛙》叙述古代有一家三姐妹，一日上山给苞谷除草，太阳特别辣。三姐妹分工包干，二妹与三妹不怕热，薅完了自己的那一份，大妹只顾在树下乘凉，都没有动手。天快黑该回家了，大妹没完成任务，着急地在地里喊谁能帮她薅完草就嫁给谁。一只青蛙跳上前，使了几下仙法，薅完了地，跟着三姐妹回家了。父亲是个讲信誉出名的人，问知缘由后，叫大妹随青蛙而去。大妹与青蛙连夜远行，青蛙叫大妹闭目，睁眼后便见漂亮楼房和英俊青年，知道遇了仙家。从此两人成婚，生活美满。生了一子一女后回娘家，二妹已嫁，只剩三妹因嘴泼心歹没人来说媒。大妹带父母和三妹去自己家，父母住了几日回去，只有三妹不肯回，仍留在大妹家。一日大妹与三妹下河洗澡，三妹将大妹推入浪中冲走死去，回来说姐姐不慎被冲走了，愿替姐抚养子女，服侍仙郎。大妹变成一只喜鹊，前来念唱揭露三妹恶行，被三妹用石块砸死；大妹最后变成一蓬阎王刺把三妹抓住，三妹放火烧了刺蓬；大妹又变成一面镜子，被丈夫捡回放在柜中。次日，丈夫开始看镜，大妹从镜中走出，比原来更加美丽动人。三妹见后问大妹为什么越长越美，大妹说这是仙家地界，每日烧一大锅开水，坐进开水中洗浴都会变美。三妹信以为真，照办被烫死。大妹夫妻俩又过上了美满生活。

动物故事

布依族动物故事与动物神话和动物传说的区别在于，神话乃动物与神物的纠葛，即“神事”；传说则是动物与动物或与人的纠葛，用“凡事”来说明对方及其给动物形象造成的变化；而动物故事则只有动物间的纠葛，无神对动物生活的安顿，也无动物给对方造成的形象变化。动物故事的特点，在于趣味性重于对结果的说明。流传较广的有《乌鸦与水牛》《石蚌与豹子跳沟》《蚂蚱与猴子》《老虎与山羊》《八哥鸟与马蜂》《公鸡、蜈蚣与梅花鹿》《鸡为什么愿帮鸭孵蛋》等。

《乌鸦与水牛》讲的是乌鸦原有一身洁白的羽毛，聪明无比，很骄傲。它曾经提出与水牛比赛堵田埂的一道小水口。乌鸦喊来山上的动物观赛，一心想让笨牛出丑，显露自己的才华。比赛时，乌鸦把一颗颗石子衔来放在水口上，均被水冲走。后来水牛屙一堆粪便把水口全堵了。水牛对乌鸦说：“看来你那夸夸其谈的嘴巴，还不如我屁股呢！”观赛的动物为此哄堂大笑，笑得乌鸦无地自容，飞到农家灶洞躲藏，被锅烟染得全身乌黑。从此乌鸦的羽毛变成了黑色。

《石蚌与豹子跳沟》讲的是豹子到池塘边寻吃的，看见池塘的石蚌（一种蛙类），想要吃掉它。石蚌提出：先比赛跳水沟，谁输了就任对方吃掉。豹子不把池塘石蚌这小东西放在眼里，想着石蚌的肉吃定了。豹子拉好架势，石蚌躲在后面咬住豹子尾尖，豹子一跳，尾巴往前甩，把石蚌甩到了自己前面。到了沟对面，豹子还回头来看，以为石蚌没过来，可石蚌却在豹子前面“呱呱”喊：“我比你跳得快，跳得远。等着我吃你的肉吧。”豹子见石蚌张着大嘴跳过来，吓得调头就往山上跑。猴子见了，向豹子问明原因，猴子不信石蚌有那么大的本事，要豹子带它去见识见识。豹子不敢去，猴子用绳子绑住自己和豹子，硬拉着豹子下了山。到了池塘边就喊：“石蚌快出来，我看看你的本事。”石蚌跳出来了，说：“叫你带一群来给我吃，你怎么只抓得一个？”豹子以为上了猴子的当，调头就往山上跑，拖得猴子满地滚。半路上绳子断了，猴子在半山上痛得叫喊。豹子在山上调头见了，心想，是猴子哄我去，石蚌没吃上我生气了，才把它咬成那样子。从此，豹子再也不敢到水边去了。

《蚂蚱与猴子》讲的是原来蚂蚱住在山上，猴子住在田坝。蚂蚱提出换地盘，猴子不愿意，最后双方提出决战，输家上山。决战的日子到了，猴子个个手提大棒，蚂蚱赤手空拳。开战了，蚂蚱飞到猴子头上咬来咬去，咬了跳开，跳开又咬。猴子互相拿木棒往同伴头上打蚂蚱，打来打去，蚂蚱一个没伤着，猴子却死伤大半，只好认输了。从此，猴子搬上山，蚂蚱搬到田坝。

《八哥鸟与马蜂》讲的是八哥鸟与马蜂各说自己有本事，争吵不休，请老牛去评判道理。老牛说，那就比比吧，谁能在一个时辰赶我跑，谁就有本事，要是赶不跑我，就当我的儿子。八哥在牛背上啄来啄去，啄得牛很舒服，一会牛就呼呼地睡着了。轮到马蜂了，它在牛肚下蜇了一刺，痛得老牛蹦起来就跑。从此，八哥改名“八儿”，当了老牛的儿子，在牛背上为牛捉虻蚊。

《公鸡、蜈蚣与梅花鹿》讲的是公鸡原有一对树丫般的角，是动物中最漂亮的。蜈蚣为了骗到公鸡那对美丽的角，假装与公鸡结拜兄弟。蜈蚣要向公鸡借角去戴几天，公鸡给了它。但蜈蚣骗得角后，不与公鸡见面了，公鸡天天一早喊“我要我的角……”梅花鹿知道公鸡的角被蜈蚣骗走了，就去找蜈蚣抢角。两个打起来了，蜈蚣把鹿背毒成一块块，梅花鹿把蜈蚣压扁在地。角还是被梅花鹿抢走了。从此，梅花鹿怕公鸡要角，就跑上山去，不敢跟公鸡见面；蜈蚣怕公鸡找它麻烦，东躲西藏，一旦被公鸡发现，跑不了就会丢命。

《鸡为什么愿帮鸭孵蛋》讲的是古时洪水滔天，鸡、鸭、鹅同困在一个山顶。水越涨越高，鸡、鸭、鹅要快速离开，不赶快游到对面山顶就没命了。鸡不会游水，求鹅背它，鹅不干，鸭子可怜鸡，把鸡背着游过去了。但鸭为此累得生了病，下的蛋也无法孵了，鸡为了报答鸭的恩情，从此自愿给鸭孵蛋。

鬼怪故事

布依族的鬼怪故事与幻想故事有一定的相似之处，区别在于这类故事让人与鬼怪相融，在人与鬼怪的关系纠葛中，给人以生活情趣。广为流传的有《十八岁的儿子十七岁的娘》《小米地》等。

《十八岁的儿子十七岁的娘》叙述古代一位生意人，一晚进了一家旅店求宿。店主说客满了，只有一间常闹鬼的客房，几个客人曾先后被吓死在里面。这个生意人很大胆，住进了这间闹鬼客房。半夜，突有一女鬼与其同宿，初时是具骷髅，十分可怕，后变成美女，楚楚动人。生意人与女鬼攀谈，知女鬼是个好心鬼，且善解人意，决定带其一同回家纳其为妻。女鬼与生意人成婚后，日日早起，十分勤劳，一年后生下一子，原配日渐失宠。原配嫉鬼妾，一日天没亮就起来，从门缝偷看鬼妾，想找碴生非。果不其然，见女鬼于灯下取下头搁于桌上梳理，吓得心惊胆寒，急告公婆。公婆来观知此举，找来布摩赶鬼，女鬼无奈，离夫儿而去。临行时告诉丈夫，十七年后到后山王氏家娶她。十七年后，儿子长到十八岁，生意人为子娶亲，访知后山王家有一女，勤劳俊秀，托媒说亲成功。结婚那日，儿子将与王家之女拜堂时，被王家女推开，说：“叫你爹来拜堂，我乃你娘。”生意人因之想起鬼女临别嘱咐，恍然大悟。原来鬼女一去，投胎王家，再生与夫重配。就此传扬，有了这“十八岁的儿子十七岁的娘”的故事。

生活故事

布依族的此类故事较丰富，都以平常的情节来说明某种伦理道德，启迪人们懂得更多的生活道理。其最大特点在于，它与文学创作中的现实主义如出一辙，给人们一种真实感，由此可直接从中悟出深刻含意。如《铁链子与三兄弟》、《起心不良银变屎》（参见伦理道德类同条目）、《欺穷敬富天报应》、《张公百忍》、《父行子效》（参见伦理道德类同条目）等。

《铁链子与三兄弟》叙述古代有一家三兄弟，父亲临终时告诉他们，他辛苦一生，留下的只有一根铁链，他死后入棺，就用这根铁链子抬棺西行，铁链断了便就地安葬。老头死后，三个儿子照遗嘱办了。他们艰难地用铁链抬父西行，七天七夜，铁链仍十分牢固，老大担心一辈子也抬不断铁链，就告辞回家了；又抬七天七夜，老二坚持不住也回家了；

最后只剩孝顺的老三决心满足亡父的夙愿，用铁链背着棺材艰苦西行。老三吃尽苦头，走了八八六十四天后，翻过一座峭崖，到一处荒芜的山谷时铁链断了。老三往四面一看，背有林木，前有小河，土地肥沃，植物繁茂。老三向河边走去，想找把锄头来安埋父亲，遇到一漂亮姑娘，是从很远很远的下游来挖草药的。姑娘知道老三的来意后，很敬佩他的孝心，帮他安葬了父亲，又带他坐船回自己家。姑娘问他以后打算怎么办，老三说，不能把父亲留下孤单，要在坟山下的河边搭房安家，陪伴父魂。后来，老三与那位姑娘结了婚，在那片肥沃的土地耕种劳作，过上了富裕美满的生活。而半路跑回家的两个哥哥，因为贫穷，至死都没有成亲。

《欺穷敬富天报应》讲述古代有一家富人有九缸银，人称“莫九缸”；另一家富人有九斗银，人称“郑九斗”。九缸家有一女儿，九斗家有一儿子。九斗叫人去九缸家求亲。九缸傲地气说：“他九斗，我九缸，九斗哪能攀得上九缸？”一长工在旁不服气地说：“别嫌别人金银少，人是三节草，三穷三富不到老。”九缸说：“我家三道大门九把锁，天旱水涝穷不了我。”长工说：“你家虽钱多，遇上两条人命一把火，不穷来问我。”九缸气恼，一烟杆斗敲死了长工，众人不服告上衙门，这场官司打去了九缸的三缸银，县官保住了他。他骄傲地到处吹：“若要我家穷，除非水干死了龙。”又一长工不服，说：“龙潭干了三分水，龙王不死才见鬼。”九缸又敲死了这个长工，又一场官司花掉了三缸银，县官又护了他。后来百姓更恨九缸，悄悄放火烧了九缸家，九缸变成了叫花子。真是“管你钱再多，经不住两条人命一把火”。

《张公百忍》说的是古代有一叫张公的老汉，先生给他算命时告诉他，他一生中若能忍气一百次，准能发大财。此后，张公不论别人怎么惹他，都一直忍着。他算着已忍到第九十九次。张公接儿媳这天，突来一个叫花子，张公热情招待，可天黑了，叫花子进了新房就不出来了。张公一直忍着，什么也不说。第二天一早，不见新娘和伴娘出新房，大家着急地在门口问怎么回事。新娘说昨夜她们都睡得很香，今早醒来见一大麻袋重东西堵了门口，搬也搬不动。张公叫人从楼上撬开了楼板下到屋中搬开口袋，只见是满满的一袋银子。从此，“和气生财”“忍得一时之气，免得百日之忧”的俗语就传开了。

机智人物故事

机智人物故事是布依族一种短小简练但充满幽默情趣的文艺作品。它以机智人物的才智、阅历表达恨与爱，教育人们怎么去生活，以及提醒人们处世的准则。这类故事的主人翁基本定形，每一个机智人物都有自己一整套相关的故事。流传较广的有“甲金的故事”“吉进的故事”“游侠德戛的故事”等。目前搜集较多、广得认同的是“甲金的故事”。甲金的故事中的代表作有《巴独便》《一匹天大的布》《无锅无碗的饭》《挖窖银》《装虎》《摸鱼》《十辈穷》《喂猪》等。

《巴独便》讲的是机智人物甲金利用布依语中一个同音两意的词来戏谑古代土司。在布依语中“巴独便”既是“一百只鸭”的意思，也是“鸭嘴巴”的意思。故事讲的是土司盘削农民，群众十分痛恨，但敢怒而不敢言。甲金混入土司家当长工，决心给土司一点颜色看看，为群众出口气。一天，土司家要举行退鬼仪式，需要一百只鸭，叫甲金去买“巴独便”来。甲金领了钱，到乡场上去买了一百只鸭子，回到半路上，把鸭杀了煮了一大锅，请群众来开怀大吃了一餐。末了，甲金只拿了一只鸭嘴巴，回到土司府向土司奉上："老爷，您叫买的'巴独便'买来了。"土司一看，气得两眼冒花，说："叫你去买'巴独便'，拿了那么多钱去买这个'巴独便'，老子打死你。"甲金故装不解："老爷，您怎么可以打死我？您当着众人的面叫我买'巴独便'，我辛苦了一天买来'巴独便'，大家都晓得的。"土司吃了亏，有苦难言，只好把甲金赶出家门。甲金乐得一边吹着木叶一边离开了。

《一匹天大的布》讲的是甲金要租土司的田来种棉，土司嫌甲金是个流浪汉，怕他交不起租金，不愿租给他。甲金说可立个契约，收了棉后给土司织一匹天大的布。土司见整治甲金的机会到了，和甲金订了租约。人们都说这次甲金真上了土司的当。秋后甲金收完棉，把棉全分给了穷人，拿着一把尺子上了土司家。土司想：甲金肯定是拿不出那么大的布，上门求他了，这回可以让甲金出出洋相了。土司大摇大摆地走出大门，甲金一见土司，就递上尺子说："老爷，我们去年订租约时忘了写天有多长多宽了，想织一匹天大的布给您，可不知道织多长多宽。"土司抬头看看天，目瞪口呆了，自认倒霉，溜回家紧紧把门关上。

《无锅无碗的饭》讲的是古代三月三节日时，来玩山的人好几千，土司骑着马走了二十里山路，驮了两千斤糯米上山。土司本来很吝啬，但为收买人心故装大方，对玩山的人说："今天我本想招待大家，驮了两千斤糯米来，要做饭给大家吃，可出门时忘了带锅带碗，没法请大家吃了，要是有谁能做出无锅无碗也可吃的饭，那就好了。"甲金上前来说："谢老爷招待，我来做。"土司一见是甲金，大吃一惊。但是一想甲金也不可能有那本事，而且自己话已说出口要顾面子，只好苦着脸答应了。甲金叫大伙拿出随身带的刀，砍来许多竹筒，把糯米装在竹筒里，掺上水，用竹叶塞住筒口，生火烧了竹筒饭。玩山的人们一下就把土司假大方的两千斤糯米吃完了，土司再次上了甲金的当。

《挖窖银》讲的是甲金一日早上路过驿道边，见一农民在开荒，累得满头大汗。甲金知道这条驿道常有官家富人大队人马抬轿经过，便决定帮这个农民的忙。他叫农民快回家找来十多把锄头，等一会他找人来帮其挖地，不要钱也不吃饭。农民知道甲金有点子，就回去拿来了好多锄头。果然，不一会来了一队轿子，护兵、轿夫有十多人，抬的是一个不认识甲金的土司。甲金故意一边挖地一边喊："挖窖银，见者有份要分明。"土司一听停了轿，问甲金哪里有窖银。甲金说："昨天在家翻出祖上留下的一张文书，说五十年前在这块地方埋了五罐窖银，我一人挖来不及，谁要来帮忙，挖到了大家平分。"贪财的土司一听，忙带部下去帮忙。他们怕漏掉了窖银，一锄挨一锄地挖。天快黑了，挖出一大片荒地，可不见窖银。他们抬头看看，不见了甲金，问老农，老农说那是甲金，我也是他喊来挖窖银的。土司听说是甲金，知道上了当，气得躺在地上起不来。

《摸鱼》是"甲金的故事"中的一个哲理性故事。故事说的是甲金家来了个远方朋友，两人下河摸鱼。甲金说："朋友，这水不知深浅，别乱下水，你在岸上等着。"甲金会踩水，余下水后，拿着一条鱼立起，水只齐他胸口。朋友以为甲金在哄他玩，不服气地跳下水，结果沉下去呛了几口水，被甲金救上岸。朋友说："明明见水只齐你胸口，怎么这样深呢？"甲金说："光看不行呀，自己下去试试就知深浅了吧！"

与机智人物甲金文雅的智慧形象相比，游侠德戛除了充满智慧，还具有一股侠客味。如《牵恶狗》《取牯牛》等故事就有一种武士侠客的风格。

《牵恶狗》讲的是古代游侠德戛云游天下，到了一个地方，听说财主家有条恶狗，财主常常带它收租逼债，咬死咬伤过不少穷人。德戛决心为穷人除掉这条恶狗。一晚，他扮成珠宝商，去财主家求宿，财主见是有钱商人，想巴结上以后好发财，同意留宿。德戛事先用芭蕉叶包了一包粪便，又用红绸子包好。临睡时，他拿出这包东西问财主："放哪里安全?"财主说："随便吧。门口有家丁夜守，不会出什么事。"他将那包东西放在财主家神龛下。次日起来，恶狗已把红布撕破，把粪便全舔吃干净，并咬着红布满屋跑。家奴见了，忙报告财主说：狗把客人的东西吃了。财主叫醒德戛，问那用芭蕉叶和红布包的是什么东西。德戛说，是一颗叫"金宝卵"的宝贝，用芭蕉叶包着是要保护它的光泽。财主说，宝贝被他的狗吃了，可能还在狗肚里，但那狗已和他结伴十年，不忍看见狗被杀，他让德戛把狗牵走，找个地方杀了取宝贝。这样，恶狗被德戛牵走了。从此这一带人少受了不少罪。

《取牯牛》说的是游侠德戛牵着那条狗来到另一个地方，在路边见一农妇哭泣，问知是当地一财主把她的牯牛抢去顶债了。马上开春了，农家没牛怎么行?德戛扮成寻宝人，晚上去财主家求宿，财主同意留宿。临睡时他问财主，说这狗是个寻宝狗，能闻出地下金银罐，可很凶，放开怕伤人，拴着怕被偷，咋办才好?财主叫他把狗关在牛圈里。夜里，德戛悄悄进圈，拿刀捅了狗颈一口子，把狗挂在牯牛角上，急忙回房睡。家丁听见牯牛蹦叫，点灯去看，忙报财主，说牯牛把客人的狗挑死了。次日，财主反复向德戛赔不是，说寻宝狗他实在赔不起，是牯牛挑死的，就把牯牛牵去吧。德戛牵走牯牛交还了农妇。

寓　言

布依族的寓言较简短明快，往往用一个小故事就能明确地告诉人们某种哲理。这类故事较为广泛流传的有《三伙计打猎》《急性人与笑哈哈》《兔子与黄牛白马赛跑》《老虎和小兔》《蕨菜勾头》等。

《三伙计打猎》讲的是古代有三个朋友上山打猎，见一只山羊站在山顶，三人急忙围笼，商量打得山羊怎么分，争吵了半天才商定：把山羊砍成三段，一人一段。但抬头看时，山羊不见了。

《急性人与笑哈哈》讲的是古代有两个伙伴，一个性子急，一个见事不当回事，哈哈一笑了事。一天两人上山割草，蚊子咬在急性人鼻尖上，急性子一镰刀想砍蚊子，却砍下了自己的鼻子，痛得满地打滚。笑哈哈不当回事，见伙伴滚地痛苦那样子，哈哈大笑了一阵。待笑哈哈笑完，急性人已死了。

《兔子与黄牛白马赛跑》讲的是黄牛白马都说自己跑得快，兔子说黄牛白马爬山都不如自己。黄牛白马不信，要和兔子比爬山。结果兔子先到了山顶，回来对黄牛白马说："大有大的长处，小有小的本事，就像我的脚，有长也有短。"

《老虎和小兔》说的是老虎掉进陷阱，大喊救命，小兔扒在陷阱口去救老虎，想讨好山中之王。但老虎太重，反把小兔也拉下了陷阱。老虎饿了，就把兔子吃了。

《蕨菜勾头》讲的是古代荞米、稻米、蕨菜本是兄弟，分家后蕨菜上坡，荞米到地，稻米下田。过年时兄弟相聚，各自炫耀。荞米说它一年两季；稻米说两季荞不如一季稻；蕨菜说它满坡子孙最发达。荞米和稻米都说蕨菜满坡不能当饭，白占地。蕨菜为此羞愧地低下了头。

笑 话

布依族的笑话故事较多，民族特点浓厚。具有代表性的笑话故事有《夫妻吃肉》《闻味先生》等。

《夫妻吃肉》说的是古代有一对吝啬夫妻，大年三十的晚上煮了一锅肉，开饭时谁都怕对方多吃，于是平均着你捻一块我捻一块。突然风把油灯吹灭了，两人同时拿起锅盖把锅盖住。一个让另一个去取火点灯，但谁也不愿去。最后妻子说："你怕我多吃，那你放手我就开始拍巴掌，总腾不出手去捻肉吧。"丈夫觉有理，说："开始吧。"他去取火，妻子拍手。可是炭火老吹不燃，妻子的掌声不断。丈夫费了好大一会才点燃了灯，一看锅里没肉了，原来妻子一手拍大腿一手捻肉，把肉吃光了。

《闻味先生》是一组系列性笑话。其中一则说的是古代有一个贪吃但嗅觉很灵的闻味先生。一日窜寨，闻味先生闻得一同伴家在炒肉。他在屋后等着，估计肉炒好了，嘻嘻哈哈进屋去。主人一听知贪吃的闻味先生来了，忙把那一大碗炒好的肉藏到火上的坑簸上去。闻味先生闻得肉在炕簸上，便拿起一根柴禾，和同伴闲谈起来。他说："昨天去走亲戚，见一家几兄弟因分房子不公吵架，老三拿着竹竿捅房顶。"边说边拿柴禾捅炕簸做表演。同伴忙说上面有肉，别把碗捅翻了吃不成。闻味先生高兴了，说："你咋不早说？弄翻了多可惜。快拿下一起吃。"同伴才知道说漏嘴上了当。

另一则说的是闻味先生窜寨，闻得一老汉家正烤糯米粑。他嘻嘻哈哈进了屋。老汉听见贪吃的闻味先生来了，忙扒来炭灰盖住火里的糯米粑。闻味先生进了火塘屋，闻得粑粑就在炭灰下，拿了一根小棒，跟老汉闲谈起来。他说："昨天去赶场，见几兄弟在分田，拿着竿子在田里插这插那"，他一边用小棒在炭灰中东插西插一边说："插这里老大不干，插那里老二说亏了。"老汉一急，说："别把糯米粑插烂了吃不成。"闻味先生高兴了，说："你不早说？熟了吧？刨开来吃了再说给你听。"老汉这才知道说漏嘴上了闻味先生的当。

歌 谣

布依族的歌谣十分丰富，是民间文学的一个重要组成部分。总的来说可以分为"古歌""叙事歌""生活歌"三大类型。古歌是古代神话的又一表述形式；叙事歌则是迁徙歌以及有完整故事情节组成的事件及人物的叙述两种歌谣；"生活歌"内容比较丰富，有"劳动歌""苦歌""习俗歌""情歌"等。

布依族歌谣除了生活歌有部分用汉语演唱之外，古歌和叙事歌均用布依语演唱。古歌的句式比较有规则，七字句或五字句成组成段排列，有严格的腰韵、尾韵。叙事歌的句式比较自由，七字句居多，也很讲究腰韵和尾韵。

古歌主要在春节、起房造屋、吃月米酒、婚礼等时间和场合演唱，具有一定的严肃性。叙事歌主要在婚礼、吃月米酒、节日喜庆等场合演唱，时间和地点的选择比演唱古歌自由一些。而生活歌可随时随地演唱，形式和内容都比较自由。

古　歌

古歌是布依族歌谣的一种，内容包括天地开辟、人类起源及人类再繁衍、物种起源等。它按内容顺序分成章节，有机相连，可以连续演唱，也可以分章演唱。它反映了古代布依族先民对宇宙及世界万物的认识，表现了先民观察理解客观世界的哲学思想。流传较广的有《辟地撑天》《十二个太阳》《卜丁射日》《德金射日》《赛胡细妹造人烟》《罕温与索温》《造千种万物》等。古歌中目前搜集整理出来的作品，关于天地开辟和物种创造的代表作是《造千种万物》，关于射日内容的代表作是《德金射日》，关于洪水及人类再繁衍内容的代表作是《赛胡细妹造人烟》，关于布依族幻想天空大海空间世界的代表作是《十二层天十二层海》等。

《造千种万物》

《造千种万物》这首古歌除“序歌”和“尾歌”外，共二十一章，诗长三千四百多行（据汛河 1981—1983 年采录翻译整理）。“序歌”告诉人们天地万物是怎么来的，目的是让天地万物来源的知识像盘江水一样“日夜不停息，永远地流淌。一代传一代，万代也不能忘”。

第一章为“造天造地”，叙述了没有天地时宇宙空旷渺茫的情景。后来出现了一个叫“布灵”的神，布灵神是这样诞生的：“绿绿扁块块，红红圆砣砣，两物同相碰，碰出一团火。火花四散飞，红光金闪闪，现出个‘布灵’，金光里面站。”布灵神出世后，见宇宙间只有“轻气浊气相粘飘浮”，就把“轻气浊气捏成团”，扔到苍穹晾干，用斧头把气团劈成两半，就像两口锅，又拿竹竿来把它们撑开，上去的成天，下来的成地。四根竹竿撑四方，竹竿慢慢往上升了十二节，每升一节竹就成一层天，最后形成了十二层天。

第二章叙述“造太阳月亮”。布灵造了天和地，天地黑漆漆。他开采来一块红岩石，把它敲打成圆形；又找来酸草根，把圆石擦得发热光；圆石太重又太烫，他无法把它送上天，正在为难时，飞来一条大黄龙，衔走了圆石，飞上天空，顺着蓝天转，天上就有了太阳。但黄龙飞到天边去还没转回来时，天地又黑暗了。布灵又开采出一块白岩石，把它敲打成圆形；又找来茅草，把白岩圆石擦得光光亮。可圆石太重太亮，无法送上天，正在为难时，又飞来一条白龙，衔着圆石飞向天空。从此天上有了太阳和月亮，照亮了白天和夜晚。

第三章叙述“造星星造天河”。太阳和月亮埋怨孤单无伴，布灵听见后就想办法给它们找伴。布灵在山上敲打出千万颗圆石子，撒到天下，因为太多这些没有磨洗的石子，所以星星没有太阳和月亮的光明亮。后来，布灵又听太阳说没有水洗澡，月亮说没有水洗衣，星星说没有水解渴，他想不出办法，上天去查访，最后在天上砌成一条小河，引来蓝天水，成了天河，他才顺着阳光的光柱回到地上来。

第四章叙述“造雷造闪电”。太阳闪金光，引来许多姑娘与太阳恋爱，最后与太阳成亲生了儿子，儿子脾气很暴；月亮闪银光，引来许多小伙追求，最后与月亮成婚生了女儿，女儿活泼又可爱。太阳和月亮请布灵上天吃喜酒，为自己的孩子取名。布灵将太阳的儿子取名叫“雷”，要他时时来打鼓，天上才热闹；将月亮的女儿取名叫“闪”，要她时时把灯点，天上才明亮。从此，天上有了雷声和闪电。雷和闪要报布灵的恩，留布灵住在天上，布灵觉得有道理就留下了。

第五章叙述“造风造雨”。星星恋爱成亲生了儿子，天河恋爱成亲生了女儿。他们又请布灵去吃喜酒并为子女取名。布灵为星星的儿子取名为“风”，让他满天跑，让他到处冲。天河的女儿爱流泪，布灵给她取名为“雨”。从此，“天上有了风，大风呼呼吹，日月都晃动。自从那以后，天上有了雨，天河水更满，水深不见底”。

第六章叙述“造乌云造彩云”。太阳、月亮、星星、天河、雷、闪、风、雨赤身裸体，行游不便，请来布灵想办法。布灵想了好多天，叫他们收来柴禾放在岩石边，用两石相撞出火星，火星溅到柴禾上，用力吹出了火苗。火烧柴禾冒出青烟、白烟，火照白烟成红烟，各色烟雾满天飘。布灵让星月们撕下各色烟雾做成衣服裙子，又做头帕围腰。布灵造了乌云和彩云后，对大家说：从此你们都是兄弟姐妹，“不准乱争吵，一定要和气。以后对大地用心出力，给大地雨露，给大地光明，给大地温暖，还要给大地遮阴”。

第七章叙述“造人烟”。太阳见大地那么宽广，却派不上用处，请求布灵造人烟。怎么才能造好人烟？布灵想啊想啊，一日睡觉时梦见身上很痒，挠痒时毫毛掉到地上，变成了许多人。醒来时照梦境拔了自己的毫毛，抛到地上，一根毫毛变成了一个人，“仰面的是女、扑面的是男。自从那以后，世上有人烟，男女同相配，后代得繁衍”。

接下几章包括以下内容：“造年造月”，布灵用“数手指关节”的方法造了年月；“造山造岭”，布灵扯下脚趾造了山岭；“造树造藤”，布灵挑下手指造了树木；“造花造草”，布灵拔下头皮变了草，扯下耳朵造了花。

《德金射日》

《德金射日》这首古歌，分成“射日”“洪水”两部分，长百余行。“射日”部分叙述古时有十个太阳结伴行空，晒得大地干裂，万物枯焦。国王很紧张，向国人许下诺言：“谁会射太阳，我给向阳田；谁会杀太阳，父兄田我给；旱年给水田，涝年给高田；引水田我给，坝中田我给，好坝田我给。”德金问国王的话是否算数，国王说：“坐在宝座上说的话怎么不算数呢？”“德金装饭食上路，德金别了妻上路”，去找上好的树木做弓，又找上好的芦竹做箭。他顺河察看，见了旱灾情景，心情激动，飞上天空，“举弓头次射去多，三个太阳往下落；二次举弓再射去，六个太阳射坏了”。“王就惊慌慌，王就很紧张”，王说：“往后再射是傻射，往后再杀是贪杀；留个给王晒谷子，留个给王晒赋粮；留个照姑娘纺麻，留个照小伙走路。”德金就回到地上，问国王要许诺的稻田，国王反悔了，德金十分气愤。“几道溪儿找，几道崖儿扒”，德金想找到被他射落的太阳扔回天上，可是没找到太阳，他便抓来龙蛇等神物犁田，得罪了神族，天下出现了大洪水。第二部分与“神话”一节中所叙的洪水神话内容大致相同。

《赛胡细妹造人烟》

《赛胡细妹造人烟》这首古歌规模较大，长达六百余行，其所唱内容与神话《兄妹成亲造人烟》略同（参见神话类同条目）。

《十二层天十二层海》

《十二层天十二层海》是布依族一首很有特点的古歌，有的学者将它比喻为中国的

《神曲》。其中幻想出天上和海里是一个世界，生活丰富多彩。全诗长四百一十行，一半唱天，一半唱海。

诗中说的是古老年代开天辟地，造了“十二层天”。接着把人们带进一层层的天，先飞进第一层，是一层大黑雾，叫人“分不清哪是东方，辨不明哪是西方；大雾罩住了蓝天，黑雾遮住了太阳。星星不见闪，月亮不见明。看不见我们寨上屋脊，望不到我们田里稻浪”。飞进第二层天，天上朵朵白云，那是天上的棉花。“我们拣几颗棉籽去种，我们摘几朵棉桃去纺。用差的作棉絮，用好的纺棉纱。”可惜那是天上的棉，拿回人间来无法使用。飞到第三层，只见天鹅成群，鸭子很多，“鸭子咿呀叫着问我们，天鹅咿哟唱歌问我们：来上天做什么，穿雾做哪样？我们上天看稀奇，我们穿雾看风光”。上到第四层，彩虹在打井造雨，以给勤快人种庄稼。到了第五层，“来到天帝的大门”。叙述中这道天门雕龙刻凤，雕花刻竹，还有天兵天将把守，谁也不准靠近，不然就拿铁鞭抽，就拿大刀砍。上到六层天，那层是银河，是盛产粮食的好地方。“仙女卖米摆满几条街，仙女卖书摆成几十行”，生意十分兴隆，“我们要能来这里安家落户多好”。飞进第七层天，美丽的仙女在此织绫罗绸缎，“穿梭像射箭，织布像闪电；织机咔吱响，好像弹月琴；穿梭的声音，好像仙女在歌唱”。仙女把如花似锦的布挂满街晾晒，天黑才收回家。人跟仙女们要了一段布回人间做样板，让人间学习。飞进第八层，这里有八十九个囤水塘，专为人间灌稻田。飞进第九层，这里的纪香树和马桑树上有一对乌鸦，它们认识各种瘟疫，要是瘟神来了，它们专给人报信。飞进第十层，这是雷公居住地，雨点太小，去叫雷公及时造雨撒凡间。飞进第十一层，这是月亮居住地，“我们遇到天狗在吃月亮，天下黑了一半，我们去打天狗救出月亮”。飞进第十二层，这是太阳居住地，这里太热，人的衣服全被汗水浸湿了。

“十二层海”中叙说第一层海是虾子管辖的地方，这里无米无粮，虾子只好吃烂泥和草根，雄虾长角，雌虾生须，“它们生活得自由自在，只怕大鱼来吞食”。第二层海是石蚌居住的地方，“小而凄凉，从石蚌门口经过，告诉它我们从人间来，要去会龙王”。第三层是鲤鱼居住地，“它们自由自在，为什么我们不能像鲤鱼那样自由呢？”第四层是海螺的住处，“它的房子真漂亮，以后我们学海螺那样修房吧，房子不怕洪水冲，不怕强盗扒”。第五层是龙王公主住的地方，“她在那里唱歌弹月琴，她的歌不准恶龙听。我们去请求，龙王公主让我们听”。第六层是龙王的住地，龙王十分威风，他管理大海的水。第七层是犀牛的住地，它在磨自己的犀牛角。第八层是水鸭水鹅的住地，它们过得很欢乐。第九层是龙王造井的地，龙王造了许多井，让人间有好水喝。第十层是龙女绣花的地方，龙女手巧，绣的花很漂亮。第十一层是赶场的地方，集市很繁荣。第十二层有很多石柱，就是这些石柱撑着大地。

叙事歌

布依族的叙事歌，后来多被民间的说唱艺人改编成弹唱作品。关于叙事歌的作品及内容参见“戏曲杂艺”类的“说唱艺术”条目。

生活歌

布依族的生活歌包括“劳动歌”“苦歌”“习俗歌”“情歌”等。内容涉及生活中的各个方面，其特点是短小简练，或叙述某种生产劳动的过程与技术，或表达人们的某种感情，或揭露社会某种形态。劳动歌与习俗歌相对定型，其他类型则随意性较大，可根据情节改变其结构与表达的词语。

劳动歌

劳动歌反映布依族人民在生产实践中对经验的总结，或抒发人们对劳动产生的感情，从中可以了解到布依族过去的生产情景和相关技术，以及对古代生活的感受及思想情操。主要作品有《种稻歌》《棉花歌》《栽靛歌》《采茶歌》《下种与收获歌》《开场歌》《开工歌》《筷子歌》《起房造屋歌》《刺绣蜡染歌》《造碗歌》《造酒歌》《造壶歌》等。这些歌通过完整叙述生产过程、季节、技术，点缀着人们对某项生产的思想感受。如《种稻歌》中表现种稻时亲邻互相帮助，说明相互帮助才能更好地完成劳作，“新媳妇也来帮忙，他老舅也来帮栽，左邻右舍搭帮手，热热闹闹下稻田”。《起房造屋歌》表达了勤劳都有好收获，“公公起新房，要用青瓦盖。青瓦真难做，辛勤劳动才得来”。《造酒歌》表达对先人造酒的感恩，“寨老端酒杯，先敬老祖先，再敬寨上众乡亲”。

苦　歌

苦歌是反映不幸者痛苦生活的歌。这些不幸者包括穷人、孤儿、寡妇、光棍等。这些人的特殊遭遇，使这类歌谣较能打动人心，催人泪下。流传较广的有《受苦歌》《穷人歌》《失亲歌》《寡妇歌》《光棍歌》《孤儿歌》等。《受苦歌》和《穷人歌》都是反映穷苦人的悲凉处境，前者唱的是帮工之苦，后者唱的则是乞讨之苦。《受苦歌》描写帮工之苦时唱道：“我一年到一家打工，一年住一家墙角，一年睡一家牛圈，一年捏一家柴刀，一年拿一家锄把……要是割的草少了，要是砍的柴不够，进屋盆里没有饭，进家连冷饭也无……”《穷人歌》描写穷人乞讨时的惨状：“走到上家别人把门关上，去到下家别人闭门阻挡。要吃桐树秧又不能吃，要吃桐树苗又吞不下。眼泪淌成河洗布都行，眼泪滴成塘洗衣也可。”《寡妇歌》《光棍歌》《孤儿歌》等均以令人心碎的生活情景和悠柔凄凉的歌词打动人心，唤起人们对不幸者的同情与支持。

习俗歌

习俗歌是与布依族风俗习惯紧密相关的礼仪歌，包括《酒礼歌》《婚姻歌》《立房歌》《月米酒歌》等。《酒礼歌》是在宴酒席上互相敬酒时唱的歌。其中有《盘问歌》，以问答方式说明酒从何来，敬酒先敬谁等；《祝愿歌》，用于互相祝愿幸福、健康，祝主人家发财顺利等。《婚姻歌》是在相关的婚姻礼仪中唱的歌，其中有提亲时媒人与主人唱的歌。媒人多用比拟的方法赞美主家女儿，说明她能给“我”方带来吉祥幸福；主人也用比拟的方法说明女儿蠢笨，男方家门庭荣耀，配不上；如同意，最后说明将女儿交给男方家，希望聪明的亲家“去把憨鸡教成凤”等。在定亲时，双方长者互唱的歌是对未来亲家美好生活的祝愿，也是对未来新人幸福生活的祝愿。《立房歌》则是主客为新居落成对唱的祝愿歌。《月米酒歌》是在婴儿满月办酒席庆贺时唱的祝愿歌，主要是客人与客人对唱，贺喜新生儿女。布依族的习俗歌内容十分丰富，歌词饱含着吉祥美好的祝愿。

情　歌

情歌是布依族青年男女恋爱时唱的歌。依照传统，布依族青年男女在交往恋爱的头五六次见面，是用情歌表达感情的，故此诞生了丰富的情歌。情歌的演唱有一定的程序，首先是《探情歌》，也叫《初相会歌》，由一对或两对男女在堂屋或田坝对唱。在堂屋中唱歌时围观者众，所以要先唱《敬祖歌》《敬长辈歌》《敬兄弟姐妹歌》，然后才唱《探情歌》，试探对方对爱情的看法和理解，即恋爱观，借此了解对方的智慧，决定是否继续交往。《叙情歌》多为已有固定恋爱关系的一对情侣在田坝对唱，叙述见别人成双成对如何羡慕，而自己却孤身忧愁，生活艰难，希望依托于对方组成幸福家庭等。《盟誓歌》是情人互唱盟誓，叙述未来如何好好待对方，发誓如果今生不能成双，死了也要成对等。《畅想歌》是一对情人对未来夫妻生活的一种“幻想歌”，表示成家立业后应该如何同心协力创造幸福，服侍好老人，抚育好子女等。

布依族戏曲杂艺

戏　剧

布依族戏剧，据学术界对流传于黔南州布依族地区《傩戏·开堂剧》的研究，认为其内容可追溯到原始时期的“祭神戏”。在傩戏的“开堂剧”中，先要举行富有神秘色彩的“祭祖师”仪式，用巫术（参见巫术占卜类“上刀山”“过火海”“钉铁钉”条）来烘托戏剧的神圣气氛，说明祖师创造的傩戏是一种神圣的艺术。开堂剧之后，演员们才开始装扮各种面具，相互欢乐逗戏、高唱戏词，以示演出戏剧首先是为了愉悦历代祖师与神灵。这一阶段的演出大概就是布依族戏剧的最早形态。后来，随着社会的发展，悦神傩开始叙述农田水稻生产等劳作。其他戏剧的剧目都有剧本，只有开堂剧没有剧本。开堂剧表现出古代人类制作了枪叉、弓箭，在艰难的抗争中制服了野兽。开堂剧结束后，戏班才可以演出有剧本、有情节、有人物形象的各个剧目。这本身就反映了布依族戏剧发展的简要历史。

布依族戏剧从种类上看，可分为傩戏与布依戏两大类。不论是傩戏或布依戏，都有以下特性：一是除了戏剧服装“脸子”（傩戏用）和一些桌椅之外，根据戏中人物需要安排一些随身物如武器、生产生活用具等，但无须更多的道具和复杂的戏剧布景。二是演唱戏词多于对白，唱腔有高低，配合以动作、表情烘托人物情感。三是由于没有更多戏剧布景，表演时使用象征性强、接近于京剧的动作。如开门、骑马、放牛、打斗等全靠演员用特定动作来表达。四是除了傩戏的“正戏”唱腔基本统一，布依戏的唱腔多按当地村寨流行的歌谣曲调演唱。五是布依戏对演出场地没有严格要求，可在平地演出，四面都是观众；也可搭戏台演出，安排台下听众观看。

布依戏和傩戏在长期的发展演变中，形成了自己的独特风格，出现了一大批深受本民族人民欢迎的演员和很有影响力的剧目。

布依戏的行当和演技

布依戏对演员的演技要求较高，每个演员都不能固定一个行当，而是要兼演多行。布依戏的主要行当可分为生、旦、净、丑。生行有老生、小生、文生、武生；旦行有彩旦、青旦、婆旦；净行有文净、武净；丑行有小丑、大丑、家丑、外丑。

各种角色的台步，基本只有“大八字步”“中八字步”“小八字步”之分。一般走八角线路，旦角多用小八字步。

演技主要有出场、收场、立、坐、摇扇、武打、纺棉等功夫，但对各种角色的要求有所不同。

小生出场，先亮相，接着右手摇扇子、理飘带，走三角线台步；老生出场，先甩袖、推髯、转身到台口，又甩袖、推髯；旦角出场，先定相，接着舞花扇，然后抬步走路，不快不慢，边走边唱；丑角出场，先定相，右手摇扇，迈高脚步，三步一转身；武将出场，先定相，高叫一声，右手先挥武器，接着换左手挥武器，到台口一个转身，起唱；武花脸出场，先要翻身跳台。

小生收场，走三角线台步后，拖带，急收扇，下场；旦角收场，轻舞扇，转一个身，拂袖碎步下场；丑角收场，左手背扇，右手捏拳贴胸，缓步下场；武将收场，转三角线台步，左膝下击器，右手举掌立于耳畔，急步下场；文官收场，开扇又收扇，站定，若有所思，长拂一袖下场。

男角坐相为两腿稍张，双手开掌平放于膝头，立相为双脚八字、马步，两手叉腰；女角坐相为右腿搭在左腿上，两手轻放于小腹部或腿上，站立时一手垂下，一手以扇子半掩面。

摇扇是布依戏中除武生、武花旦之外其他角色必具的演技，有扇扇功、大花扇功、小花扇功、收扇功、开扇功、立扇功、夹扇功、扑扇功等二十套技巧。旦角另加手帕技，有缠帕功、绕帕功、翻帕功、卷帕功等十余套技巧，十分讲究用扇做戏。

武打是武旦和武花旦的演技，拳术以虎爪、猫爪前抓型为主。武打表演有刀棍对打、双刀杀棍、双棍对刀、刀对长枪、长刀对长刀、长枪对长枪、长剑对剑、多棍对单刀、多刀对单棍、空拳对刀、空拳对枪、扁担对刀枪等十多套演技。

纺棉是旦角必具的演技，为了表现布依族女性性格，布依戏剧情常安排有纺棉情节。演技要求是，未开纺时，眼睛睨视一侧，做羞涩状；开纺后，眼神慢慢移正，平视“线包”处（有时实无纺机等），做纺态，腰身协调波动，显出技艺精湛、全心纺棉之貌。

戏剧剧目题材

布依族戏剧剧目题材广泛，可分为以下几种：一是反映人民反抗压迫、英勇斗争的题材。这些题材多借用历史上的真实事件和人物进行艺术创作。其代表作有《六月六》《杨元宝》等。二是反映民族伦理道德观念，褒贬社会现状的题材。这些题材多取材于民间传说故事，进行艺术创作。其代表作有《王玉莲》《人财两空》等。三是歌颂自由恋爱，反抗包办婚姻的题材。这种题材多取材于民间爱情故事或叙事长诗，或根据真实的婚恋悲剧进行改编和创作。其代表作有《洪康金》《罗细杏》《金竹情》等。四是反映忠君报国、英勇善战的题材。这种题材多引进其他剧种的唱本或剧作加以改编而成。如《四下河东》《桂英挂帅》《三国》《仁贵征东》等。五是反映中华民族历史生活的题材，也是引进其他剧种的唱本或剧作加以改编而成的。如《蟒蛇记》《柳荫记》《玉堂春》《秦香莲》《梁祝》《琵琶记》《金铃记》《凤凰记》等。

《六月六》

《六月六》是布依戏代表作之一。该剧叙述了清朝末年，官府勾结绅士富豪，派兵进剿布依聚居区龙广一带，屠杀人民，掳掠财物，激起了布依族人民的反抗。布依族英雄贺连举起义旗，组织队伍，经过浴血战斗，带领群众杀出官兵的重重包围。后来，到六月六节日这天，他请来了民族天神杨元帅，会同天兵天将与起义队伍一起，杀退官兵，保卫了家园。

《杨元宝》

《杨元宝》是布依戏代表作之一。该剧叙述布依族英雄杨元宝生长在长工家庭，从小失去母亲，少年时期便与父亲一起去给土司家做苦工。土司觉得元宝父年迈不能做重活了，设计陷害其父死去。元宝至此成了孤儿，靠做苦工为生。后来，在太平天国革命的影响下，杨元宝不甘土司奴役，带领布依族人民举起义旗，声势十分浩大，在九十九个大山洞里铸造兵器，囤积粮草。他们的义举感动了天神，来了八个陌生人在兵营里住了一夜，突然就成了八个银人，为杨元宝的义军铸造了千千万万银钱，使义军有了雄厚的经济实力。杨元宝兵强马壮，财力雄厚，吹响牛角号，攻打当地土司衙门。各族人民纷纷加入义军，后来，杨元宝率领义军，投入了太平天国革命洪流之中。

《王玉莲》

《王玉莲》是布依戏代表作之一。该剧叙述诚实善良的青年王玉莲因不甘忍受奸诈狡猾的二娘一次次的陷害，含泪离开了母亲和妻子去从军。从军期间，王玉莲得到神的帮助，学到高强的战斗本领。由于他武艺突出，赵王封他为统兵元帅。王玉莲武艺高强，统兵有方，战功显赫。在一场大战中，吴王的三花公主设下陷阱，假装败逃，王玉莲在追杀中不幸落进三花公主的陷阱被俘。吴王十分赏识王玉莲的才能与勇猛，赦免了他，还招其为驸马，与三花公主相配。

王玉莲离家后，二娘就变本加厉地迫害其母其妻。婆媳最后沦为乞丐，四处乞讨。磨难使王玉莲之母双眼失明，王玉莲之妻请鸿雁给他捎去家书，叙述苦难，唤起王玉莲思乡思亲之情。王玉莲巧计杀死了三花公主，与赵王部队里应外合，杀出了吴国，回到家乡与母亲和妻子团圆。他回乡后，见二娘毒心不改，一气之下杀死了二娘。

《人财两空》

《人财两空》是布依戏代表作之一。该剧叙述一个财主，放荡荒淫，常外出拈花惹草、其妻凶恶撒泼。一日，财主到江边亭收租，看中民女王二妹，想娶二妹为妾，托媒人江嫂前去说亲。财主家有个聪明机智的长工名叫黑甲，得知此事后，决心整治贪欲无度的财主。黑甲与江嫂巧计让财主立了字据，只要娶得王二妹进门，就免掉江边亭全寨历年租债。在黑甲与江嫂的精心安排下，王二妹进了门要拜堂时，财主的凶恶妻子出现在堂前阻挡，使财主霸占二妹的梦想破灭。但立下的字据早已成文，财主怕吃不下官司，只好自认免去租债，落了个人财两空。

《洪康金》

《洪康金》是布依戏代表作之一。“洪康金”是布依语，意为“金水潭”。该剧叙述扁担山布依族地区盛行包办婚姻，“妹勤、妹快、妹花”三个姑娘幼年时，就被父母包办许配了人。三个姑娘长大成人后，通过自由恋爱，各自找到心爱的英俊小伙，双双海誓山盟：“阳间不能成对，也要到阴间成对。”父母兄弟发现后，要三个姑娘放弃自由恋爱，遵从封建伦理嫁给从小包办的丈夫。面对父母打骂、威逼断绝关系等，三个姑娘反抗不从，但最终并未得到父母的理解和支持。在悲痛万分的情形下，为了控诉封建包办婚姻，让天下父母觉醒，三位姑娘相约在一个半月悬空、山野寒静的夜晚，将长发捆在一起，一同投入“洪康金”以死殉情。她们的恋人知道后，以亲夫的礼仪，送来了棺材和陪葬土布，为自己的恋人举行葬礼。《洪康金》剧情感人，戏词催人泪下。

《罗细杏》

《罗细杏》是布依戏代表作之一。该剧叙述了英俊善良的小伙阿品与美丽纯朴的姑娘罗细杏深深相爱。他俩对未来充满着信心，决心要过那种“春时哥妹同流汗，秋后双双共纺棉”的幸福生活。但是细杏十八年前已被财主卜苏家逼订“背带亲”，卜苏为了破坏细杏与阿品的美好爱情，逼着细杏与其憨包儿子成亲。细杏决心出逃，东躲西藏。卜苏仗着权势，抢来细杏，打死罗父，吊打罗母。细杏不甘屈辱，进行顽强抗争，在棍师与乡邻的帮助下，冲出卜苏家，与阿品带着慈母乘着木筏，漂流他乡。

《金竹情》

《金竹情》是布依戏代表作之一，又名《三月三》。剧情叙述了古代英俊的小伙凡龙与漂亮姑娘椰秀在抛花包中自由恋爱，对歌，建立了深厚的感情。他俩的爱情充满了诗情画意，有“分达丁”（土电话对歌）、抛花包、“削竹”定情等。但好景不长，山寨头人的儿子绍宋早对椰秀垂涎，于是设下恶计，在椰秀与凡龙成婚不久，借故征兵与外族打仗，抓走了凡龙送去从军。接着，绍宋又施魔法，变成官人和乌鸦来给椰秀传报凡龙战死的假信。椰秀闻讯昏倒，绍宋趁机把她抬回家，准备逼椰秀成亲。北盘江支流桑郎河中一条神鱼知道了，立马把这个消息传给远方的凡龙，凡龙借来长官的天马，飞越群山，回到故乡。绍宋见势不妙，杀了椰秀。凡龙英勇搏斗，砍下绍宋头来祭祀椰秀，椰秀苏醒。凡龙拿出与椰秀当初削竹定情的金竹，金竹闪耀起万丈光芒，让这对生离死别又重逢的情侣乘着万丈光芒飞向天空。

说唱艺术

布依族的说唱艺术，从现存的几种民间文学承传形式分析，较早应该追溯到原始社会末期的民族宗教祭仪中。祭仪中使用的诵经，一般都有相应的固定文本，早期虽为口头传承，但祭词却因其宗教的神圣性不可随意变动，而这些文本，大部分都具有情节和人物。比如举行“赎钱魂粮魂”仪式时所诵的《赎买经》，除了比重不大的赎买经词，通篇叙述的是射日神话与洪水神话，把射日神话中的“多日同出”和洪水神话给人类带来的灾难，与粮种（粮魂）的艰难留存衔接为一体。再如《退仙经》，叙述的是古代开荒造田、开石筑城初期的艰难情景，而后叙述战争英雄及农业生产开创者们都成了“仙”，祭祀后都把他们送回天庭各自的位置。这些祭仪中的说唱艺术，在于诵经时，布摩与助手常用对白来完成仪式。如献祭时助手说：“给你大红冠子金鸡了，给你特大的猪头了，给你众多财宝了，你得到了吗？”布摩会以神的名誉作答：“得到了，这么雄骏的公鸡，这么肥壮的猪，这么多的财宝。”助手又说：“那你就请回吧，顺着飘向天庭的香雾，信吏在为你引路，天庭正在召唤你。”布摩回应：“那我就去了，主人这样大方给予，我去了。”如此种种，体现出一种逼真的“人神交谊”活动。这应该是说唱艺术的初始形态，后来，民间艺人才把它引入了民间文艺的传播与表演之中。故而许多说唱艺人本身就在从事布摩职业，他们在舞台表演之前一般都要设坛祭神或祭祀祖师。

布依族的说唱艺术使用乐器较少，主要靠语言的艺术表达。从业者按照传统规矩，表演不向观众索取报酬。表演场合一般是婚嫁、起房选屋、节日庆典，由主事者聘请，安排食宿，酒肉相待，最后适当给点演出费。有时也是艺人们见到热闹不甘寂寞，自己主动上场表演，事主安排食宿，无须付酬。单个艺人要拜师学艺，自购乐器。说唱团体的组成有以下几种形式：①设有班头，联合有志者自购乐器，共组班子；②村寨或宗族有组班传统，共同出资供购买乐器和排练开支；③有些大富人家为了声张门面，出钱购置乐器，组织排练。但个体艺人与说唱团体都不是长年从事该职业者。有预约演出时才提前数日演练，参加演出后仍各自回家从事农业。

说唱时均用布依语。作品多为口承，也有采用音近的汉字或偏旁部首记录布依语的“唱本”手抄本传世。主要代表作是《广邑沙》《娘荷斑》《八龙虎与李素梅》《英台姑娘与山伯相公》等。

《广邑沙》

《广邑沙》是布依族说唱代表作之一。主要流传于镇宁、关岭等县的布依族地区。作品叙述了布依族歌手、勤劳英俊的小伙广邑沙，与隔山寨漂亮聪明的姑娘良嫩，在“浪哨”（恋爱）中情投意合，彼此深爱。但良嫩的父亲是个固执的“老牛筋”，为了钱财，在良嫩幼小的时候就把她许配给财主家小儿子，结了“背带亲”。良嫩与广邑沙相恋后，父亲命他们断绝关系，不准来往。良嫩不能与广邑沙相见，相思成疾，卧床不起。良嫩父亲不顾女儿生死，逼迫女儿嫁到财主家去。广邑沙得知良嫩被逼嫁的消息后，十分愤怒，相约同伴，决定在途中拦路抢亲。但由于良嫩被逼悲伤至极，花轿才到她家门口，她就痛苦地吐血而死。广邑沙怀念良嫩，心情十分悲痛，为了表达深情，寄托哀思，他决心哪怕倾家荡产，来日乞讨为生也要为良嫩举行隆重的超度仪式。但是，因为他与良嫩仅是歌场上的情侣，不是明媒正娶的夫妻，他先后找了十二个布摩，都因为认为此举违反规矩，不愿帮其举行超度。广邑沙超度良嫩不成，更加思恋良嫩，为表达自己的忠贞，他在良嫩的坟头上搭起草棚，为良嫩守灵，与死去的情人相伴。次年良嫩忌日这天，他又邀约朋友来良嫩坟前祭灵，突然良嫩的坟头长出一棵烟草，被清风吹落在燃烧的纸钱堆上，升腾起缕缕青烟，青烟中出现良嫩的含笑身影。广邑沙见到了日夜思恋的情人，扑上去紧拉良嫩的双手，同伴们为这对经历生离死别又相会的情侣起舞，唱起欢乐的婚礼赞歌。广邑沙和良嫩在歌声中双双升腾，随着青烟，飘进天上的彩霞之中。

《娘荷斑》

《娘荷斑》是布依族说唱代表作之一。流传于望谟、册亨等县的布依族地区。作品叙述了仙女娘荷斑向往人间生活，爱上贫穷勤劳的夭平介。为了考验夭平介，娘荷斑下凡装成可怜的乞丐女，在夭平介砍柴必经的路边哭泣，夭平介砍柴回途见乞丐女，便上前询问，娘荷斑编造了悲惨遭遇，夭平介十分同情，娘荷斑表示不嫌贫苦，愿与夭平介结为夫妻，相伴终生。婚后，他俩虽度日艰辛，但恩爱相处，其乐融融。夭平介的远房亲戚沈杞楠来到夭平介家，见娘荷斑如此美丽动人，顿生邪念。他以谋求富贵为饵，哄骗夭平介出门做生意，远游异乡。经商中，他又引诱夭平介下赌场、进花街。夭平介忘了故乡美丽的妻子，只顾花天酒地的生活。居心不良的沈杞楠暗中返回家乡，企图占有娘荷斑。但娘荷斑忠贞不渝，沈杞楠没有达到目的。夭平介花天酒地老本蚀光，无法回家，正遇边关战事，就从军参战去了。夭平介靠仙赐宝物立了战功，被皇帝封为大将军，并招其为驸马。奢侈的宫廷生活，更使夭平介把原配忘得一干二净。在家乡，夭平介父母先后逝去，娘荷斑不忘旧情，安葬公婆后，离家远行去寻夫君。走到都城，探知夭平介消息，前往求见。夭平介忘恩负义，拒绝相认。娘荷斑怀念旧情，愿以夭平介的奴婢身份留在宫中。公主嫉妒娘荷斑貌如天仙，千方百计要陷害她。公主设计命娘荷斑上树摘桃，趁机摇树，企图使娘荷斑掉进树下深水池淹死。哪知娘荷斑原为仙女，不但没有死，反而出池后更加美丽动人。公主十分吃惊，问娘荷斑如何使肌肤更加美丽。娘荷斑教公主，说只要跳进沸水中洗浴，出来后即可成功。公主依此法烧开沸水，入水而亡。皇帝与夭平介大怒，抓来娘荷斑要处死。临刑前，娘荷斑痛骂皇帝与忘恩负义的夭平介。正要动刑之时，天发雷霆，飞沙走石，一群仙女在空中召唤娘荷斑，娘荷斑随众仙女飘然而去。不一会，天下洪水滔天，淹死了皇帝、夭平介和沈杞楠等居心不良之人。

《八龙虎与李素梅》

《八龙虎与李素梅》是布依族说唱代表作之一。流传于镇宁、六枝、普定等县的布依族第三土语区。作品叙述了刚新婚不久的八龙虎，为人善良厚道，下有十八岁兄弟，上有年迈父母。官家实行“两丁抽一，三丁抽二”的征兵政策后，他主动前去应征，承担战死的风险，让弟弟在家陪伴父母。临行时孕妻李素梅久久相送，一再嘱咐他注意安全，如立功也别恋高官厚禄，从军三年期满后回乡与妻相伴终生。素梅勤劳善良，孝敬公婆，厚待兄弟，苦累无怨。八龙虎从军不久，素梅就为八龙虎生了一子。但八龙虎一去五年不见音信，家人认为他已战死沙场，再三劝素梅寻个好人家再嫁，别误前程。许多青年也倾慕素梅为人，纷纷托人前来说媒。但素梅舍不得离开好心相伴数年的公婆，也舍不得暗恋嫂嫂一直不愿与其他姑娘结姻的小叔。终于，在五年的相处中，素梅与小叔产生了爱情，经老人说合，择选吉日，买了酒席用的各种食品。临与小叔结婚的前几日，素梅抱着一线希望，在与八龙虎分别的桥边淘洗猪草，企盼丈夫突然归来。她从早到晚，盼穿了眼，仍不见丈夫踪影。到了就要举行婚礼的这天，素梅仍在桥边等待。突然，八龙虎回来了，素梅与丈夫双双在桥头激动流泪，八龙虎叙说了战争的恶劣，回程的艰辛，别后的苦恋。八龙虎与素梅一同回村。快到家时，四岁多的儿子唤娘，八龙虎不知是自己亲儿，认为素梅早已改嫁，心生疑团。进家后又见家中筹办酒席，非常热闹，问家人办什么酒，因其突回，家人无法解释，使其又再生疑团。后来，家人慢慢把事情原委道明，八龙虎虽对素梅情意难舍，却考虑五年多来自己远离家乡，没有尽到责任，加上小弟深爱素梅，与素梅相处的时间比自己长，情比自己深，决意让素梅与弟弟结婚，自咽苦水。但弟弟则说，哥已成家，为了自己能平安生活才去从军，吃了这些年的苦，现在回来了，理应与嫂团圆终身。

在兄弟俩深情推让之下，弟弟知哥哥心境，为了哥哥幸福，悄悄出走了。哥嫂再度恩爱，商定休息几日，由八龙虎再度出门，走遍天下也要把弟弟寻回。八龙虎决定把弟弟寻回后，给他讨个天下最好的媳妇，再把大半的房产和大半的田产分给他。

《英台姑娘与山伯相公》

《英台姑娘与山伯相公》是布依族说唱代表作之一。作品由《梁山伯与祝英台》唱本改编而成，但大部分情节都已被“布依族化”了，具有了民族艺术特色。故事讲述英台姑娘在上山砍柴归途中，遇到前去赶考的青年山伯，一见钟情。英台谎称家兄也要赶考，叫山伯稍等，她回去叫家兄来与山伯结伴同行。英台回家女扮男装，与山伯一同进京。在同窗共读中，山伯怀疑英台是姑娘，便约其下河洗澡，英台说我洗下游，你洗上游，当你摘一片树叶从上游飘下来到我头顶时，一同回校。结果山伯无法发现破绽。不久，山伯又要两人各拿一片芭蕉叶当凉席垫睡，想试探英台是否为姑娘（布依族说女性体温高，芭蕉叶先干），结果到半夜，英台悄悄拿开芭蕉叶。次日，山伯见自己垫的芭蕉叶比英台的干，再也不怀疑英台是女子了。

祝家把英台许配给马家，叫英台回去完婚。英台给山伯留下书信后走了，等山伯回来见信，才知英台是女子，后悔得放声大哭。老师给山伯画了一匹纸马，叫他骑马去追英台，并叮咛山伯，遇到河时要把纸马扛着过河，不能骑。山伯过了四条河都扛着马过河，但过第五条河时，因追英台心切，忘了扛纸马。纸马在水中融化掉了，只好步行去追英台。他一路问了锦鸡、白鹅、斑鸠、鸭子、水牛、老鸦、山羊、孔雀是否见英台的踪影，只有锦鸡和孔雀告诉他英台走过的情况。他送了花衣裳和绸长彩给锦鸡和孔雀。山伯赶到英台家路边，听到接亲鼓乐声，气死在路边，人们把他就地安葬。马家接亲队伍走到坟边时，狂风大作，轿子不能前进。英台见是山伯的坟，下桥祭奠，坟墓裂开，英台跳进坟去。马家人挖开坟，只见两块五彩石叠在一起。马家一气之下把两石分别扔到河的两边，结果河两边长出两棵高大无比的大楠竹，竹梢弯过河水，相交相缠在一起。

杂　技

翻叠桌、走绳、爬圈竿三种一般都由艺人来表演。艺人平时从事农业劳作，有节日庆典需要前往表演，就由主事者提供食宿，不收报酬。

踩高跷

踩高跷是布依族杂技艺术之一。跷竿为两截长约两米的竹竿或木棒，用绳子在竿的下半部各固定一个能站脚的木棍即可，站脚棍的高度依表演者的技术而定。一般为少年平常玩耍用，技术高者，站脚棍高达一米，可在多级石阶上下如飞。

耍牛背

耍牛背是布依族杂技艺术之一。日常在野外和寨中，少年喜欢于牛背上翻跟斗、倒立、站独脚等，以取乐众人。

翻叠桌

翻叠桌是布依族杂技艺术之一。由受过训练的艺人表演，以十二张八仙桌叠摞于院中，最后一张四脚朝天。两位艺人一人一边往上穿于桌间空距，做出各种惊险动作。最后，双双在最高处的四脚上表演倒立、站独脚等。

走　绳

走绳是布依族杂技艺术之一。表演时，在地上相距十来米处栽上一对大木桩，于两米高处拉上一根粗草绳，艺人在绳上稳步行走或做出前翻后翻等动作。

爬圈竿

爬圈竿是布依族杂技艺术之一。表演时立一高五米木柱，顶端系一横竿，距木柱一米余的横竿端挂上八个木连环，艺人顺木柱而上，经横竿在八个连环中正钻、倒钻，做各种动作。结束动作后再从柱顶头朝下顺滑，近地面时空翻正立着地。

布依族杂技艺术包括踩高跷、耍牛背、翻叠桌、走绳、爬圈竿等。在这些杂技类型中，除了踩高跷和耍牛背是大众化的杂技活动外，其余均需专门训练，艺人才能表演。布依族杂技艺术的主要特点是表演器材简易，对表演场地没有严格的要求。

布依族音乐舞蹈

音　乐

布依族音乐包括声乐和器乐。早期人类语言贫乏而使用声音的变调和拉长来加强情感交流，逐步演进形成了音乐。音乐形成之后，便是人类生活不可缺少的一种“语言”，渗透于生活各方面。

布依族的声乐，根据不同演场环境、不同应用习俗，可选择不同调法，使情感的表达与情景有机合拍，形成了自己的风格。有“榔哨歌（情歌）”“山歌”“酒歌”“祭仪歌”“儿歌”等不同的曲类。这些曲类都有一个共同的特点——平和柔美如轻言细语，很少有粗犷激荡的曲调。这一特点可能与布依族的生活环境、生产技艺有关。布依族地区山清水秀，历代稻耕劳作，男耕女织，自给自足，少与外界争斗，生产生活的陶冶使其人际交往讲究谦让有礼，少有激烈争斗等惊心动魄的场面，从而使民族音乐形成了娇美细柔的风格。在声乐之中，除了上述各种曲类外，由于明清时期大量汉族军民进入布依族地区，经过长期友好交往融合，布依族又出现了用汉语演唱的山歌。

布依族的乐器，最早使用的应该是随处可得的木叶，人们随手拿一片木叶就可以吹奏出美妙的声音，故而至今吹奏木叶在布依族地区非常普遍。后来随着民族传统宗教仪式逐步复杂化，为了与神灵充分“对话”，烘托气氛，便产生了许多简单的宗教礼仪乐器。器乐除了与声乐伴奏，追随声乐的曲调外，在它们独奏或合奏时，又各有不同的曲调和表现方法。

布依族的乐器，大约可分为吹管乐器、拉弦乐器、弹弦乐器、小打音乐乐器等四大类。各大类又包含有多种乐器。

榔哨歌乐曲

榔哨歌是布依族声乐曲种类之一，即男女恋爱歌之意。恋爱是每个人都会经历的人生幸事。据调查，布依族男女青年恋爱，从第一次见面开始，直到第五六次约会，对白谈话的比例约占十分之一；一般感情的交流，都用“对歌”方式进行。每次约会，少则两个小时，多则五六个小时，在这么长的时间中全用歌曲抒情。歌曲的复杂曲调，往往会调动人的思维，歌词的简朴凝练，给人以亲切感。榔哨歌可归纳为“大调”“小调”两种。

大调的音域、旋律平稳，演唱分为上下句结构式，接近语言对白；旋律中“4”与“4”的交替出现，使感情出现一种游移性。这种大调可以说是一种音乐与吟诵的有机组合。如音乐家刘一丁先生采录于望谟县的大调就充分反映了这一特点。

小调内容繁多，各地各有特点。有的地区小调多用一句变体反复。歌曲开始一般都有一引句，说明开始歌唱，结尾有一装饰性拖腔，给人以情深意长之感。有的小调演唱速度舒缓，每句后一音下滑，有凄婉悲切之感等。（参考一丁《布依族民间音乐研究文集》，贵州民族出版社 1991 年版）

山歌乐曲

山歌乐曲是布依族声乐曲种类之一。这是抒情性较强的曲调，在平时的纺织、上山劳作、行路等场合吟唱，或是一人或是多人自发抒发情趣，一般没有对唱对手。曲调简练，起伏活泼，悠扬婉转。山歌的内容一般都为呼唤情人，曲体结构为上下句反复式或呼应式，有起、承、转、合等格式。

酒歌乐曲

酒歌乐曲是布依族声乐曲种类之一。布依族酒歌曲调可分为“敬酒歌”和“祝贺歌”两种。敬酒歌是在酒席间，亲朋互敬对唱，所以曲调欢乐，调式节奏极快，每句的尾音上滑拉长，有相敬和谐之感；祝贺歌一般要请专门歌手晚间对唱，叙述各类人间喜庆的来源，比试哪个歌手的贺词内容丰富、曲调精彩，可通宵演唱到天亮，聆听者津津有味。

祭仪歌乐曲

祭仪歌乐曲是布依族声乐曲种类之一。这是布摩在举行宗教仪式时诵经的一种曲调。由于是与鬼神“通话”，故曲调时而悠沉，时而激昂，旋律简明平稳，给人一种庄重、神秘之感。

木叶调乐曲

木叶调乐曲是布依族乐曲种类之一。较常用的有香樟叶、冬青叶等，其他软硬适中的木叶均可采来吹奏。吹奏木叶的方法是：略将木叶一边翻折，翻折的五分之四左右贴于下唇，五分之一挨上唇，靠调节出气量的急缓，控制木叶发音的长短高低，其音质清脆悦耳、传音很远。可木叶独奏，也可作为一般歌曲的伴奏，或与其他乐器合奏。大多数布依族青年均有木叶吹奏的基础，各地均有吹奏木叶的能手，贵州省民族歌舞团的木叶演奏家罗文军先生就是全国著名的木叶调乐曲高手之一。

勒尤乐曲

勒尤乐曲是布依族乐曲种类之一。“勒尤”这种乐器为竹木制品。上半部为小节水竹管。先采来野蚕蚕茧，用温水泡湿后剪掉两头，茶油浸泡后晾干，做成能吹响的哨管，插于小竹管上端，作为哨蕊。把小竹管哨蕊插在本质空心的笛管上端，以铜片箍固定相连；笛杆开六个音孔，下端加有一个活动竹筒，可上拉下推调节音量与音质。勒尤有长有短，短勒尤声音清脆响亮，长勒尤深沉悠甜。勒尤音调优美，用于独奏或伴奏均可。

勒浪乐曲

勒浪乐曲是布依族乐曲种类之一。勒浪是布依族乐器之一，竹制。用蚕茧做哨（参见“勒尤乐曲”条），插入小竹节做成哨蕊，与竹制身杆连接固定，再连接底部加一铜制喇叭口气盘（形如唢呐气盘），音管开六个音孔。其吹奏曲调清脆悠远，用于独奏与伴奏均可。

竖笛乐曲

竖笛乐曲是布依族乐曲种类之一。竖笛为竹制，选择一根合适的竹管，在上端一寸处开一斜孔，用一木塞削去一边少许，塞进竹管，长至斜孔一半处，吹奏时让气流从木塞斜孔处产生共振发音。竹管正面开五个音孔，背面开一个音孔，演奏时用于调节音阶与音质。有单管竖笛、双管竖笛两种，音色悠扬，听之心旷神怡，多用于独奏。

唢呐乐曲

唢呐乐曲是布依族乐曲种类之一。唢呐为铜制，是布依族主要乐器之一。吹奏唢呐，需有铓锣（锣心在一音包）与牛皮鼓伴奏，且成对吹奏，一般用于民间红、白喜事和节庆时撑场烘托热闹气氛。唢呐乐曲多而复杂，可惜至今没有完全收集唢呐乐曲的本子。据说唢呐比赛可以进行三天三夜，曲调都不重复。

牛角号乐曲

牛角号乐曲是布依族乐曲种类之一。牛角号由水牛角做成，音色深沉悠远，主要用于宗教仪式与战场助威，常与长号、唢呐、鼓锣合奏。

长号乐曲

长号乐曲是布依族乐曲种类之一。长号上半部为木杆，下半部为铜制喇叭口。主要用于宗教仪式和节庆耍龙队行进中的伴奏，靠吹气大小调节音量，音响激昂，音符简练。

牛骨琴乐曲

牛骨琴乐曲是布依族乐曲种类之一。牛骨琴形似二胡，共鸣筒为牛腿骨做成，弦轴为鹿角做成，音色脆美，系“小打乐”（参见“小打乐”条）与“八音乐”（参见“八音乐”条）的主要乐器之一。

四弦胡乐曲

四弦胡乐曲是布依族乐曲种类之一。四弦胡与常见二胡相似，区别在于，四弦胡琴颈有四个弦轴，里外都有两根同音高的弦，音色比普通二胡响亮。用于独奏与伴奏均可。

月琴乐曲

月琴乐曲是布依族乐曲种类之一。布依族月琴与普通月琴相似，区别在于弹奏方法：布依族月琴琴面上张三根弦，一根里弦，两根外弦，同系一音高，2—5 四度定弦；演奏时主弹外弦，但乐曲每拍的头个音均弹响为内弦空弦音，使每拍头音出现各种音程的和音。用于独奏与伴奏均可。

葫芦琴乐曲

葫芦琴乐曲是布依族乐曲种类之一。葫芦琴是布依族乐器之一，与普通胡琴相似，区别在于其共鸣筒为葫芦做成。用于独奏与伴奏均可。

竹琴乐曲

竹琴乐曲是布依族乐曲种类之一。竹琴为一长节竹筒，两头保留竹节（不打通），于一头开一四方音孔，用桐油浸泡而成。演奏时，用小木棒敲击竹筒的不同部位，发出不同音阶之乐，音质雅致悦耳，用于伴奏，增强曲调的活泼气氛。

铜鼓乐曲

铜鼓乐曲是布依族乐曲种类之一。铜鼓为青铜铸造，是布依族祖传礼器、乐器之一，平时珍藏于寨老或族长家中，主要用于宗教祭祖仪式上祭供“牛、猪、羊”三牲之时敲击演奏，铜鼓的声调铿锵，音传数里，烘托出祭祖仪式的庄严、隆重的气氛。春节期间的铜鼓演奏，则主要是为了娱乐，其间让青年后生专心学习如何敲击演奏铜鼓乐器，增强节日欢乐气氛。布依族的铜鼓乐曲计有“哼金”“嘎南”“嘎东”“嘎翁”“嘎索”“嘎爵”“嘎姐”“嘎尖”“嘎芬”“嘎桑”“嘎伦”“哼闻”，称为“十二则铜鼓乐曲”。演奏时，用特制鼓槌敲击鼓面的太阳纹，同时以特制鼓刷敲击鼓裙边沿配合，表达出不同的季节与不同含意的铜鼓乐曲。每则乐曲重复演奏两遍为一谱，可以用牛皮鼓等敲击乐器进行伴奏。近年来，艺术界学者已收集整理有“布依族铜鼓乐曲十二则”发表和出版。

小打乐

小打乐是布依族器乐合奏曲之一，属于丝竹音乐类型。乐器包括竖笛、横笛、牛骨琴、胡琴、月琴、瓷碗等。瓷碗一般用六只，瓷碗内按照所需音符放入不同水量，即可敲打出不同音阶。布依族农村有业余小打乐乐队，曲目较多，节日期间为群众无偿演出。

八音乐

八音乐是布依族器乐合奏曲之一。演奏形式有三种：一是纯器乐合奏；二是合奏中伴有小段风趣幽默的动作表演；三是给“座唱”伴奏，演唱具有故事情节、优美动人的曲目。布依族农村有业余八音乐队，举行婚嫁、起房、做寿等喜庆仪式的人家，可用红柬邀请八音乐队到场庆贺；节日活动，则由主办村寨邀请多支八音乐队表演、比赛。八音的乐器，主要有笛子、箫筒、牛骨琴、葫芦琴、月琴、鼓、包包锣、小马锣、钹九种。八音乐曲丰富，具有鲜明的地域性音乐特征，经常使用的有“自路板”“走音板”“龙板”“林板”“岩甲板”“者艾板”“正音”“走音”“过马调”“踩门调”“道谢调”“八板正调”“正调”等三十多种，曾被贵州省音乐家协会的专家誉为“民间宫廷音乐”。

舞　蹈

布依族舞蹈按内容可分为“祭仪舞”“劳动舞”“生活艺术舞”三种。“祭仪舞”与宗教活动紧密相关，这种舞蹈有动作朴实、模拟神形等特点，表达人们对神灵的美好期望及祈祷，借此娱悦神灵，企盼神灵恩赐，达到娱神又娱人的目的。这类舞蹈包括丧葬祭祖中的转场舞、绕堂舞、铜鼓刷把舞、驱兽舞、赶虫舞、傩舞等。“劳动舞”是模拟劳动动作，加以艺术性的升华而产生的舞蹈，主要特点是节奏舒缓，舞姿飘逸，同时伴唱相关的劳动歌谣，传达某种生产技术的全过程及人们对丰收的希望。这种舞蹈主要有撒麻舞、插秧舞、舂棒舞、漂布舞、四季舞等。“生活艺术舞”的舞蹈动作比较抒情，主要以表达自我感觉为内容，动作优美娇柔，充分表现人体体态和姿态的流线运动。这种舞蹈包括包帕舞、竹鼓舞等。

布依族舞蹈中的祭仪舞和劳动舞均为集体性表演。祭仪舞有敲击铜鼓的鼓点作调子，还有长号、唢呐等伴奏，并伴以布摩的诵经。劳动舞则是在丰收庆典、节日集会中表演，由村寨组织的舞蹈队演出，以民间箫笛、胡琴、木叶等伴奏，伴唱劳动歌，边唱边舞。生活艺术舞一般是个人或情侣为了抒发情趣，设计出表达爱情坚贞的动作，作为舞台表演时，由指定演员扮演。

转场舞

转场舞是布依族舞蹈之一。布依族举行隆重的用牛祭祖仪式，名为“古谢”（又称“殡王”），整个仪式中要跳转场舞。由布摩肩扛宝剑、口念经词在前引导，孝家家族子孙戴孝帕及孝媳上百人、数十人不等，孝媳们穿蜡染刺绣上衣、着紫色百褶长裙，盛装排队跟随布摩，边舞蹈边围着高二三十米的大竹魂幡旋转，意为送祖灵升天。舞蹈动作为双手自然垂于双腿前，双脚略摆开，左右摆动臀部，边摆边缓缓前行，使长裙飘然左右摆扇。这种舞步，布依语称为“幺品步”（摆裙步）。舞姿简单有力，跟着布摩顺时针转舞三圈后，再回舞三圈即结束，意为已经相送祖灵进入神仙境界。

绕堂舞

绕堂舞是布依族舞蹈之一。布依族举行隆重的用牛祭祖仪式，这种舞是在祭祖的灵堂举行，由布摩率领徒弟六至八人坐于祭坛两边诵经，至深夜绕堂时，孝子披麻戴孝肩扛金竹幡躬身在前，女婿抬一口插满燃香的大米升紧随孝子，后面跟着的是孝家众媳妇，仍穿盛装长裙旋转绕堂行进。舞步类似“转场舞”（参见“转场舞”条）。

铜鼓刷把舞

铜鼓刷把舞是布依族舞蹈之一。布依族举行隆重的用牛祭祖仪式时，请布摩坐于祭坛两边诵经。由一鼓师敲击悬挂在祭堂墙边的铜鼓，鼓声有节奏地“吭咚”作响，参加祭悼的家人亲朋不分男女，排队绕祭坛舞蹈。这种舞蹈的特点在于，每个人左手拿一竹刷把（刷把为一节竹筒做成，从一头划开到中段，形成许多细竹条），右手拿数支筷子或小竹棒，随着铜鼓鼓点的节拍，统一动作，摆动上身，时而举左手拍打铜鼓，时而举右手拍打铜鼓，筷子与竹刷把发出“沙沙”声与铜鼓铿锵之声相映成趣，气氛庄重热烈。布依族有句俗语“犊王拜啦拜宁喽”，意为“祖灵在第一声铜鼓升天”。这种舞蹈，后来被引入节庆之时的舞台表演，成为一种颇受欢迎的艺术形式。

驱兽舞

驱兽舞是布依族舞蹈之一。此种舞主要流行于黔南部分布依族地区。老人逝世出殡上山时，有一舞蹈队行于棺前。舞蹈队的部分演员戴上用笋壳或纸做的虎、狼、狮、野猪等脸谱，其他演员则手持虎叉、棍棒等表演。灵柩进入林荫处时，扮兽演员舞兽步扑向灵柩之前；手持虎叉、棍棒的演员则奋勇上前“驱杀野兽”。双方边舞边向前行进，进入停灵柩宝地，仍围灵柩舞蹈数圈。这种舞蹈演员均为男性，意为为祖灵驱赶猛兽，护送祖灵到了安居之处。舞姿有力风趣，情态紧张庄严。据说，这种舞蹈也常用于扫寨仪式（为村寨各户驱除火灾星、瘟疫、邪恶等的宗教活动），扮兽者换上相关脸谱即可。

赶虫舞

赶虫舞是布依族舞蹈之一。在每年田中的水稻长青后，为了驱除虫害，人们以村寨为单位在田坝中设坛祭神。祭毕，组织“驱虫”仪式，上演“赶虫舞”。由布摩手举宝剑领队，数十名青壮年随后，沿着坝中田埂巡视舞蹈，走几步舞一步。布摩举剑有节奏地高喊“粲拜改，籁拜达”，意为“驱虫去往远方”。众人跟着整齐叫喊，随着节拍，右脚跺地数次；同时，紧捏拳头作上下捶打动作；“驱虫”声震田野，队伍整齐豪迈。“驱虫”结束后，又将竹编大鸟插于各块稻田边上，意为“请大鸟吃虫”。

傩　舞

傩舞是布依族舞蹈之一。这是一种戴上面具的娱神舞蹈，一般穿插于布依族傩戏的开堂剧之中，或在祭祀山神、河神之时表演。表演时，数人成行，戴上面具，前后左右，迂回舞蹈。时而前翻后滚，配以杂耍；时而变为蛙跳舞姿，整齐跳跃。这种舞姿在布依族地区的古代崖画中较为常见。故而学术界有人认为这种傩舞与布依族先民的蛙神崇拜有关。其舞姿造型涉及蛙的奇变（从蝌蚪成蛙）、蛙的两栖本领等。这种傩舞一般只在“祭天求雨”等祭仪时表演，平时忌演。

撒麻舞

撒麻舞是布依族舞蹈之一。这种舞蹈源于生产动作，名为撒麻舞，实是将麻从种植到收获的整个过程进行演示。撒麻舞一般由六至十二名少女表演，“撒麻”时左掌平伸抬手胸前，象征种子容器在手，右手抓左手心，向前平伸挑甩，伸臂膀引动全身，舞步柔摆，前后左右各为一组动作，之后变换一次队形，又重复一组动作。表演“割麻”时，躬身做收割状，左手做抓麻秆动作，右手“割”一镰向后轻摆一次，接着左手向旁甩一次，舞步与全身柔动配合，也随队形变换重复数组动作。“劈麻叶”动作也极为优美，左手做举持麻秆动作，将有叶的麻秆朝下持，右手轻挥竹刀（长二尺五），劈下“麻叶”，舞蹈艺术动人。另有“撒麻皮舞”表现麻秆劈叶晒干后，泡于水中至皮杆分离，捞起趁湿撕皮的过程。撕皮时，左手拿杆，右手捡皮头；左手慢慢将麻秆后推，右手随麻皮越捡越轻越长而越举越高，高到极限；将拉出的麻皮甩在肩上，又换上另一根麻秆重拉麻皮。这个动作被艺术化之后，舞姿飘柔自如，造型甜美，体现丰收的怡然心情。撒麻舞虽在年节喜庆之时重复表演，但民众百看不厌。

插秧舞

插秧舞是布依族舞蹈之一。这种舞蹈由黔中布依族地区的“闹秧田”习俗演化而成。每到插秧时节，第一天插秧称为“开秧门”。开秧门前的赶场天，寨中小伙要邀约别寨的一群姑娘（有的是本寨小伙的恋人）到本寨来闹秧田，意为“依靠庄稼的灵性发展友情”，又期望用青春的活力促进秧苗生长，秋时获得丰收。两寨青年男女在“闹秧田”中共同扯秧、撒秧把（向田中抛秧苗），在插秧过程中对唱情歌、泼水嬉戏。插秧舞中的扯插秧、撒秧把、泼水嬉戏、插秧比赛等几组舞蹈动作，以“情歌”为伴唱，十分吸引观众。这种劳动舞常在年节庆典中演出，气氛热烈，很受欢迎。

舂棒舞

舂棒舞是布依族舞蹈之一，有的地方叫“粑粑棒舞”。它源于布依族古代将糯谷加工成大米时，先用一块石加工成窝（如同碓窝），把稻谷倒进石窝，数人拿着舂棒将谷壳舂脱出来，筛干簸净后，经过淘米、泡米、蒸熟，打制糯米粑粑的过程。舂棒舞即源于这种劳动与生活方式。舞时，每个演员手拿一根约一人高的粑棒，五六人一组围成圆圈，棒的下头统一舂向石窝，前走两步，回走一步，动作协调统一。每舂三次，全体用棒端在地下敲打三响，如此反复，成圆圈旋转。舞姿节奏轻快，步调有力，在年节庆典之时表演，十分气派。

漂布舞

漂布舞是布依族舞蹈之一。布依族有自织“土花布”的传统（参见民间工艺类“土花布”条）。布织好后，为了去掉浮色和灰尘，需要在流动的浅水中拿住布匹的一头，展开布匹于水面，反复提起放下，让布匹随水波飘然起伏，漂去杂物，晾晒后即成著名的布依族土花布。由此演变成漂布舞。舞姿有如实际漂布，拿着布匹一头，随着水流翩翩起舞，让布匹于空中舞动，浪起翻腾，大方美观。可单人表演，也可多人表演，形似杂技中的飘带舞。

四季舞

四季舞是布依族舞蹈之一。这种舞蹈将一年四季中典型的妇女劳作化为舞蹈。舞蹈动作由正月玩山、二月割秧青肥田（树叶肥）、三月秧田撒秧、四月插秧、五月薅秧、七月扯豆、八月割稻谷、九月挑稻谷草（把稻谷草打捆挑回堆垛）、十月冬月画蜡花（蜡染）、腊月捏糯米粑等组成。四季舞有“四季生产歌”伴唱，是传播生产技能的艺术形式之一。

包帕舞

包帕舞是布依族舞蹈之一。黔西南布依族姑娘的服饰大都有“包牛角帕”习俗，即用长约 4 米的土花布在头上挽成对称牛角状头饰。因为姑娘们都特别讲究包牛角帕头饰，一般在玩山前、赶场前、走亲前要邀约姐妹们到清水河边，将崭新的土花布平展于河边绿草坪上，以水代镜挽戴头巾，其动作娇柔可爱，时而站起左右摇摆身子，时而左右摇头，使布匹自然挽于头上，双手做出各种灵巧动作，楚楚动人。包帕舞就是源于此生活装饰的一种纯自然主义的艺术。后来人们在节日庆典中将其作为舞台艺术表演节目之一，很受观众欢迎。

竹鼓舞

竹鼓舞是布依族舞蹈之一。这是布依族一种很有情趣的舞蹈，竹鼓为一节长约 0.6 米的竹筒，两头不掏空，只在其中一端开一方孔，敲击随着距离方孔距离的远近变化而发出不同的音节，竹筒咚咚之声动听，可配合指挥舞蹈动作。每到节日庆典聚会的日子，由女青年拿着竹鼓和击棒上场敲击，场上便有男青年从自己的姐妹那里借来击棒，去请外寨姑娘共同舞蹈。如果姑娘同意，便男女配合边舞边击竹鼓。舞姿有将竹鼓双手举过头顶，或单手轮流将竹鼓举于身左或身右、旋转、下蹲、转圈等。小伙一手拿击棒，边舞边旋转于姑娘的前后左右，还有节奏地在姑娘的竹鼓上敲击出不同的音谱。通过这种舞蹈社交方式，不少青年男女因此建立起恋爱关系，发展为伴侣，组成美满家庭。

布依族民间工艺

辏　典

辏典是布依族民间工艺之一。“辏典”是布依语，“辏”是对一切能运动的生命体和物体及宗教观念中认为有灵性的物质的泛称；“典”即蜡画之意。辏典就是“富有灵性的蜡画蜡染”之意。

传统的布依族辏典是一门具有深刻民族文化内涵的艺术。首先，辏典图案具有自然物崇拜的神圣性，不能随意更改图形。制作辏典蜡画都依模本而作，故而史书曾有“模起铜鼓纹”“制作蜡染”的记载。其次，生产工具为各种铜制蜡刀和蜂蜡。先将蜂蜡于瓷杯融化，以铜制蜡刀沾蜡液在布上绘画。各种铜制蜡刀多为祖传工具，故而在大年三十晚，辏典生产工具也被列入酒肉祭供之列。大年初一的第一担新水倒入人吃的水缸，第二担新水即需倒入蓝靛染缸。“辏典”蜡染生产技术普遍保存在被誉为“蜡染之乡”的扁担山一带布依族聚居区，一般十三岁以上的姑娘均能熟练掌握传统蜡染技艺。

辏典的工具与颜料

辏典的工具与颜料可分为蜡画与加工两大类。蜡画类包括蜂蜡、蜡盅、火砂盆、蜡液、模本等；加工类包括蓝靛、染缸、煮锅、晾架等。

蜂蜡的制作步骤是从蜂竹桶或蜂箱中取出充满蜂糖的蜂巢（先用火烟驱走蜜蜂），留下蜂王居住的部分放回蜂箱中，其余部分用刀切下包于麻布内旋拧，使麻布缝孔流出粗蜂蜜，再包于棉布中拧出细蜂蜜。两次拧下的蜜渣，放在锅中煮沸成汁，去掉渣，又舀到碗中冷却，即可倒出碗形的蜂蜡砣，成为辏典用的蜂蜡。蜡盅是大小如酒杯的瓷盅，放于温火盆中，将小块蜡放于盅内慢慢融化，然后用铜制蜡刀在盅内沾蜡液在白布上作画。火砂盆是砂陶制品，如脸盆大小。作蜡画前先用粗米糠在盆中烧闷火，然后于闷火糠上放上蜡盅。制作时要掌握蜡液温度，蜡液过热画于布面会浸漫，过凉又不能蘸起作画，故而作画时根据所需蜡温，可将蜡盅压进糠火中或往上提起调整温度。

铜制蜡刀，一套六至九把，布依语称为“搬龙”。布依族民间有专门制作铜制蜡刀的工艺师傅。铜制蜡刀主要用于绘制太阳纹、云雷纹、回旋纹、圆圈纹等几何图案。又有专门用于绘制点状三角纹、点状锯齿纹、点状方形纹、点状雪花纹、点状六圆纹、点状九圆纹等的工具，这些工具是用多根粗细不等的高粱秆固定于软木之上做成的。

蓝靛染料，由靛草加工而成。布依族民间有专门种植蓝靛的地块，收割其枝叶同土碱、石灰粉浸泡于大陶缸中，等待靛草腐烂成汁后，过滤精选即成蓝靛染料。

染缸中除了主要原料蓝靛之外，还需加入多种草药配方。据说染缸的老水时间越长质地越好，少数优质染缸的老水传了一两代人。家中的染缸一般放于阴凉墙角，按传统习惯，染缸不随意移位。染缸上方置一晾架，为顺墙钉一木棒，棒上打数圆孔，孔中平插木棒，挂晾蜡染布；因染缸中老水珍贵，提起染布后挂于晾架，让水滴入缸中。

在白布上绘制好蜡画，即可放入染缸浸染。因为是冷水浸染，需要时间较长，其中还要拿出靛染蜡画布到河水中漂洗，经过反复浸染和漂洗，直到染出理想的颜色。之后，再将蜡染布放入煮锅，煮沸脱蜡，漂洗晾晒。脱蜡后的蜡染布，原有白色处浸染变成青蓝色，原蜡画覆盖处则变成白色或青相间的冰纹，图案鲜明，大方美观。如今，用传统蜡染布制作的衣裙时装、背包、壁挂等已逐渐为都市青年人所喜爱。

松香画

松香画是布依族民间工艺之一。作画时用白布铺于桌上，旁备一盆炭火，用小铜锅或小铁锅放在炭火上熬制好松香液，用毛笔蘸起松香汁，根据需要在白布上面画图。后期加工程序与艺术效果和蜡染画相似（参见“𫄸典”诸条）。这门工艺系布依族工艺师据𫄸典发展而成，其图形可随意创作，不像𫄸典那样有固定图形，需要照模本绘画。

织　锦

织锦是布依族民间工艺之一，布依语称为“古𫄸贵”。织锦分为织布机织锦和织架织锦两种。织布机织锦，锦幅宽约 1.6 米，供作妇女服装的袖幅、宽领镶边、衣摆镶边、围腰镶边、婴儿背扇装饰等用。织架织锦比织布机织锦的锦幅宽得多，主要用于制作锦被（锦被用于出殡盖棺，送往墓地）、神龛祭祖仪式用的锦幅等。

织锦的径线为青色细棉纱，纬线为各种彩色丝线。

织锦图形

织锦图形主要有“贵𫄸文”（人纹图）、“贵𫄸荣”（羊角图）、“贵𫄸扫妈”（狗牙图）、“贵啥哈”（春芽图）、“贵拱”（几何形组图）等。

贵𫄸文（人纹图）

贵𫄸文意为“人纹图”。图形显示人首蛇身，可能是中华远古蛇身人首的伏羲女娲人文始祖图腾崇拜的一种意象图。因为织锦产生于蜡染之后，随着社会发展，人们的宗教心理逐渐淡化，艺术思维不断提高，为织锦赋予了新的阐释，故而称为“人纹图”。但从蛇到人，仍然表达着人们对智慧与族群繁衍的精神企盼。

贵𫄸荣（羊角图）

贵𫄸荣意为“羊角图”。它是由意象性的山羊头、山羊脚、山羊角组成的图形，其间空处又加上其他配图，形成完整画面。其反映出布依族先祖的羊图腾崇拜，正与长江流域和珠江流域的殷商至春秋战国时代的“青铜四羊尊”“青铜羊角钮钟”以及古代广州城的“五羊祥瑞”“五谷丰登”等中华文化符号相符合。这种图形可能就是对远古生产生活的艺术化记述。

贵犊扫妈（狗牙图）

贵犊扫妈意为“狗牙图”。由许多如狗牙般的单个图形连接而成。这可能与布依族先祖神话，即洪水滔天之后狩猎的狗历尽艰辛把谷种带给人间的神话传说有关。

贵啥哈（春芽图）

贵啥哈意为“春芽图”。由许多意象春芽（三瓣）连接而成，其含意正是春天万物复苏，新生命不断涌现，大地生机无限。布依族人民是远古百越（粤）族群后裔，他们发明水稻栽培技术，稻作文明源远流长，故而对“贵啥哈”（春芽图）情有独钟。

贵拱（几何形组图）

贵拱意为“几何形组图”。是将几何图形组合成一组组的多种图形框技术的称谓。几何形组图的构图形式繁多，这正与布依族先祖百越（粤）族群远古发明的几何印纹陶器的纹饰相类似，说明其文化渊源之久远。我国考古学界亦有多部几何印纹陶研究的学术专著出版，印证了中华文化的博大精深。

刺　绣

刺绣是布依族民间工艺之一。工艺为用彩色丝线于布面绣上各种图形。绣前将原绘有图样的棉纸粗针固定于布上，根据需要选择相应颜色的丝线刺绣。因传统刺绣作品仅作围腰片、镶衣条等方面用，并无大件刺绣作品。刺绣图样可随意创作，并无严格要求。

土花布

土花布是布依族民间工艺之一。土花布的织法与织锦相似（参见“织锦”诸条），图样与织锦相似。土花布与织锦有以下区别：一是土花布图样的组合随意；二是土花布经纬线均用棉纱，有白、蓝、青三色线构成图面主纹。土花布面料是布依族民间衣物、床单、包袱的主要原材料。

竹　编

竹编是布依族民间工艺之一。一般先加工出薄条竹篾，然后将竹篾上色，编织出各种所需图形。竹编产品的种类有凉席、背篓、斗笠、簸箕、竹饭盒等。

纸 糊

纸糊是布依族民间工艺之一，布依语称“套沙古谢”，意为祭祖超度用的纸糊艺术制品。其种类有竹灵房（楼阁状）、竹仙伞（古代宫廷伞）、金童玉女（六至十二个，神态服饰各异）、竹牛、竹马、竹猪、竹羊、竹鸡、竹鸭、竹鹅、竹大轿（宫廷轿状）、竹鱼灯笼、各式竹灯笼等。其加工技术是先做好各种细篾条，用麻线将篾条按物状拴接成架，接着将白棉纸精心糊于篾架上，再用各种色料描画出逼真物体。

剪 纸

剪纸是布依族民间工艺之一。布依族的剪纸很少用于生活装饰，多用于宗教仪式。如在举行为孕妇接儿女魂的仪式（布依语叫“凯犊亚”）时，布摩剪出一幅二尺见方的红纸，上有牵手人形的宗教送子符号。布摩念经过后，用舅家长老专门送来的两棵带叶金竹撑起上有牵手人形的宗教送子符号的红纸，立于孕妇卧室门上。亲友们前来庆贺，主家办酒席招待。仪式祈盼从此家庭多子多女，家业兴旺发达。

陶 瓷

陶瓷是布依族民间工艺之一。春节前，艺人用泥捏出各种动物状的小陶瓷玩具，上釉烧制好后送到市场出售，价格便宜，供小孩节日玩乐用。

布依族名胜古迹

花　溪

花溪位于贵阳市南部17千米处，1937年在贵筑县（今贵阳）县长刘剑魂（布依族）倡导下始辟为公园。花溪之水源于广顺，下游注入南明河，河水由龙山峡经螃蟹井、平桥、济番桥、董家堰、出双龙峡迂回而下，入则幽窗，出则平衍，两岸田畴交错，村落毗邻。青山映入绿水，水深可泛舟。花溪是布依族人民世代居住的地方，这里林木葱茏，鲜花遍野，这个被人们誉为“高原明珠”的风景区，每到春夏季节，轻风习习，百花争艳，万紫千红，流水潺潺，游人如织。登上麟山远眺，令人心旷神怡；蛇山、龟山上的绿树给游人送来阵阵凉风；那曲曲弯弯、栏杆漆得光华耀眼的放鸽桥和坝上桥，迎来一群群穿着盛装的各族男女和中外游人，熙熙攘攘，清脆的木叶声和悦耳的歌声随着悠悠绿水流向远方。花溪由于幽雅的自然风光和丰富的人文景观而成为云贵高原旅游胜地之一。

黄果树瀑布

黄果树瀑布是我国最大的瀑布，位于贵州镇宁布依族苗族自治县的白水河上。白水河是北盘江支流打帮河上游，因地质变化，岩层断裂，在这里形成了瀑群，有“九级十八瀑”之称。黄果树瀑布是其中最大的一级，高66.8米，宽81.2米，水从悬崖绝壁上直泻犀牛潭，响声如雷，势如雪练飞卷，形似弓弹翻絮，不仅景色壮观，还蕴藏着巨大的水力资源。明代地理学家徐霞客曾对黄果树瀑布惊叹道：“翻岩喷雪。溪皆如白鹭群飞，一溪倒悬，万练飞空……捣珠崩玉，飞沫反涌……盖余所见瀑布高数倍者有之，而从无此阔大者。”有古诗赞曰：“谁将积雪布河中，昼夜奔驰一色同。隐隐雷声惊丽泽，英英雪花喷长空。如倾玉乳天然态，乍见黄流雨化功。瀑落碧潭朝露白，光连银汉夕阳红。翻山漫似桃花浪，逐水全无柳絮风。五洞桥边波潋滟，澄鲜自觉石玲珑。”把瀑布雄姿描绘得十分贴切。还有一古联“白水如棉不用弓弹花自散，红霞似锦无须梭织天作成”亦恰到好处地描述了瀑布的奇景。

在黄果树瀑布下面，有一长达百米的天然洞穴，以瀑布为帘，故名“水帘洞”。洞中有三处可见水帘迎面凌空飞降，有如竹窗观雨。水帘洞拦腰穿过瀑布，集瀑布、洞穴、溶岩于一身，蔚为壮观。有游人于洞壁题“雪映川霞”四个大字。入洞观瀑，眼花缭乱；耳听涛声，英英有节，如身临蓬莱仙境。洞外水帘高悬，洞内石级迂回，洞边翠竹丛生，古藤垂挂。由洞内往外看，雨蒙蒙，雾霏霏，恰似在龙宫遨游。从洞外向洞内透视，紫绫银纱，仿佛人在珍珠帘里。洞顶滴下的溶液，人称“仙露”，据说饮一滴可吉祥如意，饮两滴可幸福顺心，要是饮上三滴，便可延年益寿。

龙 宫

龙宫位于贵州安顺市西南27千米，坐落在布依族村寨之中。其暗湖全长约15千米，穿过20余座山坡，串联着90多个洞穴，蔚为壮观。其间水洞旱洞，明湖暗湖，明瀑暗瀑，绝壁夹道，天窗竖井，古树石林，处处有景，有“聚古今中外于一洞，汇天上人间为一堂”之美誉。已开发的各个宫厅，第一宫名“门宫”，首先映入眼帘的是“群龙迎客”，那天然石头上探头摇尾，雄姿勃发的群龙活鲜鲜地被大自然安排到宫门前“迎客”，真是恰到好处。第二宫名“壁画宫”，有“二龙戏水”“双狮戏球”；还有巍然屹立的“宝塔”；特别是那幅“参天古树”，枝枝叶叶，非常逼真。第三宫名“五龙护宝”，有五条张牙舞爪的石龙悠然在这里守卫着这块宝地。盛开着“海石花”的第四宫名“通天河”，朵朵硕大洁白的海石花旁边，笨拙的猪八戒卷起裤管，正与师兄孙悟空一起护送唐僧跨过“通天河”去西天取经。第五宫名“水晶宫”，有武士守宫门，白云顶上飘，哪吒脚踏风火轮一阵风似的从天庭席卷下来，其火燎燎的样子，仿佛顷刻间就要扑到游船上来，人们叫它“哪吒闹海”。进至第六宫，恍如行舟长江三峡，故名“三峡宫”。那高峻神奇的“神女峰”上，神女亭亭玉立，在为过往游客祝福。各宫里还有“老龙回宫”“玉女看书”“猛虎下山”“神猴捞月”“孔雀开屏”“百鸟戏水”“冰川白熊”“倒挂荷花”“笑咪罗汉”“寿星待客”“三顾茅庐”等奇观，真可谓“此景只应天上有，人间难得几回看”。龙宫内经千万年形成的石钟乳、石笋、石幔、石花、石柱，组成了各式各样的景物形象和图案，琳琅满目，美不胜收，给人以无限新奇之感。有联赞曰：“灵秀自天成，鬼斧神工开洞府；清奇绝尘世，瑶池群玉现人间。”

犀牛洞

犀牛洞位于贵州镇宁布依族苗族自治县城东1千米处，原名火牛洞。据考古鉴定，成洞约在500万年前，洞长480多米，最长处30多米，最宽处60米。洞内乳石奇观，景态万千，洞的尽头有一水潭，长78米，宽22米，深27米。一进犀牛洞门，两壁火树银花、光怪陆离、姿态各异的钟乳石尽收眼底；跨过只能侧身而入的“鬼门关”，往里走几步，左右各有两个洞孔，此处名“小十字”。右孔名“银洞”，可通洞顶。左孔壁上有台，高数丈，台上有形似观音的奇石，故名“观音殿”。两壁岩溶如浮雕竹林，名曰“紫竹林”。还有一个“罗汉堂”，堂内罗汉面貌各异，栩栩如生。过了此景，往左拐一个弯，一个圆顶大厅扑入眼帘，金碧辉煌，百笋竞生，群仙比艳，令人浮想联翩。更叫人惊叹的是大宫厅那岩溶铸就的“擎天柱”，高30多米，大逾三人合围，从洞悬顶垂于地，柱身多纹，有如牙雕玉刻，玲珑剔透，十分壮观，把偌大宫厅擎得天经地牢。过了大宫厅往下走，就是“大十字”，这里可容纳1 000多人。层峦叠嶂的怪石，如波浪翻涌，乱云飞渡，极为壮观。“大十字”左上方的石柱丛中，岩浆凝结成各种物状，以石击之，声音铿锵，有如击磬，故曰“仙乐台”。台下水潭周围，石笋、石柱、石幔、石剑、石人、石马、石禽、石花应有尽有，奇特壮丽。有古诗赞曰：“古洞何因号炎牛，早传奇绝不胜收。千寻龙柱撑云盖，四壁珠帘下玉钩。大吕黄钟宏雅奏，罗裙缓带认仙俦。星光莹澈琉璃地，凝是人间玉凤楼。”

飞龙洞

飞龙洞位于黔西南布依族苗族自治州南盘江畔兴义市布雄乡的群山中，是个神奇的溶洞。洞的四周，山岭连绵不断有如大海波涛起伏跌宕，一缕缕白色的雾霭轻柔地缠在山腰，林木苍翠，各种野花星星点点，恰似一幅多姿的画卷。飞龙洞的穹形洞口高大宽敞，洞内可供参观的游程近2 000米，连接6个景区。第一景区名“迎宾厅”，厅中有一巨大盆景叫“双峰竞秀”，盆中有两座各高5米多的钟乳石峰，挺拔峻峭，苔丝碧绿；又有无数小石柱、小石花与之依偎，像一个精雕细刻的工艺品。盆景旁有座人工小桥，桥下流水淙淙，水波粼粼。沿水桥绕至盆景后向洞内走去，即第二景区“官厅”。登上厅左“观丰台”，只见洞内橘林蕉丛，豆棚瓜架，稻浪滚滚，展现出一幅农村的丰收景象。来到第三景区“龙翔宫”，一条身长20多米的浮雕似巨龙，摇头摆尾，横亘在洞顶石壁上，时隐时现，蔚为奇观。飞龙洞即因这条石龙而得名。再往里走，过了一条弯弯曲曲的回廊，便是第四景区“三湖一滩”，洞壁上的石笋、石柱、石幔怪异多姿。“叠翠滩”上数十个石乳凝形状各异，在颜色暗绿的水池中排列成梯田状的连珠小滩，一泓清泉缓缓流过层层堤坝。“闹龙湖”里，一条条大小各异、色彩斑斓的“小龙”把整个湖水闹得沸沸扬扬。“珍珠湖”中泉水清冽，卵石沙砾历历可数，宛若一颗颗珍珠溜圆光润。“灵芝湖”呈椭圆形，底平水清，碧蓝如染，灵芝状的石乳排列湖边，鲜活如生。登上第五景区“卧狮岗”举眼望去，远处雾气迷漫，岗下泻进来奶油般亮光，银箭似的射向洞顶。洞顶岩溶紧贴石壁，在亮光的照耀下，恰似团团仙色白云。再往前十数步，便看见了出口处，在如雄狮睡卧的山岗下是高约40余米、宽约50米的巨大洞厅，可容纳2 000人左右。地面的钟乳石高高低低，嵯峨牙错，向着洞口排列倾斜而去，有如千军万马；石壁上石塔、石柱、石兽错落有致，令人叫绝。第六景区叫“风翥宫”，灰白的岩石上，黑玉般的钟乳镶嵌出一只只栩栩如生的飞凤；浅蓝色的仙雾，飞翔的凤凰，带着从洞口射进来的如同黎明时的曙光，使人不禁联想到古代典籍中描绘的“丹凤朝阳”景象。

莲花洞

莲花洞位于黔南布依族苗族自治州龙里县境内，距县城3千米，明代以来就是游览胜地。洞的四周层峦叠翠，浓荫蔽天。从山下一条小径迂回而上，在半山腰陡峭的石崖下，有一处溶洞，洞口顶部刻有“天下第一洞”五个大字。进入洞口不远，就是“迎客厅”，厅堂开阔，可容千人，厅中石幔状如蹲狮摆首，狂舞“迎客”。绕石狮而过，进入第二厅，厅内耸立着10根10余米高的钟乳石，宛若石林。穿过石林，地势更加开阔，又有一石拔地而起，石色透明光亮，纹路细致，酷似仙女起舞。由此顺石级而下10余米，来到第三厅。厅内有一平台，可容纳百余人，人称“戏台”。台前有一条暗河流过，对岸平坦宽阔。平台后面怪石嶙峋，气象万千，有“仙翁下凡”“冰山雪岩”等景。从平台左后侧攀上两米多高的石山，便来到天然“仙楼厅”。这是一座天然石楼，再走十数步，就踏上一条约90米长的“空中游廊”。于廊上俯瞰，令人目眩。由此折回，过楼厅右旁而下，即到第四厅。厅内有两根顶天立地的石柱，犹如怒目金刚站立守卫。从石柱背后攀上10米高的石山，来到一汪深潭边，一股清泉从悬岩之上倾泻而来，蔚为奇观。由此回行20多米，就到了“老虎洞”，洞底与一横洞相连，长约 1 000 米，石花、石笋琳琅满目，美不胜收。

红岩碑

红岩碑位于贵州省关岭布依族苗族自治县境内，是一堵巨大的自然岩壁，因石头呈红色，故称红岩。岩壁上有一组紫红色的古代文字，字体大小不等，排列也不规整，非篆、非隶、非楷、非草，笔力雄浑，气势非凡。历经千百年，碑面早已风化，然笔迹清晰。因地势高峻，文字又非镌刻，难以拓印，只能临摹。红岩碑因地处偏僻，直至明代才被人们发现，清道光年间始有对其研究。清光绪年间，曾有两位法国学者专程到此进行实地考察。清光绪二十七年（1901），永宁州知州为了得到红岩碑拓本，竟令农夫伐竹捆扎脚手架爬上悬崖，派人用桐油拌和草药敷填碑文四周，想拓下红岩碑文，结果未能拓下，反使碑文受到了严重破坏。红岩碑文到底是何人何时留下的遗迹？它究竟记载什么？众说纷纭。一种说法是“殷高宗伐鬼方”取胜后所写的“记功碑”；另一种说法是“诸葛武侯南征七擒七纵孟获”的“记功碑”。至今文字内容未有定论。

茂兰风景区

茂兰风景区位于黔南布依族苗族自治州荔波县城南 33 千米处，被誉为地球女神腰带上的“绿宝石”。这是著名的贵州高原喀斯特原始森林风景区。景区内古木参天，藤葛葱蓬；奇花遍地，珍禽无数；溪流交错，瀑布成群；怪石林立，溶洞幽深。它不仅是科学家研究喀斯特地貌森林、植被、动物、土壤、气象、水文、生态系统等领域的宝贵场所，而且是十分珍贵的旅游资源。景区开发的旅游景点，有小七孔、地峨宫、皇帝宫、龙王洞等。其中小七孔景点有连通黔、桂两省（区）的“犀牛洞”，有绿树掩映的“鸳鸯湖”，有猴群出没的“恐怖峡”，有数不清的瀑布群、观不尽的绿色林海等。景区瀑布、古林、湖池、溶洞连片分布，幽深盎然，引人入胜。景区内生活的布依族人民有独特的生活习惯、丰富多彩的民俗活动，是一处旅游胜地。

泥凼石林

泥凼石林位于黔西南布依族苗族自治州首府兴义市城南 24 千米处。从风波湾至陇戛一带，东西长约 4 千米，南北宽近两公里，面积约 2 平方千米。这片被旅游专家誉为“贵州石林之首”的石林，在土山与石山相间的台地和缓坡上，奇峰林立，怪石嵯峨，气象万千，妙景迭现，组成了一座奇幻无比的巨大迷宫，令人心驰神往。从奇峰怪石的疏密分布上看，泥凼石林大致可划分为戴家坝和陇戛两大片。戴家坝的缓坡上，石林较为稀疏，一棵棵石笋、石柱拔地而起。有的像蘑菇，有的像人，有的像珍禽异兽，或匍匐，或跳跃，或腾飞，姿态各异，栩栩如生。几条石板小径，在石林中横穿纵织，使人对眼前的景观产生“远近高低各不同”之感。附近溶洞壁上，一条由石钟乳形成的浮雕式的石龙，与一块卧虎石遥相对峙，构成“石龙对石虎”的佳妙境界。游人至此，思路会情不自禁地延伸进有关“石龙、石虎”的民间传说中去。与戴家坝石林毗连的陇戛石林，雄奇壮丽，远远望去，如同一座楼房密集、重叠错落的山城，故被有关专家称之为“亿年石头城”。走入这片石林，只见奇峰迭起，巧石纷呈：有“擎天柱”直插云天，有“利剑峰”峰如利剑，有“武士峰”精壮威风，有“姑嫂石”亲密依偎，有“醉翁石”步履蹒跚，有“采药老人”拄杖拈须……还有众多的峰石，形若各种动物，神气活现，人们冠之以各种动物的景名，如“金猴望月”“虎犊相戏”“群象争饮”“雄鹰展翅”等。游人在薄峰相夹而成的“一线天”内漫步，或在圆石拱成的“桥洞”下钻行，再进可容十几人的“别有洞天”中小憩，无不感到妙趣横生，游兴大增。由六座石峰巧妙组成的“山川”二字，雄劲挺拔，令人叫绝。古往今来的书法家们，在大自然如此神奇的书法艺术面前，只好自叹弗如了。

泥凼石林，壮美多姿，奇峰异石，既可独立成趣，又可相映成景。石林密密层层地分布在山坡上，乍一看恍若一片片长入天空的树林。深入其中，又发现它们像树林一样是透空的。游人可在里面自由走动，如从不同的角度望出去，能望到数不清的美妙画面。加上峰石多数呈薄片形，穿孔较多，因而更显得风姿绰约。正是这样一些特点，使它同相距不远的云南路南石林一同成为两颗南盘江畔璀璨的风景明珠。

龙里冠山

龙里冠山位于黔南布依族苗族自治州龙里县城，其山古树参天，古树中有一座六角攒尖顶木结构的紫虚阁。阁在山顶，如冠盖，“冠山”即由此得名。据前人所传：仙师张三丰当年赶山填海，将此山和龙里二小后山担至此地，由于扁担折断，便遗下这两座小山，扁担成了东门至玉西门的道路，扁担断处是河，即今天的西门桥下之河。两山各有一洞，便是张三丰穿担担山的孔，冠山洞深约 20 余米，原国民政府陆军八十九军（军长刘伯龙）曾在此洞内铸造洋钱（银元）。冠山总面积为 5 170 多平方米，明洪武二十三年（1390）在山上建紫虚宫。主建筑面阔 15 米，进深 8. 6 米，共三间。清乾隆二十七年（1762）紫虚宫重新修葺。清光绪二十三年（1897）八月，以马家坡、石头寨等四地庙田当银 300 余两，再次重修紫虚宫，因资金不足，民众又捐资，共捐得银 835 两 4 钱 2 分，并增修了一座 4 米高的六面塔形钱炉，立于吊脚门楼右侧。1935 年寺院再次扩充维修，并在院内设“民众馆”，建图书室。1950 年人民政府重新对冠山上的殿宇门楼进行维修，为纪念解放龙里而牺牲的中国人民解放军炮八团战士建立了烈士纪念亭。1988 年县级文物保护单位“文昌祠”迁至此山，省文物处拨专款 6 万元为搬迁维修之用。该建筑四面环廊，雕龙刻凤，后三面吊脚依山而立，盖琉璃筒瓦。环山建有亭阁、水榭、牌坊，保留古代民族建筑风格。冠山风景秀丽，山石嶙峋，留存了历代摩崖石刻，巨幅的有“寻奇挹秀”“游目骋怀”，略小的有“休养生息”“良景”“巨震一挲”“还我河山”等，是当地人民欣赏书法、休闲养生的圣地之一。

安龙招堤荷塘

安龙招堤荷塘位于黔西南布依族苗族自治州安龙县城郊。招堤始建于清康熙三十三年（1694），当时安龙镇游击招国遴为了防止水患，保护城垣，培植风水而捐资倡建，当地人民为纪念为民谋利的招国遴，就称之为“招堤”。招堤横亘陂塘海子，堤南连着金星山，建堤之后，人们不断在堤侧开辟水面，遍植荷花，使海子的绿波和招堤的荷花相映成趣，组成了绝妙的自然胜景。后又巩固堤岸，种植行道树，堤岸行行垂柳，茸茸绿草，郁郁葱葱。每当盛夏，海子之中田田荷叶竞相挤出水面，在阳光下眺望，显出一片碧绿，清风徐来，此起彼伏。亭中的荷花纷纷点点，洒在绿叶丛中；飞梭似的剑瓣，形成一层层冠戴在花蕊公主的头上；含苞欲放的花骨朵，藏于荷叶下，又被低的叶托住，随风轻摇，时隐时现。微风起处，馨香就悄然无声地飘来，让人沉浸于和谐安宁之中。海子中近来又新建了200多米长的回桥，回桥上建了五座湖心亭，中心一座“醉荷亭”，匾额为现代著名书法家肖娴所题。五座亭子，犹如亭亭玉立的含羞少女，与上下参差的荷叶恰好连成一件合体的绿裙，随风阵阵地飘动。

招堤一端的金星山之上，有历年所修的亭台楼阁。其势依自然地形而设，错落有致，灵活相宜，组成一组典雅的古代建筑群。入口处的八字牌楼门，门额有“茗清雪绿”楷书，楹联为“忽惊华构依崖出，不断海风吹月来”；牌楼左侧的小石坊上，有“尺幅千里”隶书横额；“一览亭”为卷棚式石木结构，有四楹石柱长廊；“涵虚阁”为三层三檐六角，屹立小山之顶，凌空而出，雄伟壮观；“半山亭”为三面石柱小亭，依崖临池，小巧典雅。亭台楼阁之上，前人留下的楹联，题咏颇丰，或描青山秀水之雅致，或发思乡恋土之幽情，读来令人荡气回肠，特别引人注目的是清道光年间所建的半山亭。亭中的石壁上，镌有后来成为中国近代洋务运动首领之一的张之洞创作的《半山亭记》。张之洞作《半山亭记》时，为清道光二十八年（1848）七月十六，年方十一。当时任兴义知府的张锳，以招堤两岸垂柳迎风，新辟荷塘芰叶荡青而大宴宾朋。其爱子张之洞凭栏纵目，只见云峰耸翠如画，荷花亭口玉立，虹桥倒影摇曳，轻风徐徐，顿觉心旷神怡，便一气吟成这七百九十余言的《半山亭记》，文惊四座，从此成为黔西南安龙文化历史上的一段美谈。半山亭的一副楹联曰：“携酒一壶到此间畅谈风月，极目千里有几辈能挽河山。”其意义深远，令人精神振奋。招堤荷塘，以巧夺天工的神韵，迎接着四面八方的游人。

都匀尧林洞

都匀尧林洞位于黔南布依族苗族自治州首府都匀城南4千米处。这里小溪潺潺、泉流淙淙，花香鸟语，峰峦叠嶂，美景如画。群山环抱一布依族村寨，寨子西北的半山脚下影影绰绰可见几处洞穴，尧林洞天就坐落于此。进入洞中，首先映入眼帘的是一条条乳白色石幔萦绕一个圆形的石垛，宛若一群栩栩如生的小白龙在嬉戏着一颗宝珠。再往里走，一棵巨大的石柱犹如一只大象脚正踏在道路之中，大有“一夫当关，万夫莫开”之势。往前便是“天庭”了，据说谁若过不了“大象脚”，就别想进入“天庭”。此处需佝偻着身子才能通过“大象脚”，再沿着“通天梯”缓缓而上，顿觉身子仿佛飘然起来。走过72级台梯，步入“天庭”，眼前琳琅珠玑遍布，令人目不暇接，仿佛置身于蓬莱仙景。那洞壁的石笋、石钟、石幔、石柱宛如一个个袅袅娜娜的仙女，载歌载舞。出“天庭”，下旋梯，一株“千年古柏”立在道旁，刚劲挺拔，葱茏苍翠。过一狭道，“初极狭，才通人，复行数十步，豁然开朗”，眼前一派恬静的田园风光，有如陶渊明笔下的世外桃源。“土地平旷，屋舍俨然，有良田美池桑竹之属。阡陌交通，鸡犬相闻”，乍看去，竹影婆娑，幽篁万竿，弯弯稻田里，水明如镜；还有那从天而降的瀑布气势雄伟，尤为壮观。这一切都是由翡翠般的钟乳石凝结而成，令人赏心悦目，惊叹大自然之神奇。越过“田园风光”，穿过迂回曲折的小径，呈现在眼前的又是一派云贵高原的自然景象，雨过天晴的山野，大地一片翠绿，天空一片蔚蓝，那七色彩虹横跨蓝天，瞬时即过的太阳雨渐渐地，悄无声息地向天边隐去。

尧林洞分为二洞。过“会仙桥”出第一洞，沿着半山石径走数百步，步入第二洞。这里又别有一番景致，进洞不久，远远地就看见两颗石笋伫立前方，像是两位仙人在遥遥相望。走上前，顺着二位“仙人”手指的方向往下俯瞰，可见一带半丈许的流水沿石壁穿过，水流急湍，一碧见底，潺潺之声如吟如歌。观罢“二仙听涛”，沿着“黔中古径”，来到素洁的“北国”，眼前真乃“千里冰封，万里雪飘”，“山舞银蛇，原驰蜡象”，还有大雪覆盖的“青松”，挺拔高洁。饱赏了壮丽的“北国风光”，再欣赏那洞壁的雄浑石帷，多么粗犷，形如“飞流直下三千尺，疑是银河落九天”。据说，此景感动了天上的八位神仙，他们千里迢迢来到这里，观赏这大自然的奇景，为这里面的景色所陶醉，流连忘返，翌日拂晓他们再也不能回去了。据说，那“瀑布”旁边有八颗石笋，就是天上的八位仙人。尧林洞景色甚多，那奇形怪状的石笋、石柱、石钟、石幔等，若禽若兽，若花若树，若山若水，千姿百态不可胜举。

独山神仙洞

独山神仙洞位于黔南布依族苗族自治州独山县上道乡境内。最早为地下河通道，由于大自然的鬼斧神工，造化了绝妙的溶洞奇观。神仙洞内共分五层，全长约 5 千米。最高层和最低层相差 83 米，海拔在 888 米至 1 032 米。洞内有两个主洞和八个分支洞，主洞在可测地段的 1 500 米长度内，几乎平直伸展；支洞纵横交错在主洞之间，或上或下，或左或右，形成了神秘的地下迷宫。当地布依族群众根据其自然形态，赋予了许多美好的称谓。走进溶洞，便是一个穹形大厅，阳光从洞口斜射过来，厅内胜景一览无余。一柱拔地而起，千百条矗立和倒悬的石筒、石冰凌犬牙交错、形态万千；一棵石筒矗立其间，酷似北国雪松，故名“雪松大厅”。往前走便是“玉幕大厅”，一块长长的“帏幕”轻纱般地从洞顶飘然垂下，似乎告诉游人，一场精彩的歌舞表演即将开幕。继续往前，有一潭，潭水如镜清澈见底，潭边岩溶像瓣瓣莲花成对成簇，名曰“莲花池”。再往前又有一潭曰“绿茵潭”，潭边有巨柱，孔雀尾状的石幔遍布其上，宛如“孔雀开屏”。再往下行，“梯田”层层，一派江南田园风光，这里叫“神仙田”。再爬一座“滑油山”，便到“凉风坳”。洞道变得十分窄小，里面冷风呼啸，寒气袭人。继续往前，便是“买卖街”了。此处突然宽敞平坦，长约500 米，宽处可容纳六七辆汽车平行。周围全是奇形怪状的钟乳石，可算是神仙洞里的“大世界”。据说，1944 年抗日战争后期，日军侵入黔南，附近群众曾经躲入此洞点灯赶场，买卖兴隆，可谓世外桃源。再往前，经过巨大的硼石，只见洞壁上水珠晶莹，形似串串葡萄；朵朵石花，条条石柱，根根石筒，组成一幅美妙的丰收洞景。再往前就到了“断桥”，也称“神仙桥”，因桥塌了半边，故叫断桥。欣赏此景，四周全为悬崖峭壁，还有 30 多米深的峡谷河道，阻断游人到达彼岸，流水声如万马奔腾，令人惊心动魄。返回“买卖街”往右拐，又别有几处广阔天地。游过“花果山”，又见“二龙戏珠”“刘海戏金蟾”；跨过“鲤鱼跳龙门”，又见“醉八仙”；沿途石狮、石牛、石马、石鸡嬉戏逗趣、千姿百态，犹如进了动物园。这些仅是迷宫中的部分景色，随着旅游业不断发展，独山神仙洞正向游人敞开美妙的怀抱。

福泉石城垣

福泉石城垣位于黔南布依族苗族自治州福泉市古城。该城共分五门，除大西门稍有损坏外，其余四门完好。南北门洞各长 17.3 米，宽 4.8 米，高 6.3 米；东门门洞长 20 米，宽 4.2 米，高 6 米。位于城西隅的小西门水城，由内城、水城、外城组成，三道城墙构成一座瓮城。沙河穿城而过，其结构独特，全国罕见。三道城墙有通道互相贯通，外城两座石拱桥横卧沙河之上，两侧城墙依坡而筑，陡然崛起，宛若飞龙腾空，无论登南往北均有上百级石梯与内城相接。由此登上城头，整座水城尽收眼底。城水相依，城因水而多姿，水因城而成趣，实为壮观。福泉古城原为“平越卫城”，建筑于明洪武十四年（1381）。初为土城，明建文三年（1401）改为石城。石城周长 4 700 米，石墙厚 3 米，高 7 米。除五个城门外，另建有月城三座，城楼四座，警铺四十五座。崇阁雄丽，冠盖贵阳古城。据说明正统末年（1449），当地农民起义围城，导致城内人马渴死。至明成化年间（1465—1487），指挥张能在西门外开辟水城，沟通小西门与内城，将河水引入城内井中。明万历三十一年（1603），平越知府杨可陶又在水城外增筑外城，使河水流经城内，从而形成“里三层、外三层、城墙围水小西门”的水城。如今，福泉石城垣不仅是旅游胜地，还成了研究古代战争史的重要遗址。

上关无梁殿

上关无梁殿位于关岭布依族苗族自治县城南上关镇，是贵州省唯一的无梁佛教建筑。因无梁殿门前有一块天然岩石，形状似龟，仆卧于地，故又名“灵龟寺”。灵龟寺是一座三正四厢的佛寺，前为山门过厅，一进天井，两旁为厢房，上为高大楼式中殿，皆为砖木结构。天井里有两人合围的桂花树和紫金树各一株，树龄皆在百年以上。后进两厢进深甚浅，是十八罗汉殿。最后是正殿，即无梁殿。无梁殿建于清道光二十二年（1842）冬月，是一座巨石细钻、清口密缝的石质建筑，桥拱形大殿面阔 10 米，进深 10 米，中高 8 米。前后檐墙厚约 2 米，起到支撑上部拱圈压力作用；两山墙厚约 1 米，上部中间留有 1.5 米见方窗户，用一整块巨石板镂空成“寿”字形窗格，以透光线。前墙中央有一道高 2.5 米、宽 1.5 米的石门，上有横匾“即是西天”四个大字，石刻行书。两旁对联亦为行书体：“玄妙无穷弥宇宙；浑沦有致遍山河。”对联两旁有建庙宇石碑两块，石碑砌入墙内，碑文叙述建寺经过及捐款人士姓名。殿内后墙有神台，供奉石雕佛像。外面屋顶筑成前后分水斜坡形，垫以灰泥，盖上屋瓦，塑成屋脊瓦当，俨然一座庄严殿堂。殿堂内部不用梁柱，无枋无斗，无木质材料，全部使用石头建筑而成，很具特色。

福泉葛镜桥

福泉葛镜桥位于黔南布依族苗族自治州福泉县城东南 3 千米处。桥洞三拱，长 52.7 米，宽 8.5 米，高 23 米，横跨麻哈江上。西端桥基是在峭岩悬壁上凿成的，工程艰巨，技艺精湛，颇为罕见。我国著名桥梁专家茅以升曾称赞它为西南地区古桥典型之一。桥身均采用约 0.3 米见方的方整料石砌成，料石与料石之间紧扣严密，看上去像一块块豆腐垒砌而成，故俗称为“豆腐桥”。据记载，麻哈江是古代贵州通往湖广的古驿道必经之地，江流湍急。行人至此，渡舟往往覆没。明万历年间（1573—1619），平越卫（今贵定）指挥葛镜（布依族）宦游归故里，决心修桥利民以济往来。开始修于麻哈江上游，未成桥塌，称“上倒桥”；又再修于下游，复被洪水所毁，称“下倒桥”。今两座桥基遗址仍然依稀可见。后修“龙腰桥、鸭爪坝桥”，均为水毁。葛镜屡建屡塌，毫不动摇，不惜罄尽其家资，必成此桥，并作诗以示宏愿：“亘石昨庆桥成矣，江流湍急桥复圮。持一片心盟白水，桥不成兮镜不死。”遂募工凿石，垒基于渊，终将桥建成。历时三十余年。事后，时贵州总督张鹤鸣经此，题名“葛镜桥”三字于桥侧石碑上，并撰《葛镜桥碑记》赞葛镜建桥“前后三十余年功始成此，其从容乐善，不吝不倦，岂世俗人所能企及万一者”。葛镜桥横跨两山相峙，峡谷幽深，桥孔上古藤倒悬，垂挂如帘，形如长虹碧流，经历近四百年风风雨雨仍然完好，蔚为壮观。

花江铁索桥

花江铁索桥位于黔西南布依族苗族自治州贞丰县与关岭布依族苗族自治县交界的北盘江上。这里河道奇险，水流湍急，历代修建桥梁均被洪水冲垮。清光绪二十一年（1895），军门蒋宗汉为解除来往行人和商旅渡江之苦，会同济公盐号筹款修建铁索桥，历时6年竣工。铁索桥全长71米，宽2.9米，距水面约70米。桥面用环扣铁链子14根作为承重索，每根由262个角环扣联而成，紧紧拴扣于两岸悬崖人工凿成的石孔内，上铺数百块木枋作桥面。扶栏亦用铁链串缀而成，也拴扣于两岸人工凿山而成的石孔中。北盘江流经此段的两岸花木繁茂，每逢花开时节，百花耀眼，各色花瓣随风纷飘坠入江面，江流变得绚丽多彩，人们便把这一江段称为“花江”。北盘江铁索桥建成后，自然也被称为“花江铁索桥”。此铁索桥多年来一直是沟通滇黔的交通要枢。走上桥时，透过桥面木枋的空隙望下去，只见激流奔腾而过，翻起朵朵浪花，使人兴奋不已。走到桥中心，先前被两岸峭壁挤窄的空间倏然扩大，高寥天空下是急流拓宽的江面，两岸深谷强劲的峡风袭来，铁索桥像荡秋千似的摇晃不停，使人仿佛成为钢丝上凌空表演的杂技演员。桥的北岸，一条漫长的古藤般石山小路曲曲折折，攀越过怪石峥嵘的花江坡伸向远方。桥的南岸，笔直如削的灰白悬崖似一柄利剑，直插云天。巨大而光滑的岸壁上，岸树点点，摇曳多姿。邻近崖脚古驿道的一长段石壁，有许多摩崖石刻，组成古代书法艺术长廊。集中于桥头附近的石刻有“飞虹”“花江桥”“功成不朽”“万缘桥”等，沿着古驿道往上游走，石壁逐渐被绿藤缠绕，密叶遮掩。拨开藤叶，可窥见刻在石壁上的“履道坦坦”“彩虹双映”等大字，笔法苍劲有力。穿过大片绿荫，继续前行，忽见一块足有四层楼高的青色巨石，如同仙石从天而降，巍然立于道旁。这就是著名的“仙字石”。在仙字石侧面，无数灌木贴石而生，有的连根须带枝丫一齐嵌在山崖石内，纵横密布，盘根错节，在石壁上组成美妙的图案，显示出坚强旺盛的生命力。仙字石上，有“屹然大观”四个石刻大字，每字约1.5平方米，藤叶掩映，时隐时现，别具风姿。最令人怦然心动的，还得数刻于石壁上的斗大“仙”字，仙字石正因此得名。从此处拾级而上，便可折转到一个叫“七口碑”的地方。这里又有一片古拙的碑刻供人欣赏、品味。花江铁索桥历来是两岸布依族人民和外地游人、文人墨客寻幽览胜之地。

每逢佳节，数千名布依族男女青年总是结伴来此观光游览，谈情说爱，对唱山歌，使这道深藏在北盘江峡谷中的长虹发出越来越夺目的光彩。

双树霸陵桥

双树霸陵桥位于关岭布依族苗族自治县关索岭东麓之霸陵河（北盘江支流）上，故又称“关索桥”。因桥年代久远，形状古奇，两岸布依族人民赞之为“仙桥”。霸陵桥为四孔大石桥，宽5米，长40米，高20米。桥两头的两孔略小，中间的两孔高大。其拱形顶端略带尖形。在河中间的南北分水桥磴上，各生长有一株数围粗的榕树。榕树枝干朴茂，半履河中，半履桥上，蔽日成荫，因此被誉为“天构凉亭”。有一株树身中空，树洞可设摊售食。双树霸陵桥年代久远，清《永宁州志》上说它“不知创自何年”。从桥的拱石来看，其大小、石质、钻纹、砌法及风化程度都有五六种之多，说明其补修次数不少，年代相当久远。抗日战争时期此桥能通汽车，担负抗日战争大后方的运输重任，可惜抗日战争期间被炸毁一孔，公路因此改道，故未重修。双树霸陵桥因之成为云贵高原抗日战争遗迹之一。

古驿道

古驿道位于关岭布依族苗族自治县关索岭上，是贵州仅存的且保存完好的古代驿道之一。它东起双树霸陵桥，西迄关岭县城关索岭镇枣园路口，全长约5 000米。相传，驿道始辟于三国时关索卒兵南征过境之际，古称“蛮道”。明《徐霞客游记》中记载：“索为关公子，随蜀丞相诸葛南征，开辟蛮道至此。”而正式被辟为通滇、桂大道，则是在元末明初之后。驿道大多为白色石灰石和大理石铺筑，宽2米以上，可容两马对行有余。古驿道依山势修筑了长短陡缓相间的石级，东自双树霸陵桥起，经四十三转变而达岭口，西自岭口下九转变而至县城。岁月悠悠，古往今来不知走过多少行人，因而条条石级都被踩踏得光滑白亮。1936年修筑黔滇公路，因无法越过雄峻的关索岭，只好南绕断桥而入县城，岭上的这段雄关古道才被渐渐冷落下来。这段古驿道像一条纽带连着双树霸陵桥、双泉寺、御书楼、太子阁等古迹，人们沿着这条古道前行，大可饱览风光，发思古之幽情。

竹王城遗址

竹王城遗址位于黔南布依族苗族自治州福泉市凤山镇扬老村东面山上，相传为竹王所建，故名“竹王城”。湘黔公路经过城下，山下河流为鱼梁江一大支流杨老河。现存城墙为清代遗物，系青石垒砌而成。城垣长约4 000米，高4.1米，宽3米，共建城门四座。有贵州通往湖广古驿道穿城而过。内置上兵营、下兵营、竹王祠和各种寺庙10多座，并筑有暗道直通杨老河。现仅存东门和部分残垣，竹王祠及其他建筑已毁，仅存长约6米的门洞。城西隅老城头原观音寺后侧的莲花岩上，至今仍保留着明朝至民国时期摩崖多处，其中“天削芙蓉”四个大字蔚为壮观。据立于路旁的《陈黄氏历史叙碑文》记载，“天削芙蓉”四个大字，乃明代建文帝朱允炆避朝难南巡经此所题。“竹王”即夜郎王，据《华阳国志》《后汉书》等记载：“有竹王者兴于遁水（今北盘江），有一女浣于水滨，有三节大竹流入女子足间，推之不肯去，闻有儿声。取持归破之，得一男儿，长养有才武，遂雄夷濮……氏形竹为姓。”古代夜郎国的这一美丽传说，给竹王城披上了一层悠久的神秘色彩，吸引过往游人和专家学者相继前去游览考察。

交乐汉墓群

交乐汉墓群位于黔西南布依族苗族自治州兴仁县交乐乡。“交乐”是布依语地名，当地布依语称“tɕiau³⁵ʔdoŋ³³”，意为“森林之首”。这里风景秀丽，物产富饶。人们在交乐乡境内漫游，就会发现岩山脚下或山腰上有一个个黄土垒成的土堆；或者在土山上有一个个隆起的土包，泥色与周围的泥土不同；或者平地上有一个个隆起的土包，直径七八米至几十米不等，那便是汉墓了。经过两千多年风雨侵蚀，还有这样的土堆，想当年气势一定很宏大。还有更多的汉墓封土堆已经变成了平地，因此当地农民常在耕作中翻犁出一些青铜器和陶器碎片来。在当地人家里还可发现纹饰精美的汉砖，被用作建筑材料。他们原先用汉砖来建住房，后来知道是坟墓里的东西，便只用来砌猪圈灶头、厕所。人们还会发现，老乡们用来喂鸡、贮粮、装盐巴和辣子面的陶罐，可能就是古代陶罐，虽然外形古朴，只饰以简单的旋转纹、绳纹、五珠纹、刻划纹等，但都是很有价值的文物。1975 年和 1987 年，有关部门对交乐乡的祭山坡、龙树脚坡、云南寨等地的部分汉墓进行试发掘，出土了大批珍贵文物，为了解云贵高原汉代文化提供了很有价值的历史资料。交乐汉墓群时代大约在东汉和帝（89—105）前后。1981 年对龙树脚一座土山的夫妇墓进行发掘，夫妇墓为两个凸字形石室券顶墓，男左女右，相距 1 米余，男室稍大，两室均保存完好。在其中出土了巨大铜车马，铜马高 1.1 米，铜车轮直径 0.9 米。铜车马造型生动，铸工精细，实为罕见。同时，还出土了青铜连枝灯，灯座为两龙首尾相衔，一人跪顶灯枝，枝上有五条神龙，还有人、鸟、兽等造型。出土的青铜器还有铜提梁壶、铜摇钱树及其他青铜器具。尤其是一具抚琴陶俑，高 0.34 米，宽 0.35 米，为一乐师跪地抚琴造型，乐师双目微眯，面带微笑，安详自信，仿佛沉浸在美妙的音乐中，令人拍案叫绝。这为了解东汉时期南、北盘江之间的民族生产、生活文化、服饰、音乐等提供了难得的考古实物研究资料。交乐汉墓群大多还未进行发掘。无疑，这里是一个具有历史研究价值的地下宝库。有关专家学者认为，交乐汉墓群可能就是解开古夜郎国文化历史这个千古之谜的钥匙。

布依族建筑

产生与发展

据布依族摩经等史料记载，布依族先民与整个人类一样，也曾经历过穴居生活。那时，处处是原始森林，栖息着飞禽猛兽。穴居阶段人们常遭毒蛇猛兽袭击，加之洞穴常年潮湿，日积月累多生疾病。在这种情况下，先民们看到飞禽在树上做巢栖息，受到启发，于是就在大树上搭起树枝棚居住，便称“巢居”。巢居既可免受毒蛇猛兽的危害，又可防潮。从穴居到巢居是布依族先民建筑的开始。巢居虽然能防潮、防兽，但给起居和生产劳动带来许多不便，继而又在地上建起窝棚居住。窝棚比巢居又进了一步，四面有遮拦，进出有柴扉，虽可防兽防风雨，但毒蛇的侵袭时有发生，潮湿带来的疾病不断。于是，布依族先民在窝棚的基础上，因地制宜，建起了干栏式住宅。从此，干栏式住宅一直延续至今，成为布依族的主要建筑形式。随着经济发展和社会进步，干栏式建筑遂发展为吊脚楼、平房、石头房、石板房等。

干栏式住宅

干栏式住宅建筑是布依族人民的传统建筑形式。《北史·南僚传》载，南北朝（420—589）时布依族先民僚人“依树积木，以居其上，名曰‘干栏’”。当时的干栏式房屋多为竹木结构，底层空敞，人居楼上。其后，随着农业生产的发展、生产工具的进步，建筑干栏式房屋的技术有了提高，人们便把干栏式楼房屋的底层用石料或木料圈围起来，“上的自处，下居鸡豚”（周去非《岭外代答》）。明代的干栏式建筑仍然是“人栖其上，牛羊犬蓄其下”（邝露《赤雅》）。

明清时期外地移民大量涌入布依族地区，且多建平房而居，因此杂居区的布依族吸收外地的建筑形式，都匀府和贵阳府城镇周围的布依族改建平房者逐渐增多。但大多数布依族地区仍保持传统的干栏式建筑。干栏式建筑一般为三开间，楼房建有走廊、晒台等设施，四壁装以木板或围以竹林编成的栅笆。楼房的最上层堆放稻米等谷物，中层住人，底层圈牲畜。

吊脚楼

吊脚楼在地形倾斜度较大的地方建筑而成，仍保留干栏式住宅形式。吊脚楼的屋基分上下两级，前低后高，高差相距 1 米以上。靠坡一边为平房，前部分为楼房，楼与靠山的那间房相平，楼上住人，楼下圈养牲口。吊脚楼一般为三开间，有的楼房虽留有正门，但因房前坎高，所以门多开在房头山墙或屋后，也有在大门外另外砌成石级而上者。层顶多盖瓦，屋檐柱或板壁上雕饰有鱼、龙、凤、竹子等物象，形态栩栩如生，增加生活情趣。

石头房与石板房

石头房与石板房，主要分布在自贵阳市的小碧、花溪、湖潮至安顺、镇宁、普定、六枝、关岭等县市一带。这里的布依族住宅建筑，除了采用传统干栏立贴式木构架体系外，还采用岩石作木构架的外部围护结构。因当地盛产石灰岩，开采方便，售价低廉，布依族人民就地开采，用它来垒砌屋基、山墙，镶嵌内外墙体，铺镶街道与院坝地面，还开采薄层石板作为屋顶覆盖材料，从而形成壮观的石头村寨和石头城镇。布依族家庭的日用器具有石碓、石磨、石碾、石灶、石凳、石桌等。石头民居建筑的单体空间布局基本上依山傍水，房屋与房屋之间沿着等高线排列，山寨民居错落有致，形成了独特的石头建筑群风格。

建筑的生活空间，按布依族人民的生产方式和生活习俗安排。因为历史上布依族人民长期过着个体经济的小农生活，生活生产上自给自足，所以他们的栖息地要存放各种工具，如犁、锄、镰、水桶、箩筐、扁担、风簸，磨子要饲养耕牛，还有猪、鸡等畜禽；布依族妇女有自己独特的衣装服饰，需要织锦，因此要有织机，并需进行蜡染工作；收获后的粮食要堆积家中；此外还有养蜂等副业活动。随着经济发展，布依族人民还在自己房前屋下的墙上种植观赏植物，如仙人掌、万年青、四季海棠、慈姑等。

对上述要求，布依族人民积累了与顽石作斗争的丰富经验。山区地质与地形的不利条件难不倒他们；材料的局限与施工方法的落后困不住他们；他们因时因地因事制宜，难中找易，化弊为利。例如，房屋造于山坡，首先在斜坡上挖去浮土及石块，平整出部分建屋地基，开采出的岩石就是建筑材料，或是利用一块开凿平整的竖向山岩作为建筑物墙体，再以开出的平地为基础向外扩展，适当填方，以取得较完整的建屋地基和门前必要道路及台阶用地；将主地坪稍稍抬高，作为人的活动居住层；部分需填方的位置有意不填，利用其高差作为养牲畜的空间；为避免粮食受潮，且由于开坡凿石费工费时，因此在住人的空间上部搭一层阁楼，作为粮食及储藏空间。利用地形，在纵向上朝立体空间发展，就成为这一地区布依族住宅空间布局安排的基本格局。建筑学家誉之为“挖、取、填三位一体”的建筑体系，这是布依族传统建筑的一大发明创造。

由于布依族传统的几代同堂家庭制和木构架建筑体系，典型的“一正二厢”住宅平面就得到了最广泛的应用，并具有独特的剖面安排。正厅部分为前后两间，前厅供家人团聚、吃饭和日常生活使用。正厅后都为杂用及烤火间，布依族地区冬天潮湿，农闲时全家团坐于稻草蒲团或木凳上烤火，共享天伦之乐。左厢一般分前后两间卧室（也有分为三间）。右厢一般也分为前后2间，作为次要卧室、厨房或杂间用。两厢前室下部为牲口间，因此有时前厢地面比正厅地面高。厨房位置不固定，有时在主屋前后或两侧，根据地形搭建厨房。有时在厨房外搭披屋，堆放柴草。布依族地区一般晴天较少，所以房屋朝向问题在农村中不甚突出。房屋的朝向与地形等高线关系比较密切。这样，这种岩石建筑就形成了属于布依族建筑的独特风貌。

民居单体建筑空间布局及安排

住宅构造

布依族住宅构造，用木材制作，多为立贴步架式体系，常用“八步七柱法”搭建。一般在底层抽去中间两旁两柱，以便于在平面中灵活设置隔壁位置及适应开门需要。整个木构架除承受屋顶荷载之外，还有阁楼。整个构架承受荷载较大，柱径一般在30厘米以上，用材不多。构架立于与地表同平的石块上，所以无须作防潮及其他处理。屋面做法同一般木构民居，采用木檩条及木檐结构。

住宅屋面

布依族住宅屋面用薄层石板作瓦，是布依族地区岩石建筑的一大特点。石片厚约3厘米，放置于木檐子上，上下彼此搭接。一般有“自然片屋面”和“方片屋面”两种。自然片屋面的石片开采后不再加工，每片厚薄不一，大小不等，长度由数十厘米至十余厘米。屋脊采用极为简单易行的半坡突出方式，较好地解决了接缝漏雨的处理问题，从而形成了特殊的风貌。中原地区久久不能完全解决的民居漏雨问题，在布依族地区采用这一简便易行的方法就彻底解决了。这又是布依族建筑的一大发明。

方片屋面是用约50厘米见方的片块菱形布置的，这种屋面在一般居民中使用少，多用于新建的集体仓库等。屋面前后出檐与山墙出檐视墙体材料而定。如果全系石墙，则出挑较少，约30厘米至40厘米；如果墙体部分有木构造外露，则出挑较大，往往达1米左右。有些人家在出入口处悬挂一半面竹筒，在入口的檐口处接纳屋面排水，使雨水由一侧泄出。有些地区用薄层石灰岩作平屋顶，于石墙上放置檩条，檩条上直接放置薄岩片，岩片之间用桐油、石灰或水泥砂浆嵌缝。这种做法多用于侧屋或牲口圈，有时平屋面上可以晒晾物品，甚至可以作为阳台。

住宅墙体

布依族住宅墙体，有“普通石灰岩全石墙”“薄层石灰岩全石墙”“木构架薄层岩片镶板墙”等数种。普通石灰岩全石墙的细加工墙，多用于镇宁、关岭、六枝等县（特区）的布依族民居。这里的石灰岩易于开采加工，色泽为明快的淡米色或淡红色。造房时开采与砌墙同步，当地称为“层赶层”。这样可以保证墙体水平缝在同一标高。在一般情况下，石块在平面上整理为三角形，只需将石块的一个面（即向外的面）凿平即可，各三角形错位安置，坚固稳当。这是一种既省工又牢固的砌墙方法，非常科学，是当地布依族人民的非凡创造。

一些墙体要求较高质量，就采用扁钻铰口法，使各石缝之间开凿加工异常平整，石块之间缝隙极小，连小蚂蚁都无法钻入墙缝，这样高级的墙体只有较富裕的人家才有可能建造。这种石头墙的厚度一般为40～60厘米，非常美观大方。

石头毛墙，即乱石砌墙，石块大小不一，加工简单，安置无规则，经济条件较差的人家多采用这种方法。它与细加工的墙体比较起来，虽然不够精细，不像细加工墙体那样严整，但看上去墙体的纹饰自然、活泼、灵巧。

爱装饰住宅是布依族人民的天性。所以结合一些传说和祈求祥瑞，布依族房屋一般在正面两侧将山墙突出屋面外，端部做一些曲线和半圆球体，称之为“龙口”，整个住宅就称之为“龙宝”。为了节约木材安装门扇，在门樑石、门侧石及门槛上用整石凿出突出的门轴槽。有些住宅为了保证通风和采光，除山墙（有时也包括后墙）外，不用石墙，将木门窗、木隔扇及木构架显露在外。一般墙上为了通风采光而开设窗户，由于缺乏玻璃和为了安全，窗洞口均开得较小，一般宽约 40 厘米，高约 80 厘米。窗户顶部有的做成圆拱形，有的两个小窗并列……在平淡的墙面上，突出形状各异的窗口，富有变化，饶有风趣，产生出一种建筑的美感。

薄层石灰岩全石墙所用的岩石易于剥离，开采方便，各层厚薄不一，厚的达 10 厘米以上，薄的仅几厘米。灰岩呈青灰色，深沉厚实，石感较强。细加工的墙体，石块打凿比较整齐，大的石块砌筑时上下接面平整。毛墙的人石板块仅做一般打凿，每片厚薄大致相同，直接垒筑，不用砂浆，外墙呈现一种扁平密集型的纹理，给人以质朴、细腻、舒展、稳重的感觉，加上顶部用薄层石灰岩自然片屋面，较少人工规矩斧凿的痕迹，因此更加接近自然，比较活泼。全部采用这种墙体的房屋开窗比较困难，只能设置小窗户，为了通风采光，有的房屋仅采用山墙、后墙或柱墩，正面采用木制窗。

以上各种石墙，开凿及垒砌费时费工。它的形象使人觉得这是一种需要花费很大工夫的工作，故建筑专家们称之为“力量型”岩石建筑。

木构架薄层岩片镶板墙多用于贵阳市内小碧、花溪、湖潮等地的布依族民居。采用这种墙的原因是施工简单、修建速度快。木构架立好后，根据木构架中空隙大小将大片薄灰岩片开凿为相应尺寸的石片，填入即可。所费劳力较少，既充分利用了石材材质的特点，又使观瞻感觉轻快，故被建筑专家们称为“智力型”岩石建筑。

住宅地面

远离薄层灰岩产地的房屋室内地面一般为泥地，但经过压实拍打，比较平整。也有的采用三合土地面。在薄层灰岩产地附近，一般住宅中都采用薄层灰岩铺地面。所用的为整齐方形或不规则岩片，后者纹理及图案尤为别致。对室外的平台、庭院、晒场、村寨广场、小学操场等也采用此法。使用此种材料作地面，它的面层使用情况与水泥预制块大体相似，但不起灰，不走砂，使用时间越久越光滑，质感良好，所以深受当地布依族人民的喜爱。

住宅的总体环境

布依族习惯近水而居，山寨依山傍水，周围生长着茂密的竹林和风水树，寨前田畴，河溪环绕，整个居住环境十分别致。因房屋建筑采用“挖、取、填”方式，所以建筑物都沿等高线布置。但有时为了需要，也有一部分房屋体段与等高线垂直。

房屋之间有平行与垂直等高线的道路，还有一些道路交叉处的开畅空间。一般平行等高线道路的路面多为泥质（也有石块路面）；而垂直等高线道路则用石级或充分利用天然岩石位置。

这样，我们从一般自然村寨房屋、道路的布置，可看到地形变化的大体情况。于是，很多单体建筑场所组成的总体，就形成了高低变化的空间布局。各单体建筑又因基地差异和开间进深不同，与等高线或平行，或垂直，造成了各单体有的突出屋面，有的突出山墙，正侧交错，出现不同层面的美丽轮廓线。在单体之间曲曲折折的道路、高低不一的坡坎，整齐或自由的石级、踏步石礅，与单体相得益彰。单体建筑道路、踏步石礅、石级之间，古树浓荫，翠竹挺拔，桃李婀娜。它们与建筑物灰白色石板面及米色、灰色、浅土红色的石墙交织在一起，交相辉映，构成了生机勃勃、气息浓郁、朴素自然的动人景象。

住宅平房建筑

布依族住宅平房建筑多为土木结构或石木结构。一般为三开间，偶有四开间、五开间。正中一间的前壁向里移一米多，形成宽敞的堂屋。堂屋正中设神龛，作供祖之用。两侧建造厢房，有独间，也有连二间或连三间的。厢房为一楼一底，楼下作牛圈、鸡舍，或堆放柴草。楼上设若干小卧室。

富裕人家建有“三合院”或“四合院”。四合院正房前后左右相向者称厢房，面对正房的一幢称“对厅”。厢房和对厅，一般作书房或客房。整个建筑形成四角天井，颇像汉族“书香门第”住宅，亦极似北京的四合院，然而又别具一格。对厅的散格门及正房窗户均雕有绿竹花鸡、男女舞姿，显示了建筑的高超技艺。三合院与四合院大致相同，只是三合院不修对厅，但须修筑相应的壅壁与正房相对称。壅壁一般比正房门口稍高，两端厅与两边厢房联结，形成一个天井三合院。壅壁装饰有大书“福”字或“寿”字，有的雕绘花、鸟、鱼、虫，甚是美观。

土司衙门建筑

土司衙门建筑是古代布依族地区规模宏大的建筑群，各地皆有。如今黔西南布依族苗族自治州安龙县（即清代的南笼府城）的布依族岑氏安抚司土司衙门，始建于宋代，完善于元代。衙门的建筑规模，按《岑氏宗谱》载：“头门三间，二门三间；皂后房六间；卯厅三间；两书房六间；张挂榜门房六间；宾客房六间；外库房三间；内库房三间；外厨房三间；内厨房五间；平山驿楼房三间；内室五间；内堂三间；军器房三间；两耳房六间；侍女房六间；纺织房三间；染造房三间；厕房三间；点卯房三间。”说明岑氏安抚司土司衙门共计 85 间房屋。

衙门坐落的山势地形，《岑氏宗谱》曰：“那花州制坐山；省忾后制靠山；等山在北，窘山在南。面对山辉小河川流，坝渡（河）、乌泥（河）两交合。”四面山势的建筑还包括“东有山川坛，西有社稷坛，南有天地坛，北有无祀坛”等寺庙。可惜年代久远，岑氏安抚司土司衙门因为战乱毁坏，今已无法实际统览其宏大的建筑规模。

祖宗祠建筑

布依族中一般大姓都修建有祖宗祠建筑。如今黔南布依族苗族自治州的贵定县盘江镇的布依族罗氏宗祠，按《罗氏宗谱》载：“宗祠始建于清光绪三十年（1878），族中长老罗国贤、罗国藩、罗国英公等之倡议……各族人解囊捐输出钱出力，鸠工策划破土开工，经四年之久，而祠堂五间殿落成，左右两厢房亦相继竣工。雕梁画栋，庙乳维新，享堂内分中殿和左昭右穆三殿，奉祀全族之先祖，以及各辈亡灵神主。中堂金字匾为‘万派同宗’；左昭为‘根深叶茂’；右穆为‘源远疏长’；正殿大门中上为‘克昌厥后’。四匾均系当时滥冲寨韦涂平（布依族）先生所写。朝门上为‘灵气千秋’；抱柱金字对联两副。”“嗣后又于民国二十八年（1939）增修对厅5间、住宅2间，计砖瓦木石结构房屋15间。清末民初，罗氏族人罗国藩、罗国英、罗国卿等于此创办‘养生学堂’，后为‘贵定第二初级小学’‘盘江乡中心小学校’等，都设于罗氏宗祠内。”

翁奇奎文阁

翁奇奎文阁是布依族地区典型的寺庙建筑之一。奎文阁位于黔南独山县兔场乡的翁奇村，全村几十户人家全是布依族。据说清代布依族著名史学家、文学家、诗人、书法家莫友芝幼年时就在这里攻读。奎文阁由山门、阁楼、西厢和一耳房组成两进院落。两厢房都建在阁楼的左侧，背面朝东，为三开间歇山顶砖木结构建筑。小瓦顶，屋脊两端鳌角昂天起翘，中部分别置石顶莲花、葫芦。山墙开拱形窗，颇具寺庙建筑特点。两厢的房间有砖墙相连，形成天井，耳房两端分别连接阁楼和厢房，与阁前山门、阁左亘墙围成封闭式庭院。山门口朝南开，门楣上悬“奎文阁”楷书匾额。门后立牌书“云霞辉映”四个大字。门左右菩萨房分立木雕门神塑像。阁楼正对山门，全高25米，为三层重檐攒光顶木结构建筑。小青互覆盖，石质宝顶。底层四角，阁楼三间，深二间，有山墙围护。进大门，正中设佛龛，奉木雕观音塑像，龛两侧悬置铁钟、皮鼓。龛后有木板梯延上通至二、三层。这两层九面开窗，均为九角。二层为神文圣武殿，内设孔子和关羽两块牌位；三层塑魁星金曰“大魁阁”。阁楼翼角起翘，鳌尾向天，下垂铜铃木鱼。阁内雕塑精湛，栩栩如生。棂窗格扇，雕镂精致，颇富民族特色。

阁对岸的岩上又建有方形砖塔，与阁宝顶隔河相对，形成犄角之势，俗谓能“锁水龙”。相传很久以前，翁奇不知从何处飞来两条白龙，在此玩耍，流连忘返，给翁奇人民带来了吉祥，连年风调雨顺，五谷丰登。数年后，龙因久居而厌倦，遂经常出游。二龙出游后，翁奇就天旱，数月无雨，田地干裂，树木枯萎，庄稼无收。不久，白龙复回翁奇，人们怕它再出游，便修建此阁以期关住白龙，保护农牧业丰收。奎文阁建于清朝中期，至今保存完好。每年来此游览观光者络绎不绝。人们或远望奎文阁雄伟风姿，或登阁楼俯视翁奇山川田园的秀色，或在阁下对弈，或林中漫步，或河边垂钓，悠然自乐。

建房礼仪

布依族建房前，先请地理先生看风水，选择宅基，下罗盘定方位，找好向山和靠山。

宅居地一般要依山傍水，向山选择“二龙抢宝”“双龙戏珠”“狮子滚绣球”“万马归槽”“寿星高照”等山势，然后推算“安石吉日”“架马立房吉日”“入宅吉日”等。以后按此日期严格遵守，不得提前，也不得拖延。

砌屋基

砌屋基，布依语称“阁垫栏”［$ku^{213}tian^{213}zan^{11}$］，在“安石吉日”请地理先生下罗盘安方位，然后由石匠开土安基石，俗称“定中墨”。再按中墨施工，砌好屋基。屋基质量亦分毛墙、层赶层、细钻墙等几种。以细钻墙为最佳，砌出的石料缝口不能钻进一只蚂蚁。主家选择哪种墙面，由家庭经济负担能力而定。

伐木备料

伐木备料亦需选择吉日。如在农闲，只要伐木吉日一到，届时通知寨上乡亲，乡亲们都有互相帮助的传统，大家无偿进山伐来所需木料。如遇农忙，则由主家自己在吉日先进山伐来一棵木料，待到农闲时接着请乡亲们砍伐即可。建房材料，多采用杉树、马桑树、椿树等优质木材。后来有的地区也采用红青杠树，由于木质不同，红青杠树木料要先泡水数月方可加工。据说此法可避免开裂和虫蛀。

架　马

架马，布依语称“奥马”［$ʔau^{33}mak^{213}$］，意为“要墨线”，是加工木料的专门仪式。仪式在新屋基举行，用八仙桌一张，上置“插香米”一升，酒三碗，以及墨斗、角尺、斧头、木锯、推刨等。由木匠用公鸡一只杀敬鲁班祖师和播台（$po^{31}tai^{35}$，意为“木匠师祖”），请其保佑工程顺利。播台是传说中布依族最早的木匠师傅之一。经此仪式，木匠方可弹墨加工，以待吉日立房。

立　房

立房是布依族建房最隆重的礼仪，布依语称“诺栏”［$ʔjo^{33}zan^{11}$］。“立房吉时”，一般选择在天亮时分，木匠需在头一天装好新房立柱构架，主要亲戚也都在头天晚上到达，以便第二天清晨参加仪式。主家置酒肉热情招待。新房的大梁木由舅爷家负责无偿送来。舅爷家所送大梁木很讲究，要选择生长茂盛、大小适中、树尖从未断过的杉树或椿树，表示主家起新房也像此树木一样旺盛发达。伐梁木时第一斧砍下的木片与该树的尖心，要与梁木一起送来。路上要用红布包裹梁木，并请人吹奏唢呐相送。当晚，主要于新屋基上燃起数个火堆，各方亲戚围坐火堆旁边进行唢呐吹奏比赛。主家也请有一对唢呐相陪，以示尊重宾客。天亮时分，“立房吉时”一到，先由木匠手持大红公鸡一只举行“引煞”仪式。木匠口语曰：“此鸡此鸡，不是非凡鸡。别人拿你无处用，我用来做引煞鸡。引你天煞地煞除，年煞月煞除，时煞时煞除。别无禁忌，大吉大利。”念毕，把公鸡杀死，将鸡冠血依次点在柱头上，到最后一根柱头时，大喊一声“起”。帮忙的亲友们把屋架抽立起来，同时燃放鞭炮，通知寨上新房已经立好。

当天还要举行“上梁仪式”。木匠修整棵梁木亦有相应规矩：刮下的梁木树皮在当年除夕之前不准用来烧火；梁木修整好后，要用木片、树尖心各一，毛笔一双，墨两锭，梳子篦子各一，银子一块，皇历一册，茶叶、五谷等物做成一叠，放于梁木中部，外用方块布料包上三层。里层为蓝布，中层为绿布，外层为红布，俗称“红盖面”。“上梁吉时”有唢呐、长号等传统乐器伴奏，燃放鞭炮庆祝。

先由舅爷和主家各出一人站于大梁的两端，待木匠喊声“起”，两人首先抬梁，帮忙的人才能动手，把梁木拉上中柱头部安稳。接着是“撒梁粑”“对贺词”。在新房堂屋处安上八仙桌一张，上置插香米一斗、猪头一个及酒肉等供品。由主家长子跪在供桌前方，等“对四句”者向他祝福。撒梁粑分大小两种，大粑粑三个，专丢给长子；小粑粑两箩，专丢给众人。“对四句”由主家和木匠各出一人为代表，分从屋架两边走上梁头，每上一步对词一首。走上梁头念贺词时，先向主人丢大粑粑三个，接着把小粑粑撒向四面八方，围观人不分男女老幼都可上前争抢。撒粑人可利用不同方向挑逗，使人们越抢越烈，届时欢声笑语，抢得越热闹，表示越吉利。主家有意在小粑粑中包上硬币，据说能抢到有钱的粑粑者，当年的农事和经商都会更好。仪式完毕，接着上“搭梁布”，俗称“挂红”。此为亲戚所送主要礼物之一。布料多用以蓝靛染成的自织棉布，长约二丈余，从梁中垂至地面即可。熟悉情况者，只需看梁上的“红”有多少，便知主家的来客有多少。经此礼节，主家才开始置酒待客。

上梁文

“上梁文”俗称“对四句”。布依族民间有专门唱本，在立新房“撒梁粑”时恭贺主家。按照编著者田野调查所得的“上梁文”抄本，其文曰：

师人上梯，　　　　食兮发兮，
脚踏云梯步步高，　　脱了蓝衫换紫袍。
上到头川到二川，　　世代主人做高官。
上到三川到四川，　　富贵荣发万万年。
弟子站在梁头上，　　恭喜主人买田园。
自从今朝来过后，　　儿子儿孙做高官。
福语已毕，　　　　上上大吉。

福语：

半夜起来金鸡叫，　　正是吾师立柱时，
左边起的金银柱，　　右边起的琼瑶桩，
上出状元。
聚起金银无处用，　　买田买地予后人。
上头买齐云南省，　　下头买齐北京城。
人王皇帝做卖主，　　文武官员做中人。
今日主人来立柱，　　众位乡亲齐用心。

多承老幼来到处，　　　　用了气力费了心。
开口三声唱梁头，　　　　世代子孙作公侯。
此鸡此鸡，　　　　　　　不是非凡鸡。
头是高冠红，　　　　　　身穿五色绿毛衣。
王母娘娘亲手记，　　　　昆仑山上换来的。
日在昆仑山上叫，　　　　夜在凤凰脚下啼。
开口朝天叫一声，　　　　子孙世代出公卿。
凡人得你何处用？　　　　弟子将你点梁鸡。
一点梁头，　　　　　　　世代子孙出公侯。
二点梁腰，　　　　　　　世代子孙富发豪。
三点梁尾，　　　　　　　世代子孙中文魁。

福语：

正梁。　　　　　　　　　大梁在何处？长在何方？
大梁生在昆仑上。　　　　大梁生在旷野山。
何人见你生？　　　　　　何人见你长？
天地日月见你生，　　　　露水茫茫见你长。
张郎路过不能砍，　　　　李郎路过不能量。
只有鲁班神通大，　　　　砍与主家作栋梁。
大吉大梁，　　　　　　　大吉大梁。

福语：

斧头宰下生富贵，　　　　主人抬起凤凰梁。
三十多人抬不动，　　　　四十多人抬到堂。
先锯头，后锯尾，　　　　去了两头要中间。
斧头过来闹洋洋，　　　　锛锄过来闹尖尖。
天天又将刨子来推至，　　墨绿坐在中央间。
文武百官两边望，　　　　后代文官出状元。
富贵荣发，　　　　　　　连升三级。

福语：

主人挂你一件红，　　　　挂在梁腰像条龙。
三人缠起两根线，　　　　摇摇摆摆似金龙。
一张桌子四角方，　　　　张张治下鲁班装。
上头摆起炎河酒，　　　　中间摆起一炉香。

福语：

吉日时良，　　天地开张。
吾师到此，　　世代荣昌。
龙凤凰叫金鸡叫，　　正是皇王登殿时。
书生听完金鸡叫，　　正是主家上梁时。
一上主家生贵子，　　二上主家发儿孙。
为可读，　　是《六经》，
子子孙孙出状元。

福语：

太阳出来暖洋洋，　　周文武，
称三王，　　照主家，立发堂。
左右栋梁一齐起，　　好似官员在问门。
立主家造个书居美，　　木匠师傅听言音。
曰南北，曰东西，　　鲁班师傅强十分。
三光者，日月星，　　子子孙孙立朝廷。
福语已毕，　　百事大吉。

福语：

大学之孔氏之遗书，　　这个房子修得有功夫。
二轮子之巧，　　这个房子修得好。
子路问字经，　　篇篇阐发出得清。
曰南北，曰东西，　　这个岭岭起旁峰。
众群山，有义方，　　四根中柱顶中梁。
八百载，最长班，　　子孙代代富贵有。
知某数，知某名，　　子孙代代进朝廷。
自从今天来过后，　　富贵荣华出公卿。
福语已毕，　　百事大吉。

福语：

请士说起，　　福语、福语。
请好谷雨下早秧，　　夫哥磨刀去种粮。
舂碓秋来舂成米，　　放在风簸吹掉糠。
今日主人来立柱，　　一米斗粮放五升。
三朝一齐化成酒，　　双手闭坛十里香。

此酒将何用？　　　　主人将你点栋梁。
一点梁头，　　　　　儿子儿孙中文举。
点梁已毕，　　　　　上上大吉。
万代富贵，　　　　　连升三级。

请士说起，　　　　　福语、福语。
说酒洋洋，　　　　　造酒将兮。
别人造酒待朋友，　　立家造酒祭中梁。
梁中三杯银花酒，　　谢过天地芝兰香。
今朝香酒奠梁头，　　万代子孙做公侯。
称五代，　　　　　　皆有由，
二杯香酒点梁腰，　　子孙富发豪。
称五代，　　　　　　皆有由，
三杯银酒奠梁头，　　富贵荣华万万年。

福语：

好贤君子请来说，　　中不偏，庸不易。
上梁粑粑以手提，　　作大学，有周易。
《三易》强，　　　　儿孙代代立朝堂。
黏米抬来七八斗，　　糯米抬来七八双。
今朝中堂撒栋梁。
送你主家一双金粑粑，子孙栋梁花。
送你第二双，　　　　富贵满朝堂。
送你第三双，　　　　牛马满山岗。
送你第四双，　　　　子子孙孙是福郎。

福语：

木匠留一双，　　　　回去买田庄。
孟子见梁惠王，　　　世代子孙造发堂。
木匠留二双，　　　　牛马满家乡。
粑粑将来抛上天，　　天地神仙得吉沾。
粑粑将来抛下地，　　龙脉神来保安康。
粑粑将来撒五方，　　九男二女满中堂。
东方撒把金，　　　　子孙中高官。
西边撒把银，　　　　子孙进朝廷。
自从今朝来过后，　　富贵荣华万万年。
福语已毕，　　　　　百事大吉。

福语：

太阳出来暖洋洋，　　照见主家立发堂。
左边立起龙凤亭，　　右边立起五谷仓。
龙凤亭，五谷仓，　　手提粑粑守大梁。
今日上梁，晨风吉利，　儿孙代代出朝中。

福语、福语：
皇名送对金银粑，　　贺庆王侯宰相家。
文武百官震四方，　　后进侯伯爵子男。
龙王府君送财到，　　喜见加官又晋爵。
上边买齐云南省，　　下边买齐贵州城。
自从今朝来过后，　　荣华富贵万万春。

福语、福语：
一不早来二不迟，　　正是主家上梁时。
鹊在山中连连叫，　　马在槽中细细听。
一不来，二不去，　　步步登高上楼梯。
一上一步金鸡叫，　　二上二步凤凰飞。
三上三步来早种，　　四上四步季发财。
五上五步登科早，　　六上六步早禄高。
七上七星配地斗，　　八上八早来教寿。
九上九子来归位，　　十上十步状元红。
时兮发兮过金桥，　　脱下蓝衫换紫袍。
上到头川已富豪，　　上到三川头上坐。
五子登科坐朝中。

福语、福语：
粑粑一双发，　　送给主家买田地。
上头买通云南省，　　下头买通北京城。
人王皇帝君主到，　　文武百官做忠臣。
福语已毕，　　上上大吉。

太阳出来暖洋洋，　　手拿粑粑祭大梁。
日吉时良，　　天地开张。
清早起来路坎坎，　　鲁班打马出天门。
金鸡叫进天门去，　　早落黄金夜落银。
初一早起见四两，　　初二早起见半斤。
初三初四过去捡，　　斗大黄金涌进门。

金银将来何处用？　　主家将来立大房。

福语、福语：
大吉大利。
太阳出来暖洋洋，　　照见主家立大房。
做不假来真不真，　　请个先生看地形。
看朝山来得好处，　　看得前水洗汗巾。
龙贺山头得富贵，　　白虎命前出行人。
皇上起出金宝殿，　　主人才喜立华堂。
立在龙头官天下，　　立在龙尾管万民。
众喜主家时运好，　　父子登科点中了。
恭喜主家金银花，　　父子登科点中他。
荣华富贵上考场，　　连升三级。

福语、福语：
说酒洋洋造酒将。
别人造酒敬朋友，　　主家造酒祭中梁。
香金花酒香梁头，　　世代儿子做公侯。
香金花酒香梁腰，　　世代子孙上三朝。
香金花酒敬梁尾，　　世世代代中文举。

福语、福语：
大吉大利。
珍珠大米白如花，　　能哥巧儿做粑粑。
粑粑拿来何处用？　　匠人制下抛梁粑。
抛了东来又抛西，　　子子孙孙在朝中。
抛了西来又抛东，　　恭贺元宝给主家。
各位乡亲来捡起，　　恭喜主家来兴隆。
主家双手来接起，　　一年更比一年红。

福语、福语：
大吉大利。

这种上梁文表现出古代布依族人民向往富裕，向往幸福的生活理想。用它在隆重的立新房“撒梁粑粑”仪式上对唱，可激励人们的生活信心，增强了建立新居的喜庆气氛。

吉日入宅和开财门

布依族把新房建好以后，还需举行“吉日入宅”仪式。吉日入宅仪式较简单，只需在天刚亮时，先把日常生活用品，如锅瓢等物搬进新居，并于火塘生火煮点东西，燃放鞭炮即可。寨上听到鞭炮声，便知道此家已搬入新居。

“开财门”是在钉大门时举行的隆重仪式，这在布依族民间比较重视，届时主家会请来各方亲戚，像立房一样置酒肉庆贺。仪式由木匠选择吉时把做好的大门钉上，并有专门的开财门礼词。按照编著者田野调查所得的“开财门”抄本，其词曰：

请说开财门，
踩门不是别一人，
我是天上紫微星。
开门过后财门春，
四季财门我踩开，
秋季财门进五谷，
冬季财门进金银。
户纳东西南北财。

踩门不是别一人，
我是天上文曲星。
自从今日把门开，
富也来，贵也来，
代代子孙状元才。
宝石照得万里来。

踩门不是别一人，
我是天上武曲星。
文武官员一路行，
又到主家翰墨林，
其门发地八君臣。
我梦主家生贵子。
前也兴，后也兴。

踩门不是别一人，
我是天上福禄星。
一请主家增福寿，
二请主家六畜兴，
三请兄、三及弟。
四请四季广招财，
五请五季官祝贺。
六请九子从龙庭。

踩门不是别一人，
我是天上玉帛星。
主家当门有棵摇钱树，
凤凰登山在紫金藤。
摇钱树，紫金藤，
早落黄金夜落银。
左脚踏门生贵子，
右脚踏门出公卿。
天无忌，地无忌，
年无忌，月无忌，
日无忌，时无忌，
姜太公在此百无忌。
福语福语，大吉大利。

“开财门”可和“吉日入宅”同日举行，也可另外择期举行。

布依族考古发现

考古发掘资料说明，布依族地区早在旧石器时代早期就已有人类的活动。从旧石器时代到新石器时代，再到青铜器时代，文化演进的线索比较清晰。

旧石器时代的分期及文化特征

旧石器时代早期文化遗址

布依族地区旧石器时代早期文化遗址主要有黔西观音洞文化遗址等。黔西观音洞文化遗址1964年发掘于黔西县沙井乡观音洞，距今约100万至20万年，属更新世中期。这一时期在中国发现的文化遗址不多。观音洞文化特点是石制材料丰富，达3 000多件，地层关系明确，伴生化石多，可以在一定程度上说明当时人们的生产活动及技术水平。具体表现在：①大多数工具用石片做成，少数工具的毛坯是用石块和石核做成。②石器加工打片基本上是用锤击法，偶用碰钻法。③大多数石片和石核形制不规则，少数呈规则的三角形、梯形，甚至近似长石片，石片及石核台面以打击为主，自然台面次之，少数见修理过，石核多台面者多于单台面者。④工具占比高达60%，是同期石器之冠。工具组合有刮削器、尖状器、石锥、雕刻器及砍砸器，其中以刮削器为主，石锥及雕刻器很少。工具中大多数是长度小于40毫米的小工具，大、中型工具比较少。⑤所有工具都经过认真的加工，刃口上小石片疤层叠。多刃工具多于单刃工具。

与云南元谋人三件小型刮削器比较，两者之间在石器加工技术和类型上都保持相似之处。在加工方法上，两个地点发现的石制品有共同点，但元谋人石器似乎较为粗糙，均说明它们的继承性。与蓝田人、北京人、丁村人的石器相比较，亦有某些相似之处，但同少异多。观音洞文化与北京猿人文化分别代表这个特殊的以小石器为主体的旧石器文化传统的南北方主枝，并对其后的文化产生很大影响。黔西一带为古夜郎国地，古时居住着大量的“夷越（粤）人”“夷僚人”，今日黔西县境仍居住着“夷越（粤）人”“夷僚人”后裔布依族和仡佬族。

旧石器时代中期文化遗址

布依族地区发现的旧石器时代中期文化遗址的人类化石主要有贵州水城硝灰洞人等。其文化年代与广西柳江人、来宾麒麟山人近似，距今约20万至5万年，属更新世晚期。以柳江人为代表，其身体特征是“面部低矮，塌鼻梁，颧骨较大，下巴微突，两眼深凹，是形成中的南方蒙古人的特征”。正与今布依族和当地壮族的身体特征相似。从石器文化来看，他们的文化都属黔西观音洞文化系统，是由黔西观音洞文化发展而来的。水城硝灰洞发现的石器数量不多，但石片上表现出来的部分特征可以在黔西观音洞的一些标本上找到。

旧石器时代晚期文化遗址

布依族地区旧石器时代晚期文化遗址主要有贵州兴义县猫猫洞文化与张口洞文化，安龙县菩萨洞文化、观音洞文化，长顺县神仙洞文化，普定县穿洞文化等，距今5万至1万年，属更新世晚期。以贵州兴义县猫猫洞文化为代表，其特点是：①工具制造方面，料软、方法特殊，使用了锐棱砸击法、垂直砸击法；②一类工具多而奇特，发明锐棱砸击石锤、锤击石锤、“石钻”及打击砾石；③二类工具简单、加工精细、形制精美，为我国南方所罕见，有刮削器、尖状器、砍砸器；④发现新型工具、骨器、角器十件，有骨锥、骨刀、骨铲，有一件骨器可能是艺术品，一件可能为鱼叉，骨刀为国内首次发现。总观其面貌焕然一新，与众不同，似是一具有创新精神的文化。与水城硝灰洞石器有渊源或继承关系，与普定县穿洞文化，安龙县菩萨洞文化、观音洞文化，兴义县猫猫洞文化同属一类。拟为逐渐发展中的母系氏族社会。

同时在兴义县猫猫洞穴山脚，还采集到三件磨制粗糙的石斧，预示着“兴义人”已在旧石器文化基础上，孕育出新石器文化的胚芽。上述人类文化遗址，均为古“夷越（粤）人”的分布区域，现今仍是“夷越（粤）人”后裔布依族的聚居区。

新石器时代的分期及文化特征

1954年，贵州省博物馆筹建处在盘州市平关、沙陀两乡征集到四件磨制石器，其中两件是有肩有段石斧。迄今为止，贵州省博物馆已陆续征集到有段石锛、有肩有段石锛三十余件（还不包括各贵州省各州、县文化馆收藏的标本）。这些新石器分布于贵州省的兴义、望谟、普安、盘州、水城、威宁、毕节、赫章、清镇、平坝、长顺及贵阳市的乌当区等十余个县市，制作于四五千年前，相当于殷商至战国初期，分别代表了黔中、黔南、黔西南、黔西北等地区当时的生产活动及技术水平。这些石器磨制良好、刃部锋利、石质坚硬，有的表面光滑如玉，刃部等有使用痕迹。按特点可分为四式。

一式，弧段。其特征是器身规整，正面磨平，背面中部隆起形成弧脊（段），段以下内斜至刃口，上段窄，下段宽。上段剖面为椭圆形，一般中部最厚。通高8.8~11.1厘米，刃口宽3.6~6厘米，厚1.6~2.7厘米。质料皆为玄武岩。

二式，直段。其特征是背面中部起棱，形成直线脊，这种直段的上段剖面多为半圆形。形制有规整，也有不甚规整者。通高8.2~11.6厘米，刃口宽4.3~5厘米，厚2.2~2.3厘米。质料有玄武岩、碎屑岩和辉绿岩。

三式，磨棱。其上部磨成棱角，形如上、下两段。有磨二棱的，也有磨四棱的。其正背面皆平直，一般厚薄均匀，正面多梯形。通高6.2~12.8厘米，刃口宽3.8~5.2厘米，厚1.6~2.3厘米。质料为玄武岩和石灰岩。

四式，有肩。亦称有肩有段石器。这类石器的特征是肩部轻宽，为斜坡状，钝角肩形。其正背面皆平直，刃口多弧形微斜。器身规整美观，也有呈曲扭状的，但制作精致、细腻。通高 4.5 ~8.4 厘米，刃口宽 3.6 ~5.5 厘米，厚 1 ~1.3 厘米。质料为玉燧石。

在新石器时代的贵州平坝区飞虎山遗址和赫章可乐遗址，还分别出土有弦纹、细绳纹、波浪纹等纹饰的几何印纹陶，以及石纺轮、陶纺轮等。特别是在飞虎山遗址出土的一片乳黄色陶片上，有一段带状的红彩。这是贵州高原出土的第一片彩陶，类似印纹陶器，在随后发掘而年代稍晚的黔西自治州普安县铜鼓山遗址中还出土有釜、罐、豆、钵、环、纺轮等。陶片出土千件以上，质地为类砂陶，饰纹以绳纹为主，方格纹次之。其年代上限在战国或更早些，下限在西汉武帝时期。

有段石锛、有肩石斧、有肩有段石器和几何印纹陶属典型的古越（粤）人文化。这些布依族地区出土文物与邻省广西、广东、海南、云南、四川、湖南等地的同类文物相一致。说明这一地区当时已形成一个共同体，他们就是布依族先民“夷越（粤）人”。

从旧石器时代到新石器时代的考古资料展示了一幅生产工具由简单到复杂、由低级到高级的发展图景，彼此间有明显的继承关系，线索比较清晰。可以说，它们表现了一脉相承的中华汉藏语系百越（粤）族群的远古文化，布依族正是中华汉藏语系百越（粤）族群的后裔。

青铜时代的分期及文化特征

布依族地区的青铜文化，考古发掘出土的主要有“羊角钮铜钟”“铜鼓”“青铜钺”等。其年代为春秋至战国中期。这类器物的出土，为研究当时布依族地区的青铜文化及其铸造技术提供了珍贵的实物资料。

羊角钮铜钟

羊角钮铜钟为 1964 年 7 月国家水电部九局工程队在黔西南自治州安龙县化力区修公路时所获，通高 37 厘米，底口呈椭圆，长轴 21 厘米，短轴 16 厘米，素体无铭记，上小下大，中空无底，形状如半个椭圆形体，全系青铜铸造。内壁光洁，底面平直。顶部有竖直长方形对称穿孔，孔长 2.5 厘米，宽 1 厘米。顶端岐出两片羊角形銎钮，钮宽 2.5 厘米、垂直高 5 厘米，似羊角，故称羊角钮铜钟。该羊角钮铜钟与云南、广西、广东、湖南、湖北、江西等地出土的同类器物相似，其年代为春秋至战国中期。

一字格曲刃铜剑

一字格曲刃铜剑，1983 年在安龙县城北隅豹狗洞出土，青铜铸造，总长 27 厘米，空心圆柱茎，茎长 7.5 厘米，茎前端直径 5 厘米。中部较细，底部渐粗，剑首作喇叭状，前端左侧有一圆孔。一字形格，长 12.5 厘米。剑叶底部甚宽，斜收于中部又向外折，再微收成锋，形成曲刃，长 19 厘米。其上有三道纹饰，上下窄，中间宽，饰涡纹、三角纹，或平行斜纹组成的图案。剑身有涡纹、平行斜纹组成的图案，正中有两条垂直直线通到刃凸突处，便改为一条垂直线直达尖端。因形故名“喇叭茎一字格曲刃剑”。器身完好。此类剑在贵州仅存三件，另两件一是在清镇十八号汉墓出土的，一是在普安铜鼓山遗址被发现的。此件为第三件，与普安铜鼓山发现的同类剑相比较，其剑茎、剑格、剑身曲折、纹饰风格均大致相同，仅剑茎的饰纹面积和穿孔位置、数量有异。由此推论，该剑年代当为战国晚期至西汉早期。

青铜钺

青铜钺为1925年一农民于兴义县丰都乡云脚村挖土时所获。器身完好，体呈心形、素面，通高11.6厘米。三角形扁銎，厚1.4厘米，宽5厘米。銎下一面有穿孔，呈不规则月牙形，长3.5厘米，宽2厘米。短颈高3.9厘米，宽5.2厘米。双肩，肩宽7.8厘米。圆弧双面刃，刃高5.7厘米。刃由肩部至刃端微收。其形制与兴义县顶郊和普安铜鼓山、清镇汉墓出土的同类青铜钺相似，年代在西汉或更早。

这类青铜钺，近年来文物部门又相继在兴义县巴结村、纳灰村两地各发现一件。其形制与兴义县丰都乡云脚村出土的基本相似，唯巴结村出土的青铜钺刃面有“∑”形符号，体形略大，通高13.1厘米，肩宽10厘米。纳灰村出土的青铜钺体型稍小，通高仅7厘米，刃宽4厘米。《贵州省博物馆馆刊（创刊号）》认为：“上述出土的‘青铜钺’，其形状又与兴义猫猫洞遗址出土的心型尖状石器近似，说明黔西南青铜文化出现的独特文化风格，是源于当地旧石器时代晚期的远古土著文化。”我国学术界普遍认为“越（粤）”即“钺”“戉”。中华汉藏语系的百越（粤）族群之所以称为“越（粤）”，就是因新石器时代开始发明和长期使用“戉器”或“钺器”发展为“越（粤）人”部族和族群名称，“百越（粤）人”即使用“戉器”或“钺器”的族群。随着中华族群文化交流加深，至夏、商、周时期王位“左玄钺”“右黄钺”“斧钺”已发展为中华民族国家王权的主要象征。

铜　鼓

铜鼓，1978年发掘于赫章县可乐汉墓群。墓中出土有铜鼓、鼓形铜釜、鼓改装的铜釜等，其内发现有人头盖骨；但墓中不见棺木痕迹，也不见四肢和身躯遗骸。其随葬品多垂直摆在铜鼓口部下侧，也有平行搁于铜鼓与墓壁之间者。这种铜鼓墓葬与1972年发掘于广西壮族自治区西林县的铜鼓墓葬有共同之处，两地的铜鼓纹饰，其鼓面主晕都饰以“翔鹭纹”，鼓胸均刻以“羽人竞渡纹”。说明二者在文化上属同一类型，年代在秦至东汉时期。铜鼓是布依族祖传的青铜乐器。明弘治《贵州图经新志》载：“仲家（布依族）铸铜为鼓。”说明至明代时期，布依族还在制造铜鼓。贵州省博物馆收藏的80面麻江型铜鼓大多数就来自布依族地区。布依族农村现今还保存和使用的祖传铜鼓还有数百面之多，并有《祭铜鼓经》和《造铜鼓经》流传至今。

双耳铜釜

双耳铜釜，1982年扩建兴义县巴结渡口时，在距河床21米处爆破土方时所获。青铜铸造，高30厘米，侈口，直径33厘米。颈稍小，双耳，耳绳扁平，宽2厘米，厚0.4厘米。釜腹对称面刻有符号，似商周时期饕餮纹，饕餮纹与耳形成十字对称。腹中段有三道绳纹周围圆底，有明显的烟熏痕迹，颇有地方特色。此釜与赫章可乐汉墓出土的同类器物相似，为秦汉时期遗物。

帆船形铜釜

帆船形铜釜，出土于兴义县巴结镇小河沟一土坑墓内，釜体呈帆船形，一侧为刃，另一侧铸有长方形制口。缺口内有纳木扁銎及浅槽。刃尖略翘。体长 10.8 厘米，刃至銎最宽 6.4 厘米。釜形特殊，是青铜釜器物中罕见之物，为秦汉时期遗物。

铜　刀

铜刀，1980 年出土于普安县铜鼓山遗址，呈长条状，通长 16.1 厘米，其中柄长 6.5 厘米，最宽处 1.5 厘米。柄端呈弧形，上有一孔。单刃，刃部微收至刀尖。刀背呈一线，厚 0.1 厘米。与铜刀同时出土的还有铜三叉、铜箭镞等，为西汉时期遗物。

龙纹铜镜

龙纹铜镜，为黔西南安龙县布依族农民捐献，呈圆形，背缘宽，直径 90 厘米，缘厚 0.6 厘米，紫铜色，铜质较好。外圈饰窃曲纹，内圈饰锯齿纹。背面中心在圆钮座上有半球状穿孔纽。纽外圈为两条金线龙纹图案，余为云龙纹、凸弦纹和芒状纹。窃曲纹、凸弦纹与云龙纹都具有西汉早期的特点。

铜车马

铜车马，1975 年出土于兴义县万屯乡汉墓，车马总长 112 厘米，最高处 88 厘米。铜马系分段铸造装配而成。全马分头、耳颈、身躯、尾、四肢等十一段，其态昂首翘尾，左前肢微提，张嘴露牙，两耳直立，腹部丰满，臂部方圆，长肢，肘腋开豁，尾打结，马的缰辔及车的连接绑缚，皆以涂金薄片充着绳索，分负车、牵引、驾驭三部分，均系手工制作。驾马包括衡、轭、輗、曲辕四大部件。车轮为宽牙、十二幅，毂居其中。轮距 40 厘米。东厢为长方形，上覆以弧形篷盖，底部除四周框以轸之外，其间还有四条纵横条，横二纵二，交接于框外，均加铆。其合金成分经有关部门化验结果为含铜 47.35%，铅 30.7%，锡 7.8%，为东汉时期遗物。

铜摇钱树

铜摇钱树，1975 年出土于兴仁县交乐汉墓群。其中二号墓出土的铜摇钱树残片最多，铸造精细，内容有八：①大钱龙纹；②V 形枝条上停立一凤、一啄木鸟、一裸体人；③壁形铜片边铸一 S 形树干及二雏鸟展翅欲飞；④一骑鹿持矛人；⑤一枝上横连三钱，枝、花、叶均有芒；⑥一枝上横连六钱，枝上花叶同前；⑦一枝上横连七钱，枝端一鸟，作展翅欲飞状；⑧三人图像并立，头部稍残。五号墓出土的一些铜花叶残片上残留有涂红痕迹。与铜摇钱树同时出土的还有铜盘、铜碗、铜带钩、环首铜刀、残铜刀鞘、铜鸡等。其环首铜刀与广西花山岩壁画的环首刀相似。年代在东汉和帝（89—105）前后。

剑茎内模外范铸造模具

剑茎内模外范铸造模具，1980 年出土于普安县铜鼓山遗址。以砂石制成，外范筒瓦形，背弧面平，平面中部镌刻磨制喇叭形剑茎，中上部刻一隆起的心形纹饰，高 4.5 厘米，宽 2.3 厘米，背弧上有两道绑缚绳索的细凹槽。该范是全器范之一半，全器应是双合范制成。内模通高 5.5 厘米，茎末径 3.5 厘米。茎末圆大，中部呈椭圆形，一面素地，另一面镌刻着线条精细匀称、图案严谨的几何形纹饰，中心部位及补白区皆突出一种心形，具有鲜明的地方特色。其年代为西汉时期。

陶质水塘稻田模型

陶质水塘稻田模型，1975 年出土于兴义县万屯八号汉墓，陶质，圆盘状，平底，浅腹，折唇，径 45 厘米左右，高 8.4 厘米，厚 1 厘米。用细砂作坯，经高温烧制而成。盘底以一半作水塘，一半作稻田。水塘有鱼两尾、荷叶一片、荷花一朵、莲蓬一枝、菱角一个，均系泥捏实体，饰简单的线、点作形象标志。稻田则以泥条隔成阡陌，尽头留有过水缺口，田中刻画着水稻行行。水田与稻田之间，筑一长堤，其上立一鸟展翅欲飞。堤之正中设有涵洞，可通水灌田。盘内周壁刻画小树九株，间隔基本相等，表示水塘与稻田周围遍栽桃李花果。该模型形象地反映了当时布依族地区的水利设施，再现了荷叶田田、阡陌纵横的田园风光。其年代为东汉时期。

布依族风俗习惯

婚嫁习俗

形成和发展

大约在旧石器时代晚期，布依族先民处于母系氏族社会。当时的婚姻可能按辈分划分，布依族《古歌·洪水潮天》叙述远古洪荒之年，世间只剩下乘坐葫芦漂流的兄妹二人，他们在神仙的规劝下结成夫妻，从而延续了人类。这说明布依族先民也曾经历过“血缘家庭”阶段。恩格斯在《家庭、私有制和国家的起源》中曾把这种婚姻称为“家庭的第一阶段”。可能直到商周甚至春秋时期，布依族地区牂牁国建立，布依族才开始进入阶级社会，婚俗亦开始向一夫一妻制过渡。布依族宗教祭词中，最早建立一夫一妻家庭的是位名叫“万登王”的首领，布依语称“$vuŋ^{11}ʔuan^{33}tuan^{42}$”。万登王与美丽无比、身影映入水中闪着金光的女神“都豪”相恋成婚。这大概是布依族父亲个体家庭的起点。到唐、宋时期“婚法，女先以货求男”（《通典·南平蛮典》），说明当时已有一定的婚姻聘礼。明代仍“婚姻男女自主”（《大明一统志》）。明朝初年，朱元璋派遣大量军队进军云南，在交通沿线设屯堡，从此内地居民大量迁入，布依族积极吸收汉族文化，民间“男知读书，女务纺织，树桑供桑，婚姻重媒妁”，“通汉人文字”（明弘治《贵州图经新志》），这是布依族实行封建包办婚姻的最早记载。但各地发展不平衡，明末清初布依族还存在着自由择配与凭媒说合的双重制度。明《黔记》记载：“以姿色定聘资，多至牛三五十头。”《独山州志》记载：“聘资用牛只，或一二只，或三五只，每牛挂角银二两。”《黔南识略》也说：“聘资或以牛或以银。”可见布依族婚姻聘礼是先用牛后改用银。

清代地主经济发展，儒家文化深入布依族地区，民间出现本民族秀才、贡生、举人。他们的许多礼仪自然仿效儒家礼仪。如清《开州志》记载：“仲苗（布依族）婚丧渐习汉礼。”“汉礼”即汉族的儒家礼仪。布依族地区水稻农耕的社会生产方式中，人丁昌盛是提高生产力的重要因素，成为儒家封建意识的肥沃土壤。民间提倡“父母之命，媒妁之言”，早婚由是兴起，有的孩子才七八岁，父母就已为之订婚。媒人作为包办婚姻的“月下老”，社会地位随之提高。中华人民共和国成立后，婚姻自由才得到法律的保护，但包办婚姻还未彻底废除。故布依族仍有自由恋爱成婚、自由择偶经媒说成婚、父母包办成婚三种形式。

说　媒

媒人，布依语称“布社”［$pu^{42}ɬə^{35}$］，一般是能说会道的年长妇女为之。媒人往来双方家庭极力说合，遇着爽快人家，且双方家庭互相了解者，说媒三次可成功。初次说媒一般不带礼物，女方家长往往以“一锄不成窝，一语不成媳”的言语相答，仅表示知道而已。第二次说媒女方家长若同意则谦虚回答：“我们小家小户，不嫌弃的话你多走几道。”第三次说媒需带上礼物，并于酒席上商定订婚日期，转告男方家长后，媒人的任务才算完成。布依族社会对媒人很尊敬，有“天上无云不下雨，地下无媒不成亲”的俗谚。黔南地区的媒人还分为“家族媒”和“坐媒”两种。家族媒即男方族人，坐媒即女方寨上人。先由坐媒提亲，女方若同意，坐媒即给家族媒传话，再由家族媒转告男方家长。第二次由坐媒和家族媒带礼同去，女方同意与否，可以从吃饭的礼节上看出来：带去的酒拿来斟饮，酒壶也不退回，糖也收下，那是同意的表示；若原物退还，就是不同意。黔西南贞丰、安龙一带早婚现象较少，多数青年通过恋爱相互了解后再请媒人，说媒成功率更高。第一次说媒即带主家备好的蔗糖、点心前去说亲，女方父母款待媒人一顿酒饭，暂时收下礼物。然后四处访问，了解求亲者的品貌德行以及其哥嫂父母的为人处事等情况，如果同意亲事，就通知媒人宣告“吃糖”；如不同意，送来的礼物要原封不动地托人转交媒人，归还原主，则宣告亲事不成。有些青年女子要生死相配，通过别人去说服父母，甚至主动“吃糖”。之后，自由恋爱择偶再经媒妁成婚初告成功，下一步就可以订婚了。

订　婚

布依族订婚，有“定鸾”（认亲）、“卡介”（杀鸡礼）、“得娟”（交礼钱）三道礼仪。定鸾需选择吉日，由男方派两名身着盛装的妇女带礼前往女方家。礼物有公鸡一只、母鸡一只、酒两壶、糖两包等。送礼的妇女必须是同一辈分，有子有女的“命好者”。女方家杀鸡供祖，宴请家族至亲。客人返家时，以糯米粑一个（约需糯米五斤）、小公鸡一只作为还礼。此鸡称“介洛兰”，意为“哄孙鸡”。男方带回礼物，用糯米粑烙来供祖，置酒请族中长者，表示知晓这门亲事。此时不能把介洛兰杀来吃，须由男家喂养起来。定鸾之后，下一步是“卡介”和“得娟”。“卡介”和“得娟”两个仪式都在女方家举行。男方带去公鸡两只、母鸡两只（经认真挑选，杂毛鸡不准用），还有猪腿肉、方肘肉、糖、鞭炮及礼钱若干，碗猪肉一担等，都用红纸包上表示红喜。此担猪肉采用民间专用的四方高脚竹篮，用大碗盛上三角形肉坨全部盖满，装入篮内。猪肉用甜酒液合红糖熬制的色料秘制而成，肉坨呈淡棕色，篮边插大红烛一对，布依语称“古庄”。礼钱中有称为“娟也雅”，意为“养女钱”，还有“母舅钱”“发庚钱”“杀鸡钱”“点烛钱”“放鞭炮钱”“敬厨师钱”等。“娟也雅”古时为银圆，中华人民共和国成立后改用人民币，一般为62元至120元，均为双数。“母舅钱”，布依语称“娟龙纳”，数量是“娟也雅”的十分之一；如“娟也雅”是62元，则“娟龙纳”是6.2元，以此类推。母舅只是名誉上接受礼钱而已，接钱后还要掏出自己的钱加上，一同送给外甥女，若当时不给，待结婚时需做衣柜等嫁妆陪嫁。其余“发庚钱”“杀鸡钱”“点烛钱”“放鞭炮钱”“敬厨师钱”等，一般是1.2元或2.4元。用红纸包上，届时女方族中谁服务就送给谁。女方亲戚前去庆贺者，贺礼一般每人送酒一坛和糖一包。舅爷家多送公鸡一只。本寨家族则以稻谷为礼。

男方客人进家，先于堂屋举行供祖仪式，并放鞭炮通知女方寨上亲友，表示某家女儿已许配某寨某家为媳。供祖时由男方客人摆设酒菜，点燃大红烛插在神龛上，然后主客双方各选一代表同时跪拜祖先。跪毕致道贺词：“感谢祖先保佑，使我们多了一门亲戚，请列位祖先来吃喜酒。”接着奠酒，烧化纸钱，客人才能入席。同时操办“卡介”与“得娟”两种仪式的人家，需在堂屋设两桌酒席，得娟桌靠里，卡介桌靠外。由女方长者相陪得娟客，年青者陪卡介客。舅爷的地位是最高的，必须由族中长者相陪坐在得娟桌主位上。席间先饮女方自酿米酒，再用舅爷送来的酒，最后用客人的酒。当斟倒舅爷的酒时，大家齐声道贺“母舅的酒最甜”。倒客人的酒时亦贺曰：“这顿酒吃得真香。”夹菜先由舅爷或长者动筷，大家才能动手。分鸡肉也有礼节：鸡头分给客人中的长者，吃时须将鸡头骨完整保留，据说会吃者可把鸡头骨完整取出，称为“吃鸡还鸡”；对不会吃者罚酒三碗助兴，称“鸡头三碗酒”。所以，聪明者怕醉酒失笑亲戚，往往趁人不注意时将鸡头丢掉，大家找不到便可免罚酒了。鸡肝敬女方长者，鸡菌（鸡胗）敬母舅，俗称“搭舅纳”“那舅诺”，意为“近亲舅爷吃鸡肝，远亲舅爷吃鸡菌”。此语乃对女方亲戚所言。鸡腿敬给女方长者，吃后留鸡腿骨装进“婚配鸾书”，放于神龛上待“发庚”时送给男方。男方带回后查看鸡卦以定吉祥。酒席中频频举杯，猜拳行令，酒茶随时添加，酒足饭饱后桌上还有饭菜，这叫“有余有剩”。行“婚配发庚礼”时，先由客人跪拜祖先，再由女方长者从神龛上取下“婚配鸾书”双手送给客人，客人亦双手捧接。这里有一段对答词：

客人说：“把金块银块分给啰!”

主人答：“像拿鼠儿躲进您富裕的粮仓，她不懂道理，请老人们多多教育。”

客人说：“小时她已很聪明，如今长大更懂礼。”

“婚配鸾书”是用女方生辰八字与鸡腿骨同装的红纸袋。经此仪式，女方的生辰八字从此归入男家。北盘江沿岸地区的女方八字，要待临结婚仪式之前才由男方备礼接去。客人返家，由女方用自家的一个大碗加上原有的九个大碗，凑成双数放入高脚竹篮。每碗中又装上少许糯米、稻谷、高粱、黄豆等五谷，上撒一些茶叶，再加人民币 4 至 8 角。还把一只小公鸡放入原来的鸡笼，意为“还笼鸡”。送去的方肘肉割下一半为还礼。这些礼节表示将来姑娘出嫁吃穿不愁，五谷丰登。备好后由女方族人先挑至院子里，院中还有酒菜一桌，主客双方在此饮交杯酒，方才送客出寨。饮交杯酒时，有一段较长的对答词，大意是开亲之后，双方家业兴旺，亲戚走得长远等吉利语言。

南、北盘江沿岸的贞丰、安化一带，订婚根据各家的经济条件，有“从俭订婚”和“隆重订婚”两种。从俭订婚者，需择吉日通知女家准备。男方的礼物有米酒、红糖、猪腿等，外加糯米粑粑二三百个，染上红花色，上贴十字红纸条，分为两担，由两名中年妇女带领若干女青年挑礼物到女方家。席间女方族中派妇女相陪，互相对唱酒歌，场面喜庆热烈。此时客人长者必须把订婚事项向女方家长交代清楚，诸如结婚日期、必要礼金、办制银饰、送女方的“外婆钱”、行走路线等。返家后，男方亲友亦携礼前来祝贺，犹如办一次小酒。

隆重订婚者，需选择吉日，由男方备糯米粑粑六百个、米酒数坛、红糖数包、猪腿肉、方肘肉，以及礼金款项。选择两名能说会唱、酒量过人的男性长者带领男青年若干名，挑着礼物到女家。订婚日清早，女方家长打扫门口卫生，这实际是故意来门口探望来客，准备演出订婚序幕，当看到订婚队伍将要来到门口时，就假装在门口磨刀石旁磨刀，准备拿扁担作要上山状，走去和订婚的队伍照面。此时，客中长老要先打招呼问好，不然女方家长一上山就麻烦了。因此，决不能失礼。双方招呼后，即用民歌对唱：

你们去下方买牛，
还是去上方买马？
是不是走错了路，
找错了官府，
措错了人家？
…… ……

客方答道：

我们看到贵府贴红联，
我们看到贵府蝶儿翩翩，
才知贵府有只金凤凰，
我们才找到贵院。
我们不去上方买牛，
我们不去下方买马，
我们不会找官家和客店，
我们是来牵红线，
我们是来讲姻缘。
…… ……

邻里乡亲听见歌声，纷纷围来观看，有说有笑。双方对唱得好，才请客人进屋，收下礼品，并邀约家族作陪。若对答不佳则淡淡对待。因此，有人说布依族订婚是一场精彩的戏，富有民族特色。客人到家，女方族中所有姑娘都来帮忙，首先端上一碗碗热汤圆敬客。此时姑娘们有意刁难客方的小伙子，她们用白线把碗中汤圆串成一串，懂礼的小伙忙将碗放在桌上，找姑娘说理对歌，并要求重新换汤圆吃。不懂礼者把穿线的汤圆一吞而尽，惹得姑娘们捧腹大笑。她们以歌谴责小伙，视其为不聪不慧。中午席间，除双方长者共商订婚事项之外，还要对唱酒歌。有的人从中午对唱到晚上，通宵达旦。酒歌对答不及时者，罚酒三杯，直至酩酊大醉才罢休，俗称："酒不醉人人不乐。"客人返家时，当事姑娘送给未婚夫自织的布匹和布鞋等物，以表心愿。女方家长则赠男方一些糯米粑粑，合族将客人送至村口方回。

结婚礼仪

婚期决定后，由男方选择吉日派族中两名妇女带着礼品通知女方，礼物有母鸡一只、酒一壶。她们对女方父母说："某月某日要带女孩去吃顿午饭。"女方听到此话，便知对方要举行婚礼了。若同意婚期，则用糯米二升（约十斤）打成一个糯米粑粑还礼，交来人带回。此礼，布依语称"僚晚"。结婚前一天，男方派两名男青年带母鸡一只、酒一壶、糖一包去接亲，俗称"报古"；男方姐妹亦到半路迎接新娘，俗称"雅古"。女方提前一天用八升糯米（约四十斤）打成两个大粑粑等候。报古一到女家，即杀鸡供祖，办酒席招待。报古名为"接亲"，但并非直接接走新娘，而是将女方的大糯米粑粑抢回男方供祖，即告接亲任务完成。之所以叫"抢"，是从"报古新好正"的布依族俗谚中翻译过来的，意为"报古抢粑粑"。实情亦然，报古才进家，女方孩童便通知寨上小伙伴们云集房子周围准备追打报古。聪明的报古先查看新娘家的大粑粑放在何处，进餐时来不及吃饱饭即把大粑粑抢到手跑回男方家。届时，孩童则以桐子果、苦楝果、泥砣等追打报古，一直追打出本村地盘。其间报古不得还手。倘若当时抢不出大粑粑，则要等待女方族中的小伙子将大粑粑送出寨外，让报古再去抢。但此时大粑粑都被孩童们团团围住，一挨近就要挨打。为了完成任务，报古只好冒着"弹雨"去抢大粑粑。民国《镇宁县志》记载："夷族（即民国时对布依族的称谓）结婚，日期既定，以公公或亲戚中之年长者二人、少女一人带鸡一只、酒一壶去接。女方村中孩童群集村外，以苦楝子、稀泥、水枪等物投掷接亲者，曰'打报古'。回时亦然，有追至数里之外者。"这可能是古代氏族外婚制所引起的抢婚习俗，经历千百年变迁，已演变成"抢粑粑"的习俗了。女方发亲，新娘由本寨姐妹送出本村土地，然后由两名伴娘陪同前往男方家。路上新娘需打新伞，走在伴娘中间。若其他新娘亦走在此条路上，新娘之间需互换礼物（手巾或丝线都行），表示互相祝贺。走到男方寨上，新娘与伴娘同住叔伯家中，待次日清早（结婚日）到男方家"上门拜祖"。

婚期，男家贴红喜对联，杀猪备酒待客。举行"新娘拜祖礼"时，大门上挂红布一张（长约一丈），扎成红花样式，表示红喜。神龛上点红烛一对，前置八两桌一张，上摆猪头一个、三角猪砣肉两碗，酒四碗等。由族中四位长者（两男两女）分坐桌子两边，布依语称"茶吧"，意为"等子媳"。堂屋中放长凳一张，待新娘行拜祖礼后入座，凳子的方向按布摩事先测定摆置。大门口又安放八仙桌一张，上置五升斗一只，斗内装满稻谷，斗口放剪刀一把、镜子一面；斗前放大米一升，升口放大洋或人民币一元；还有刀头肉三碗、豆腐一碗、盛鸡血用碗一个（此仪式需用红公鸡一只祭祖）。桌上盖伞，大门坎跨一马鞍，鞍上放红坐垫，形如用马备鞍一般。新娘上门拜祖，身穿锦衣，着百褶蜡染长裙，一般为十件锦衣、十条裙子以示富有。先由布摩在大门外举行"凯申"（扫除邪气）仪式，念诵经词，杀红公鸡一只。然后放鞭炮，新娘正式入门。届时，新娘需象征性地提一下供桌的五升斗，跨过门槛亦用手摸马鞍，意为"进家收租吃，出门有马骑"。进门后即跪拜祖宗，若新娘年纪小，可由"茶吧"的长者教其跪拜。跪拜毕，坐在长凳上面向吉方。家中公婆暂时回避，待新娘拜祖后才出来参见，意为"让后代当家"。然后，新娘由伴娘陪同进入洞房。男家收拾堂屋，烙报古抢来的粑粑以供祖，并分发给大家。分发礼节为先敬"茶吧"的四位长者及父母，然后到母舅、新娘，再到家门族下。结婚喜酒为期三天，酒期中新娘食宿由伴娘招待。新娘第三天返回娘家，俗称"回门"。新娘"回门"时，男方所送礼物分为衣物和食物两种。其中公婆送织锦衣一件、蜡梁百褶裙一条、蓝布一丈、白布二丈（作蜡染用）；家族中姐妹每人送织锦围腰一条、蜡染制品若干块、织锦图案若干块，均需全为双数。另有绣花枕巾三块，其中两块送两位伴娘。食品有猪板油、猪油、酒及糯米粑粑等。糯米粑粑重量以报古从女方抢来的大粑粑为准，只能多不能少。若女家用八升糯米，男家即用一斗糯米，多出两升表示双喜。先由族中姐妹送新娘出寨，再由报古将礼物做成礼担挑到女方家。此日女方家亦烙糯米粑粑来供祖，置酒席招待本家族人。

在黔南及黔西南贞丰、安龙一带，喜酒期一般为两天。第一天为女方正客日，第二天才是男方正客日。女方家长提前请人做好衣柜、碗柜、桌、椅、火盆架及床单被盖等嫁妆，其总价值要超过男方送来的礼金，超出部分为父母所赠。女方正客日，男方组织八仙乐队，请押礼先生和数名男青年前去接亲。新娘或走路或坐轿。走路者，由两名女青年打伞去接；坐轿者兴“五马三轿”。五匹马中，一匹是新郎骑，四匹是四个陪郎骑；三轿中，一轿抬新娘，两轿抬两个伴娘。新郎骑高头大马，披红挂彩，四个陪郎打马相随。众青年打彩旗，拿灯笼，挑各种彩礼，乐队奏曲，由押礼先生领着行进。女方寨上成群结队的孩童沿途设置故障阻挡接亲人马。此时，接亲小伙把糯米粑粑散给孩童，以此打开“关口”。到女方家门口，女方寨上的姑娘们礼貌地接去花轿、礼篮、雨伞等物。这些东西，第二天需由押礼先生用“封封钱”（红包）赎回，才能接走新娘。

在女方家供祖时，新郎要跪拜女方祖先及父母，再由岳父母为新郎换新装，挂红彩。然后新娘新郎同席就餐，开席后押礼先生每桌敬酒数杯以示谢意。酒过数巡，女方姐妹端来方盘，盘中有四杯酒、四双筷，用红纸包好放在桌上，此礼叫押礼先生暂停饮酒，先与姑娘们对歌。歌词对唱得好，姑娘敬酒两杯；对唱不好或无歌可对，押礼先生需将“封封钱”送给姑娘们表示认输。有的歌逢对手，对歌者要从早对到晚，通宵达旦。第二天清早“发亲”，新郎新娘先同拜女方祖宗及父母、亲堂伯叔。然后新郎上马待行，新娘由亲兄弟背着上轿。届时新娘将一把筷子撒落堂屋，意为离别娘家早生贵子。此时新娘痛哭失声，称为“哭嫁”；乐队奏“离别调”。兄弟姐妹送新娘出门。一般新娘一出村子就停止哭声；若是包办婚或被迫成亲者，出阁时哭声激烈，直到男方家门口方止。当天新郎家张灯结彩，宾客络绎不绝。伴娘扶着蒙面新娘和新郎，随着司仪者的喊声在灯火辉煌的堂屋频频相拜，围观青年们故意说些逗人的话，惹得蒙面新人禁不住发笑，引得哄堂笑声，增加婚礼欢乐气氛。拜堂完毕，鸣放鞭炮，新娘在伴娘扶持下进入洞房。

贵阳市郊的布依族，结婚当天女方还邀约族中青年人去“送亲”，送亲者越多越显出新郎的光彩。男方对送亲客不得丝毫怠慢，酒席要摆在大门口院坝上方以示尊重。其礼仪均用民歌对答。送亲客一到朝门口，男方的女性亲属即上前逐个敬酒，唱《迎客歌》，以示欢迎。客人以歌对答，歌罢双手接杯一饮而尽，不善饮酒者可象征性地饮一口后将酒轻轻泼于地下表示领情。酒席上要“考送亲客”，主家故意把饭桌安歪，酒菜已上齐，但菜碗都用红纸封上，客人入座要唱歌请其开封，方能就餐。一般是男客先唱《抬爱歌》，女客先唱《感谢歌》，然后唱《取碗筷歌》《整理桌子歌》《取酒壶歌》等。男方家有四名青年立于桌旁，客人唱完一首歌就开封一样，最后才将桌子安好。此桌歌声最受大家注意，围观者很多，歌的大意是祝贺一对新人得富得贵，子孙发达。有的送亲客为争取早开饭，便几人同唱，一人一首。也有的歌手不行，等别人都吃好了，他们还未能开饭，被人笑话没本事，不懂道理。因此，女方家在请送亲客时，非常注意邀请名歌手来应付这样的场面。酒席间，不论男女都成为“歌手”，年老者唱《古歌》《亲家歌》；年轻者唱《赞歌》《情歌》。有的用汉语唱，有的用布依语唱，各显才华，使整个村寨如同“歌的海洋”。

半夜零点，男方又准备几桌酒席，请送亲客吃“消夜酒”。堂屋中安桌子两排，每排二三张桌，桌上插红烛一对、香三炷。要让送亲客唱《合桌歌》《发烛歌》才点燃红烛。主客互敬三杯，再行酒令。行酒令时将四个酒杯放入盘中，斟满酒依次推杯，主人先发令，推到谁面前谁回答。答错或答不出来罚酒。酒令分“四书令”“行官令”“猜令”等，主要是斗智助趣。中间穿插着《敬酒歌》，气氛显得欢乐融洽。

在布依族结婚喜酒期间，新娘由伴娘相陪同吃同住，因此新郎新娘不同宿。很多地区以前是男女双方十二三岁就举行婚礼，未到生育年龄，故而同宿也不可取。喜酒期过后，新娘“回门”，有的一去数年，直至成年时才到夫家同住。这期间新人纺纱、织布、织锦、蜡染以备成家用。待新娘长到十七八岁，农忙时节或族中办酒，才由婆婆或姊妹带礼接来新娘。如此来来往往一段时间，才长期住于夫家。安顺市扁担山一带，新娘还兴举行戴“更考”仪式。更考是一种用竹壳和青布、织锦头帕做成的头饰。由男方择吉日派两名妇女带往女方家，将更考戴在新娘头上。新娘经此仪式改戴更考头饰表示已为成年妇女，并且从此长住夫家。

榔绍榔貌

榔绍榔貌布依语意为“会朋友”。这是布依族青年男女通过对歌结识和发展友谊的一种社交方式。榔绍榔貌是平等自由的，穷小伙也可找达官贵人的姑娘对歌。通过对歌了解对方才华和心灵，经三年两载发展成意中人。若双方中有包办婚姻不满者，榔绍榔貌便具有反抗包办婚姻的性质；也有对包办婚姻满意的人，对他（她）来说榔绍榔貌只不过是显露自己的才华而已。社会上很瞧不起不会榔绍榔貌的青年男女，认为他（她）连对歌都不会，是没出息的人。年轻人长到十六七岁一般都可以参加榔绍榔貌。每年春节、三月三、六月六等传统节日，各地都在特定的山坡、河畔举行庆祝活动，那时人山人海，是年轻人恋爱对歌的好机会。平时则利用赶场天或走亲戚吃酒相互认识，邀约对歌。赶场天的田坝里、小河旁站着一对对身着艳装的青年男女，他们以歌互答，互相交心。能干者对身边花草雀鸟都可引发出创作灵感，即兴编成含蓄动人的歌词来唱诵。经榔绍榔貌建立的婚姻家庭，夫妻双方感情融洽、生活美满。但榔绍榔貌并非一种完全自由自在、毫无拘束的社交活动，它受传统习俗的制约。他们对歌的场所相对固定，那里地势开阔，距离村寨较近。男女双方相距3~5米，初识者相距约3米，只要歌声能互相听清，不影响其他恋人即可。榔绍榔貌中绝无拥抱或接吻等举动，双方也无须花费钱财请对方吃饭；这次对歌完毕又可相约下次对歌的地点和时间。榔绍榔貌是一种男女青年以情歌为媒介，相互交心的文明恋爱方式。

家　庭

布依族家庭是一夫一妻制。父亲是家长，负责管理家庭经济和支配家庭成员，母亲可以发表意见，但决定权在父亲，形成了依靠父亲的家庭观念。男性的家庭地位比女性高，女儿无家庭财产继承权。招婿入赘可继承女方父母的财产，但多数地区不盛行招赘。入赘女婿有赡养岳父母的义务，要参加女方家族的一切活动。但入赘女婿往往被当成外人对待。故无嗣人家，多由亲侄子赡养老人继承香火。分家时一般长子住长房，族谱也由长房保存。在聚族而居的村寨里，长房中年纪较大又正直无私者，多被推为寨老。寨老地位很高，遇到村内纠纷或对外使用武力，经过寨老调解一般都可以和平解决。当然寨老也不一定是长房中的人，族中平时为人公道正义、威信高的人，也会被人们敬推为寨老，且寨老只能在男性长者中产生。

有的地区舅权比较突出，凡家庭中分家、婚嫁、丧事及一切纠纷，都需请舅父来参加处理和解决。修建新房子，也由舅父送来大梁和门板。舅权反映了一定的母系血缘观念。

社会上寡妇再嫁的不多见。丈夫死后妻子是再嫁或是守节终老，全凭本人意愿。寡妇若再嫁，需经双方父母协商同意。若寡妇本人自愿也可转房，即嫁给自己的未婚小叔。但大部分布依族妇女只要有了儿子，一般都守寡终身，不愿再嫁。

中华人民共和国成立前布依族有少数纳妾的人家。纳妾的情况有三：一是有钱人家贪图女色而娶三妻四妾；二是因婚后妻子不生男孩而再娶；三是另有新欢，二人感情深重，而结发妻又不能休弃，否则要遭舆论谴责。娶妾，社会舆论并不反对，布依语有句俗语“白借迷倒，雅劳迷谢”，意思是“煮菜虽老要吃下去，结发妻子不能休”。家庭中妻妾的地位平等，没有妻欺压妾的现象。妻生的孩子称妾为“娘娘”，妾生的孩子称妻为“大妈”，妻妾所生的儿子都有平等的财产继承权。中华人民共和国成立后推行新婚姻，这种三妻四妾的习俗已彻底消除。

布依族家庭是团结和睦的家庭，父母有抚养教育子女的义务，子女有照顾赡养父母的责任。家中请客，需请老人坐上席。儿子们长大已分家居住者，平时做好饭菜，也要叫小孩先给老人送去品尝。已出嫁的姑娘，每逢节日则带酒、糖等礼品回娘家供祖，看望老人。尊老爱幼是布依族家庭的传统美德。

生育观

在贵州的北盘江上游布依族地区，当女子怀第一胎临近产期之时，为了让她顺利生产，都要为孕妇举行一种叫“改都雅”的仪式。届时，由舅家派两名多子多女的男性长老送来一对金竹（金竹尖留有新鲜竹叶，表示生命旺盛）。祭师布摩用此竹弯成拱门形，上扎各色花朵，挂着红纸剪成的人形图案。纸人互相牵手，表示子孙发达。祭师念诵祭词，感谢“神竹赐子”，祈祷母子平安，然后又将神竹安放在该孕妇的卧室门口或床头上方。主人家置办酒席庆贺。经此仪式后，这对神竹一直保持到该妇女超过生育年龄时方可取下。

有的布依族村寨举行此礼时，由祭师布摩先采江边楠竹做成船形，船上扎一茅人，茅人带竹桨等划船工具，放在主家水缸脚念经祭祀，感谢“竹船渡魂过江，孕妇顺利生子”。

在贵阳市金竹镇一带，生育长子需栽金竹一篷，生育长女需种水竹一棵。

这些“神竹赐子”的生育观念，显然是布依族先民崇拜竹图腾的历史遗迹。学术界研究认为，布依族的“神竹赐子”生育习俗应为战国到西汉时期夜郎国竹王文化的传承。

孕妇生育长子的第三天，办酒席庆贺，煮汤圆待客。布依语称“更三罕”，意为“办三朝酒”。这天早晨，各方亲戚前来送礼祝贺，礼物有土布、衣服、小鞋、小帽、糯米、大米、母鸡、鸡蛋等。舅母要送花背扇、小被窝、小衣服及鞋、帽等为礼。

往后，若小孩容易生病，要请祭师布摩测算吉日找“保爷”保命。“保爷”有两种：一种是找山神、石神、树神为“保爷”；一种是找与婴儿的生辰八字命数相合的人为“保爷”。拜树神、石神为“保爷”者，只需备酒供奉，把鸡血洒在神石或神树周围，将鸡毛贴在神树、神石之上，或把一小块红布钉在神树、神石之上，带领孩子跪拜叩头即可回家。找人当“保爷”者，需先请人去说合，对方答应后，即约定吉日拜“保爷”。这天也像办喜酒一样，主人家杀鸡宰猪，宴请亲友，并当场请“保爷”为小孩写生辰八字，赐给名字。从此两家亲如手足，往来无间，当地俗称“打干亲家”。

墓葬习俗

演变和发展

布依族最初的丧葬活动是为了保护尸体。随着社会生产力提高和人的智慧发展，布依族人产生了灵魂观念，认为一个人具有“灵魂”和“肉体”两部分。个人死亡是灵魂离开了肉体，所以肉体才失去了知觉，因此产生灵魂崇拜，对肉体采取保护措施，这就是早期的丧葬活动。保护尸体的地方就是墓葬。在黔南一带布依族中流传着这样的神话：相传很古很古的时候，人类还不会埋葬，死了人都丢弃在荒野之中。这些丢弃的尸体，都被一种叫“独令”［$tu^{11}viŋ^{42}$］的动物吃掉。后来，有一个叫董因的布依族青年看到这种情况后非常气愤，他在母亲死后不把她丢在荒野中，而是到山上去砍树做成棺材，装进尸体，藏于家中。然而时间一长，其母尸体腐烂，独令嗅到臭气，寻找到他家门口。董因见状，就把家中的黄牯牛杀掉给独令吃。独令吃了牛肉就走了。董因这才请来本族人把母亲灵柩抬到山上埋葬，回到家中用木头雕成母亲雕像，下田干活也把雕像放在田边。这应当是布依族实行墓葬的神话传说。根据传说，独令是一种半人半兽的动物，犬头人身。在部分地区的布依族丧葬式灵堂上方挂着的大型画上，还有独令的形象。这似乎说明布依族发展到母系氏族崇拜时期，已经实行埋土为坟，并从此延续这种丧葬习俗。

类　型

布依族的墓葬习俗，主要有“木棺葬”“石棺葬”“瓮棺葬”三种。以木棺葬、石棺葬最普遍。

木棺葬

木棺葬是布依族的主要墓葬习俗。因古时盛产木料，木料易于加工，木棺葬遂成为使用时间最长、最普通的葬具。考古发掘发现布依族先祖古越（粤）人西周至春秋时期多实行木棺葬。至今布依族仍实行木棺葬。木棺葬墓穴为长方形，深入地下数米，地面再垒砌坟包，立碑。

石棺葬

石棺葬亦称“石室墓”。考古发掘发现布依族先祖古越（粤）人在太湖流域的“石室墓”有千余座之多，墓群位于山脊之间或坡垄之上，为长方形竖穴石室，四周有高至一米见方的石块垒砌墓壁，上盖扁平大石块；有的墓葬存在叠压、打破关系，出土有罐、钵、豆、碗等印纹陶器，其年代在西周中晚期至春秋早、中期。广东汉代南越王墓也是巨大的石棺葬，出土了众多珍贵文物，广州市文物部门在当地修建了“南越王博物馆”。而今布依族地区仍有不少石棺葬，但年代较晚，多在汉代以后。如黔西南布依族苗族自治州兴义市的万屯汉墓群就有不少石棺葬，均为长方形石材券顶，皆用石材加工成楔形墓室，底部用不规整石板镶平，周围再用大小不一的石料逐层压缝叠砌，形成富有特色的石棺葬。这里的石棺葬出土的陶器有罐、钵、豆、轮以及水塘稻田模型等。黔西南布依族苗族自治州兴仁县的交乐东汉墓群也是石棺葬，这里的石棺葬为方框形石室，石料加工粗糙，底部没有铺地板。还有一些石室与砖室结合的坟墓。交乐东汉墓群出土的文物有青铜器、陶器等。黔西南州还是贵州高原发现古越（粤）人器物青铜钺数量最多的地区之一。类似的石室墓在黔中地区的清镇、平坝等县市也有发现，但其年代已晚至宋代。这种石棺葬习俗，在今安顺、镇宁、关岭、六枝、普定等县市布依族农村中还很盛行，其墓室是用大石块垒砌，或用厚重大石板镶成长方形竖穴墓道，上盖大石板，地面又用石头垒砌坟包、立碑。有的布依族村寨在老人病重期间就已经请人先开挖出石棺葬用的数米长大石板，打制好榫卯结构以备用。老人逝世安葬时，先将棺材放入石头墓坑中，上盖大石板，外面再用石头垒坟。从而形成一种特殊的“木棺石室墓”葬式。这显然是古越（粤）人石棺葬习俗的传承。

瓮棺葬

瓮棺葬是以陶瓮、陶罐等作为葬具的墓葬文化。布依族实行瓮棺葬的习俗，如明嘉靖《贵州通志》说：“仲家（布依族）……以伞盖墓，期年发而火之，祭以枯鱼。”这实际上是一种“捡骨二次葬”的瓮棺葬习俗。布依族实行瓮棺葬者，一般有三种情况：一是遇到家人经常生病且久病不愈，即请祭师布摩占卜，若认为是哪座祖坟作祟就要对之进行迁坟，新迁之坟就只能实行瓮棺葬；二是布依族有停棺待葬习俗，即按逝世老人生辰八字推算，不宜当年安葬者须将棺木抬到山上放置数年后，另卜吉期安葬，此时木棺已朽，新坟就只能实行瓮棺葬；三是非正常死亡者的尸体须经火化后安葬，只能实行瓮棺葬。以上三种情况，都是用俗称“金坛”的陶瓮或陶罐收殓骨骸安埋，故曰瓮棺葬。此习俗在今部分布依族地区还有少量存在。瓮棺葬中，需要按蹲坐姿势顺序把骨骸装在金坛之内。这种习俗可能与新石器时代遗址中发现的古越（粤）人“屈肢蹲葬制”有一定的渊源关系（见《广西南宁地区新石器时代贝丘遗址》，《考古》1975 年第 5 期）。

丧礼中的“停丧”习俗

当布依族老人病危时，儿女们要集中守护，出嫁的姑娘和女婿必须前来探望。姑娘要“提鸡”为病人祭祀，将鸡肉蒸熟后送到重病老人跟前喂给病人吃。老人即将离世时，其子女必须守在身旁，看着老人逝世。老人逝世的祭祖仪式上，丧家敲铜鼓、放地炮、燃鞭炮通知寨邻，派人向舅家及至亲好友报丧。家族人给尸体沐浴，男性死者剃发，女性死者梳头，穿上寿衣，收殓入棺，举行供祭。

在贵州黔南和黔西南一带，届时家族中居儿媳辈分者须每人拿出自纺自织的棉布丈余，按年龄大小依次覆盖在逝世老人身上，以表示孝敬。又请阴阳先生选择安葬地点，择吉日出殡。同时请布摩“开路伴灵”，族中孝男孝女披麻戴孝，素食守灵。棺木下垫长凳，置于堂屋中，有“顺梁放”或“脚朝大门”两种放置方式。灵柩前供酒饭，点烛烧香，插上死者灵牌，点脚灯一盏，昼夜常明。

在贵阳、惠水等市县，死者的寿衣穿单不穿双，一般在三件以上。入殓时将棺材抬到中堂，头朝神龛，足朝大门，放置安稳，揭开棺材盖，先将松香油熬成液体，倒入棺内浪平，用瓢舀松香油淋棺内四角，以防今后浸漏，再装上陈旧的石灰粉，用升子（农村装米的量器）底逐一压平，将钱纸、白皮纸各铺垫一层，然后用土布兜单将逝世老人抬入棺内，放一点碎银子于死者口中，整理伸直不偏，左右两侧又用白皮纸包裹石灰塞紧，以免出殡时晃动。死者手上系有白纸剪的纸马，表示“亡人骑马”；用长约1.5米的红绸一段盖在死者身上，名曰“上盖”，然后盖棺。派出孝子辈的数人，备酒数瓶（瓶上绑一条长约0.6米的白布孝帕），带去母舅或姑妈家等至亲村寨报丧。舅爷、姑妈一般都当天赶到，亲视含殓，与遗体告别，燃香逐件烧灼死者的衣服、鞋帽，表示让死者确认自己的穿戴。再由布摩念诵《盖棺经》。其词曰：“棺木四块金黄梁，梦里惊，今朝才落奠，亡人祇超。如此恩情留不住，金刀割肉泪沾襟。弥陀切引四方去，千年万年永不回，入棺到黄泉去……天无忌，地无忌，年无忌，月无忌，日时无忌，百事无忌，大吉大利。”然后用木槌锤击棺盖落槽盖实，棺外再用生漆坐口封严。

镇宁、安顺、普定、关岭、六枝等县市布依族在装棺时，要先将一条新鲜竹片放进棺材中，盖棺时由布摩念：“死人的魂入不入？”大家大声答：“入。”又念：“生人的魂出不出？”大家回答：“出。”连念三遍，才将竹片从棺中抽出，然后盖棺。棺外再用生漆坐口封严。

布依族在堂屋中停丧祭祀的时间一般为二至三天。这期间嫁出的姑娘须每人做一竹箩糯米饭前来供灵。夜间，丧家打糯米粑粑祭死者，并分发给族中所有守灵人当消夜。布摩念经超度逝世老人，并按时辰敲铜鼓、放地炮、燃鞭炮等，村寨族人不用邀请都会前来参加守灵。

家　祭

布依族在老人逝世后举列家祭。家祭有简繁两种礼仪。家庭经济一般者，用全鸡、全鸭、猪头等进行祭祀，称为简便家祭。经济富裕的人家要请匠人扎香亭、竹碑、香伞等形状各异的祭品，用全猪、全羊、糖食、果品等进行祭祀，称为隆重家祭。香亭有塔式、走马转角楼式、四角凉亭式等，皆用竹为骨架，外贴五色蜡光纸，亭的上层有纸扎的马，能自然转动不停，亭上点有火烛。竹碑形状如一般石碑大小，用竹编扎而成，上糊白皮纸，两边及顶部扎一些五颜六色的花朵。碑的中部书写文字，阐明逝世者姓名、生卒年月、择期葬址、所生子女等。家祭时，以长子、次子、三子、侄子到孝女、孝媳、孝孙等依次跪拜行九叩之礼。再由舅爷、姑妈、姻亲等进行祭祀。亲戚之中，行上等奠礼者，需杀肥猪一头、肥羊一只，备猪肉扣碗一席、糖食一席、果品一席，每席八大碗；鞭炮两串，香烛、帛钱若干，祭帐一幅，带着唢呐队、吹鼓手一同前来祭祀，并宣读悼词，跪拜行九叩之礼。行中等奠礼者一般做八大碗席一桌，碗内为鸡、鱼、猪肉之类，又备祭帐一幅及香烛、火炮若干前来祭祀。一般亲戚里行中等奠礼者，灵堂前三拜，不行九叩之礼。此礼俗称“家祭”。

点　主

布依族的“点主礼”，是祭祖的仪式之一。在堂屋祭坛立神主牌。神主牌样式考究，边缘以木雕装饰，可独立放置；共分三层，内层神主牌位以两块薄木板合在一起，插入同一孔内，一般书写祖考、祖妣两位老人的名字，外罩两头有插头，前面为玻璃。外层再用水红绒一条和大红绫一条，由顶部两侧盖搭于牌位之上，用缝衣针穿上红线系着。牌位的内容预先书写，但“主”字不写上面一点，“神”字不写中间一竖，待“点主仪式”时添上。仪式由司仪先生主持，请亲戚中有官位，并且儿孙满堂、家庭富裕的人充当大宾前来点主，先由孝子端着方盘，内盛大米、银圆、两支新毛笔及神主牌，由唢呐、锣鼓伴奏走大门、下完梯坎即跪着，再用膝头走到大宾面前，将神主牌交给大宾。大宾接到神主牌，将其置于香案桌上，先用毛笔沾墨书“全福”二字；再将神主盒拆散，拿掉红绒、红绫，把神主牌卧于香案桌上，两层分开，佯装用笔书写一下。又由两名执事拉着孝子的手，拍拍其背，用穿有红线的缝衣针刺孝子的中指，中指血流出后，用毛笔沾指上鲜血交给大宾，由大宾在神主牌上“王”上加一点变成“主”，在“礻申”上加一竖成“神”字。其礼先内后外，共写四次。司仪先生曰：“点天仓。”大宾答曰：“天仓满。”用笔点一下神主头顶。司仪先生曰：“点地库。”大宾答曰：“地库盈。”用笔点一下神主脚。司仪先生曰：“贯左耳。”大宾答曰：“左耳聪。”用笔圈神主左侧。司仪先生曰：“贯右耳。”大宾答曰：“右耳明。”用笔圈神主右侧。大宾又曰“先前”“裕后”“必发后人”“后人必发”。话音刚落，观众中即有人迅速将毛笔抢走。据说抢得毛笔者的门第可能成为文化之家。随后，孝子向大宾行三叩首之礼，再由执事将神主牌按原样装好，交给孝子，在唢呐、锣鼓伴奏下端神主牌回堂屋，放在神龛之上。主家设丰盛酒宴招待大宾及各方亲戚，以示庆贺。大宾返家时，鸣地炮三响以示欢送。

出殡安葬

在布依族葬礼的出殡仪式上，需在棺材上盖锦被一条，棺上站活雄鸡一只。孝子扛着金竹引魂幡在灵柩之前“引路”，身着盛装的孝女、孝媳们背着酒壶、竹饭盒与寨上众亲友走在一起，唢呐手吹着唢呐，一同在灵柩之后“送灵”。走到山上墓地，挖好墓穴（实行石棺葬地区要在墓穴四周镶上大石板），祭师布摩先撒一把大米入墓穴中，再用朱砂、雄黄在墓穴中画一个八卦图，又放一只雄鸡进去“跳井”，然后烧冥钱“暖井”，再移棺进入其中，拨准字向（上盖石板）。由孝子先捧第一把土放在棺上，参加葬礼的亲友才能帮忙垒坟。最后将金竹引魂幡插于坟上。待满三日之后，孝子、孝女又带鸡、酒等礼品到新坟前祭供“谢土”“复土”。此后，每逢清明节，按时祭扫。

布依族服饰

产生与发展

布依族服饰产生于何时，从民族学及考古资料可略见其史影。布依族古歌《造万物·造棉造布歌》记载，远古的时候“人人挂树叶，个个裹树皮”，无论“挂”或“裹”都是服饰的起点。贵州省赫章可乐新石器时代遗址出土陶纺轮文物两个，平坝飞虎山文化新石器时代遗址也出土有陶纺轮，可见当时布依族先民的纺织技术已达到一定水平。在贵州布依族地区发现的古代岩画，如开阳县“画马岩”，长顺县付家院“红洞岩画”，六枝“桃花洞岩画”等，都有明显的布依族先祖服饰图像（见《贵州古代岩画的发现与初步研究》，《贵州文化》1990 年第 8 期）。至秦汉代以后，布依族先祖服饰已有文献记载，如《史记》记载：夜郎地区是“椎髻、耕田、有邑聚”；《后汉书·南蛮传》也说：“织樍木皮，染以草实，好五色衣服。”从中可以看出布依族服饰的演变和发展线索。

历代布依族男子服饰的发展变化较大。据《旧唐书·南蛮传》载，当时布依族男子服装为“左衽、露发、徒跣”。到明代发展为“短衣、科头”（《大明一统志》），“椎髻，屣跻……衣尚青色”（《黔记·仲家》）。清代是“以帕東首、屣屦……衣尚青”。部分地区的布依族男子服饰“衣服与汉人同”（明弘治《贵州图经新志》）。清代的布依族男子服饰是“好以青帕缠头及腰”（《黔南识略》）。民国年间，老年男子多着长衫，穿老棉鞋，扎腰带，束青布头帕。中青年男子多着对襟短衫，束腰带，裹头帕，穿大口裤子。服饰用的布料均为布依族妇女自纺自织的各色土花布。

历代布依族妇女服饰亦有不同程度的变化和发展。唐宋时期是“横布两幅，穿中而贯其首，名为筒裙”（《旧唐书·南蛮传》）。此“筒裙”应为“百褶长裙”或类似西双版纳傣族妇女的“筒裙”。明清时期有所发展，明弘治《贵州图经新志》载：“妇女以青布一方裹头，着细折青裙，多至二十余幅。腹下系五彩挑绣方幅如绶，仍以青布袭之。”清《南笼府志》也有记载：“妇女椎髻长簪，银环贯耳，项挂银圈，以多为荣。衣短，裙长，衣色青蓝红绿花绣为缘饰。裙以青布十余幅为细褶，镶边，（长裙）委地数寸。腰以宽长带数围结于后，带垂若翅。”可见明清时期的妇女服饰，华丽多彩。往后随着经济文化的发展，许多地区的布依族妇女才逐渐改裙着裤。

种类及特点

布依族服饰的种类及特点，从性别上可分为男子服饰、妇女服饰；从年龄上可分为老年服饰、中年服饰、儿童服饰；从地域上可分为黔南地区服饰、黔西南地区服饰、镇宁关岭地区服饰、贵阳花溪地区服饰等。服饰丰富多彩，各有地方特色。

妇女服饰

黔南地区布依族妇女服饰样式，可分为“传统样式”“传统与现代相结合样式”等。“传统样式”多为短衣，宽袖，斜领，镶花边，项戴银饰，彩带围腰，头搭花毛巾或蜡染花帕；下穿大口裤，裤脚镶花边；脚穿绣花翘尖鞋。此种装束为惠水、长顺、平塘、罗甸、龙里、贵定、都匀等县（市）的布依族妇女服饰。“传统与现代结合样式”为上衣斜襟，窄袖，胸前挂花围腰，戴银或玉手镯，下穿中口裤或大口裤，裤脚不镶花边。此装束多见于独山、荔波、三都一带。

黔西南地区布依族妇女服饰花样繁多，有明显的地方特色。头饰一般为婚前女性以发辫绕头，或头戴牛角式花格帕或青帕；婚后则改为圆形头帕或结发髻网罩，佩银簪，戴银镯。上衣右襟宽袖，襟沿和领口都镶花边；下穿青布大口镶边裤；腰系绣花长围腰，围腰后有绸缎或布料飘带，脚穿绣花翘尖鞋。老年妇女系长围腰，上齐脖颈，下至膝盖。姑娘和年轻妇女系镶边绣花短围腰，长约尺许，中央绣着花卉、鸟兽虫鱼等花纹图案。年轻妇女头帕因绕成两只尖角往左右伸延，形如牛角，故称“牛角帕”。

镇宁、安顺、普定、关岭、六枝等县市（特区）的布依族少女穿绲边短上衣，梳一条发辫，头上搭数块绣花织锦花帕，戴银或玉手镯，显得自然活泼。节日盛装为蜡染百褶长裙，上着大领镶边蜡染花短衣，两襟及衣边镶织锦和蜡染组合精制工艺品，领口托肩刺绣几何形小花，系织锦镶边花围腰，长约 1 米，配两根绸缎飘带，腰间挂一方绣花手帕，脚穿绣花鞋，戴银或玉手镯，显得庄重柔美。婚后要戴“更考”。更考之内以竹笋壳和布匹制成长方形冠盖，前圆后矩；再以青布缠裹，系上波浪形织锦头帕数层，织锦头帕上织有牛羊鱼龙和太阳纹等古老图案。身着斜襟短衣，前襟中缝直斜向左腋形成别致领排，领排刺绣图案为八角花、桃花、荷花等式样；上衣袖口和衣摆边镶有约 3 厘米宽五色刺绣条。下着蜡染百褶长裙或紫红百褶长裙。中年妇女多穿大襟长衫，披口肩，着长裤，腰间系一条青色腰带，再拴一匹果绿色绸缎围腰。老年妇女平时头包青帕，身穿斜襟齐膝青衣，下着大口青色裤；或穿织锦上衣，着褚红蜡染百褶裙，脚穿包边大口布鞋或长筒布鞋，显得庄重素净。在镇宁县募役至紫云县的一些地区，布依族姑娘头饰用长约 1.5 米、宽约 15 厘米的青布折成约 4 厘米宽的发勒条绕于头上，顶部有弓形小布筒径，从额上搭于脑后，状如拱桥。头部两侧发勒条上分别镶着一块长约 10 厘米、宽约 6 厘米的精致刺绣巾，再沿前额至脑后直插一根长约 3 厘米的银簪，形如近现代“高射炮”，美观大方，故而有“高射炮头饰”之称。

高射炮头饰的银簪待结婚后取下，改为头戴银碗。银碗外包织锦条，锦条织有几何形图案及四对鱼纹，图案秀美，显示出傍水而居农业民族的服饰特征。银碗中吊着两条做工精细的小银鱼，走起路来小鱼左右摆动，发出悦耳的响声。这银碗一般要等到妇女超过生育年龄时才能取下，再改着朴素青靛染布做成的老年妇女头饰。

男子服饰

布依族男子服饰，中年人喜穿土花布长衫或大襟衣，宽腰大口裤，头绕多层八字形花格帕或青布帕。老年人则多穿大襟绸缎长衫，外套绣“福”“寿”字样的马夹，头戴毛帽，脚穿棉布宽口鞋。年轻人多穿靛染对襟短衫、小口裤，脚穿绣花棉布鞋，显得精干潇洒。近年来，大部分布依族男子服装已经与现代都市服装无异。

儿童服饰

布依族儿童头饰有“仿动物头饰”“仿古代头盔头饰”等，种类繁多，形态各异。仿动物头饰有猫头帽、虎头帽、兔头帽、鹰头帽等；仿古代头盔头饰多为包耳帽。又有帽子额前镶满银质或玉质罗汉的罗汉帽，或镶满银质“长命富贵”字样的长命富贵帽等。帽的背面吊彩色要须和数个银质小铃铛，显得活泼可爱。女童服饰多为上穿花布衣裳，下围花裙，脚穿小花鞋。

布依族饮食

布依族主食，以自己耕种出来的大米为主，玉米次之。杂粮一般作为牲畜饲料及酿酒原料。布依族平时比较讲究饮食质量，注重食品制作。加工大米和磨制苞谷沙、苞谷面，都要经过不同孔眼的竹筛精细筛选几道，才分类加工不同的食品。煮饭一般用甑子蒸，多吃蒸饭，少吃“焖锅饭”。冷天一家人围着火塘吃“火锅菜”，热天在桌上吃炒菜。

每逢过春节之前，喜腌炕腊肉，做血豆腐、霉豆腐、豆豉、香肠，制盐菜、盐酸菜等节日菜肴。过年杀年猪时，猪的肝、肺、大肠、肚等要留着炕干，以备招待贵客，使客人吃到整个猪的各个部分，此乃初春请客不可少的食物。猪油、菜油为常年食用油。婚丧嫁娶喜欢宰猪杀鸡做菜，并喜欢杀狗请客。平时有客到家，一般都要杀鸡款待，客人越多，杀的畜禽越多。

饮酒是布依族人民的一种爱好。每到秋收之后，各家都要自酿几锅烧酒，以便待客或自饮。酒不仅与布依族生活习惯息息相关，同时也是布依族招待亲朋、摆家常的一种不可缺少的饮料。布依族在婚娶酒席上有唱“酒歌”和喝“扎马酒”的习俗。有的名歌手相遇，往往通宵达旦，痛饮欢歌而不散。用糯米做的甜酒，更是布依族人人喜爱的一种饮料。每年农历冬月以后，家家都要做糯米甜酒。农历正月和二月间，用甜酒煮粑粑，不仅是待客的食品，也是家人每天早上的早点。三四月间上山干活，都要用壶装上甜酒水上山解渴。

糯米酒

布依族善于耕种水稻，自古以来就有自酿自饮糯米酒的习俗。农村中家家户户都有酿造设备，掌握了酿造技术，均能独立酿制糯米酒。酿酒设备只需一只大缸、一口大锅、一个酒甑、一个大簸箕、一口天锅，一只陶器水缸即可。布依族酿酒一般一缸用糯米一斗（30 斤）。一缸可产 30 度的香酒 30 斤左右。其法为先将糯米淘洗干净，用清亮冷水浸泡 5～8小时，然后将水滤干，甑熟后倒进大簸箕里散开，让其自凉。凉至 10℃左右，将自制酒药撒在糯米饭里，搅拌均匀，然后放进陶缸中压紧，中间刨整一个小窝函，缸口盖严密封。经过 24 小时（俗称“对时”）即可开盖。此时糯米饭就变成了甜酒。再过一周，酒槽变辣，加进冷水浸泡两天，然后倒进大锅里，用酒甑罩住。甑顶部放一口天锅，天锅里装上冷水（须时常换水保持冷却）。大灶里加火将酒槽煮沸，酒就从酒槽里流出来了。这种糯米酒的优点是度数较低，一般在 35 度左右，醇香可口，补肾健胃，产量高，是布依族人民的传统食品。

刺梨酒

刺梨酒，又称“糯米刺梨酒”。布依族地区盛产富含维生素 C 的野生刺梨，刺梨酒是布依族历史悠久的传统食品之一。以野生刺梨和糯米为原料，其酿制方法大体与酿制糯米酒相同。制作糯米刺梨酒，首先要在每年农历六七月间采摘野生刺梨，用竹刀将刺梨果逐个切成四半，晒干，然后用碓舂碎，去掉刺梨籽及外层毛刺，筛簸干净。再用约30斤糯米酿制一缸甜酒，揭缸时将刺梨再次洗净、甑熟后倒进甜酒缸里拌匀，再倒入糯米白酒一同浸泡七天，即可用一小竹箩压进甜酒缸里，取酒食用。这种糯米刺梨酒颜色鲜红，清香味美，度数不高（一般在25度左右），补肾健脾助消化，是布依族人民节日饮用、招待宾客的美酒。

糯米烧窖酒

糯米烧窖酒是布依族特有的一种美酒。其酿制方法是：制作一缸或数缸甜酒，揭缸后，用小竹箩压进甜酒缸，将酒液倒入容量约20斤的小口坛子里，埋入地下。小口坛子的坛口放置一个小蒸钵，蒸钵内装冷水，密封坛口，再用稻谷糠或锯木面将坛子周围盖住，点燃谷糠让火缓慢地烧。如此连续半个月后，坛子里的酒减少至三分之二或四分之一，剩余的酒便是糯米烧窖酒了。一般情况下，30斤糯米最多能产7斤烧窖酒。制成后又下窖或置于阴凉处存储，来年秋冬取出饮用。糯米烧窖酒色赫墨有丝，醇香味美，既能充饥又能健胃，是滋阴壮阳、强健身体的佳品。但因制作难度较大，成本也高，一般布依族人家只以它作为招待上宾之用。

大米酒

大米酒是布依族人民常年喜爱的饮料。其酿制方法与糯米酒相同，度数一般为35~40度，家家户户均能酿制。

糯米老陈醋

糯米老陈醋，又称米醋，是布依族传统副食品之一。它由糯米酒的尾子酒（蒸馏糯米烧酒时，将最后流出的度数低的酒液称为“尾子酒”）做成。制法为将一口容量约30斤的坛子洗干净，将冷却的尾子酒倒入其中，同时加入醋精，然后密封。存放一个月后，便成米醋。醋精保养得好的逐年长用，农村中已经保存数十年的醋精并不少见。人们经常利用醋精制作新米醋，米醋越存越好。它有一种独特的酸味，有味无色，似泉水一般清亮，是盛夏时节的调味佳品。

独山盐酸菜

布依族人民喜欢用青菜加工成盐酸菜，以黔南布依族苗族自治州独山县出产的独山盐酸菜最著名。其做法为将洗净的青菜切段，掺以甜酒（糯米所作，连酒糟一起）、大蒜、酒、冰糖、辣椒粉和食盐等拌匀盛于盘坛。独山盐酸菜既有香甜味，又略带辛酸味，鲜美可口，早已成为远近闻名的特产。

五色糯米饭

五色糯米饭是布依族地区盛产的独特食品。逢年过节或贵客来家，待客的厚礼就是五色糯米饭。相传五色糯米饭是很久以前拱桥寨的布依族姑娘竹妹发明的。竹妹为了让糯米饭又香又好看，多放几天也不会馊，就不辞辛劳翻山越岭，涉水跨涧到四乡八寨向老年人请教。红籽寨的寨老教她用红籽刺根剥皮煨水染糯米饭，米饭又红又香又能消食化气。紫荆寨的寨老教她用紫荆藤皮煨水染糯米饭，米饭又紫又香。糯花寨的寨老教她用糯米饭花煨水染糯米饭，米饭也是又乌又香。枫香寨的寨老教她用枫香叶煨水染糯米饭，米饭也是又乌又香。黄花寨的寨老教她用黄饭花煨水染糯米饭，米饭又黄又香。竹妹经过千辛万苦找来上述原料，把糯米饭染成红、紫、乌、黄四色后，留下一些不染，成白色，这样就制成了五色糯米饭，既好看又美味，多放几天也不会馊。人们为纪念聪慧能干的竹妹第一个制成像孔雀开屏一样美丽的五色糯米饭，就将拱桥寨改名为孔雀寨，把竹妹称为孔雀妹。五色糯米饭一直流传至今，是布依族逢年过节和款待客人的佳肴。

八块鸡

八块鸡是布依族特有的待客菜肴。其法为将鸡杀死、清理干净后，砍成八块，鸡颈和鸡头连在一起，配上姜片等佐料，煮熟后，盛在瓦钵里，摆在八仙桌中央。鸡头在瓦钵里伸得高高的，盛鸡的瓦钵四周再摆上腊肉、香肠、木耳、豆腐、粉丝、蔬菜等若干菜肴。在这些菜肴的四周又摆上八碗五色糯米饭。这样，满桌的菜饭乍一看就像一只美丽的孔雀在开屏，极为美观。有的做法将天麻与八块鸡一同蒸熟来吃，是上好的补品。

糯米糍粑

每年春节，布依族家家户户都要做糯米糍粑。糯米糍粑的做法很考究：先把舂碾好、筛簸净的糯米泡上一两天，然后滤干，放入大木甑里蒸熟，在蒸的过程中要洒两至三次水，这样打出来的糍粑更软和。糯米蒸成熟饭后立即倒进粑槽里（有石槽和木槽两种），由力大的青年用粑棒趁热舂好，再包上豆沙等即可食用。若糯米糍粑一时吃不完，可将糍粑放在水缸里泡，每五六天换一次水，可贮藏至来年三月。糯米糍粑是布依族人民极为重要的食品，是定亲、迎亲、走亲拜年必不可少的礼物。

饵块粑

饵块粑是布依族别具特色的食品。它以一种传统的黏米——“晚米”为原料，其制作方法与糯米糍粑大致相同。把舂好簸净的晚米泡两至三天，滤干后先蒸成熟饭，晾凉洒些冷水，再蒸第二次，边蒸边舀到臼里舂，舂绒后像揉面粉馒头一样不断搓揉，最后做成约重一斤的小枕头模样成品。其贮藏方法也和糍粑一样——用水泡。饵块粑的吃法有四种：切成丝用红糖与甜酒煮着吃；切成丝用白菜心和猪油煮着吃；切成颗粒用酸菜和香肠炒着吃；切成片烤着吃。不管哪种吃法，味道都非常好，因此深受欢迎。

布依粽

布依粽有两种。一种是黔西南和黔南地区的布依粽，用芝麻秆或谷草烧秸和糯米染成黑色，然后筛簸干净，用猪油略炒或用猪肉切成颗粒一同炒熟，放上食盐和草果粉，再用自种的粽粑叶包裹，清水煮熟可食，味道香美。每个粽子约 20 厘米长，茶杯口粗，用稻草心捆扎。每个捆五道，扁方形，乍看像婴儿睡的小枕头，故又称“枕头粽”。另一种是安顺、镇宁、关岭、六枝等县市布依族制作的粽子，用楠竹叶包裹，呈蛤蚌形或三角形，每个重约二两。制作方法与枕头粽类似，清水煮熟可食，有稻香和竹香之美味。

狗　肉

布依族喜食狗肉，贵客来到或是“三月三”“六月六”等节日，一般都要杀狗。这一习俗尤以镇宁、关岭、紫云、兴仁、贞丰一带最为普遍。布依族吃狗肉十分讲究：杀了狗，首先把毛烫刮干净，再用稻草将狗皮烧烤呈嫩黄色。这要有一定技术，若烧过火了肉皮焦裂有烟味；火功不到，则肉皮软绵不香。做狗灌肠更是讲究，把狗肠子内外翻转，又用竹片刮干净，只留下肠衣洗净，把狗身上的软骨剔下剁碎，与狗血、狗肝、狗肺及少量狗肉和糯米面、狗肉香（草本佐料，俗名“野薄荷”）拌在一起灌入狗肠之内，煮熟而食，味道十分鲜美。狗爪的营养价值很高，是专门敬给长者或贵客的。各种毛色的狗肉质量不尽相同，布依族民间有“头黄二黑三虎斑，白狗肉味较平淡”的谚语。说明黄狗的肉味道最佳。据说，狗肉不但营养价值很高，还能防治一些病症。布依族以种水稻为主，每年从耕田插秧到薅秧，有几个月时间是在水田中劳作，狗肉不但是滋补身体的佳肴，而且是祛风除湿的良药。所以布依族人称狗肉为“地羊”，还有“肥羊抵不得瘦狗”的评说。

酸　食

酸食是布依族人民喜爱的调味品之一。它既开胃又解暑，可增进食欲，故而民间流传有“三天不吃酸，走路打偏偏”的谚语。布依族酸食品种很多，有酸汤、酸菜、酸辣椒、酸豉豆、酸萝卜等。一般家庭常年备有几坛酸食品。清康熙《贵州通志·蛮僚》载，布依族“以牛马牲骨，用米掺和之……至酸……为佳，以多为富”，说明古代布依族人民制作酸食之普遍。

布依族起居

礼仪和禁忌

神龛不挂物

“神龛不挂物”是布依族起居礼仪和禁忌之一。布依族家中的神龛所摆的位置，是祭供祖宗最庄重的位置。神龛位置不能挂任何物件，特别是客人不能看到那里有钉子或撑供板摆香炉的“牛腿”就将随带的提包、衣物、用件等挂上，那会得罪了家神，等于不尊重主人。损伤了主人尊严，会使主人对客人产生心理隔阂，表现得不高兴，甚而产生怨恶情绪，故应注意。

坐门槛，堵财路

“坐门槛，堵财路”是布依族起居礼仪和禁忌之一。布依族最忌讳出门时有人坐门槛，认为坐门槛会堵财路，特别是赶场天更是严禁。小孩不懂事偶尔一坐，都会被大人打骂；外人坐了人家门槛，更受责怪。古时还认为水稻出穗时坐门槛，会影响谷穗灌浆饱米。

只许水瓢舀缸水

“只许水瓢舀缸水”是布依族起居礼仪和禁忌之一。布依族人家只能用专备的葫芦瓢或木水瓢舀水缸里的水，不许用杯、碗或其他器皿直接伸入缸里舀水，特别不许来客用自己的漱口缸舀缸里的水。这主要是防止污染饮用水，是讲卫生的好习惯，别无他意。

房前不晒裤

“房前不晒裤”是布依族起居礼仪和禁忌之一。布依族房前一般都有用竹木搭成的晒台，晒台上架有竹竿，晒竿上只能晒衣被、布匹、纱线，但不能晒裤子，特别是妇女的裤子不能晒在房前或当道处。这主要是不雅观或影响环境美之故。

不许挑空桶进门

“不许挑空桶进门”是布依族起居礼仪和禁忌之一。布依族忌挑空桶进门。民间借物是常事，但到布依族人家借水桶担水之后，还水桶时必须注意，挑空桶到门外后，得先把两只桶从担子上取下，用手提着水桶进门。若别人挑空桶进门，主人会很不高兴，甚至会责骂几句，下次再借就难了。此习俗至今仍较普遍。

见草标莫闯

“见草标莫闯”是布依族起居礼仪和禁忌之一。草标是茅草挽结做的标记，即用一指茅草在顶部大约三分之一处挽个结，挂在住宅门边或用小竿插在路口。外人见这种草标时就得止步回转，或问问侧边人该怎么做。此种草标有短限、长限之分，“短限限时，长限限日”。“短限限时”代表主人在做某种不许外人参看的事，如牛马在圈里生崽，或祭神驱鬼等，办完事才去掉草标。“长限限日”指办的事较重大，有的是集体活动，如祭寨神时限一日，多则二三日，也忌外人参加。这种规矩，过去要是违反了，轻者罚跪赔礼道歉，重者要赔偿所有祭祀用的财物，重新开祭。

布依族节庆

起源与发展

布依族节日源于古代季节性稻作的农业祭祀。例如祭土地神以利于种子发芽，祭山神、蛙神以消除灾害，祭龙神以求雨水均匀，祭牛神以祈栽插顺利，祭祖先神以求人畜兴旺。因为从事农耕，农历的重要节日都有祭祀活动，这些祭祀活动逐步被统一固定下来，就形成了节日（祭祀日）。祭礼的周期性形成了节日的周期性。随着社会经济文化的发展，布依族节日不断注入新的内容，如节日中恋爱对歌、歌舞、竞技、议榔、体育、饮食、服饰等文化事象，以及商品交流会、文艺晚会等，使节日的内容更加丰富多彩。

主要类型

春　节

春节，又称过年。布依族的节日均以农历计称，最大的节日是过年。古代多数布依族地区是“以十一月为岁首”（明郭子章《黔记》）；在定番州则“以十月望日为岁首”（清康熙《贵州通志·蛮僚》）；在贵阳、安顺、南笼诸府又“以十二月为岁首”（清乾隆《贵州通志·苗蛮》）。中华人民共和国成立初期，今黔南州平塘县一带的布依族还在“十一月月末过小年”，这是仍然实行“以十二月为岁首”的例证。上述无论是以何月为岁首，都是在秋收结束以后，下一季农忙到来之前过年。布依族农民借此农闲时节庆祝丰收，安心休息，尽兴欢乐。

清代中期以后，布依族地区逐渐改为以正月为岁首。正月初一称为“大年”，月终称为“小年”或“了年”。过大年是一年中最大的节日，所以布依族人民准备的食品既多样又丰富，都尽可能地杀猪或买肉熏制腌肉、香肠、血豆腐，打糍粑，酿酒。册亨、望谟、罗甸一带在过大年时要“包粽子”，即用糯米草灰染成“黑糯米粑粑”。各地在除夕夜祭祖，而后全家欢聚吃年饭。过大年兴“守岁”，元旦要“开财门”。大年初一早晨在天亮时，姑娘们争挑第一挑水，称为“聪明水”或“勤奋水”。据说先挑到者会在新的一年中“事事顺心”。过年时，有的地区整个正月全休息玩乐；有的地区从正月初一到正月十五休息，正月十五过后开始干农活。在节日休息期间，多击铜鼓、吹长号、吹唢呐为乐，老少都可参加。黔西南的册亨、贞丰、兴义等地要演布依戏；贞丰、望谟等地要耍狮子、玩龙灯；平塘县的四寨要耍龙灯、玩狮子，进行体育比赛；金沙、织金一带要进行玩狮子、托篾球竞赛；黔南地区及安顺市的镇宁、普定、关岭等地要赛马、玩龙，举行规模盛大的玩山活动；广顺、贵筑、安顺、平坝等地要跳地戏；独山、平塘等地要唱花灯戏。各地男女青年多进行丢花包、打毽、荡秋千、踩高跷、打疙螺（陀螺）、对歌等活动。正月末最后一天过“了年节”时，镇宁、关岭等县要炒油团糯米粑供祖，表示年节已经结束。

雅蝈节

雅蝈节盛于黔桂边区的荔波、三都等县。“雅蝈”是布依语称谓，意为“青蛙母神”。每年除夕之夜，布依族年轻人组成队伍抬着一只“雅蝈”走村串户，每到一家，大家就异口同声地说：“‘雅蝈’今天来，你们送酒肉。它保佑你家，粮丰人富旺。”大伙串完各户，便把“雅蝈”及供品抬到田坝中供祭，企望得“雅蝈”保佑，来年水稻丰收，人丁兴旺。青蛙喜欢生活于水稻田中，天性吃虫。故而当地布依族奉“雅蝈”为“青蛙母神”，这是布依族悠久的水稻文化使然。

蚂螂节

在云南和贵州两省毗邻地区的布依族群众，每年正月初一、初二、初三和十五日聚集在威宁红岩大山过蚂螂节。届时用事先以彩丝编成的“蚂螂”（蝗虫）互相对打、追撵。传说布依族祖先居住在稻田连绵的地方，有一年稻谷正在抽穗，蚂螂布满田间地头吞食庄稼。人们用石头打，打不走蚂螂反坏了庄稼，后来人们用稻草扎成球对打，吓跑了蚂螂，保护了庄稼。人们为了纪念丰收的胜利，就定在过年的几天里举行此项活动。

二月初二祭土节

二月初二祭土节盛行于黔桂边区荔波县一带。届时由布依族祭师布摩主持祭祀土地神和灶神，意在通过供奉灶神和土地神，使冬眠了几个月的土地魂苏醒过来。同时，寨上男女老幼带上食品上山烧火煮食，当地人称之为“祭土的日子”，意在祈求来年丰收。

三月初三

三月初三是一年稻田农耕的开始，届时布依族要祭祀“山神”“土地神”“祖先神”和“稻米魂”，做五色糯米饭供奉。如清乾隆《南笼府志》记载：“每岁三月初三宰猪、牛祭山，各寨分肉，男妇饮酒，食黄糯米饭……三、四两日各寨不通往来，误者罚之。”土地神又称为社神，供奉社神是由一村或邻近几个村寨共同举行，有的还设有祭祀基金，用祭祀基金或临时集资买猪牛宰杀供祭。供祭之日，禁止外人入村。

在黔西南一带，三月初三这天要集会纪念对稻作生产有功的“格郎”和“树妹”。传说古时有只魔狼摇身变成了一只大蝗虫四处产卵，繁殖出很多小虫，企图吃光稻田中的稻禾。后来是树妹和格郎用歌声赶走了蝗虫，稻禾才得以平安。从此，每年三月初三，男女青年汇集在当地“查白场”唱歌，以祈求来年谷物丰收。贵阳市乌当区一带的布依族群众在三月初三这天还会举行“地蚕会”，届时各家带上炒好的苞谷，三五成群地沿田边土坎边走边唱，将苞谷撒向田土中来祭地蚕和天神，祈求天神保佑，不让地蚕咬吃春播的种子，以期五谷丰登。

在惠水县九龙镇一带，三月初三这天布依族青年们群集唱歌玩乐，进行摔跤比赛。在盘县特区，这天是布依族青年的社交活动日，全部村寨休息玩乐一至三天。在望谟、册亨等县，这天要杀狗、杀猪请客，青年们甩花包，举行对歌比赛，十分隆重。

清明节

清明时节，春暖花开。布依族多在此日进行扫墓、立碑等活动。有的家族还立有“春祭之约”，如贵阳市布依族《班氏族谱》载，班氏家族于光绪十八年（1892）四月初一订立条约曰：“清明前十日约同办理。备猪一、大烛三对、小烛三对、宝香一百、锞钱一千、钱纸半斤、白纸、爆竹、黄豆、小菜，于清明后二、三日到故曾祖考班公讳登泌、曾祖妣班母龙太君、陈太君、王太君之墓前稽首拜祭。”各地布依族清明节还有佩戴柳条之俗，这天家家户户都要摘一些柳枝回家，从柳枝根部剔一节小皮，不扯断柳皮，又将柳皮缠绕该柳枝捏紧往梢尖一拉，使柳条枝头自然开成一朵柳花，然后挂在大门头上或插于神龛上。妇女和孩童则将柳树皮或小柳椏戴在头上或挂于腰间，表示过清明节。

四月初八

四月初八在布依族中又称为“牛王节”或“开秧节”，均与稻作文化有密切联系。这一天要吃糯米饭，要“开秧门”。“开秧门”即在稻田中开始插秧。秧苗嫩也要在稻田栽上几窝，表示不误农时。相传此日是“牛王”的生日，布依族要让耕牛休息一天，并用一束鲜草包裹糯米饭喂牛，表示对耕牛的慰劳。这是布依族农民爱护耕牛的一种表示。在黔西南兴仁巴铃陈家沟和屯脚镇马洛河一带，这一天布依族青年云集于营盘山上玩山唱歌，或自带民族乐器上山自由演奏，或进行自由武术表演。

五月初五

五月初五又称为“端五节”，布依族家家敬供祖先，并扯菖蒲、陈艾挂于大门上。主人饮雄黄酒，并用雄黄酒遍洒房屋四周，以防蛇虫。在黔南荔波县一带，这天举行龙舟竞赛，或于樟江河中举行“捉鸭子”比赛。在独山一带的布依族还举行“龙王赶祭”活动，祭奠开井供人饮水和灌田的“龙王”。此习俗渊源久远，如同闻一多先生在《端午考》所说：“端午本是吴越民族举行图腾祭仪的半宗教半社会的娱乐节日……它的起源远在屈原以前——不知道多远呢！”从布依族“端五节”活动的含义上看，“端五节”应与中华民族悠久的稻作文明有密切关系，“端五节”时水稻正好插秧完毕，故而先民们举行活动庆祝，久之演变为固定的传统农耕节日。

六月初六

六月初六是布依族祭祀“社神”“山神”“稻田神”的节日。祭山神同三月初三祭祀礼仪大体相似。祭稻田神，届时先用纸剪成三角形旗帜，用竹子扎成大鸟插于稻田中，又在稻田进水口处供祭酒肉和粽子。在水城特区北盘江边的布依族村寨，家家户户要拎着大红公鸡到田坝中杀敬稻田神，祈求风调雨顺，农业丰收。在黔西、织金一带，布依族要把草灰包插在菜园中用以防虫。在独山县一带，此节日布依族村村寨寨要杀猪宰牛“打保符”，求神保佑谷物丰收。福泉市一带布依族从六月初一到二十四日举行“看会”活动，在六月最后一天用绳子拉着一个装有轮子的木雕天狗在街道缓慢而行，让沿途群众用鸡血淋木雕天狗；中午又由主祭人在二郎神庙内焚香供祭，迎神起位，然后抬着二郎神沿街游神，祈求丰收。长顺县古羊河畔的布依族，每年六月初六节日以村寨宗族为单位，抬着狗，敲锣打鼓，走村串寨，绕田坝举行祭祀天神活动，边游边把染鸡血的三角纸旗插在田边地角，祈求天神保佑风调雨顺。望谟县一带集体祭祀社神，召开议榔制会议制订乡规民约，宣布共同遵守，保护社会治安和生活秩序。

许多地区六月初六都举行规模宏大的玩山对歌活动。在平塘县的清水河一带要举行三天活动，邻近的惠水、长顺、罗甸等县的布依族青年男女都来参加，二三万人汇集举行赛歌会。在镇宁、关岭等县初六祭“社神”，初七开始玩山活动，举行耍龙灯、赛马比赛，参加者达万人以上。在长顺县古羊河两岸，六月初六节日要玩山对歌三天。惠水县六月初六节日在董朗河举行集会，参加者亦超过万人。普安县在六月初六祭社神时要包三角粽粑供奉祖先，初七日青年男女带粽粑到固定的玩山坡唱歌玩耍。镇宁的江龙、六马等地六月初六节日兴杀狗宴请宾客。安龙县一带过六月初六节日还有另一层意义，传说古代当地布依族人民为反抗压迫举行起义，经过英勇斗争，终于在初六这天击败了敌人，于是布依族人民便把六月初六定为重大纪念日。各地布依族六月初六节日隆重，有“过小年”之称。

七月辰日龙山节

布依族七月辰日龙山节主要盛行于贵州省毕节市。当地布依族在七月间属龙日（“头龙”“二龙”均可），全寨集资买猪、羊各一，大公鸡两只及酒、香纸、五谷等为祭品，在村旁“龙树”即古树下集体祭祀“龙山”。先由寨老点几炷香、烧钱纸后，请祭师布摩念《祭山经》，再将猪、羊、鸡等宰杀，在宰杀的祭牲未断气时，即用钱纸沾其牲血贴于“神树”之上，此称“生祭”。然后将祭牲整理干净、洗净后将猪尾、猪嘴、猪肝、猪心、整鸡等，煮熟后又祭祀，此称为“熟祭”。祭毕全寨会餐一顿，剩下的肉分给各家带回祭供祖先。寨老借此仪式，宣布保护山林、古树，爱护庄稼等乡规民约，用以促进社会治安。青年男女则在节日中玩山，进行恋爱、对歌活动。

七月半

布依族以农历七月十三日至十五日为七月半节。各家置办酒肉敬祖先，给三代先祖（曾祖考、祖考、显考）烧化“银锭钱纸”，俗称“烧包”。都匀市江洲一带在“烧包”时，要口念请祖先带钱（烧的钱纸）去买田、买地、买鱼塘种稻养鱼。此时各种时令水果已成熟，从十三日起要在堂屋神龛上摆献数盘时令水果敬供祖先。在贵阳地区的布依族还需在堂屋楼顶挂上能连燃三天三夜的搭式盘香；装填俗称“包袱”的祭品送给祖先。包袱约为三十二开纸大小，用白皮纸制成，内装钱纸。包袱上写先祖名字及奉献人名字，到七月十五晚上，将全部封好的包袱拿到院坝平摆架铺，点火焚化。望谟县还要制作“搭联粑”供祖，其法是用泡好的糯米磨制吊浆，然后用芭蕉叶包成两个相连的糯米粑团，蒸熟用来敬供祖先。各地节日期间举行娱乐活动，如都匀市的东都地区布依族要表演铜鼓刷把舞等；望谟县举行荡秋千、打陀螺比赛；长顺县的猛秋一带则举行赶秋坡活动，参加者达万人以上。

吃新节

布依族吃新节为农历七月半前后“辰日”。此时稻谷出穗，预报丰收来临。吃新节当天，布依族家家户户各派一人背着口袋到稻田坝中象征性地摘下数吊灌浆待熟的稻穗装入口袋，背回家中。将灌浆待熟的稻穗与糯米一同蒸熟，用来敬供祖先；之后，又将数吊新稻穗挂在堂屋神龛之上，表示请祖先“尝新谷”，保佑农业丰收。吃新节采摘新稻时，只要看到稻田坝中哪块灌浆较早，任何人都可去采摘，那块稻田的主人家也不会责怪。这反映出布依族吃新节起源年代久远，可能产生于远古农村公社时期，当时私有制还不明显。吃新节延续至当代，体现了布依族农耕社会的古朴文化。

八月十五

八月十五是布依族的重要节日之一。届时家家户户要打糯米粑敬供祖先。晚上望月华，青年人相邀去偷别人家的瓜、毛豆等来集体煮着吃。这天晚上瓜、豆被偷走了，主人不但没有怨言，反而暗自高兴。他们认为是自家的祖先或神灵驱使这些人来偷去给他们尝新的。祖先尝到瓜、豆，十分成熟，就暗中保佑它们结实饱满，颗粒壮实，直至丰收。

九月初九

九月初九是布依族的重要节日之一。届时布依族家家户户打糯米粑敬供祖先。已出嫁的姑妈这天要带鸡、酒回娘家敬供祖先，看望老人。全家做上酒肉等好饭好菜，欢聚节日。黔南地区这天还举行“扫火星”活动，让粮食入仓后不发生火灾。有的还用糯米粑“堵蛇洞”，意为稻谷成熟了但还有部分稻谷在田里未收，把蛇（雨水的象征）堵在山洞里不让雨水泛滥，确保颗粒归仓。

十月初一

十月初一是布依族的重要节日之一，布依族称“小年”。主要盛行于贵州南毕节市的积金、黔西、金沙、纳雍、威宁等县，届时每户置办酒肉、杀公鸡一只、打糯米糍粑、煮新鲜菜、点香烛、烧纸钱祭祀祖先，又敬“牛王菩萨”，祈求神灵保佑六畜兴旺，耕牛力大无穷，夺得五谷丰收。之后，要用大米饭喂牛，让牛休息一天。有的布依族村寨还在牛角上绑上糯米糍粑，采九里光花插在糯米糍粑上，牵牛去河边饮水。据说，牛在饮水时照见自己牛角上的鲜花和糯米糍粑，心情会更加好。这些节日礼仪，无不体现了布依族悠久的农耕文化和保护耕牛的良好习俗。

参考文献

［1］中国科学院民族研究所、贵州少数民族社会历史调查组编：《布依族简史简志合编》（初稿），北京：中国科学院民族研究所 1963 年版。

［2］《布依族简史》编写组编：《布依族简史》，贵阳：贵州人民出版社 1984 年版。

［3］贵州民族学院研究所编：《中国南方少数民族社会形态研究》，贵阳：贵州人民出版社 1987 年版。

［4］贵州省社会科学院文学研究所编：《布依族文学史》，贵阳：贵州人民出版社 1983 年版。

［5］《布依族文学史》编写组编：《布依族文学史》，贵阳：贵州民族出版社 1992 年版。

［6］韦廉舟编著：《布依族、苗族风土志稿》，黔南布依族苗自治州民族事务委员会文艺研究室 1981 年版。

［7］《黔西南布依族苗自治州概况》编写组编：《黔西南布依族苗族自治州概况》，贵州：贵州民族出版社 1985 年版。

［8］王兴赋、王荣胜、韦国英：《北盘江畔布依人》，贵州省贞丰县民族事务委员会 1991 年版。

［9］张民主编：《贵州少数民族》，贵阳：贵州民族出版社 1991 年版。

［10］向零主编：《夜郎故地上的女性——贵州少数民族妇女探秘》，贵阳：贵州民族出版社 1993 年版。

［11］贵州省布依学会编：《布依学研究》，贵阳：贵州民族出版社 1989 年版。

［12］贵州省民族研究所、贵州省民族研究学会编：《贵州民族调查》（内部刊物）之一至之十三。

［13］贵州省志民族志编委会编：《贵州民族志资料汇编》（内部刊物）第一集、第六集。

［14］马启忠：《瀑乡风情录》，贵阳：贵州民族出版社 1991 年版。

［15］伍文义：《布依族哲学思想史》，参见肖万源、伍雄武等主编：《中国少数民族哲学史》（第四章），合肥：安徽人民出版社 1990 年版。

［16］黔南自治州史志编纂委员会编：《黔南州志・民族志》，贵阳：贵州民族出版社 1995 年版。

［17］黔南自治州史志编纂委员会编：《黔南州志・文物名胜志》，贵阳：贵州民族出版社 1991 年版。

［18］黔南自治州史志编纂委员会编：《黔西南州志・文物志》，贵阳：贵州民族出版社 1988 年版。

[19] 黔南自治州史志编纂委员会编:《黔西南州志 · 交通志》,贵阳:贵州民族出版社 1989 年版。

[20] 黔南自治州史志编纂委员会编:《黔西南州志 · 军事志》,贵阳:贵州民族出版社 1990 年版。

[21] 罗甸县史志编纂委员会编:《罗甸县志 · 民族志》,贵阳:贵州民族出版社 1989 年版。

[22]《中国各民族宗教与神话大词典》编审委员会编:《中国各民族宗教与神话大词典》,北京:学苑出版社 1993 年版。

[23]《中国少数民族艺术词典》编纂委员会编:《中国少数民族艺术词典》,北京:民族出版社 1991 年版。

后　记

本书的四位作者，均是从事布依族历史文化研究三十余年的布依族专家，中国布依族研究中具有较高学术声誉和学术影响的著名学者。

在撰稿过程中，得到贵州有关省、地、州、市、县民族宗教委员会等单位及苏太恒、潘万洪、龙国辉、刘天文等同志的大力帮助，其中苏太恒（贵州省民族宗教事务委员会原主任、贵州省人大常委民宗委原主任）对全书进行了认真审定。

本书的出版，得到了广东省佛山科学技术学院党委书记曾峥、校长郝志峰，经济管理与法学院党委书记刘军、院长罗锋，科技处处长王向东、副处长王静琼、副处长司兴奎，暨南大学出版社副社长黄圣英和编辑冯琳、刘蓓等同志的大力支持和帮助。

佛山科学技术学院经济管理与法学院为本书公开出版给予经费资助。

特予鸣谢！

伍文义

2020 年 12 月